“十四五”高等职业教育计算机基础系列教材

商务办公自动化项目教程

宋艳苹　孙海波　林　琳◎主　编

李远远　白　雪　张玄知◎副主编

中国铁道出版社有限公司

CHINA RAILWAY PUBLISHING HOUSE CO., LTD.

内 容 简 介

本书主要讲解当前主流系统软件 Windows 7 及应用软件 Office 2016，内容丰富、知识前沿、理念先进、注重实用，反映了计算机软件和硬件发展的成果与技术。本书采用项目化教学模式，用项目引领教学内容，强调了理论与实践相结合，突出了对学生基本技能、实际操作能力及职业能力的培养。全书由五个项目构成，分别为计算机系统应用、计算机网络技术、电子文档编辑、电子表格处理及演示文稿制作。

本书适合作为高职高专公共基础课“商务办公自动化”的教材，也可作为各类办公自动化培训教材，还可作为计算机初学者的自学用书。

图书在版编目（CIP）数据

商务办公自动化项目教程/宋艳苹, 孙海波, 林琳主编. —3 版. —北京:中国铁道出版社有限公司, 2022.9

“十四五”高等职业教育计算机基础系列教材

ISBN 978-7-113-29547-9

Ⅰ. ①商… Ⅱ. ①宋… ②孙… ③林… Ⅲ. ①办公自动化-高等职业教育-教材 Ⅳ. ①C931.4

中国版本图书馆 CIP 数据核字（2022）第 145308 号

书　　名：商务办公自动化项目教程
作　　者：宋艳苹　孙海波　林　琳

策　　划：潘星泉　　编辑部电话：（010）51873090
责任编辑：潘星泉　许　璐
封面设计：尚明龙
责任校对：苗　丹
责任印制：樊启鹏

出版发行：中国铁道出版社有限公司（100054，北京市西城区右安门西街 8 号）
网　　址：http://www.tdpress.com/51eds/
印　　刷：三河市兴博印务有限公司
版　　次：2014 年 9 月第 1 版　2022 年 9 月第 3 版　2022 年 9 月第 1 次印刷
开　　本：787 mm×1 092 mm　1/16　印张：18　字数：473 千
书　　号：ISBN 978-7-113-29547-9
定　　价：48.00 元

第三版前言

随着科技的进步与发展，以计算机技术、网络技术和微电子技术为主要特征的现代信息技术已经广泛应用于社会生产和生活的各个领域，掌握计算机和网络应用已经成为每个人的基本技能要求。计算机相关知识与技术是当今高职学生学习现代科学的基础，同时也是进入现代职场所必须具备的重要技能与手段之一。因此，我们针对高职院校非计算机专业的学生编写了本书，旨在使学生掌握计算机基础知识，培养学生应用计算机解决问题的能力，提高学生计算机应用水平。

商务办公自动化课程具有自身的特点，有着极强的实践性，必须通过实际上机练习，以加深对办公软件基本操作的理解和掌握。本书以项目引领、任务驱动的模式编写，每个项目安排了大量的练习，从而帮助学生尽快熟悉办公软件的基本操作。

《商务办公自动化项目教程》已经是第三版了，在知识内容上进行了更新，在编写过程中，编者对全书的结构进行了梳理，淡化理论知识的讲解，把应该掌握的相关理论知识融入任务，在任务实施过程中给出详细的操作步骤，并对规律性或常规性的操作进行归纳，通过与实际应用紧密结合的技能训练，方便学生课后练习。

本书由五个项目组成，分别为计算机系统应用、计算机网络技术、电子文档编辑、电子表格处理及演示文稿制作。通过对本书的学习，学生可以掌握计算机应用的基本技能，包括组装计算机硬件、安装 Windows 操作系统、处理常见的计算机硬件故障等；能以 Office 2016 办公软件为工具，熟练地将有关内容以电子文档、电子表格、演示文稿等形式清晰地表达出来，并能设计出丰富多彩的作品；能在网络应用环境下，完成 Internet 的接入和安装，使用 IE 浏览器完成网上信息检索和文件下载等任务，并能对检索到的信息进行加工、处理。

本书是长期从事商务办公自动化教学与实践的一线教师经验的归纳、整理与总结。书中大部分项目都是从企事业单位的经典案例中提取出来并经过编者精心设计的，同时融入了计算机应用领域最新发展技术，是对从学科教育到职业教育、从学科体系到能力体系两个转变的有益尝试。

本书由宋艳苹、孙海波、林琳任主编，由李远远、白雪、张玄知任副主编。其中，宋艳苹负责编写项目一、项目二；孙海波、李远远负责编写项目三；林琳负责编写项目四；白雪、张玄知负责编写项目五。本书由宋艳苹规划、统稿。在编写和出版本书的过程中，得到了中国铁道出版社有限公司的大力支持，在此表示衷心感谢。

由于计算机科学技术和网络技术发展迅速，加之编者水平有限、编写时间仓促，书中难免存在不妥和疏漏之处，恳请读者批评指正。

编　者

2022 年 5 月

第二版前言

随着计算机技术和网络技术的发展，办公自动化的概念已经远远超出了办公事务及文档的处理范围。因此，办公自动化是现代办公人员办公必备工具及技能。对于今后走向工作岗位的大学生来说，学习本门课程有着十分重要的意义。

办公自动化软件从独立用户扩展到以 Internet/Intranet 为支撑平台，经历了从以数据为核心、以工作流程为核心到以知识为核心的转变。本书以 Windows 7 和 Office 2010 等软件为基础，根据当前社会对办公自动化人员的需求，从实际情况出发，在编写时既考虑了内容的新颖、全面，又考虑了淡化理论、强调应用，重点培养实际动手能力，使读者能够轻松学习，快速掌握。

在教学过程中，应根据教学大纲的要求，准确把握教学的重点与难点。同时，理论知识必须与上机实操紧密结合，以实操为主，加强操作能力的培养。为提高教学效果，建议实训室配置相应的办公系统及移动办公平台，讲授、演示与操作都在实训室完成。

本书与第一版相比主要具有如下特色：

（1）项目化教学内容。根据课程特点，采用项目化教学的方式编写，更加突出教、学、做一体化的教学特点。

（2）任务驱动的教学组织模式。以任务导入的方式，寓应用于理论学习之中，强化实际应用能力的培养。

（3）实际办公环境的引导案例。贴近实际办公环境，让学生能够身临其境地学习，提前进入职场角色。

（4）实操性强的操作步骤。教材内容详略得当，任务中的操作步骤详细、规范，图文结合的方式更具实操性。

本书由宋艳苹和宋敏担任主编，林琳、王辉和李顺担任副主编。编写分工如下：项目一由宋艳苹编写，项目二由李顺编写，项目三由宋敏编写，项目四由林琳编写，项目五由王辉编写。

本书在编写过程中参考了部分书籍，在此对这些书籍的作者表示感谢！由于编者水平有限，书中难免存在不足之处，恳请读者批评指正，在此表示感谢！

编　者

2016 年 5 月

第一版前言

随着计算机技术的发展，特别是近年来计算机网络和 Internet 的迅速普及，掌握计算机和网络应用已经成为每个人的基本技能。近年来高职学生生源质量在不断提高，学生的计算机知识和起点也在不断提高，商务办公自动化程度更是快速发展。学生的办公自动化水平的高低成为企业用人的一项重要考核指标。怎样使学生掌握计算机知识，培养学生的计算机技能，提高学生的计算机应用水平是计算机教育工作者的重要责任。

我们在进行商务办公自动化研究、应用和教学的过程中，深刻地体会到教材内容和实际应用的滞后。同时也体会到，非计算机专业商务办公自动化教材过分强调应用而忽视基础知识和技术的讲解带来的不利的一面，即学生的计算机应用水平很难进一步提高。

本书由五个项目组成。分别为计算机系统的应用、计算机网络应用、电子文档编辑、电子表格处理和演示文稿制作。通过对本书的学习，学生可以掌握计算机应用的基本技能。能够组装计算机硬件、安装 Windows 7 操作系统、处理常见的计算机硬件故障的计算机使用能力；能在网络应用环境下，完成 Internet 的接入和安装，使用 IE 浏览器完成网上信息检索和文件下载等任务，并能对检索到的信息进行加工、处理；能以电子邮件系统为工具，借助计算机网络与他人交流；能以 Office 办公软件为工具，熟练地将有关内容以电子文档、电子报表、演示文稿等形式清晰表达出来，并能设计出丰富多彩的电子作品。

本书是基于项目引导、任务驱动的教学模式而编写的，符合高职高专学生的认知规律和教学特点，书中各个项目由项目描述、项目分析、任务分解等部分组成。在每个任务中是由任务介绍、相关知识、任务实施、技能训练、知识拓展和知识回顾等部分组成。本书的创新之处在于用完成贴近工作的项目引领教学，将要完成的项目结果呈现在学生面前，通过完成任务学习知识、技能，提高专业能力和专业素质，让学生在完成项目的过程中学习相关知识，培养专业技能，提高学生的综合职业能力，教学内容适用，紧紧围绕完成项目的需要来选择课程内容；注重知识的系统化设计，注重内容的实用性和针对性，使之符合学生学习的认知规律；打破长期以来的理论、实践分离的模式，构建以项目为核心、理论实践一体化的新的教学模式。

本书是长期从事商务办公自动化教学与实践的一线教师经验的归纳、整理与总结。书中大部分项目都是从企事业单位的经典案例中提取出来并经过作者精心设计，同时融入了计算机应用领域最新发展技术而形成的，是对从学科教育到职业教育、学科体系到能力体系两个转变进行的有益尝试。

本书由宋艳苹、李丽新担任主编，由王辉、宋敏、林琳担任副主编。其中宋艳苹负责编写项目一，李丽新、李菁负责编写项目二，王辉负责编写项目五，宋敏负责编写项目三，林琳负责编写项目四，本书由宋艳苹规划、统稿。

在编写和出版本书的过程中，得到中国铁道出版社的大力支持，在此表示衷心的感谢。

由于计算机科学技术和网络技术发展的迅速，再者受编者自身水平和编写进间所限，书中如有错误或不足之处，望广大读者、同行提出意见或建议，以便于进一步完善本书，我们愿与全国各地有志于职业教育改革的企事业单位和广大教师共同努力，为中国职业教育的长足发展做出贡献。

编　者

2014 年 6 月

目 录

项目一　计算机系统应用

• 项目描述

信息化时代离不开计算机系统，计算机的应用对每个人至关重要。计算机系统的基础知识及操作技能、计算机系统各应用程序的使用是本项目要学习的内容。

• 项目分析

要了解和掌握计算机系统的基础知识，既要掌握计算机的硬件系统，也要掌握计算机的软件系统；不仅要学会计算机资源管理器的使用方法，还要掌握控制面板的设置。同时，还要掌握现代办公设备的使用方法。

• 项目分解

本项目分解成以下 6 个任务:

任务 1　计算机硬件组装

任务 2　操作系统的安装

任务 3　Windows 7 界面的认识

任务 4　个性化设置

任务 5　文件管理

任务 6　键盘操作与汉字输入

任务 1　计算机硬件组装

☑ 任务介绍

张同学今年考上了一所大学，学的是电子商务专业。为了能学好专业课，张同学准备学习组装一台当前主流配置、性价比适中的台式计算机。

完成该任务，张同学需要了解当前主流计算机硬件的配置，计算机硬件的性能指标、价格，以及了解组装计算机的相关操作。

☑ 相关知识

一、计算机的系统组成

一个完整的计算机系统由硬件系统和软件系统两大部分组成。硬件系统是计算机的物质基础，是有形的物体；软件是计算机的灵魂，是支撑计算机工作的程序系统。

1. 计算机的工作原理

计算机的工作过程就是执行程序的过程。如何组织程序，涉及计算机体系结构问题。现在的计算机都是基于“程序存储”设计制造出来的。

1）约翰·冯·诺依曼（John von Neumann）的“程序存储”设计思想

从 20 世纪初，物理学和电子学科学家们就在争论制造可以进行数值计算的机器应该采用什么样的结构。人们被十进制这个人类习惯的计数方法所困扰。所以，那时以研制模拟计算机的呼声更为响亮和有力。20 世纪 30 年代中期，美籍匈牙利科学家约翰·冯·诺依曼大胆地提出，抛弃十进制，采用二进制作为数字计算机的数制基础。同时，他还提出预先编制计算程序，然后由计算机来按照人们事前制定的计算顺序来执行数值计算工作。到现在为止，尽管计算机制造技术已经发生了极大的变化，但是就其体系结构而言，仍然是根据冯·诺依曼的设计思想制造的。

人们把冯·诺依曼的这个理论称为冯·诺依曼体系结构。从 ENIAC 到当前最先进的计算机都采用的是冯·诺依曼体系结构。ENIAC 的诞生表明人类发明了计算机，从而进入了“计算”时代。而 1952 年由冯·诺依曼设计的名为 EDVAC（程序存储方式）的计算机真正首次体现了冯·诺依曼体系结构，所以冯·诺依曼是当之无愧的数字计算机之父。

2）计算机的基本工作原理

计算机的基本工作原理是由冯·诺依曼首先提出的，计算机内部指令和数据均采用二进制表示指令和数据。程序语言由指令组成，并和要处理的数据一起存放在存储器中。计算机启动之后，控制器按照程序中指令的逻辑顺序，把指令从存储器中读出来，逐条执行；计算机由输入设备、输出设备、存储器、运算器、控制器五个基本部件组成，在控制器的统一控制下，协调一致地完成由程序所描述的处理工作，如图 1-1 所示。

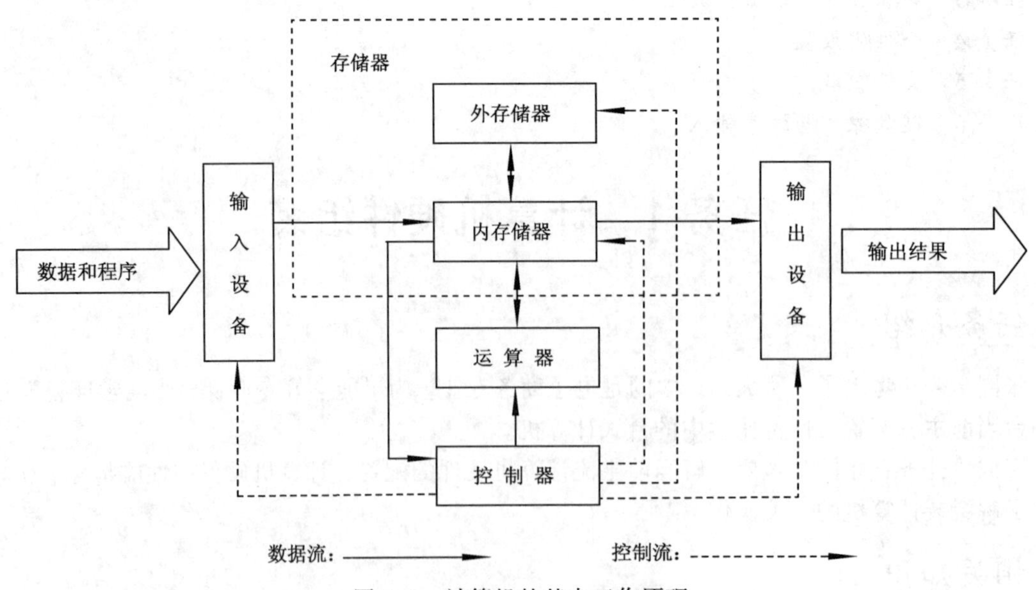

图 1-1　计算机的基本工作原理

2. 计算机的系统组成

硬件系统是构成计算机系统的各种物理设备的总称；软件系统是运行、管理和维护计算机的各类程序和文档的总称。通常把不安装任何软件的计算机称为“裸机”。计算机之所以能够渗透到各个领域，是由于软件的丰富多彩，能够出色地按照人们的意愿完成各种不同的任务。计算机的功能不仅仅取决于硬件系统，而更大程度上是由所安装的软件系统决定的。因此可以说，硬件是计算机系统的物质基础，软件是计算机的灵魂。

硬件系统就是物理设备，包括主机、显示器、键盘、鼠标、音箱、打印机和其他附属设备，如图 1-2 所示。

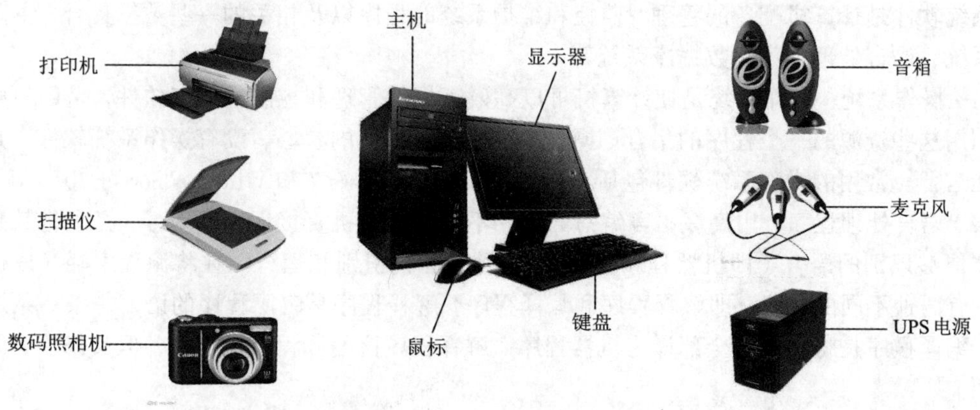

图 1-2　常见的计算机硬件设备

软件系统分为计算机系统软件和应用软件两大类，是计算机的“思想”，没有软件，计算机只不过是一堆电子零部件的组合体。例如，在本书后面章节中要介绍的 Windows 7 操作系统和办公自动化软件 Office 2016，即为常用软件。

计算机系统组成如图 1-3 所示。

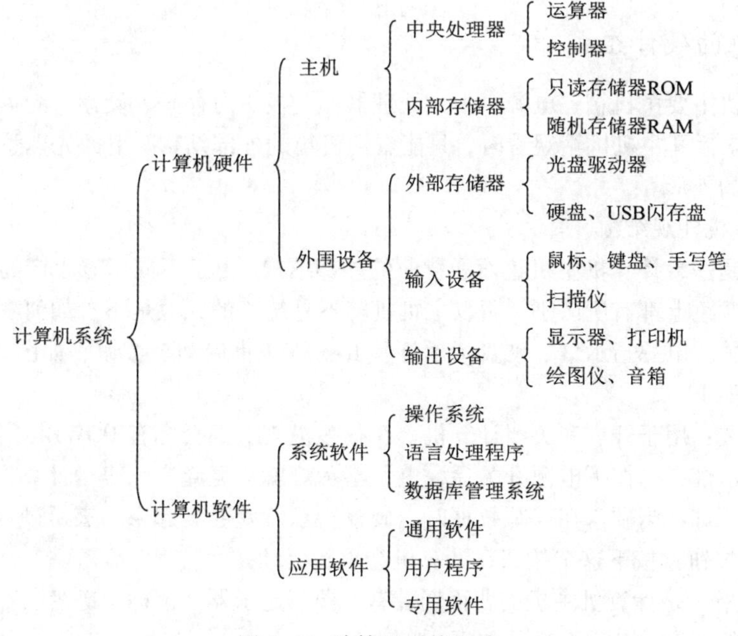

图 1-3　计算机系统组成

硬件必须通过软件才能发挥作用，软件系统可以控制计算机的硬件部分，实现科学计算、文字处理、音乐和电影播放、网页浏览以及电子邮件收发等各种应用。

3. 计算机的软件系统

要实现计算机的正常工作，只有硬件部分是不行的，必须有相应的软件。计算机软件分为系统软件和应用软件两大类。

1）系统软件

系统软件是计算机配备的管理、监控和维护系统的程序以及相关的一些数据集合，主要包括操作系统、语言处理程序、数据库系统等。

（1）操作系统：操作系统是使计算机可以高效工作的管理和控制的系统软件，是用户可以有效地利用这些资源的一个程序的集合。操作系统是系统软件的核心，没有操作系统软件，其他软件不能运行。常用的操作系统软件包括 Windows XP、Windows 7 和 Windows Server 2016 等。

（2）语言处理程序：用高级语言编写的程序不能被计算机直接识别和运行，必须将其翻译成为机器能够识别的语言（即机器程序），才可以被计算机识别和运行。在将源程序翻译成机器程序时，有两种不同的方法，即解释程序和编译程序。解释程序是将源程序的语言一条一条地进行翻译；编译程序是将源程序全部译为机器程序。解释程序比编译程序速度慢，但其修改、调试非常方便。

（3）数据库系统：主要由数据库和数据库管理系统组成。常见的数据库有 Access、SQL Server、Visual FoxPro 等。

2）应用软件

应用软件主要是为了解决某一特定问题而开发或研制的各种程序，它只有在系统软件的支持下才可以运行。应用软件具有很强的实用性，随着计算机应用领域的不断扩展，应用软件也与日俱增，如文字处理软件 Office 系列、图形图像处理软件等通用软件，此外还有一些专用软件。

4. 计算机的硬件组成

计算机的主机主要由机箱、电源、中央处理器、主板、内存条、硬盘、光盘驱动器、显卡和声卡等构成。在未拆开主机机箱观看时，只能看到机箱的外部结构。下面先熟悉一下主机外部结构，即主机机箱的外形。

1）计算机主机外观结构

图 1-4 所示是一台计算机主机正面和背面的外部结构。由于不同厂家生产的不同型号的机箱在外形的设计和颜色上都有所区别，所以主机机箱不是统一的，但是不管如何变化，在机箱的正面，都有电源开关、电源指示灯、硬盘指示灯和 RESET（重启动）按钮，如图 1-4（a）所示。

其主要功能如下：

（1）电源开关：用于开启和关闭计算机。在很多机箱上都会标有 POWER 字样。

（2）电源指示灯：当按下电源开关后，电源指示灯就会亮起来，表示计算机已经接通电源。

（3）硬盘指示灯：当硬盘在读写数据时，硬盘指示灯就会亮起来，表示硬盘正在工作。

（4）RESET 按钮：按下这个按钮，计算机会重新启动。

图 1-4（b）所示是计算机主机的背面图，有电源、显示器、鼠标、键盘、音箱、麦克风和打印机等各类设备的端口，其主要功能如下：

（1）键盘端口：用于连接键盘，通常在此端口附近有一个键盘图标。

（2）鼠标端口：用于连接鼠标，通常在此端口附近有一个鼠标图标。

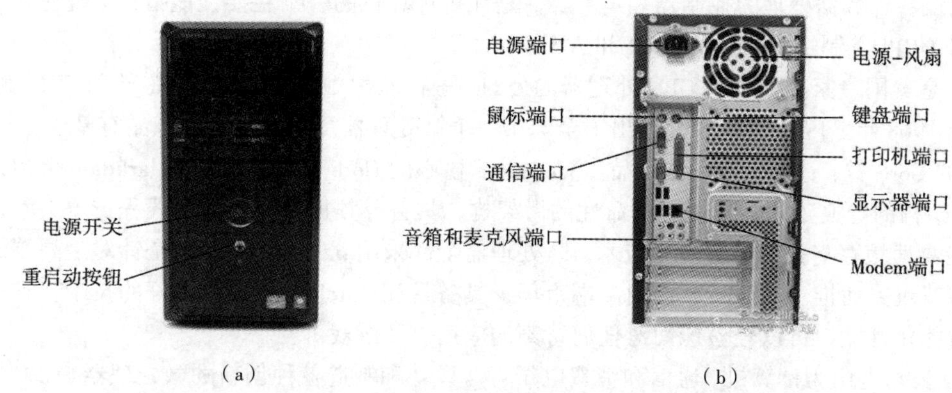

（a）　　（b）

图 1-4　主机正面和背面的外部结构

（3）打印机端口（LP1）：这是一种并行端口，主要用于连接打印机设备或其他硬件设备。

（4）USB 端口：是一种可以热插拔的端口，主要用于连接各种 USB 接口的外围设备，如 U 盘、MP3 和 MP4 及扫描仪等。

（5）通信端口（COM1 和 COM2）：这是一种串行端口，用于连接调制解调器（即 MODEM）等设备。

（6）音箱和麦克风端口：用于连接音箱和麦克风。

（7）显示器端口：用于连接显示器。

（8）网卡端口：用于连接局域网络。

2）计算机主机内部结构

拆开主机机箱，可以看到机箱的内部结构，它由主板、中央处理器（CPU）、内存条和硬盘等核心部件组成。

（1）主板。主板又称主机板（mainboard），它安装在机箱内，是微机最基本也是最重要的部件之一。主板一般为矩形电路板，中央处理器（CPU）、内存条、显卡、声卡以及其他许多小板卡和接口线路等都需要插在主板上。主板的性能很大程度上决定了 CPU 及其他部件性能的发挥。主板上有 BIOS 芯片、I/O 控制芯片、键盘和面板控制开关接口、指示灯插接件、扩展插槽、主板及插卡的直流电源供电接插件等元件。主板采用开放式结构。主板上大都有 6～8 个扩展插槽，供 PC 外围设备的控制卡（适配器）插接。通过更换这些插卡，可以对微机的相应子系统进行局部升级，使厂家和用户在配置机型方面有更大的灵活性。常见的主板外形如图 1-5 所示。

图 1-5　主板外形

（2）中央处理器（CPU）。中央处理器（Central Processing Unit，CPU）是计算机的核心部件，

是能够完成各种数据处理的控制器和运算器，是评价计算机的一个主要性能指标。现在著名的中央处理器（CPU）制造商主要为 Intel 和 AMD。

Intel 是美国一家主要研制 CPU 处理器的公司，是全球最大的个人计算机零件和 CPU 制造商，它成立于 1968 年。1971 年，Intel 推出了全球第一个微处理器。Intel 公司的产品有基于全新的 32 nm 制程的 Core i7、i5、i3 处理器产品。Westmere 核心的 Core i5/i3 采用了 Clarkdale 架构，其是 Nehelem 架构的经典延续，采用了革命性的微架构，具备睿频加速技术、超线程技术、增强型的 Intel 智能高速缓存与控制器等多项技术。i7 处理器全部采用 32 nm 工艺，它是针对最高端的发烧友以及游戏玩家而推出的产品，面向高端市场，具备目前 Intel 所有最新最好的技术，它可以带来终极智能化性能，可以轻松地面对任何苛刻的应用以及游戏。

AMD 公司专门为计算机、通信和消费电子行业设计和制造各种创新的微处理器（CPU、GPU、APU、主板芯片组、电视卡芯片等）、闪存和低功率处理器，AMD 致力为技术用户——从企业、政府机构到个人消费者——提供基于标准的、以客户为中心的解决方案。较新的 CPU 有 AMD A6-7310。

中央处理器的外观如图 1-6 所示。

图 1-6　CPU 外观

（3）内存。内存是计算机中的重要部件之一，它是与 CPU 进行沟通的桥梁。计算机中所有程序的运行都是在内存中进行的，因此内存的性能对计算机的影响非常大。内存也称内存储器，用于暂时存放 CPU 中的运算数据，以及与硬盘等外部存储器交换的数据。只要计算机在运行中，CPU 就会把需要运算的数据调到内存中进行运算，当运算完成后 CPU 再将结果传送出来。内存由内存芯片、电路板、金手指等部分组成。

常见的内存有金士顿和宇瞻系列。金士顿内存常见的为 8 GB DDR3 1600，宇瞻系列常见的为 8 GB DDR3 1600（经典系列），如图 1-7 所示。

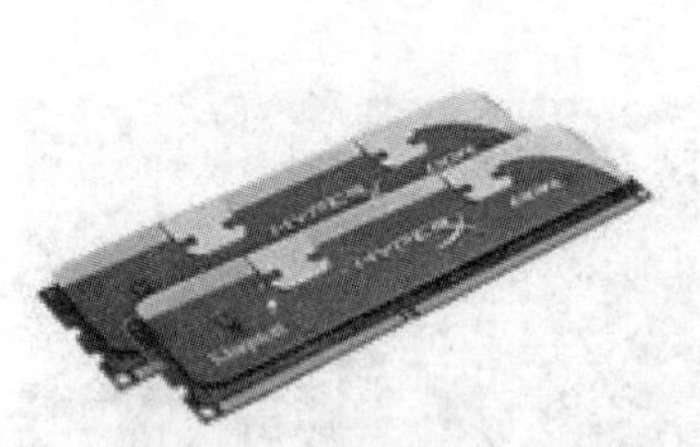

图 1-7　内存条外观

（4）硬盘。硬盘（Hard Disk Drive，HDD）是计算机主要的存储媒介之一，由一个或者多个铝制或者玻璃制的碟片组成。碟片外覆盖有铁磁性材料。硬盘有固态硬盘（SSD，新式硬盘）、机械硬盘（HDD，传统硬盘）、混合硬盘（HHD，基于传统机械硬盘的新硬盘）。SSD 采用闪存颗粒存储，HDD 采用磁性碟片存储，HHD 是把磁性硬盘和闪存集成到一起的一种硬盘。大多数硬盘是固定硬盘，被永久性地密封固定在硬盘驱动器中。其具有的磁头复位节能技术通过在闲时对磁头的复位来节能。

常见的硬盘有希捷、西部数据、东芝和三星硬盘，其外观如图 1-8 所示。例如，希捷 Desktop 1 TB 7200 r/min 8 GB 混合硬盘、西部数据 500 GB 7200 r/min 32 MB SATA3 蓝盘等。

图 1-8　硬盘外观

（5）显卡。显卡全称为显示接口卡（Video card，Graphics card），又称显示适配器（Video adapter）或显示卡，是计算机最基本的配置之一。显卡的用途是将计算机系统所需要的显示信息进行转换驱动，并向显示器提供行扫描信号，控制显示器的正确显示。显卡是连接显示器和个人计算机主板的重要元件，是“人机对话”的重要设备之一。显卡作为计算机主机中的一个重要组成部分，承担输出显示图形的任务，对于从事专业图形设计的人来说显卡尤为重要。

常见的显卡有索泰、华硕、微星及七彩虹，其外观如图 1-9 所示。

图 1-9　显卡外观

另外，显示器的分辨率和刷新频率是决定显示性能的两个重要数据，一般的分辨率为 1 024 像素 ×768 像素、1 280 像素 ×1024 像素等，一般的刷新频率为 80 Hz、85 Hz、105 Hz。

（6）声卡。声卡是一种常见的计算机功能扩展卡，其作用是将 CPU 的处理结果输出给扬声器，其外观如图 1-10 所示。常见的声卡有 ISA 接口的，也有 PCI 接口的。目前大多数的声卡已经集成到主板上。

（7）光驱与光盘。光驱可分为只读光盘驱动器（CD-ROM）、数字视频光盘驱动器（DVD-ROM）、可记录光盘驱动器（CD-R）和读写光盘驱动器（CD-RW），后两种习惯上称为刻录机。

CD-ROM 光驱最重要的性能指标之一是光驱的“倍速”，该指标用于表明光驱传输数据的速度。“单倍速”是指每秒从光驱读取 150 KB（1 KB=1 024 B），“2 倍速”即表示每秒可从光驱读取 2 × 150 KB。目前，光驱已经达到 52 倍速、百倍速。

（8）调制解调器。调制解调器（MODEM）是调制器和解调器的缩写，它是模拟信号和数字信号的“翻译员”，可帮助两台计算机之间完成通信。近年来，随着技术的发展，出现了多种上网方式，调制解调器的种类也增加了 ADSL 调制解调器、ISDN 调制解调器、用于有线电视网的线缆调制解调器等。

调制解调器有内置式和外置式两种，其外观如图 1-11 所示。

图 1-10　声卡外观

图 1-11　调制解调器外观

内置式调制解调器是一块外形与声卡、显卡相似的安装于计算机主板扩展槽上的板卡，同时它将占用一定的 CPU 资源。其安装需要打开机箱，不仅要占用主板上一个扩展槽（早期调制解调器采用 ISA 接口，现在几乎都采用 PCI 接口），而且容易受到其他设备的干扰而降低连接质量。

外置式调制解调器是放在计算机外面的设备，它的背面有与计算机、电话线等连接的插座，通过 RS-232 串行端口线与计算机的串行接口连接。这种调制解调器由于在主机外面，所以抗干扰能力较强。其缺点是需要占用一个串行端口，而且价格相对较高。另外，还有一种外置式 USB 接口的调制解调器，其优点在于小巧玲珑，便于携带和使用。

3）计算机外围设备

计算机外围设备是配合计算机主机进行存储、数据输入/输出等工作的外部硬件，包括显示器、键盘、鼠标、打印机、扫描仪等。

（1）显示器。显示器（display）通常也称监视器。显示器属于计算机的 I/O 设备，即输入/输出设备。它可以分为 CRT、LCD、LED 等多种。显示器是一种将一定的电子文件通过特定的传输设备显示到屏幕上的显示工具。目前，主要流行的 LCD 显示器。

LCD 显示器即液晶显示器，优点是机身薄，占地小，辐射小。LED 显示器是一种通过控制半导体发光二极管的显示方式，用来显示文字、图形、图像、动画、行情、视频、录像信号等各种信息的显示屏幕。

常见的液晶显示器有三星、华硕、冠微等产品，其外观如图 1-12 所示。

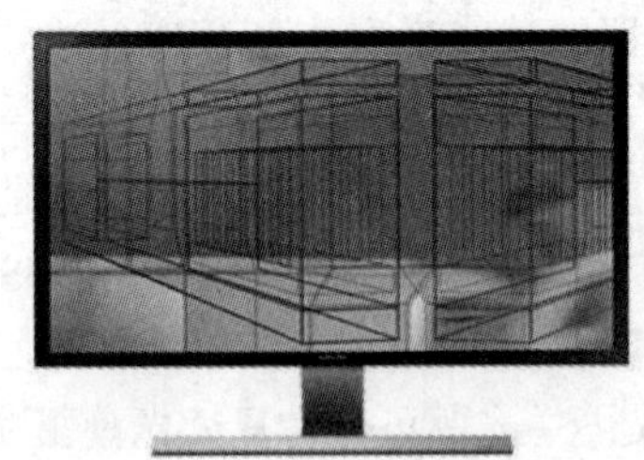

图 1-12　显示器外观

显示器的参数包括：屏幕尺寸、面板类型、动态对比度、最佳分辨率、背光类型、屏幕比例、视频接口、亮度、灰阶响应时间、可视角度、控制方式、消耗功率、产品定位、产品类型、上市时间、显示颜色、机身颜色、产品尺寸等。

（2）键盘。键盘是最常用也是最主要的输入设备，通过键盘可以将英文字母、数字、标点符号等输入计算机中，从而向计算机发出命令、输入数据等。PC XT/AT 时代的键盘主要以 83 键为主，并且延续了相当长的一段时间，但随着视窗系统的流行已经淘汰，取而代之的是 101 键和 104 键键盘，其占据了市场的主流地位，其外观如图 1-13 所示。

图 1–13　键盘外观

（3）鼠标。鼠标是计算机必备的输入工具。从内部结构和原理来分，鼠标可以分为 PS/2 接口、USB 接口和无线类型，PS/2 接口是以前最常见的鼠标接口，最初是 IBM 公司的专利，俗称“小口”。PS/2 是一种鼠标和键盘的专用接口，是一种 6 针的圆形接口。USB 接口按照版本可分为 USB 1.1、USB 2.0 及 USB 3.0 等，是一种高速的通用接口。还有一种是无线鼠标。鼠标外观如图 1–14 所示。

图 1–14　鼠标外观

（4）扫描仪。扫描仪是一种光机电一体化的产品，用于捕获图片（照片、文字、图形）并传送到计算机中。扫描仪的种类比较多，较为常见的有平板式扫描仪、手持式扫描仪和小滚筒式扫描仪三类。目前市面上大部分的扫描仪都属于平板式扫描仪，这类扫描仪光学分辨率在 300～8 000 dpi 之间，色彩位数为 24～48 位，扫描幅面一般为 A4 或者 A3。平板式扫描仪使用方便，只要把扫描仪的上盖打开，不管是书本、报纸、杂志还是照片底片都可以放上去扫描，而且扫描效果也是常见类型扫描仪中最好的。手持式扫描仪外形很像超市收款员拿在手上使用的条码扫描仪，其绝大多数采用 CIS 技术，光学分辨率为 200 dpi，有黑白、灰度、彩色多种类型，其中彩色类型一般为 18 位彩色。各式扫描仪外观如图 1–15 所示。

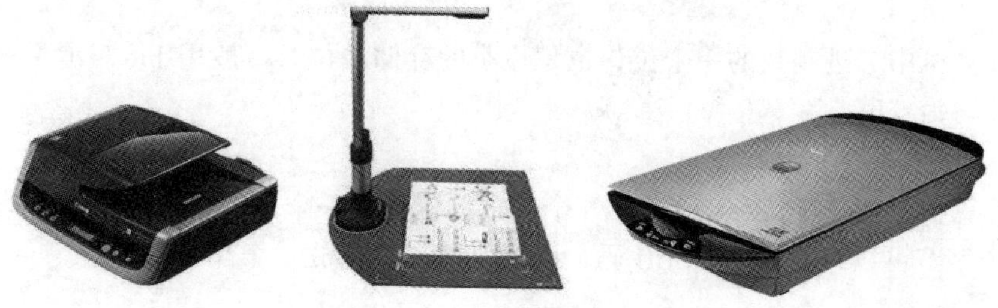

图 1–15　各式扫描仪外观

（5）数码照相机。随着计算机逐步走进家庭，数码照相机也越来越被更多人所接受。与传统照相机相比，数码照相机有以下几个优点：数码照相机无须胶卷、暗室，拍摄的图像可直接输入计算机中进行后期处理，大大提高了工作效率；数字图像可无限次复制，不会衰减和失真，不存在普通底片和照片霉变和褪色的缺点，可以永远保存；“即拍即得”的特点使刚刚拍摄的照片可以立即显示在照相机的显示屏上，如不满意可立即删除；存储介质可重复使用，非常经济。几种不同款式的数码照相机外观如图 1–16 所示。

（6）音箱。此处的音箱是指计算机专用的多媒体音箱。多媒体音箱与普通音箱最主要的区别在于：为了不影响计算机其他部件的正常工作，多媒体音箱都是经过防磁处理的。各种款式的音箱外观如图 1–17 所示。

图 1–16　不同款式的数码照相机外观　　　　图 1–17　各种款式的音箱外观

（7）打印机。打印机是将显示器显示的字符或图像打印输出的设备。常用的打印机有三种：喷墨打印机、激光打印机和针式打印机。常见的打印机品牌有 EPSON、Cannon、HP 和联想等。常见的各式打印机外观如图 1–18 所示。

图 1–18　常见的各式打印机外观

二、微型计算机的性能指标和系统配置

1. 常用术语

1）位

位是指计算机中二进制数的一个位，也是最小的存储单位，一般用 bit 表示，称为比特，某些情况下可简写为“b”。

2）字节

字节是计算机中的基本的存储单位，8 个二进制位称为一个字节，一般用 byte 表示，常简写为“B”。一个字节可以存放一个 ASCII 码，两个字节可以存放一个汉字国标语。

3）字

字是计算机进行数据处理时一次存取、加工和传送的数据长度，它决定计算机进行数据处理的速率，因此字长是计算机性能的重要标志。字长有 8 位、16 位、32 位、64 位，现有计算机的字长为 64 位。字长越长，计算机进行数据处理的速率越高。

2. 微型计算机的主要性能指标

微型计算机功能的强弱或性能的好坏不是由某项指标单独决定的，而是由它的系统结构、指令系统、硬件组成、软件配置等多方面的因素综合决定的。对于大多数普通用户来说，可以从以下几个指标来大体评价计算机的性能。

1）字长

字长是计算机每个字所含的位数，通常将组成一个字的位数称为该字的字长。微型计算机中的字长由该计算机的算术逻辑单元一次可以并行处理的二进制数的位数决定。如果微型计算机的字长是 32 位的，则表示该机的一个字由 4 个字节组成，它一次可并行处理 32 位二进制数。字长经历了 4 位、8 位、16 位、32 位，现在一般为 64 位。

2）运算速度

运算速度指微机每秒能执行的指令条数，是指平均运算速度。运算速度的单位为 MIPS（即百万次/秒），它在很大程度上取决于主频。

3）时钟频率

时钟频率又称系统主频，是指微处理器在单位时间（秒）内发出的脉冲数。一般来说，时钟频率越高，其运算速度越快。时钟频率的单位为 Hz，现多使用 MHz 作为单位，$1\ \text{MHz}=10^6\text{Hz}$。

4）内存容量

内存容量反映了内存储器数据处理的能力，存储容量越大，其处理数据的范围就越大，并且运算速度一般也越快，是决定微机性能的一个重要指标。目前市场上内存多为 1 GB、2 GB、8 GB，兼容机的主板上一般可插接 2～4 个内存，但除特别需要，一般并不会将微机配置到最大内存容量。

计算机的存储容量一般以字节为单位，常用的有 B、KB、MB、GB、TB，它们之间的换算公式如下：

1 KB=1024 B　1 MB=1024 KB　1 GB=1024 MB　1 TB=1024 GB

值得注意的是，一台计算机的整机性能，不能仅由一两个部件的指标决定，而取决于各部件的综合性能指标。

3. 微型计算机的系统配置

由于微型计算机技术更新很快，因此不同时期微型计算机的标准配置也会不尽相同。现阶段台式计算机的一般配置如下：

（1）CPU：第四代酷睿 i5/i7。

（2）主板：微星 A88X-G41 PC Mate。

（3）内存：4~16 GB。

（4）硬盘：500 GB~2 TB。

（5）显示器：21 英寸 ~ 23 英寸。

（6）光驱：24X DVD。

（7）显卡：独立显卡。

（8）声卡、网卡、调制解调器、音箱等。

（9）操作系统：作为 PC 操作系统，现在常见的包括 Windows XP、Windows 7、Windows 8、Windows 10 等。建议选择 Windows 7、Windows 10 操作系统作为自己计算机上网的操作系统平台。因为它们具有更完善的网络功能，而且浏览效果更好，使用更方便。

（10）应用软件：包括办公软件 Office、图形图像处理软件 Photoshop 等。

☑ 任务实施

1. 装机前的准备工作

1）工具准备

尖嘴钳、散热膏、十字解刀、平口解刀等。

2）材料准备

准备好装机所用的配件：CPU、主板、内存、显卡、硬盘、光驱、机箱电源、键盘、鼠标、显示器和各种数据线、电源线等。

2. 拆卸机箱

拧下机箱后面的四颗固定螺钉，然后用手扣住机箱侧面板的凹处往外拉就可以打开机箱的侧面板。打开机箱侧面板后可看到机箱的内部结构，包括光驱固定架、硬盘固定架、电源固定架、机箱底板、机箱与主板间的连线等，如图 1-19 所示。

图 1-19　主机箱外观

3. 安装电源

目前市场上有相当一部分机箱厂商是搭配了电源出售的，也就是说已经将电源安装在了机箱的相应位置，但也有机箱和电源是分离的。主机电源一般安装在主机箱的上端靠后的预留位置。打开电源包装盒，取出电源，将电源安装到机箱内的预留位置，用螺丝刀拧紧螺钉，将电源固定在主机机箱内。

4. 将 CPU 安装在主板上

把主板的 CPU 插座旁杠杆抬起，把 CPU（见图 1-20）的针脚与插座针脚一一对应。一般处理器的一个角或几个角是少针的，主板的 CPU 插槽上也有相对应的“缺口”。放好 CPU 后，检查 CPU 是否完全平稳地插入插座，然后将杠杆复位，锁紧 CPU。

图 1-20　CPU 外观

5. 安装 CPU 散热器

为达到更好的散热效果，可以将 CPU 表面涂抹一些散热硅脂或者散热硅胶。将 CPU 散热器（见图 1-21）卡具的一端固定在 CPU 插座侧边的塑料卡子上，再放平散热片，使其能完全贴附在 CPU 表面，然后按下卡具的固定锁，使其放在 CPU 插座另一端的塑料卡子上即可（不同的风扇安装方法可能不同，希望认真观察）。将 CPU 散热器电源线插入主板标明的 CPU-FAN 插座。

图 1-21 CPU 散热器外观

6. 内存的安装

最好将内存插在离 CPU 最近的内存插槽（见图 1-22）中，这可以提高内存的读写速度。拨开内存插槽两边的卡槽，对照内存金手指的缺口与插槽上的突起确认内存的插入方向。将内存条垂直放入插槽，双手拇指平均施力，将内存条压入插槽中，此时内存插槽两边的卡槽会自动往内卡住内存条，当内存条确实安插到底后，卡槽卡入内存条上的卡勾定位。

图 1-22 内存插槽外观

7. 主板的安装

将主板悬在机箱底板上方，对准主板和底板的固定孔，确定哪几个孔需要铜柱螺钉或塑胶固定柱。将主板直接平行朝上压在底板上，使每个固定柱都能穿过主板的固定孔扣住，然后将细螺钉拧到与铜柱螺钉相对应的孔位上。切忌螺钉上得过紧，以防止主板变形。机箱及主板外观如图 1-23 所示。

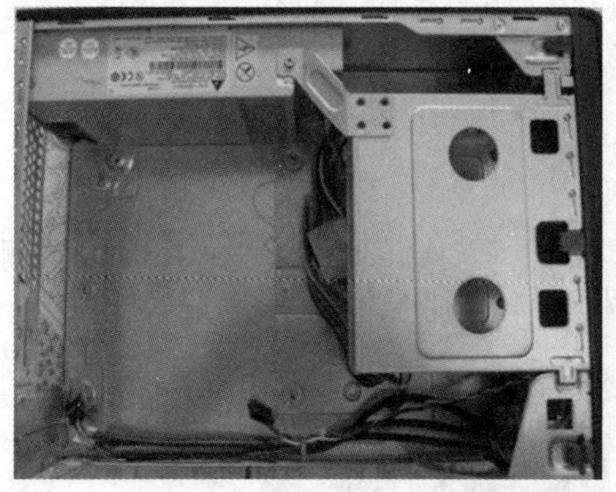

图 1-23 机箱及主板外观

8. 安装光驱、硬盘等驱动器

将硬盘专用的螺钉轻轻拧上去，调整硬盘的位置，使它靠近机箱的前面板，拧紧螺钉将光驱从机箱前面放入机箱，并固定。注意光驱前面要与机箱前面板平齐。

9. 安装显卡、声卡、网卡等板卡

现在很多主板集成了声卡、网卡的功能。如果对集成的声卡、网卡等性能不满意，可以按需安装新的板卡，并在 BIOS 中设置屏蔽已集成的设备。

1）安装显卡

先确定 AGP/PCI-E 显卡插槽的位置，根据 AGP/PCI-E 插槽的位置拆除机箱背后相应的挡片。将插槽末尾的白色塑料卡扳下，将显卡对准插槽用力插到底，将卡子拨起固定位置，最后用螺钉固定。

2）安装声卡/网卡

找到白色 PCI 插槽，把声卡/网卡插到底，最后用螺钉固定。

10. 连接电源线

连接 20 芯主板电源线。将电源插头插入主板电源插座中，连接电源线，为光驱插上电源插头，然后为硬盘接上电源接头，如图 1-24 所示。

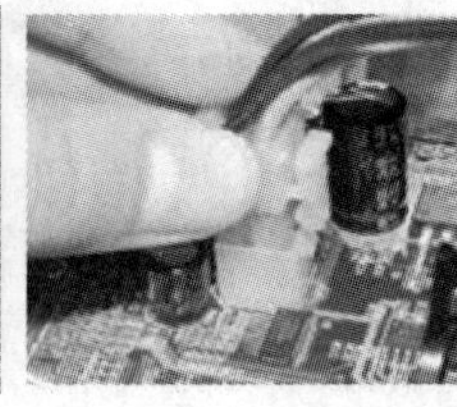
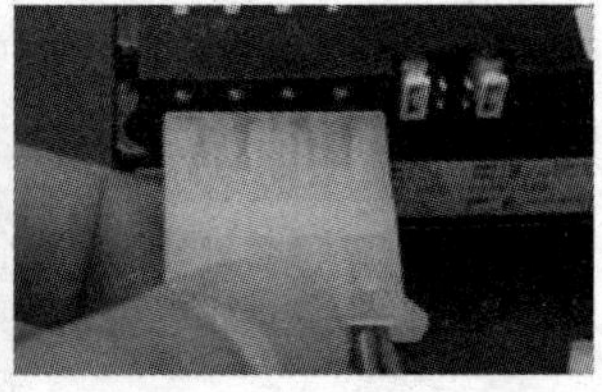

图 1-24　电源线外观

11. SATA 设备的连接

使用 SATA（Serial ATA）口的硬盘又称串口硬盘，SATA 硬盘接口很小，连接线小巧，串行接口还具有结构简单、支持热插拔的优点，是现在主流的接口类型。SATA 总线使用嵌入式时钟信号，具备更强的纠错能力，与以往相比其最大的区别在于能对传输指令（不仅仅是数据）进行检查，如果发现错误会自动校正，这在很大程度上提高了数据传输的可靠性。

12. 连接机箱面板引出线

因各种主板有其不同的连接方法，机箱面板引出线（系统面板、前置 USB 面板、前置音频面板）的具体连接方法请参考相应的标识和主板说明书。各种引出线的外观如图 1-25 所示。

图 1-25　各种引出线外观

13. 整理内部连线

当机箱内部的设备安装好后，各种各样的线混在一起，显得很凌乱，并且不方便维护，也不利于散热，因此需要整理机箱内部的连线。

14. 装上机箱侧面板

装机箱侧面板时，要仔细检查各部分的连接情况，最好先加电试一下，确保无误后，再把机箱的两个侧面板装上，并用螺钉固定。

15. 连接外设

主机安装完成以后，还需把键盘、鼠标、显示器、音箱等外设同主机连接起来。

通过以上几个简单的步骤后，一台计算机就成功组装完成了。怎么样，是不是很简单？想尽快体验自己动手组装计算机的朋友，不妨参照此过程来组装自己的计算机吧。

☑ 技能训练

（1）在网上或到当地的计算机科技城询价，填写计算机配置清单（见表 1-1）。

表 1-1　计算机配置清单

配　置	品 牌 型 号	参 考 价 格
CPU		
主板		
内存		
硬盘		
显卡		
显示器		
光驱		
机箱		
电源		
鼠标		
音箱		
摄像头		
耳机		
合计		

配置说明：

（2）利用旧计算机进行拆装，并写出操作步骤。

任务 2　操作系统的安装

☑ 任务介绍

张同学在上节课把计算机硬件组装完毕，那么如何才能让刚组装的计算机运转起来呢？这就需要安装计算机的操作系统软件。下面就介绍如何安装计算机的操作系统软件 Windows 7。

要想完成该任务，需要了解和掌握计算机操作系统软件的安装环境和安装方法。

☑ 相关知识

一、操作系统软件 Windows 7 的介绍

Windows 7 是由微软公司开发的操作系统。该操作系统旨在让人们的日常计算机操作更加简单和快捷，为人们提供高效易行的工作环境。Windows 7 可供家庭及商业工作环境、笔记本计算机、平板计算机、多媒体中心等使用。微软 2009 年 10 月 22 日于美国、2009 年 10 月 23 日于中国正式发布 Windows 7 操作系统。其具有以下几个特点。

1. 易用

Windows 7 做了许多方便用户的设计，如快速最大化、窗口半屏显示、跳转列表（Jump List）、系统故障快速修复等，这些功能令 Windows 7 成为最易用的 Windows 操作系统之一。

2. 快速

Windows 7 大幅缩减了 Windows 的启动时间。据实测，在 2008 年的中低端配置下运行，系统加载时间一般不超过 20 s，这与 Windows Vista 的 40 余秒相比，是一个很大的进步。

3. 简单

Windows 7 让搜索和使用信息更加简单，包括本地、网络和互联网搜索功能，直观的用户体验更加高级，而且整合了自动化应用程序提交和交叉程序数据透明性。

4. 安全

Windows 7 改进了安全和功能的合法性，并将数据保护和管理扩展到了外围设备。Windows 7 改进了基于角色的计算方案和用户账户管理，在数据保护和坚固协作的固有冲突之间搭建了沟通的桥梁，同时开启了企业级的数据保护和权限许可。

5. Aero 特效

Windows 7 的 Aero 效果更为华丽，有碰撞效果、水滴效果。而且，Windows 7 的资源消耗比 Windows Vista 更低。不仅执行效率快人一筹，笔记本计算机的电池续航能力也大幅增加。Windows 7 继续采用了 Aero Glass 界面，并且全面予以改进，包括支持 DX10.1。

Windows 7 及其桌面窗口管理器能充分利用 GPU 的资源进行加速，而且支持 Direct3D 11 API。这样做的好处主要有：

（1）从低端的整合显卡到高端的旗舰显卡都能很好地支持，而且有同样出色的性能。

（2）流处理器用来渲染窗口模糊效果。

（3）每个窗口所占内存（相比 Vista）能降低 50%左右。

（4）支持更多、更丰富的缩略图动画效果，包括 Color Hot-Track——鼠标滑过任务栏上不同应用程序的图标时，高亮显示不同图标的背景颜色也会不同。并且执行复制及下载等程序的状态指示进度也会显示在任务栏上，如果过程中出现了错误，还会通过变化颜色强调这个错误。而且，鼠标滑过同一应用程序图标时，该图标的高亮背景颜色也会随着鼠标的移动而渐变。

（5）支持在程序切换（Alt+Tab）中预览窗口，并且在预览的右下角显示了该程序的图标，增强了可用性。

（6）Windows 7 的查看桌面功能也使人耳目一新，即把鼠标放在显示桌面的按钮上窗口会自动透明，只留下桌面，但是不会隐藏桌面小工具。

6. 小工具

Windows 7 的小工具更加丰富，且可以放在桌面的任何位置，而不只是固定在侧边栏。

7. Virtual PC

微软新一代的虚拟技术 Windows Virtual PC 中自带一份 Windows XP 的合法授权，只要系统是 Windows 7 专业版或是 Windows 7 旗舰版，内存在 2 GB 以上，就可以在虚拟机中自由运行只适合于 Windows XP 的应用程序，并且即使虚拟系统崩溃，处理起来也很方便。

8. 更人性化的 UAC（用户账户控制）

在 Windows 7 中，UAC 控制级增到了四个，通过这样来控制 UAC 的严格程度，令 UAC 安全又不烦琐。

9. 触摸功能

Windows 7 包括了触摸功能，自然，能否实现该功能取决于硬件生产商是否推出触摸产品。系统支持 10 点触控，Windows 不再是只能通过键盘和鼠标才能接触的操作系统了。

10. 只预装基本的软件

Windows 7 只预装基本的软件，例如 Windows Media Player、写字板、记事本、照片查看器等。而其他的例如 Movie Maker、照片库等程序不再包括于内。用户可以在 Windows Live 的官方网站自由选择 Windows Live 的免费软件下载使用。

二、Windows 7 的安装环境

安装 Windows 7 的最低配置如表 1-2 所示，安装 Windows 7 的推荐配置如表 1-3 所示。

表 1-2　安装 Windows 7 的最低配置

设备名称	基本要求	备　注
CPU	1000 MHz 及以上	CPU 只要性能好即可
内存	1 GB 及以上	安装识别的最低内存是 512 MB

续表

设备名称	基本要求	备注
硬盘	12 GB 以上可用空间	最好保证每个分区有 16 GB 以上的可用空间
显卡	集成显卡 64 MB 以上	128 MB 为打开 Aero 的最低配置，不打开 Aero 时可为 64 MB
其他设备	DVD R/RW 驱动器或者 U 盘等其他存储介质	安装用。如果需要可以用 U 盘安装 Windows 7，这需要制作 U 盘引导
	Internet 连接/电话	需要联网/电话激活授权，否则只能进行为期 30 天的试用评估

表 1-3　安装 Windows 7 的推荐配置

设备名称	基本要求	备注
CPU	64 位双核以上等级的处理器	Windows 7 包括 32 位及 64 位两种版本，如果希望安装 64 位版本，则需要支持 64 位运算的 CPU 的支持
内存	1.5 GB DDR2 及以上	3 GB 及以上更佳
硬盘	20 GB 以上可用空间	加上后期软件安装，建议不低于 80 GB
显卡	支持 DirectX 10/Shader Model 4.0 以上级别的独立显卡	显卡支持 DirectX 9 就可以开启 Aero
其他设备	DVD R/RW 驱动器或者 U 盘等其他存储介质	安装使用
	Internet 连接/电话	需要在线激活，如果不激活，最多只能使用 30 天

☑ 任务实施

将 Windows 7 安装光盘放入光驱，在计算机启动时进入 BIOS 并把第一启动设备设置为光驱，按【F10】键保存设置并退出 BIOS。

（1）计算机自动重启后出现图 1-26 所示提示，按键盘任意键从光驱启动计算机。

图 1-26　光驱启动提示界面

（2）计算机从光驱启动后开始加载安装程序文件，如图 1-27 所示。

图 1-27　光驱启动后开始加载界面

（3）安装程序文件加载完成后出现 Windows 7 安装界面，因为 Windows 7 安装光盘是简体中文的，所以这里全部选择默认值，单击“下一步”按钮，如图 1-28（a）所示。

（4）单击“现在安装”按钮开始安装，如图 1–28（b）所示。

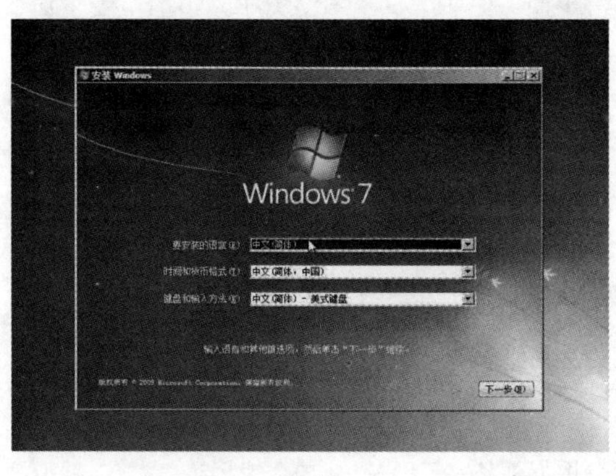

（a）

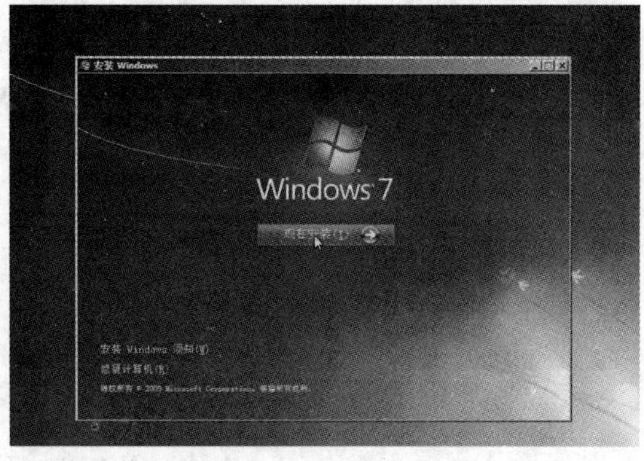

（b）

图 1–28　Windows 7 安装界面

（5）出现许可条款界面，选中“我接受许可条款”复选框，单击“下一步”按钮，如图 1–29（a）所示。

（6）出现安装类型选择界面，因为不是升级安装，所以选择“自定义（高级）”选项，如图 1–29（b）所示。

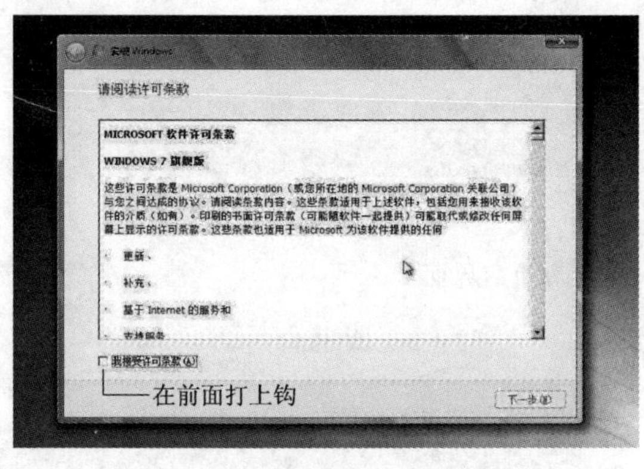

（a）

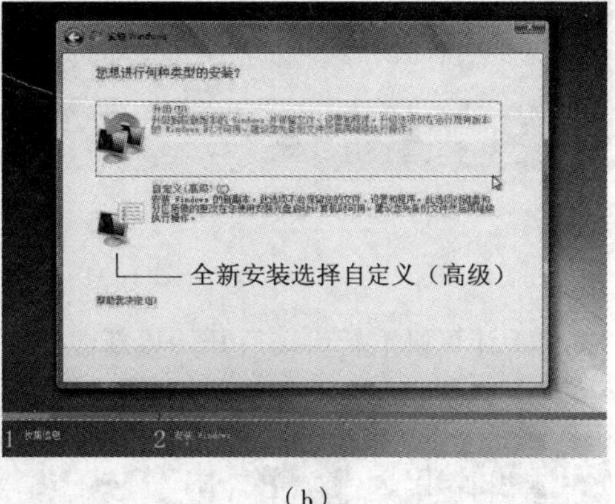

（b）

图 1–29　许可条款和安装类型选择界面

（7）出现安装位置选择界面，这里选择安装系统的分区，如果要对硬盘进行分区或格式化操作，则单击“驱动器选项（高级）”选项，如图 1–30（a）所示。

（8）这里可以对硬盘进行分区，也可对分区进行格式化。选择好安装系统的分区后，单击“下一步”按钮，如图 1–30（b）所示。由于 Windows 7 在安装时会自动对所在分区进行格式化，所以这里可以无须对安装系统的分区进行格式化。

（9）Windows 7 开始安装，如图 1–31（a）所示。

（10）安装完成后，需要重新启动计算机，如图 1–31（b）所示。

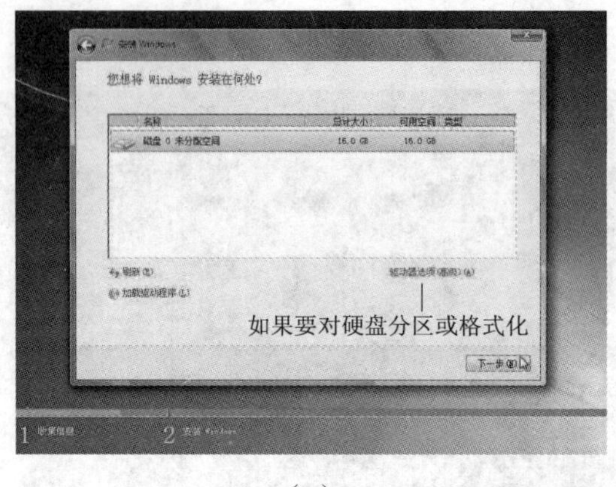

（a）

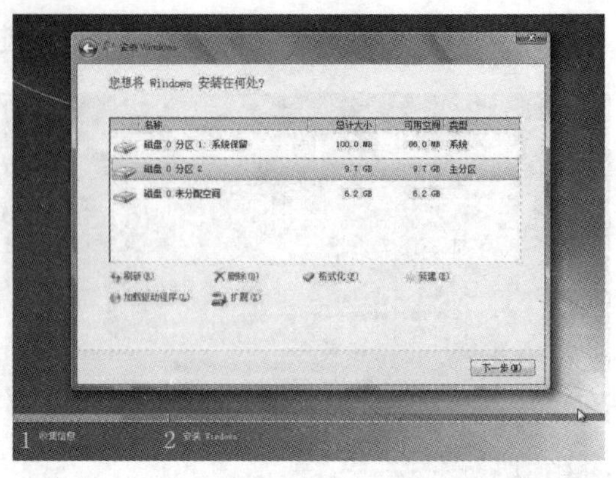

（b）

图 1-30　系统分区界面

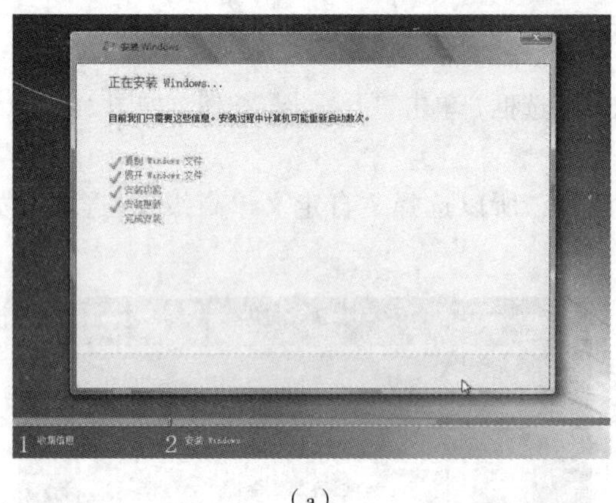

（a）

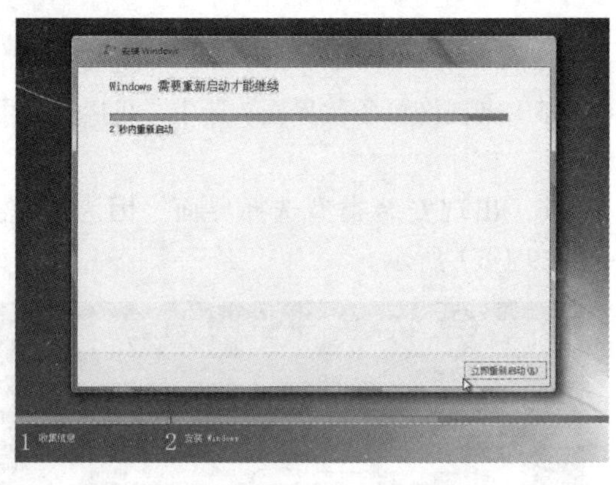

（b）

图 1-31　Windows 安装和重启界面

（11）计算机重新启动后开始更新注册表设置，如图 1-32（a）所示。

（12）启动服务，如图 1-32（b）所示。

（a）

（b）

图 1-32　完成安装阶段界面

（13）这时进入最后的完成安装阶段，如图 1-33（a）所示。

（14）安装阶段完成后，需要重新启动计算机，如图 1-33（b）所示。

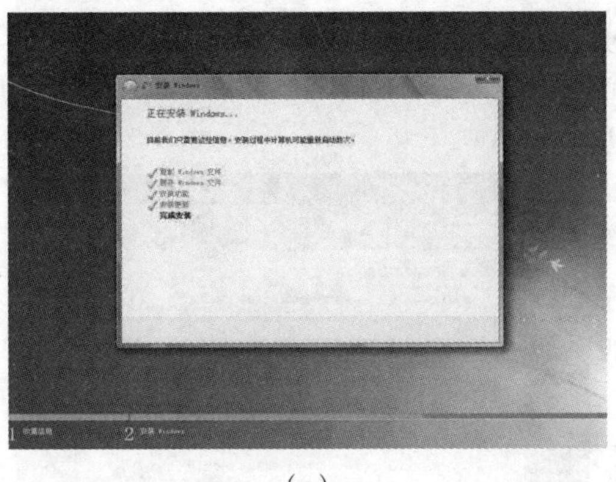

（a）

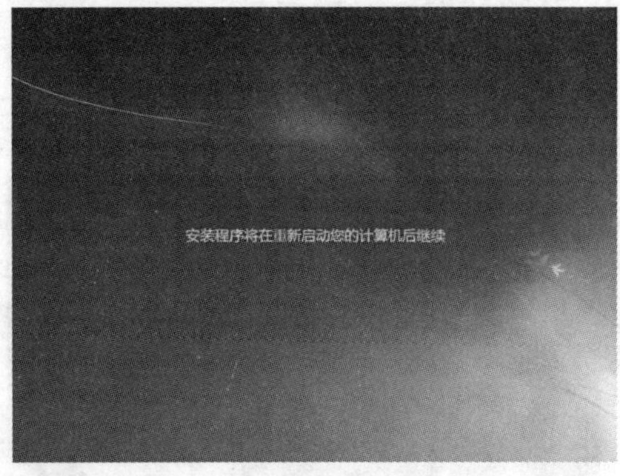

（b）

图 1-33　完成安装界面

（15）计算机重新启动后，安装程序为首次使用计算机做准备，如图 1-34（a）所示。

（16）输入用户名和计算机名称，单击“下一步”按钮，如图 1-34（b）所示。

（a）

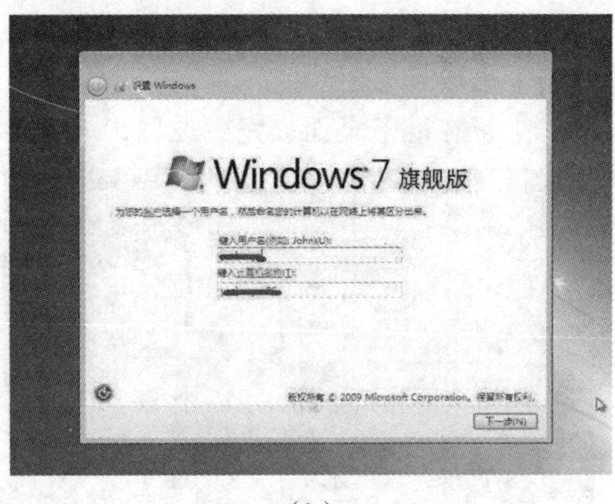

（b）

图 1-34　首次启动 Windows 7 界面

（17）为账户设置密码，如图 1-35（a）所示。如果这里不设置密码（留空），以后计算机启动时就不会出现输入密码的提示，而是直接进入系统。

（18）设置系统更新方式，建议选择“使用推荐设置”选项，如图 1-35（b）所示。

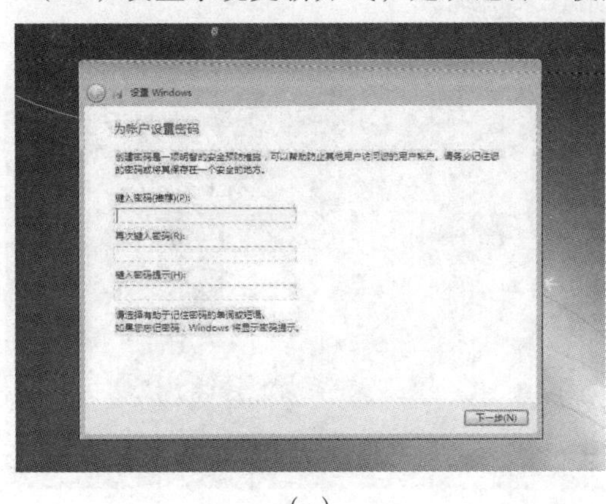

（a）

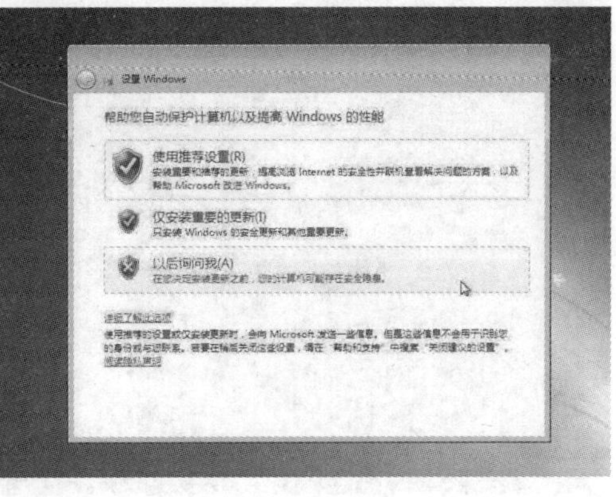

（b）

图 1-35　设置系统更新方式界面

（19）设置计算机的日期和时间，如图 1-36（a）所示。

（20）设置网络位置，有家庭、工作和公用三个选项，其中家庭网络最宽松，公用网络最严格，根据自己的实际情况进行选择，如图 1-36（b）所示。

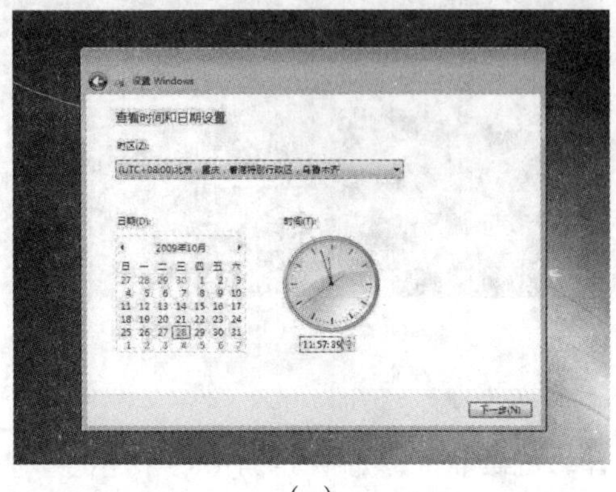

（a）

（b）

图 1-36　自定义设置界面

（21）完成设置。

（22）正在准备桌面、完成设置，如图 1-37 所示。

（a）

（b）

图 1-37　桌面启动界面

（23）进入欢迎界面，如图 1-38（a）所示，开始登录系统。

（24）进入系统桌面，如图 1-38（b）所示。

（a）

（b）

图 1-38　Windows 欢迎和启动完成界面

☑ 技能训练

（1）制作启动 U 盘。

（2）利用光盘安装 Windows 7 操作系统。

任务 3　Windows 7 界面的认识

☑ 任务介绍

张同学购买的计算机硬件设备与 Windows 7 操作系统安装完成后，需要了解一下 Windows 7 界面的使用功能，例如桌面的组件、窗口，常见的组件功能及正确使用方法。

完成该任务，需要了解 Windows 7 界面的功能，桌面的组件、窗口，常见的组件功能及正确使用方法。

☑ 相关知识

一、认识 Windows 7 桌面组件

尽管 Windows 7 是一个十分人性化的操作系统，对于初学者，仍需要花费一些时间去了解桌面组件、窗口的使用方法，才能灵活操控它进行娱乐和工作。

用户登录系统后，可以看到 Windows 7 桌面，该桌面由“开始”菜单、桌面图标、任务栏、通知区域和桌面小工具五大部分组成，如图 1–39 所示。

图 1–39　Windows 7 桌面界面

下面逐一介绍这些组件的功能及作用。

1. “开始”菜单

单击桌面左下角的“开始”按钮，即可显示“开始”菜单。“开始”菜单由应用程序列表，常用文件夹、功能设置选项和搜索框三部分组成，如图 1–40 所示。

图 1-40 Windows“开始”菜单界面

（1）应用程序列表：分为三个部分，顶部是用户指定的附着于“开始”菜单的应用程序项目；中间是用户近期经常使用的应用程序（系统会根据用户的使用情况动态修改此部分内容）；底部是“所有程序”选项，单击它可显示详细的程序列表。

（2）常用文件夹、功能设置选项：提供图片、音乐、控制面板、设备和打印机、关机等选项，方便用户快速打开经常使用的文件夹系统调整项目。

（3）搜索框：在其中输入关键词，可快速找到相应的程序或文件。

2. 任务栏

任务栏是指桌面底部的长条方块，它由“开始”按钮、任务栏主体及通知区域三部分构成。一般情况下所说的任务栏是指任务栏主体。

任务栏最早出现于 Windows 95 操作系统，它的作用是方便用户快速切换运行中的程序，Windows 7 操作系统将任务栏功能及作用扩展为以下四个：

（1）快速预览程序状态或窗口缩略图：用户所打开的窗口以及大多数应用程序均会在任务栏驻留图标，将鼠标指针移动到相应的图标上，即可预览程序或窗口缩略图，一些应用程序甚至会提供运行状态信息。

（2）切换程序窗口：单击程序或窗口的缩略图，即可将缩略图对应的程序或窗口设置于最前方，供用户进一步操作。

（3）快速启动应用程序：用户可以将常用的应用程序锁定至任务栏，以后只需要单击任务栏中相应的程序图标即可运行该程序。

（4）快速打开常用的文件夹：在任务栏中的“资源管理器”图标上右击，即可查看常用的文件夹列表，单击对应的选项，即可快速打开常用的文件夹。

3. 通知区域

通知区域是指在任务栏右侧由几个小图标和系统时钟组成的区域，主要用于显示系统状态信息和调整系统音量。例如，关闭防毒软件时，就会从通知区域显示气泡信息提醒用户注意。除此之外，一些应用程序也在该区域显示提醒信息，例如，QQ 收到信息时，通知区域中的 QQ 图标就会不断闪烁。

4. 桌面小工具

桌面小工具是一个微型桌面应用程序，它可以一直置于最前面，为用户提供天气、系统、股市等信息。

5. 桌面图标

桌面图标是指在 Windows 桌面上各种各样代表应用程序、文件或文件夹的小图标。完成安装操作系统后，默认桌面只有一个回收站图标。随着安装的应用程序以及桌面的文件或文件夹增多，桌面图标就会越来越多。

二、窗口及常见组件

在 Windows 操作系统中，大多数的交互操作均在“窗口”完成，所以“窗口”及其基本操作是入门者的必学内容之一。

显示程序、文件夹等内容的矩形框架就是“窗口”。常见的窗口由标题栏、窗口控制按钮、边框、滚动条、内容区域、功能按钮以及菜单共同组成，如图 1-41 和图 1-42 所示。

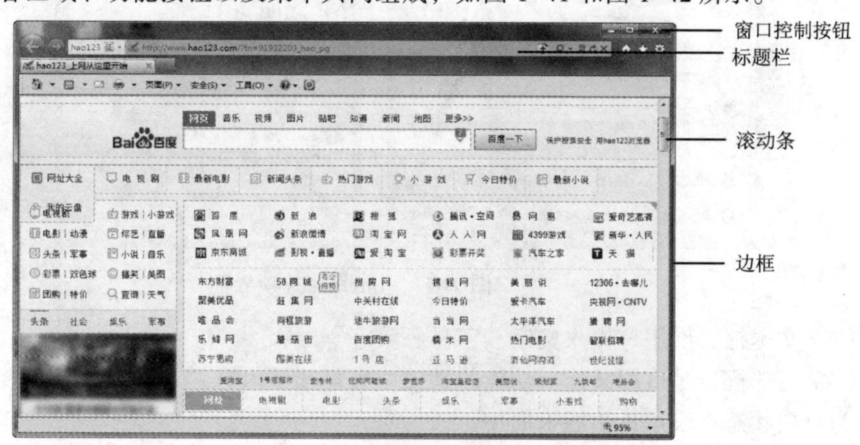

图 1-41　Windows 7 窗口界面

（1）标题栏：除小部分窗口的标题栏为空白之外，大部分窗口的标题栏会显示当前打开的文件及程序名称。

（2）窗口控制按钮：包括“最大化”（或“还原”）、“最小化”和“关闭”按钮，用于控制窗口大小以及关闭窗口。

（3）边框：用于区分窗口与其他桌面组件。

（4）滚动条：窗口无法显示所有内容时就会出现滚动条，拖动滚动条中的滑块或单击其两端的三角标志，即可水平或垂直滚动显示内容。

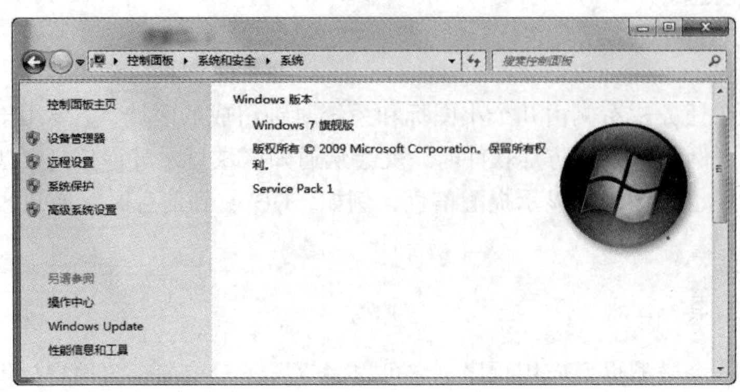

图 1-42　窗口界面

（5）功能按钮及菜单：功能按钮及菜单提供各种功能，供用户设置系统或窗口中内容。

（6）内容区域：用于显示内容，供用户浏览、绘图、输入或执行其他操作。

除以上组成部分之外，有的窗口（一般也称对话框）还包括以下组件：

（1）选项卡：每一个选项卡代表一个设置页面。例如，“Internet 选项”对话框中有 7 个选项卡，如图 1-43 所示，选择“安全”选项卡，即可打开该选项卡，进行安全相关的设置。

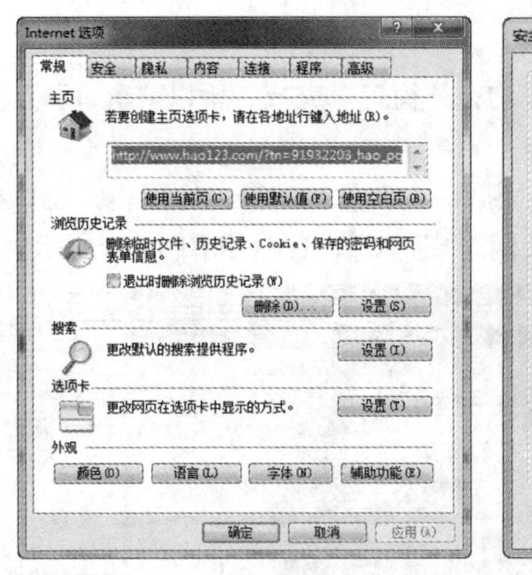

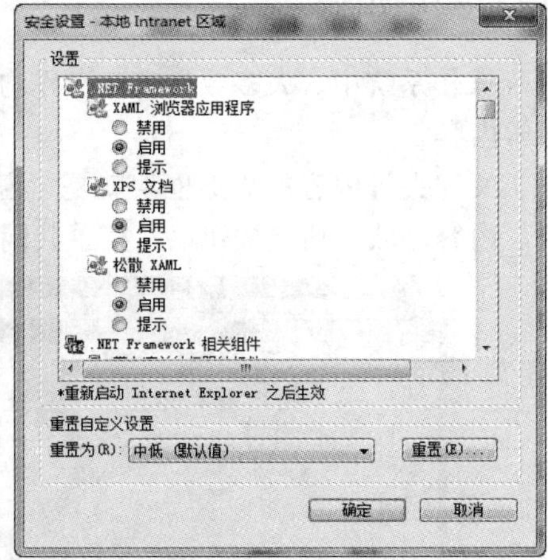

图 1-43　Internet 选项界面

（2）文本框：供用户输入文字、字母、数字等内容。

（3）复选框：是启用某选项功能的开关。当复选框内有“√”标记时，表示启用了该功能；如果为空白状态，表示该功能未启用。

（4）单选按钮：是多选一的功能开关。当单选按钮内有实心点标记时，表示该项处于选择状态。

（5）链接文字：当鼠标指针移到链接文字时会呈现手状，单击即可打开链接文字所指向的某项功能或设置窗口，如图 1-44 所示。

（6）滑块：滑块是一种直观调控的组件。用户只需拖动滑块，即可调控颜色、安全级别等项目，如图 1-44 所示。

（7）下拉列表：当多个选项只需要选择其中一个时，除了单选按钮外，下拉列表也相当常见。只需要单击三角按钮即可展开下拉列表，然后选择所需选项即可。

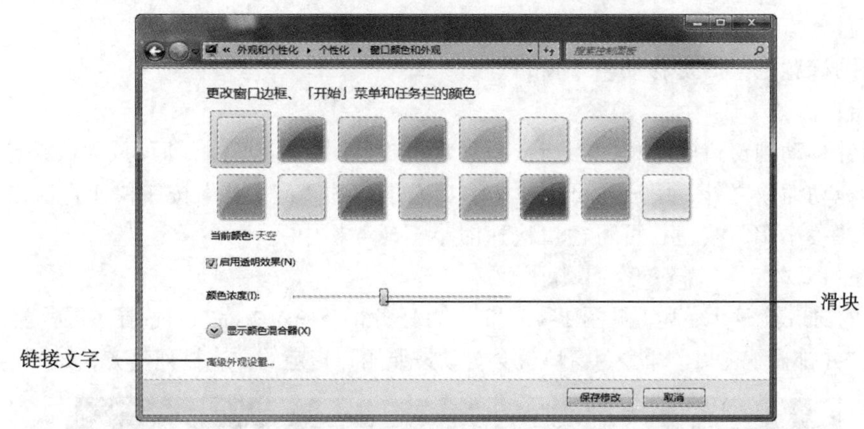

图 1-44　滑块和链接文字

三、文件及文件夹

文件是操作系统用来存储和管理信息的基本单位，用来保存各种形式的信息。文件存储在外存中，必须先读入到内存中，才能被访问。

使用 Windows 7 可以更有效地使用文件和文件夹。计算机内的所有数据都是以文件的形式存放在磁盘上的。文件是一组信息的集合，这些信息最初在内存中创建，然后被用户赋予相应的文件名进而存储到磁盘上。为了对各种各样的文件加以归类，可以给文件加上不同的扩展名。例如，程序类文件的扩展名有.exe 或.com 等，文本类文件的扩展名有.docx 或.txt 等，图形类文件的扩展名有.bmp、.jpg 及.tif 等。这些文件的扩展名可以用来标识文件的类型。为了易于用户辨别，Windows 7 将各种文件类型用不同的图标来表示。

文件夹是文件的集合，即将相关的文件存储在同一个文件夹中，以便更好地查找和管理这些文件。随着文件夹的扩展，文件夹不但可以包含文档、程序、链接文件等，而且可以包含其他文件夹、磁盘驱动器和计算机等。

文件具有以下特性：

（1）在同一磁盘的同一目录区域内不会有名称相同的文件，即文件名具有唯一性。

（2）文件中可存放字母、数字、图片和声音等各种信息。

（3）文件可以从一张磁盘上复制到另外一张磁盘上，或者从一台计算机上复制到另外一台计算机上，即文件具有可携带性。

（4）文件并非固定不变的。文件可以缩小、扩大，可以修改、减少或增加，甚至可以完全删除，即文件具有可修改性。

（5）文件在硬盘中有其固定的位置。文件的位置是很重要的，在一些情况下，需要给出路径以告诉程序或用户文件的位置。路径由存储文件的驱动器、文件夹或子文件夹组成。

☑ 任务实施

1. 窗口操作

Windows 7 是一个多任务、多线程的操作系统，同一时间桌面可能有两个甚至多个窗口同时呈现，为了查看不同内容，用户经常需要移动、缩放以及排列、关闭窗口。

1）移动窗口

移动窗口的标题栏，即可移动整个窗口。

2）缩放窗口

将鼠标指针移动到窗口的边框，当指针呈现双箭头状时，拖动鼠标即可放大或缩小窗口。

除了手动拖动缩放之外，用户还可以单击窗口右下角的“最大化”按钮快速将窗口扩大至整个屏幕；单击“最小化”按钮，可将窗口快速缩小至任务栏中。

3）排列窗口

当屏幕上的窗口较多且凌乱（见图 1–45）时，在任务栏空白位置右击，选择“层叠窗口”“堆叠显示窗口”或“并排显示窗口”命令，窗口就会自动按照用户指定的方式排列整齐，如图 1–46 所示。

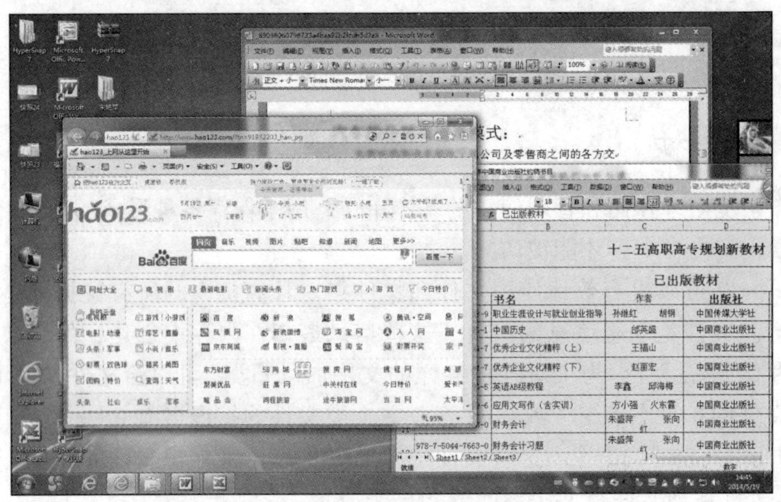

图 1–45　已打开的窗口界面

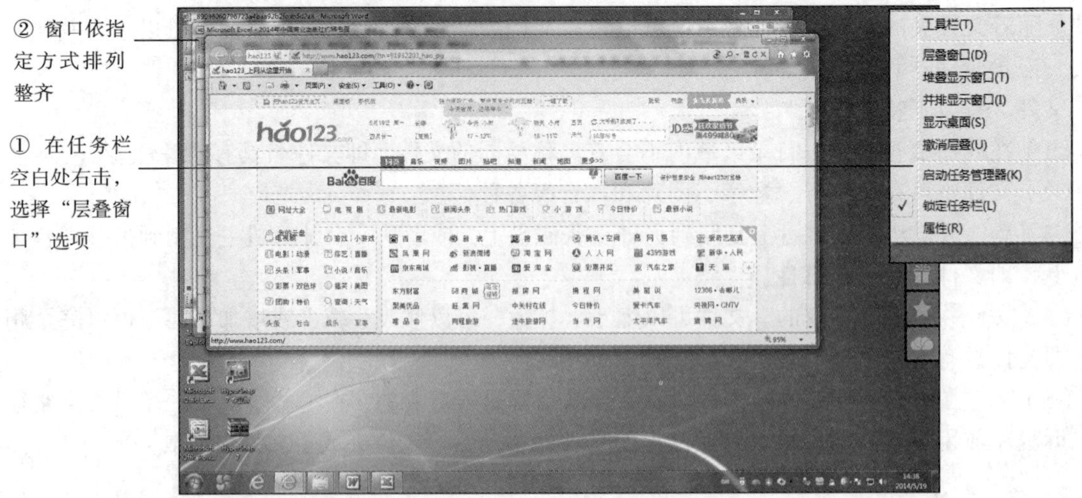

图 1–46　层叠窗口界面

2. 使用小工具

小工具是十分实用的桌面程序，它与一般程序的安装方法完全不同，添加并使用这些小工具的方法如下：

（1）打开联机页面，以便获得所需的小工具，如图 1–47 所示。

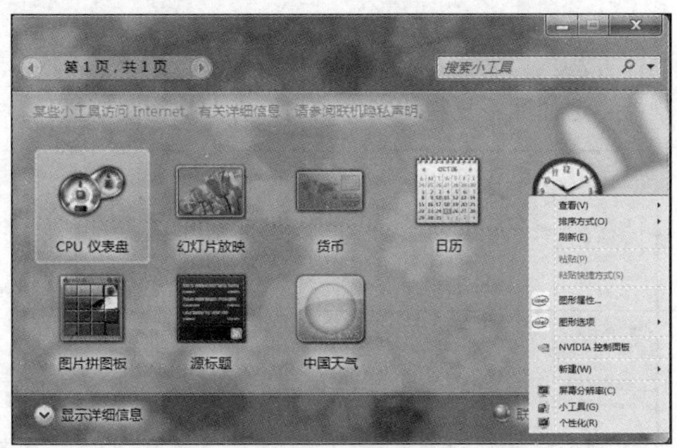

图 1–47　联机页面

（2）打开下载的文件，安装小工具。

（3）新的小工具添加到桌面后，就可以随时获得相关信息。

3. 文件操作

1）选择文件

无论进行复制、剪切还是删除操作，都需要先选择文件，以确定操作的对象。

（1）选择单个文件或文件夹：单击要选择的文件（或文件夹），当文件（或文件夹）图标外显示浅色的方框时，表示已成功选中该文件（或文件夹）。

（2）选择多个连续排列的文件或文件夹：选择第一个文件（或文件夹），按住【Shift】键，再选择最后一个文件（或文件夹），首尾文件之间的所有文件（或文件夹）均处于选中状态。

（3）选择多个不连续的文件（或文件夹）：按住【Ctrl】键不放，逐一选中文件（或文件夹），完成后松开【Ctrl】键，即可选择多个不连续排列的文件（或文件夹），如图 1–48 所示。

图 1–48　选择多个不连续的文件界面

（4）取消选中状态：选择文件（或文件夹）后，在空白位置单击，即可取消选中状态。

2）复制与剪切文件

复制文件就是在磁盘上复制一个副本（两个位置都保存了文件）。

剪切文件是将文件从一个位置移到另一个位置。例如，用数码照相机拍完照片后，可以将相片文件从存储卡剪切至本地磁盘中。

下面示范复制的操作方法：

（1）打开资源管理器，选择准备复制的文件或文件夹并执行复制操作，如图 1–49 所示。

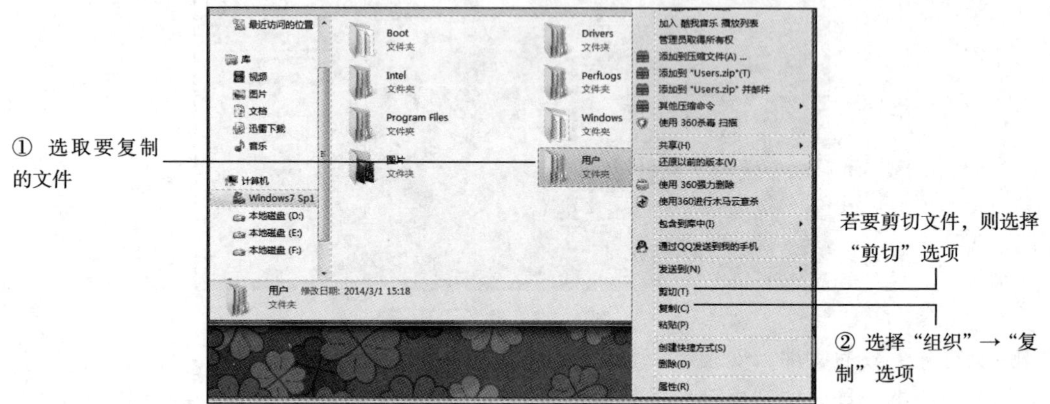

图 1–49　复制文件

（2）切换至保存复制文件的位置后，通过“粘贴”操作将文件复制到指定位置，如图 1–50 所示。

图 1–50　粘贴文件

3）删除文件

对于不再使用的文件可以通过多种操作予以删除。删除文件的方法有以下几种：

（1）选择需要删除的文件或文件夹，按【Delete】键，然后按【Enter】键确认删除操作。

（2）选择需要删除的文件或文件夹，在待删除的文件上右击，选择“删除”命令，最后单击“是”按钮。

（3）如图 1–51 所示，选择需要删除的文件，单击“组织”按钮，选择“删除”命令，弹出“删除文件”或“删除多个项目”对话框后，单击“是”按钮。

执行删除操作后，文件（或文件夹）将会从资源管理器中消失，但是并没有真正从磁盘中清除，而是放置在回收站中。如果误删除了文件，可以通过回收站的还原操作找回文件，如图 1–52 所示。

如果磁盘空间不足或者确认回收站中的文件不需要保留，就可以在打开回收站后，单击“清空回收站”按钮，彻底清除文件以释放磁盘空间。

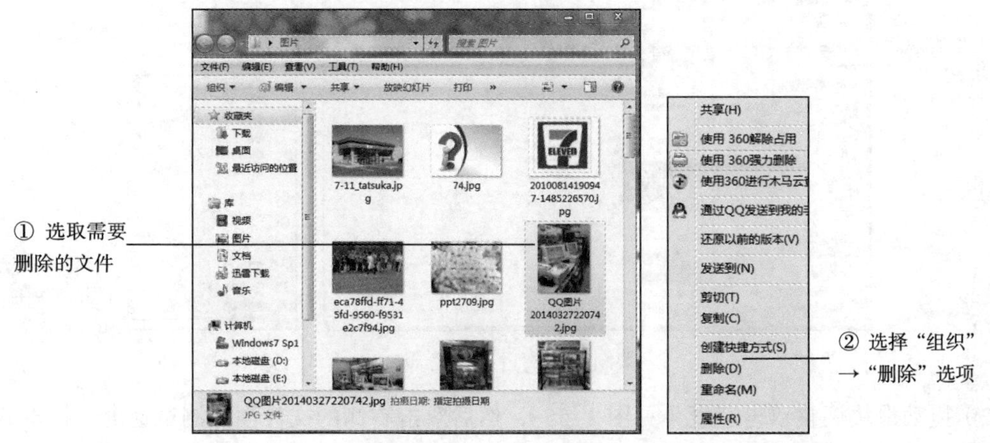

图 1–51　删除文件

图 1–52　还原文件

4. 调整键盘鼠标

每个用户都有不同的使用偏好，有的用户习惯使用左手握鼠标，有的用户习惯使用右手握鼠标；有的用户喜欢鼠标移动时速度快一些，而有的用户却喜欢移动速度偏慢的鼠标。下面介绍调整键盘和鼠标的方法，使之更符合自己的使用习惯。

1）调整鼠标适合左手使用

Windows 默认鼠标为右手使用，习惯使用左手的用户操控鼠标时会觉得不方便。可以参考以下操作，调整鼠标以适合左手使用。

（1）打开图 1–53 所示的“个性化”窗口，准备调整鼠标设置。

（2）如图 1–54 所示，设置切换左右键，让鼠标更适合左手握持。

2）调整鼠标移动及双击速度

假如觉得鼠标移动双击的速度太快或太慢，可以通过以下操作调整。需要注意的是，假如鼠标 dpi 值低于 800，在 1 920 像素 ×1 080 像素等高分辨率的屏幕下，提升移动速度将会降低操作的精确度。

（1）在桌面空白处右击，选择“个性化”命令，单击“更改鼠标指针”链接文字。

图 1–53 “个性化”窗口

（2）拖动滑块调整双击速度（见图 1–55），然后双击右侧的文件图标测试速度，接着调整鼠标指针移动的速度，如图 1–56 所示。

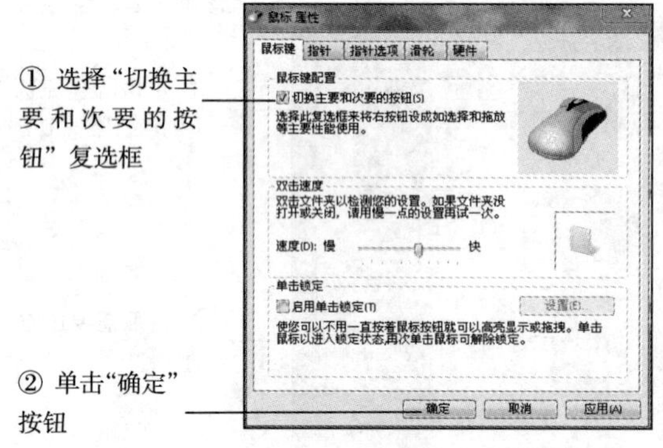

图 1–54 调整鼠标设置界面

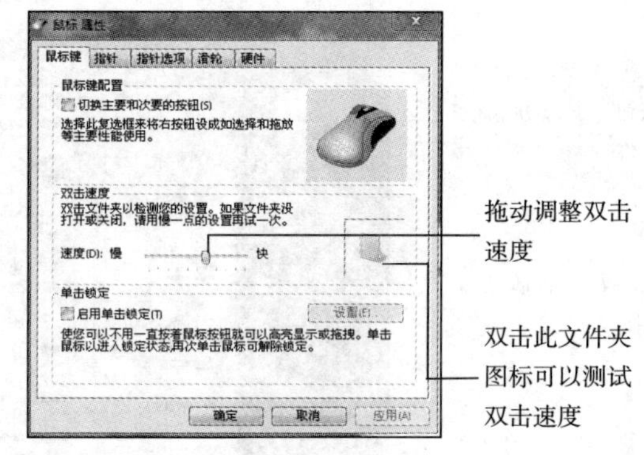

图 1–55 鼠标属性界面

3）微调滚动

Windows 默认滚动每转动一个齿格，内容将垂直卷动三行。用户可以参考以下设置，调整内容卷动的速度，使之满足自己的使用需求。

（1）在桌面空白处右击，选择“个性化”命令，单击“更改鼠标指针”链接文字。

（2）根据实际需求，修改滚轮滚动时的动作，如图 1–57 所示。

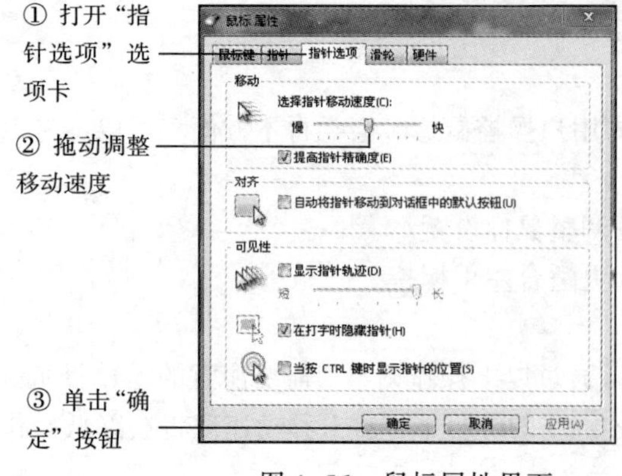

图 1–56 鼠标属性界面

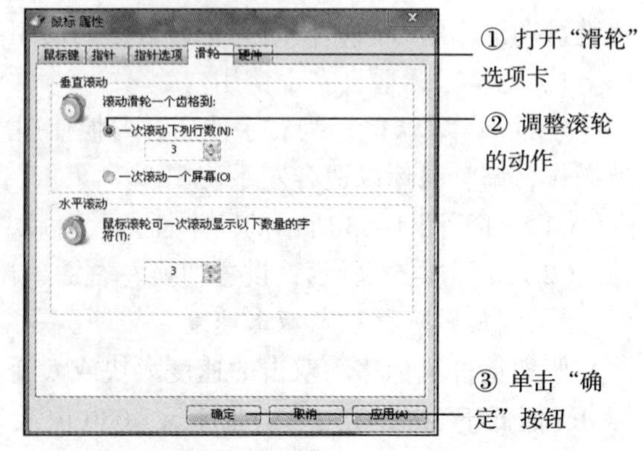

图 1–57 更改鼠标指针界面

4）让键盘适应使用习惯

Windows 默认的键盘响应速度符合大多数用户的使用习惯，但是却难以满足一些用户的使用需求。例如，文书处理人员通常会觉得键盘重复间隔过长，这时可以参考以下操作进行调整。

（1）单击“开始”按钮，选择“控制面板”命令，打开“控制面板”窗口。

（2）如图 1–58 所示，设置查看方式为“大图标”，然后打开“键盘 属性”对话框。

图 1–58　“控制面板”窗口

（3）根据个人实际需求，调整重复延迟和重复速度，如图 1–59 所示。

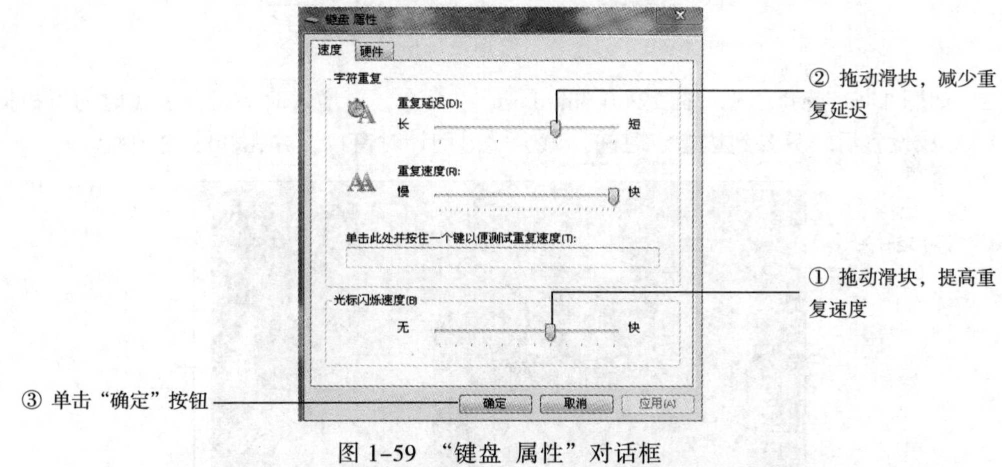

图 1–59　“键盘 属性”对话框

5. 答疑解惑

1）实现定时自动开机

定时自动开机需要在计算机的 BIOS 中设置，不同厂商的 BIOS 其设置略有差异，下面以 AWORD BIOS 为例介绍。

（1）开机后按下【Delete】键或【F2】键，进入 BIOS 设置界面，进入定时开机设置项目。需要注意的是，有些主板并没有提供定时开机项目。

（2）根据实际情况设置定时开机的日期和时间。

（3）设置完毕，按【F10】键，然后按【Y】键。以后每天到达指定时间，计算机就会自动开机。

2）实现定时自动关机

Windows 7 虽然没有提供定时关机功能，但是可以通过添加关机计划任务来达到这个目的。由于 Windows 7 的计划任务程序使用有点复杂，下面将示范使用简洁的命令行新增定时关机任务。

（1）如图 1-60 所示，以管理员身份运行命令行工具。

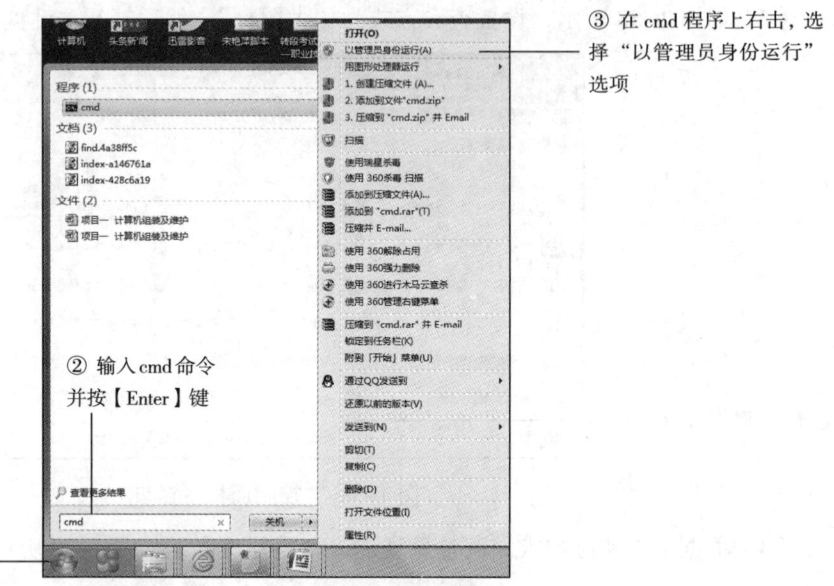

图 1-60　选择“以管理员身份运行”命令

（2）如图 1-61 所示，输入 at 22:00 Shutdown -s 命令，新增定时关机任务（时间可根据需要更改）。完成设置后，只要到达指定时间，就会跳出倒计时窗口，并在 30 s 内关机。

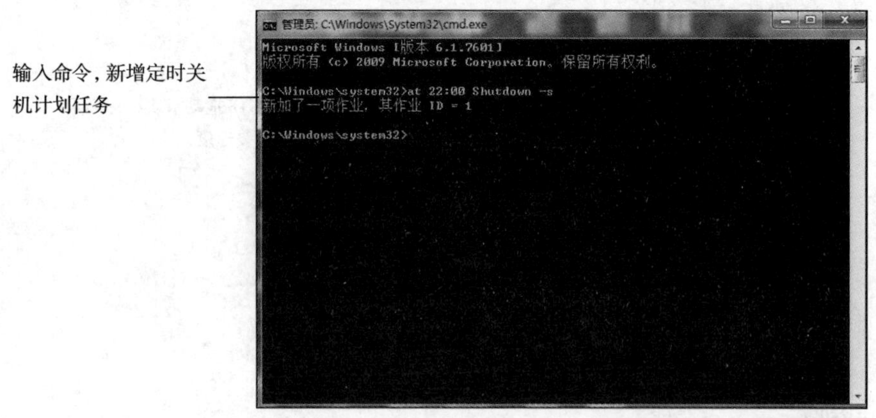

图 1-61　调整界面

假如关机倒计时正在工作，可以马上执行 cmd 命令，输入 shutdown -a 中断关机操作。

3）关闭自动睡眠设置

许多用户晚上开机下载材料，下载进度却十分缓慢。事实上，Windows 7 默认闲置 30 min 自动进入睡眠状态，当用户离开计算机半小时后，系统已经自动睡眠，所以下载速度会变得缓慢。解决方法是按下述步骤关闭自动睡眠设置。

（1）打开“开始”菜单，选择“控制面板”命令，在“控制面板”窗口中单击“硬件和声音”链接文字。

（2）将“使计算机进入睡眠状态”设置为“从不”，这样计算机就不会自动睡眠了，如图 1–62 所示。

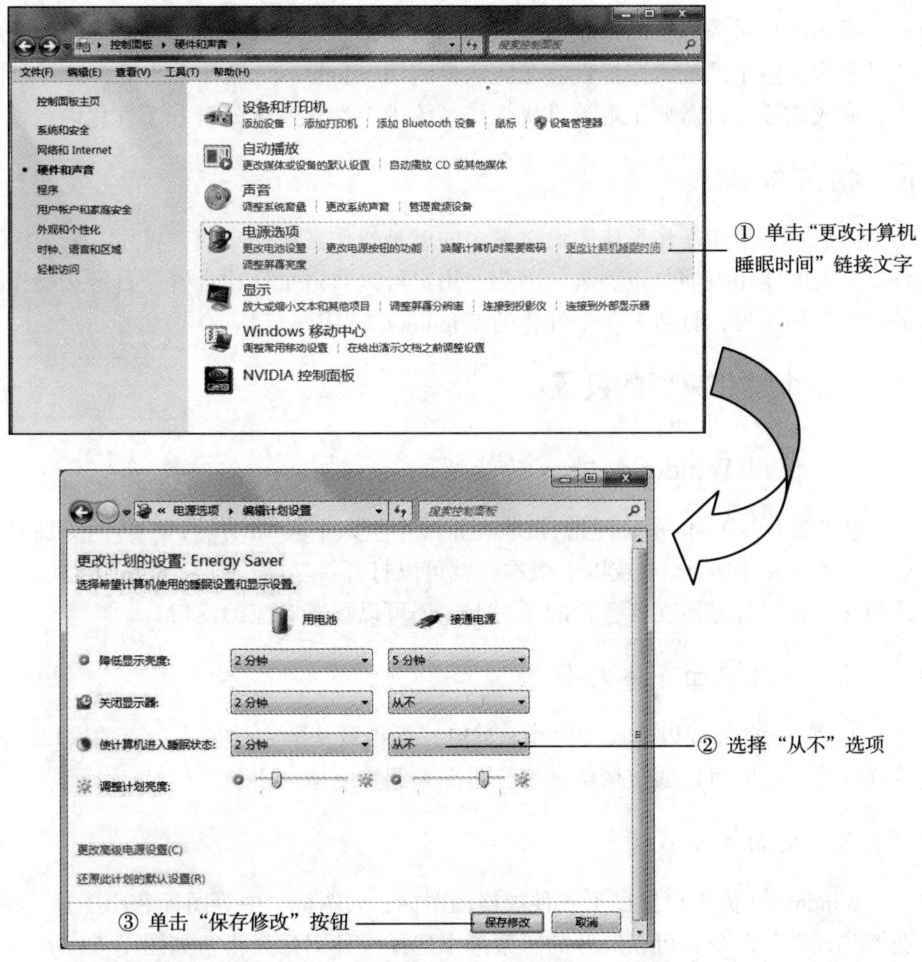

图 1–62　调整界面

一些节能较佳的计算机会自动进入休眠状态。如果需要关闭自动休眠，则在搜索栏中输入 cmd，在 cmd 程序上右击，选择“以管理员身份运行”命令，输入 powercfg–hibernate off 命令，即可关闭自动睡眠设置。

4）发挥多键鼠标的作用

目前，有一部分鼠标除了常用的三个按键之外，侧面还有按键。要使用这些特殊的按键，需要下载及安装厂商提供的驱动器。例如，双飞燕 G6 系列的鼠标，安装驱动程序后即可利用侧面的按键执行剪切、复制操作。

☑ 技能训练

（1）调整鼠标移动及双击速度，写出操作流程。

（2）打开多个窗口，进行窗口层叠设置。

任务4　个性化设置

☑ 任务介绍

很多用户希望自己的系统桌面别具一格，在桌面上既能找到方便快捷的应用，又有个性化小工具来增加整个系统的多样性。张同学要利用 Windows 7 操作系统平台进行个性化设置。

完成该任务，需要了解计算机操作系统中个性化系统外观和个性化声音设置的相关知识。

☑ 相关知识

人们每天使用操作系统，面对最多的就是操作系统的桌面。Windows 7 默认的设置不一定适合每个人的使用习惯与审美观，因此，用户可以通过个性化设置、自定义操作系统界面的外观、提示声音等项目，打造一个个性化的 Windows 7 界面。

一、个性化桌面的设置

1. 使用 Windows Aero 功能

从 Windows Vista 系统开始，微软在系统中引入了 Aero 功能，只要计算机的显卡内存在 125 MB 以上，并支持 DirectX 9 或以上版本，就可以打开该功能。打开 Aero 功能后，Windows 窗口呈现透明化，将鼠标悬停在任务栏的图标上，还可以预览对应的窗口。

2. 设置桌面字体大小

使用 22 英寸或以上尺寸的显示器时，系统默认的字体偏小，有的用户阅读屏幕文字时可能感到吃力，这时可以通过调整屏幕分辨率来调整字体大小。

3. 桌面图标设置

Windows 7 为用户提供了三种规格的图标：大图标、中等图标和小图标。在桌面空白处右击，选择“查看”命令，可在展开的子菜单中选择一种图标规格，如图 1-63 所示。

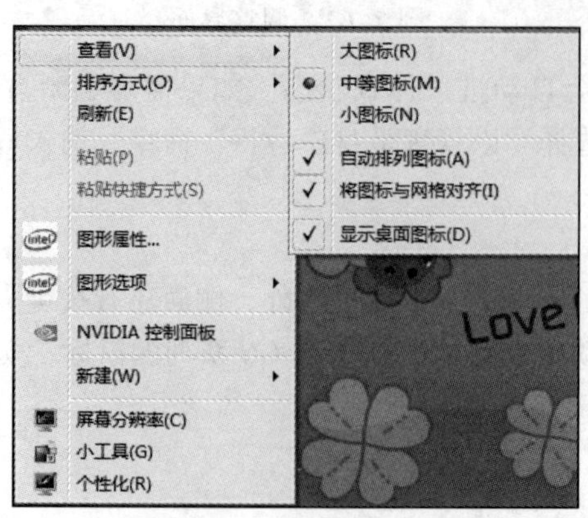

图 1-63　桌面图标界面

4. 自定义鼠标指针形状

Windows 7 系统提供了多套鼠标指针方案，用户可根据喜好选择其中的一种。另外，Internet 上提供了很多样式可爱、色彩绚丽的鼠标指针图标（文件扩展名为.ani 或.cur），用户可以根据喜好下载和自定义鼠标指针。

5. 添加程序至“开始”菜单

对于一些经常使用的程序，用户可以将其快捷方式图标添加到“开始”菜单中，方便快速启动该程序。

6. 自定义通知区域图标的隐藏或显示状态

默认情况下，在 Windows 7 通知区域中只显示音量、网络、日期等图标，QQ 等应用程序的图标一般处于隐藏状态。可以设置让某些图标一直显示或隐藏。

7. 在任务栏中建立自定义工具栏

Windows 7 用户可以在任务栏建立自定义工具栏，如显示 Tablet PC、输入面板、桌面或指定的文件夹。例如，经常要访问某个文件夹，就可以将该文件夹以菜单的方式放置在任务栏中。

8. 将程序锁定至任务栏

在 Windows 7 系统中，用户可以将任意一个程序锁定至任务栏中，以后可通过任务栏快速启动该程序。程序的状态不同，其锁定操作也略有不同。

9. 修改电源按钮的功能

在“开始”菜单右下角有一个电源按钮，默认提供关机功能，如果用户经常使用休眠、睡眠、注销等功能，也可以修改该电源按钮的作用。

二、个性化声音的设置

Windows 7 系统在声音配置方面提供了众多的设置，用户可以根据需要自定义系统声音方案、设置不同程序的音量、模拟声音效果等。

1. 自定义系统声音方案

如果用户厌倦了系统在不同状态下默认发出的声音，可以将其更改为自己喜欢的音乐。

2. 让不同的应用程序使用不同的音量

在夜深人静上网的时候，突然弹出的广告声音可能会吓你一跳，事实上，Windows 7 支持各个程序使用不同的音量，例如，将浏览器设为低音量或静音，就不会被突如其来的广告声音干扰了。

3. 增强声音效果

用户可以根据需要调整声音效果，如使用变调、响度均衡、消除原声等，以充分发挥声卡的特色功能。要注意的是，不同的声卡在安装官方驱动程序后，声音效果的设置项目也有所不同。

4. 调整麦克风

如果计算机配置了麦克风，可以根据需要调整其音量以及配置一些增强功能，让麦克风更好地为自己服务。

☑ 任务实施

1. 个性化桌面的设置

1）使用 Windows Aero 功能

打开和调整 Aero 功能的方法如下：

（1）在桌面空白处右击，选择“个性化”命令。

（2）打开“个性化”窗口后，在 Aero 主题列表中选择一种 Aero 主题，系统便自动切换到该主题，单击“窗口颜色”图标，在打开的窗口中可以修改所选择的 Aero 主题，如图 1-64 所示。

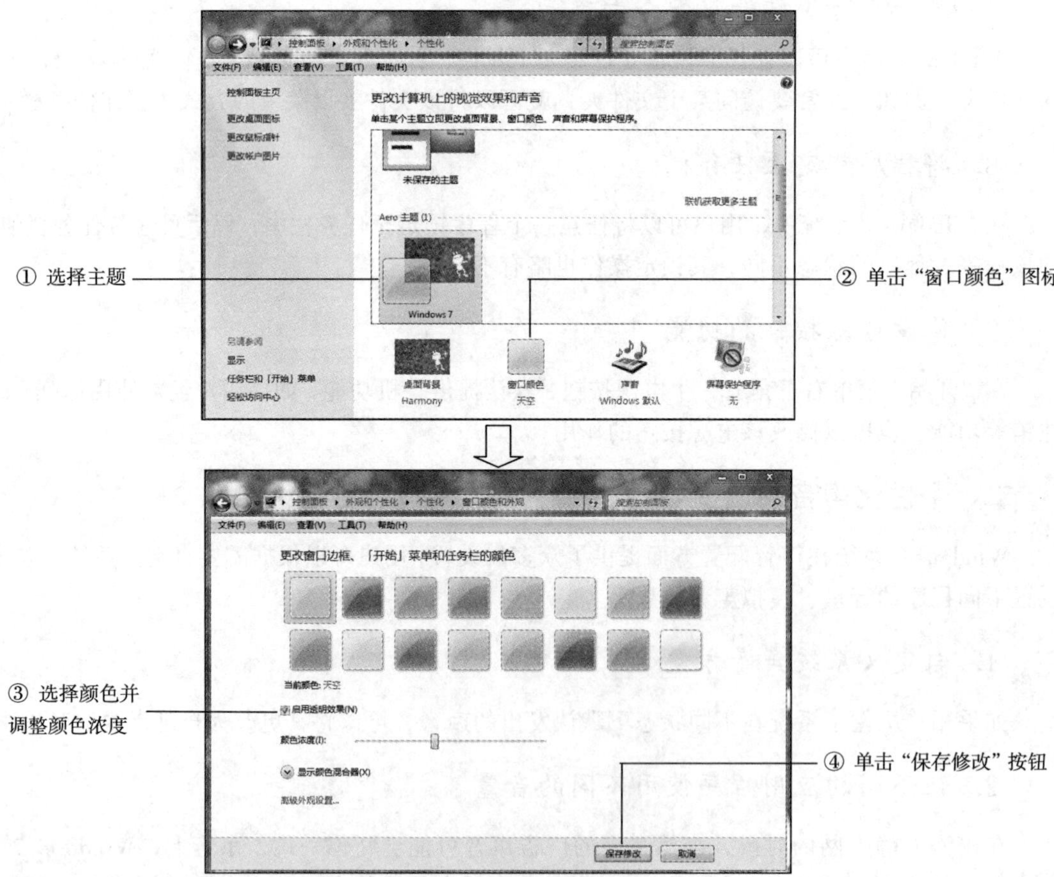

图 1-64　打开 Aero 功能

打开 Windows Aero 功能会占用系统资源，如果用户的硬件配置较低，例如内存容量在 1.5 GB 以下，建议关闭此功能，以加快系统速度。在“个性化”窗口的“基本和高对比度主题”列表中选择“Windows 7 Basic”选项，即可关闭 Windows Aero 功能，如图 1-65 所示。

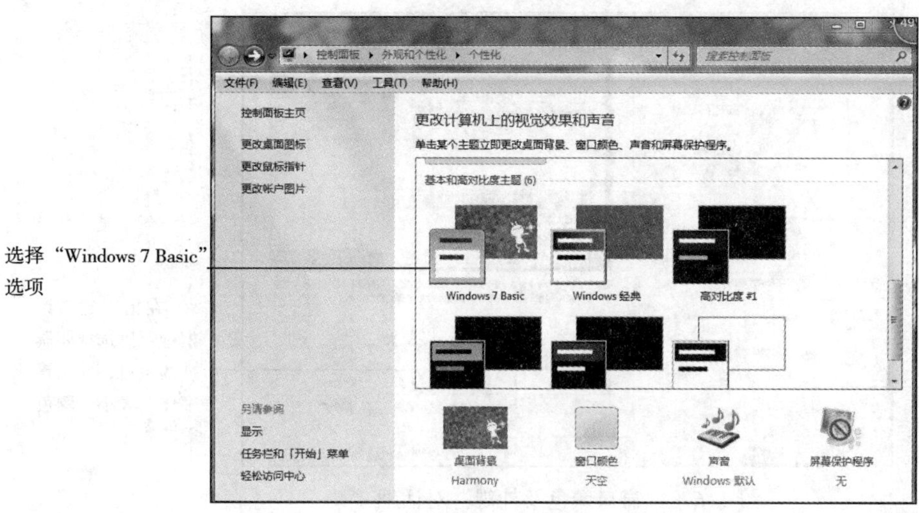

图 1-65　关闭 Aero 功能

2）设置桌面字体大小

（1）在桌面空白处右击，选择“屏幕分辨率”命令，然后在打开的窗口中单击“放大或缩小文本和其他项目”链接文字。

（2）打开“显示”窗口后，单击“设置自定义文本大小”链接文字，接着在弹出的对话框中调整缩放百分比即可，如图 1-66 所示。

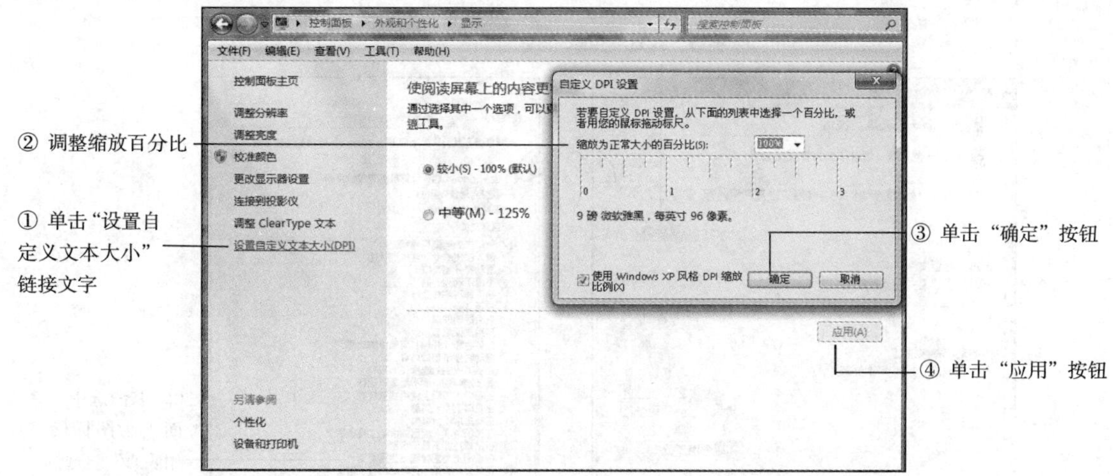

图 1-66　“显示”窗口

除了上述方法之外，在调整 Windows Aero 的窗口颜色时，单击“高级外观设置”链接文字，可以在弹出的对话框中调整标题按钮、菜单、工具提示、标题栏、消息框等 Windows 组件中的字体大小等参数，如图 1-67 所示。

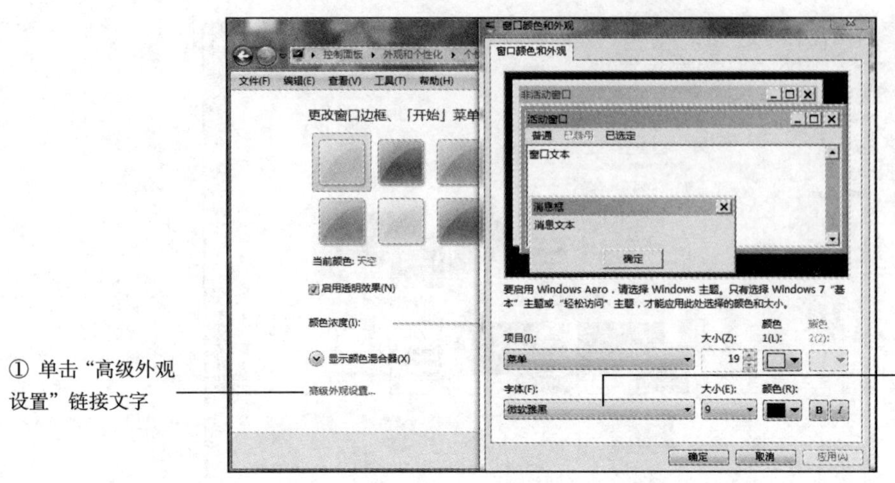

图 1-67　“窗口颜色及外观”对话框

3）桌面图标设置

默认情况下，桌面图标将显示阴影，如果用户想要去除此阴影，可以按照以下方法操作：

（1）单击“开始”按钮，展开菜单后，在“计算机”选项上右击，选择“属性”命令。

（2）打开“系统”窗口后，在左窗格中单击“高级系统设置”链接文字。

（3）弹出“系统属性”对话框，默认显示“高级”选项卡，在“性能”区域中单击“设置”按钮，接着在“性能选项”对话框中取消选中“在桌面上为图标标签使用阴影”复选框即可，如图 1-68 所示。

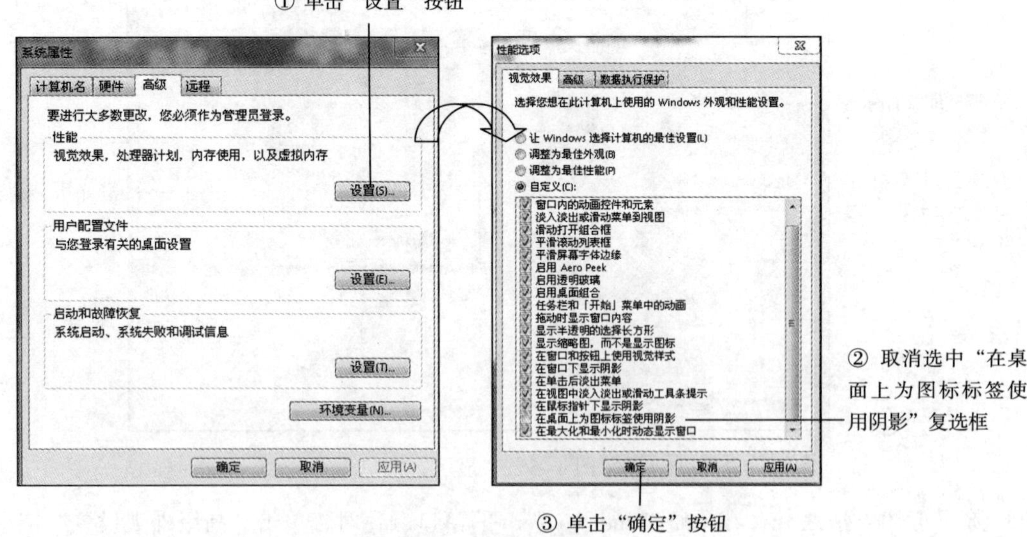

图 1-68　系统属性界面

4）自定义鼠标指针形状

（1）在桌面空白处右击，选择“个性化”命令，在打开的窗口中单击“更改鼠标指针”链接文字。

（2）打开“鼠标属性”对话框后，在“指针”选项卡中设置不同状态下对应的指针图案。例如，选择“正常选择”选项后，单击“浏览”按钮，然后可在出现的窗口中选择要使用的图标，如图 1-69 所示。

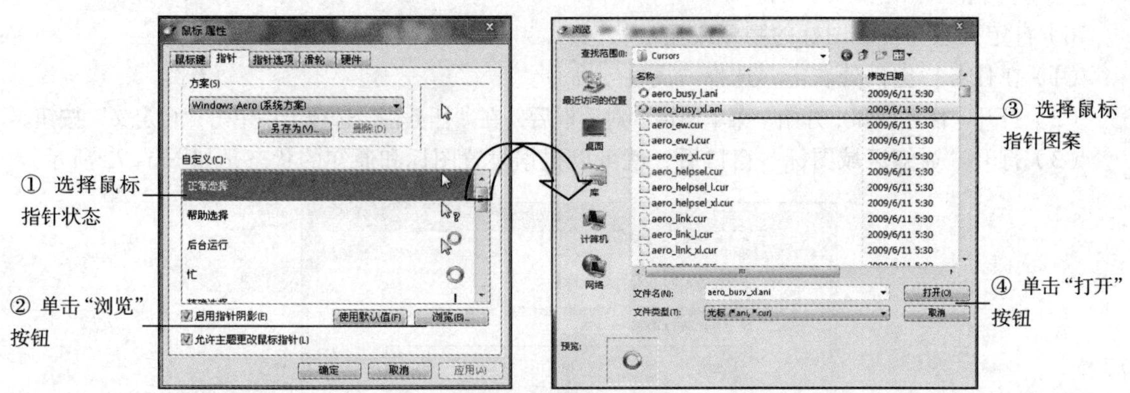

图 1-69　鼠标属性界面

（3）完成自定义鼠标指针形状后，建议保存当前方案（见图 1-70），方便以后快速应用。

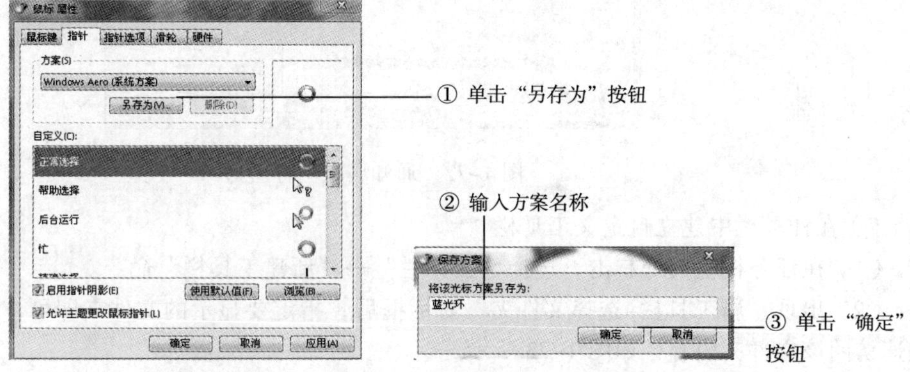

图 1-70　保存自定义鼠标指针形状

5）添加程序至“开始”菜单

在程序的可执行文件名称或快捷方式图标上右击，选择“附到「开始」菜单”命令，如图 1-71 所示，“开始”菜单的左上角将出现该程序的快捷方式。

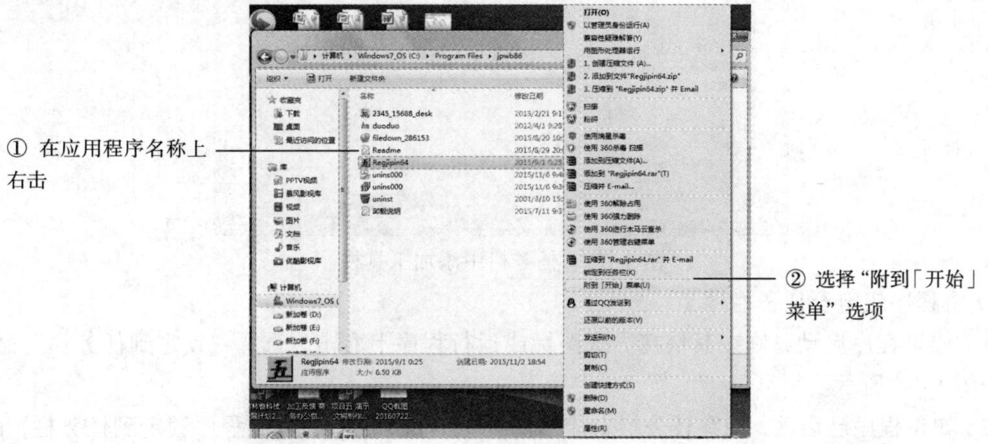

图 1-71　添加程序到“开始”菜单界面

6）自定义通知区域图标的隐藏或显示状态

（1）在任务栏空白处右击，选择“属性”命令。

（2）打开“任务栏和「开始」菜单属性”对话框后，在“任务栏”选项卡中单击“自定义”按钮。

（3）打开“通知区域图标”窗口后，就可以根据设置图标和通知的状态，如图 1–72 所示。

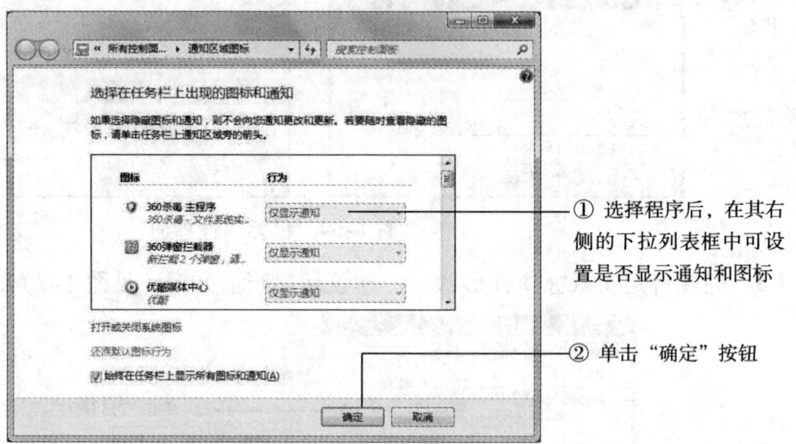

图 1–72　通知区域图标窗口

7）在任务栏中建立自定义工具栏

（1）在任务栏空白处右击，选择“工具栏”→“新建工具栏”命令。

（2）出现“新工具栏–选择文件夹”对话框后，指定要显示的文件夹即可，以后可从任务栏快速访问该文件夹内容，如图 1–73 所示。

图 1–73　任务栏中添加工具栏

8）将程序锁定至任务栏

（1）如果程序启动，则在其快捷方式图标或运行程序上右击，选择“锁定到任务栏”命令即可，如图 1–74 所示。

（2）如果程序已启动，则在任务栏对应的图标上右击，选择“将此程序锁定到任务栏”命令，如图 1–75 所示。

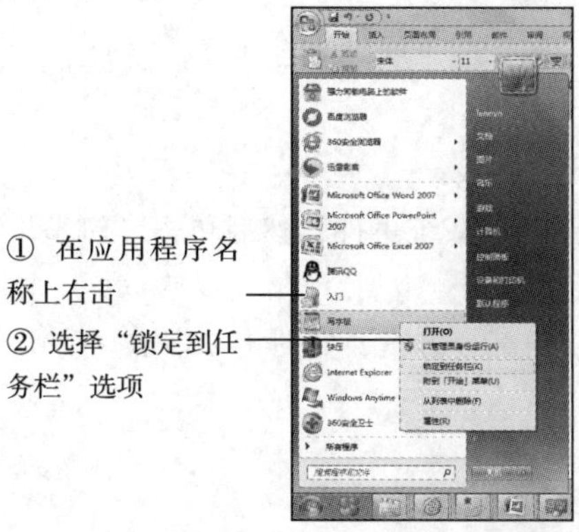

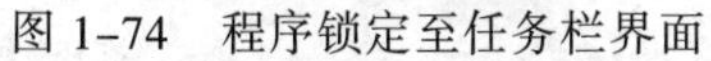
图 1–74　程序锁定至任务栏界面　　　　图 1–75　程序锁定至任务栏界面

9）修改电源按钮的功能

（1）在任务栏空白处右击，选择“属性”命令，如图 1–76 所示。

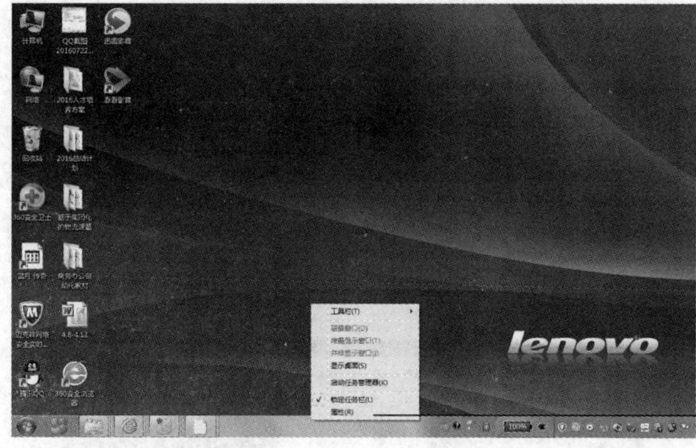

图 1–76　选择任务栏属性界面

（2）打开“任务栏和「开始」菜单属性”对话框后，就可以在“「开始」菜单”选项卡下调整电源按钮对应的操作（如休眠），如图 1–77 所示。

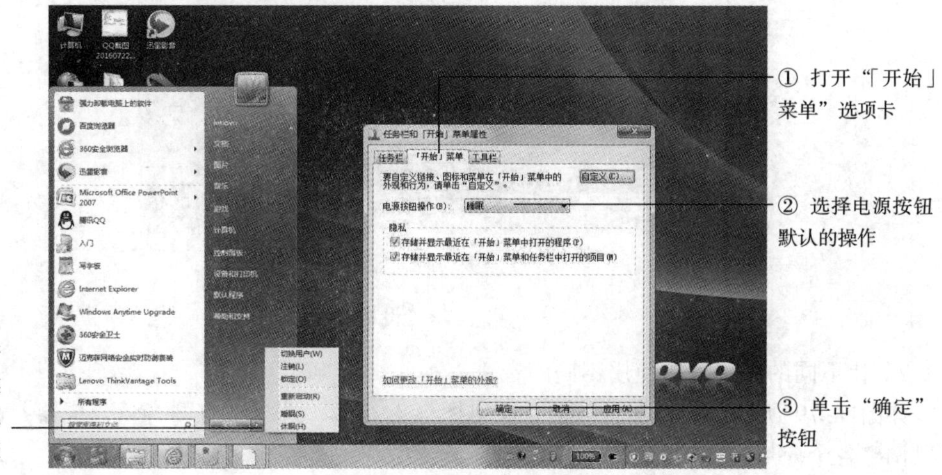

图 1–77　“开始”菜单添加按钮界面

2. 个性化声音的设置

1）自定义系统声音方案

（1）在通知区域的小喇叭图标上右击，选择“声音”命令。

（2）出现“声音”对话框后，在“程序事件”列表中选择一种系统事件，然后单击“浏览”按钮，在出现的对话框中选择声音文件，如图 1-78（a）所示。

（3）完成所有程序时间对应的声音文件设置后，保存当前的声音方案，如图 1-78（b）所示，以后即可在“声音方案”下拉菜单选择此方案。

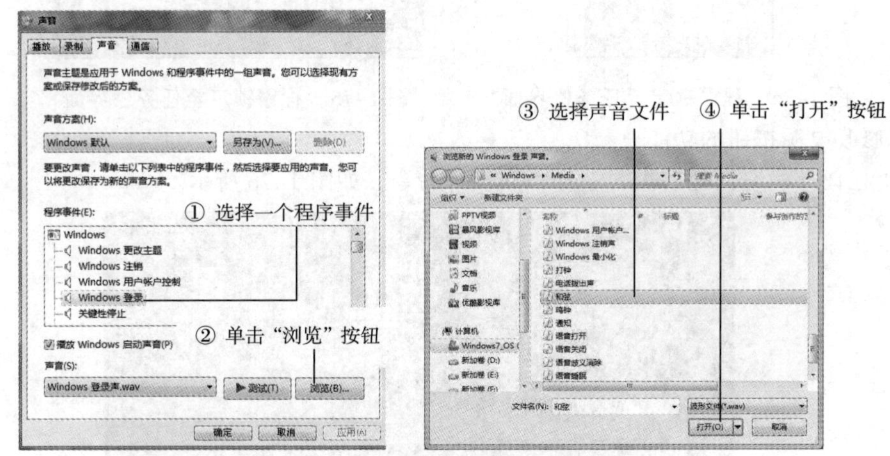

（a）个性化声音设置界面

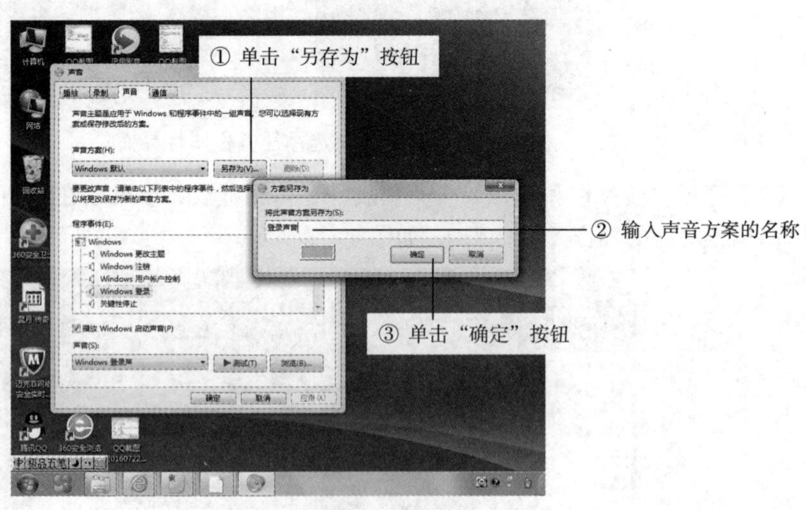

（b）添加声音界面

图 1-78　设置声音

2）让不同的应用程序使用不同的音量

如图 1-79 所示，在通知区域的小喇叭图标上右击，选择“打开音量合成器”命令，然后就可以调整各个应用程序的音量了。

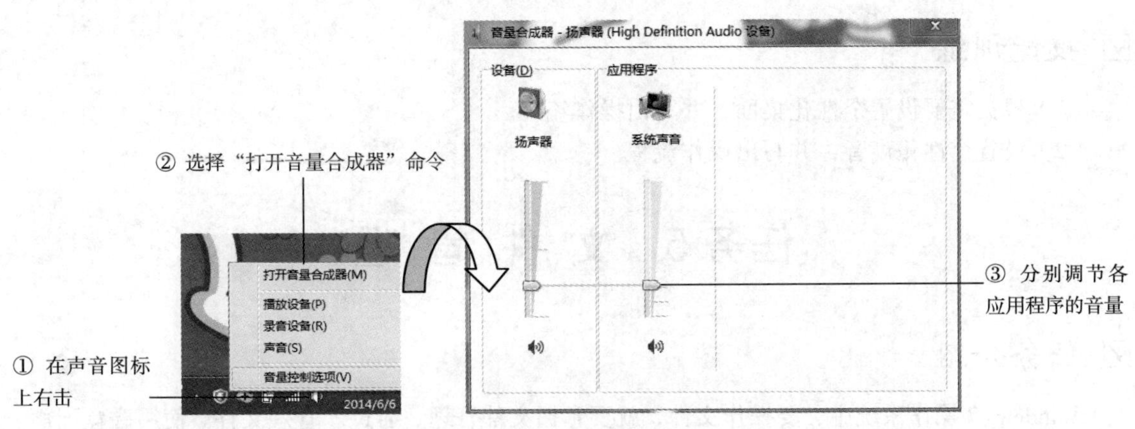

图 1-79　应用程序设置声音界面

3）增强声音效果

（1）在通知区域的小喇叭图标上右击，选择"播放设备"命令。

（2）出现"声音"对话框后，在"播放"选项卡下双击扬声器设备。

（3）出现"扬声器属性"对话框后，打开"增强功能"选项卡，然后选择要启用的功能，选择一个功能后，选项卡下方会显示对应的说明和附加设置，如图 1-80 所示。本例使用的声卡支持消除原声功能，如果选择"消除原声"复选框，歌手的声音就会被消除，只剩下伴奏音乐，这样便实现了卡拉 OK 效果。

4）调整麦克风

（1）在通知区域的小喇叭图标上右击，选择"录音设备"命令。

（2）出现"声音"对话框后，在"录制"选项卡下双击麦克风设备名称。

（3）出现"麦克风属性"对话框后，在"级别"选项卡下调整音量和录音效果（不同的麦克风设备，所设置的增强效果会有差异），如图 1-81 所示。

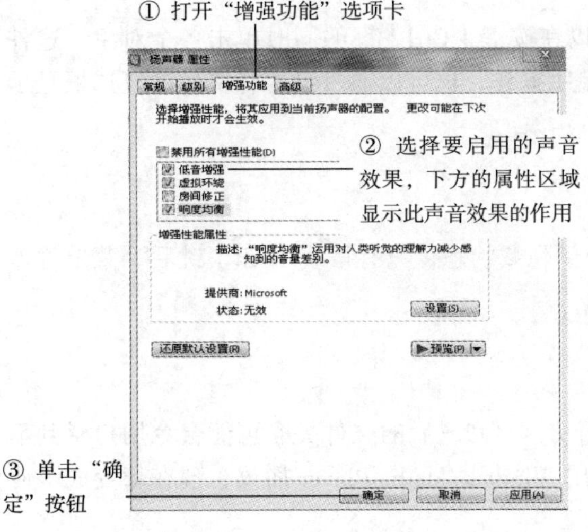

图 1-80　"扬声器 属性"对话框

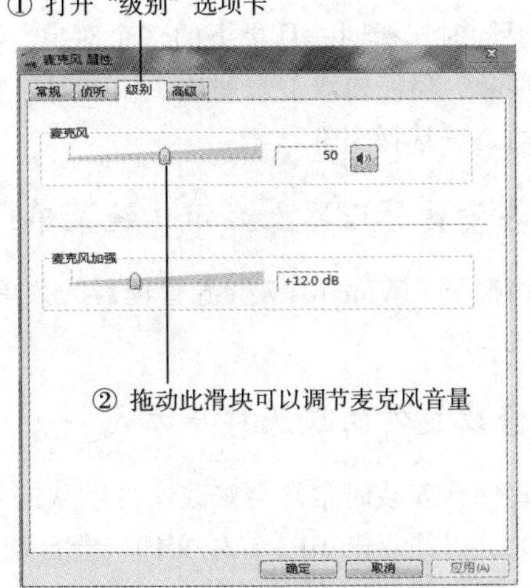

图 1-81　"麦克风 属性"对话框

☑ 技能训练

（1）根据需要设置个性化桌面，并写出操作流程。

（2）设置个性化声音，并写出操作流程。

任务5 文 件 管 理

☑ 任务介绍

Windows 7 操作系统中，要操作文件，就要掌握文件管理、通过库管理文件、使用磁盘配额、文件搜索与索引、程序与系统模块的安装与设置等相关操作。

完成该任务，需要了解计算机操作系统中对文件管理的相关知识。

☑ 相关知识

Windows 7 在文件管理方面提供了众多的个性化设置，用户可以随意隐藏/显示指定的文件、自定义文件的打开方式、隐藏/显示文件扩展名等。下面介绍一些常用的文件管理技巧。

一、文件管理技巧

1. 隐藏/显示文件

对于重要或隐私文件，可以将其隐藏起来，需要使用这些文件时再显示。要注意的是，隐藏并不能阻止其他用户访问，对于重要的数据，建议进行加密。

2. 显示复选框以方便单手多选文件

如果要同时选择同一目录下的多个对象，可以在按下【Ctrl】键的同时单击各个对象，这种方法虽然简单，但需要双手来完成。如果用户想单手操作，也可以通过设置将文件的复选框显示出来，然后逐一选择文件。

3. 在资源管理器上显示传统菜单

默认情况下，Windows 7 资源管理器的菜单处于隐藏状态，只有按下【Alt】键后，菜单栏才会显示出来。

4. 修改文件的默认打开方式

应用程序在安装时常常会修改文件默认的打开方式，修改后的文件关联可能会令用户感到不习惯。例如，以往双击 MP3 音乐文件，会自动调用 Windows Media Player 播放，现在却变成了使用新安装的影片播放软件。

5. 显示文件的扩展名

文件名称是由文件的主名称和扩展名共同组成的，主名称用于标识文件，而扩展名用于标识文件格式。

6. 自定义资源管理器布局

为了满足不同用户的需求，Windows 7 资源管理器提供了多种布局方式，用户可以根据自己的喜好搭配选择，让资源管理器更符合个人的使用习惯。在资源管理器窗口单击“组织”按钮，然后在“布局”子菜单中选择要显示的窗格。

7. 批量重命名文件

如果要重命名一个文件，单击该文件并按下【F2】键，然后输入新文件名即可。如果以一定规则重命名一批文件，可以批量重命名文件。

8. 删除文件中的个人信息

文件属性窗口中的“详细信息”选项卡记录了文件的详细信息，包括文件创建者、最后修改者、最后修改日期、公司名称、文件属性、文件位置等。为了避免这些信息外泄，用户可以在传输文件之前删除这些信息。

二、通过库管理文件

为了让用户方便管理文件和文件夹，Windows 7 在原有的树状存储结构基础上新增了库式存储结构。

三、使用磁盘配额

磁盘配额是系统管理员为了有效地管理磁盘空间，限制账户可用磁盘容量的一种设置。在企业中，该项技术多数应用在文件服务器中，避免某账户大量占用服务器的存储空间。需要注意的是，磁盘配置要求硬盘或存储区的系统文件格式必须为 NTFS 格式。

四、文件搜索与索引

使用计算机的时间越长，文件的数量就会越多。如何在众多的文件中找到自己所需的文件呢？除了将文件分类存储在不同的文件夹之外，善用文件搜索引擎能协助用户快速找到想要的文件。

五、程序与系统模块的安装、设置与卸载

计算机功能的扩展需要众多的应用程序，在 Windows 7 中可以安装/卸载第三方应用程序以及系统模块。

☑ 任务实施

1. 文件管理技巧

1）隐藏/显示文件

（1）在要隐藏的文件或文件夹上右击，选择“属性”命令。

（2）出现“属性”对话框后，选择“隐藏”复选框，单击“确定”按钮，最后确认更改即可，如图 1-82 所示。

（3）需要显示隐藏的文件或文件夹时，打开 Windows 资源管理器，单击“组织”按钮，在其

下拉菜单中选择“文件夹和搜索选项”。

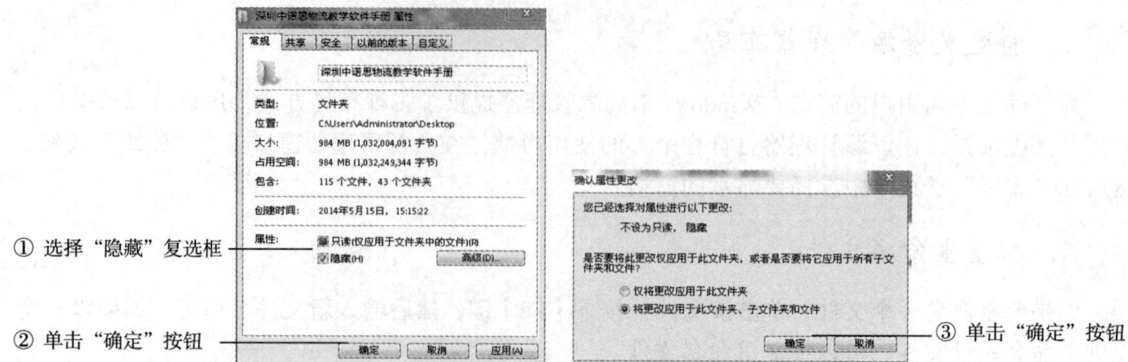

图 1-82 文件夹属性界面

（4）如图 1-83 所示，出现“文件夹选项”对话框后，打开“查看”选项卡，然后选择“显示隐藏的文件、文件夹和驱动器”单选按钮，单击“确定”按钮即可。

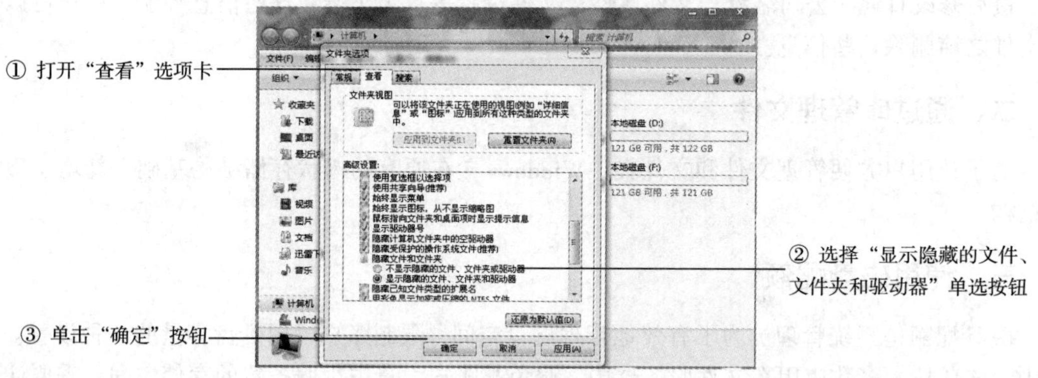

图 1-83 “文件夹选项”对话框

2）显示复选框以方便单手多选文件

具体操作方法如下：

（1）打开 Windows 资源管理器，单击“组织”按钮，在其下拉菜单中选择“文件夹和搜索选项”命令。

（2）出现如图 1-84 所示的“文件夹选项”对话框后，选中“使用复选框以选择项”复选框并单击“确定”按钮。

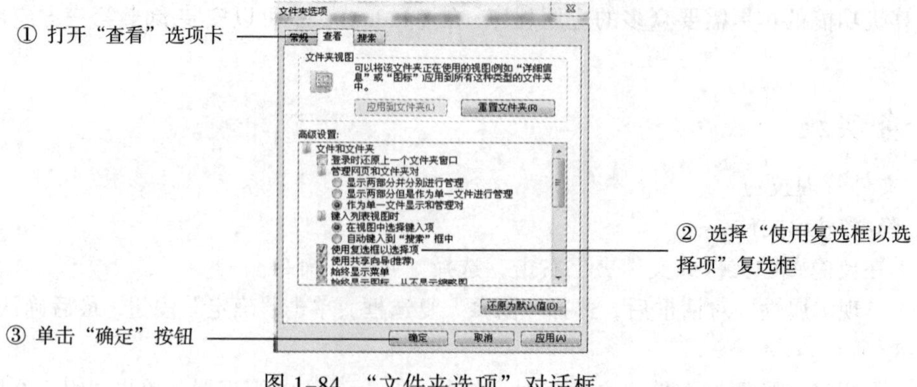

图 1-84 “文件夹选项”对话框

（3）显示文件复选框后，就可以通过鼠标逐一选择不连续排列的多个文件，而不需要使用【Ctrl】键辅助，如图 1-85 所示。

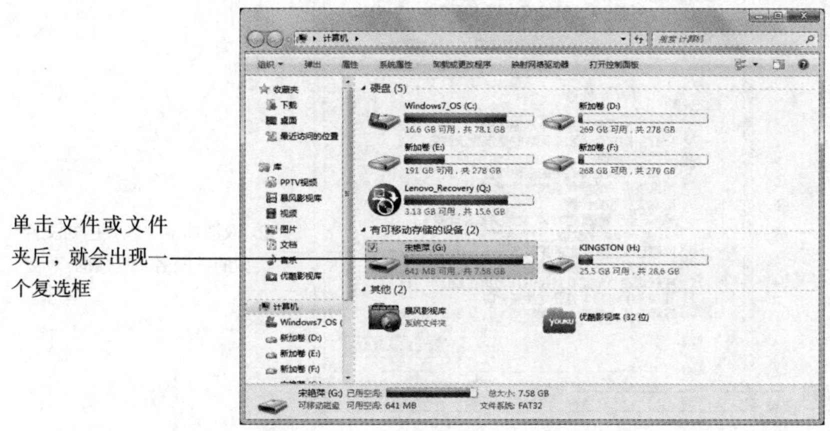

图 1-85　选择文件

3）在资源管理器上显示传统菜单

如图 1-86 所示，打开资源管理器，单击“组织”按钮，在其下拉菜单选择“布局”→“菜单栏”命令即可。

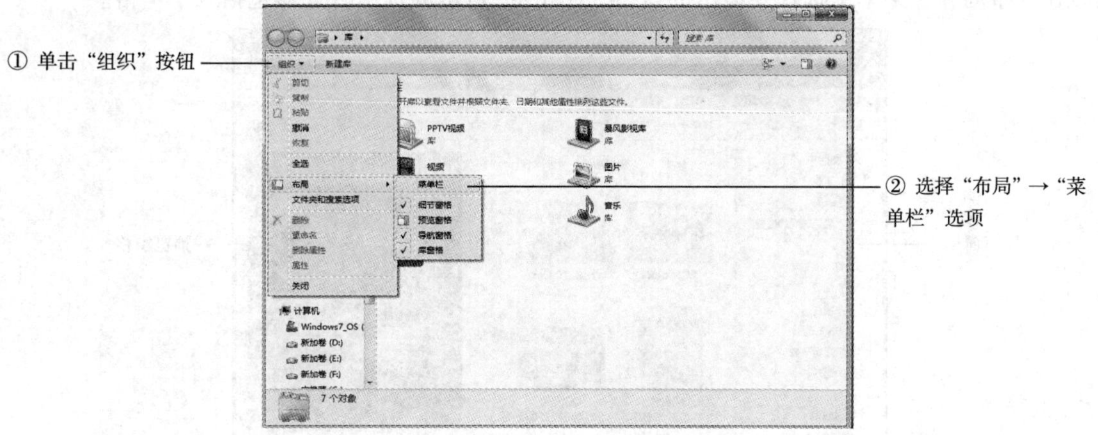

图 1-86　资源管理器窗口

4）修改文件的默认打开方式

（1）在文件上右击，在弹出的快捷菜单中选择“打开方式”→“选择默认程序”命令。

（2）出现“打开方式”对话框后，在“推荐的程序”或“其他程序”列表中选择打开文件的默认程序。

5）显示文件的扩展名

（1）打开 Windows 资源管理器，单击“组织”按钮，在其下拉菜单中选择“文件夹和搜索选项”。

（2）出现“文件夹选项”对话框后，取消选中“隐藏已知文件类型的扩展名”复选框，单击“确定”按钮即可，如图 1-87 所示。

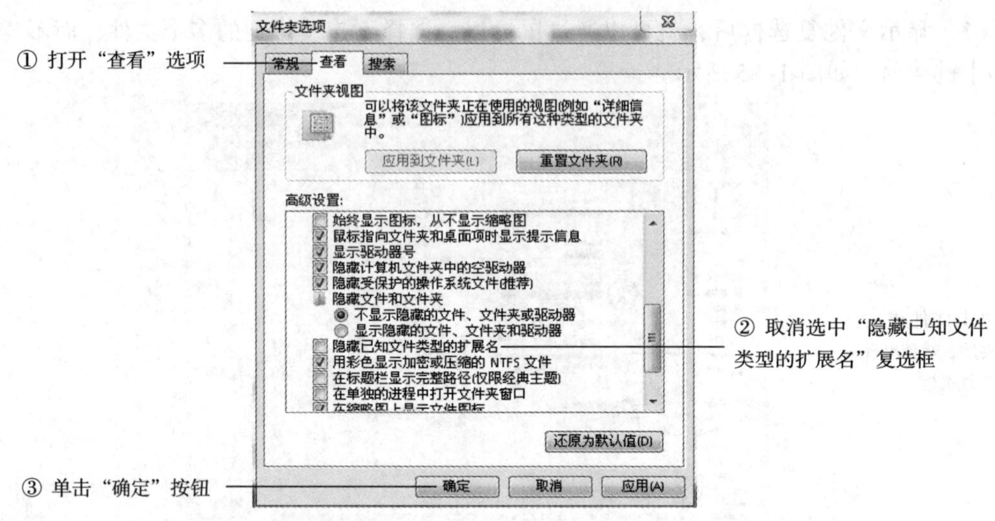

图 1-87 “文件夹选项”对话框

6）自定义资源管理器布局

为了满足不同用户的需求，Windows 7 资源管理器提供了多种布局方式，用户可以根据自己的喜好搭配选择，让资源管理器更符合个人的使用习惯。在资源管理器窗口单击“组织”按钮，然后在“布局”子菜单中选择要显示的窗格。图 1-88 所示的资源管理器包括三个空格。

图 1-88 资源管理器窗口

（1）导航窗格：默认位于窗口左侧，以树状和链接的方式显示计算机目录。

（2）细节窗格：默认位于窗口下方，用于显示所选文件的信息。如大小、创建日期、修改日期等。

（3）预览窗格：预览所选文件的内容。

7）批量重命名文件

（1）打开保存文件的目录后，选择需要重命名的所有文件。

（2）在选择的文件上右击，在弹出的快捷菜单中选择“重命名”命令，然后输入文件名的前缀名称，所有文件将按照前缀名+编号的方式批量重命名。例如，输入文件名“学校”后，所有文件的名称将变为学校（1）、学校（2）、学校（3）、……，如图 1-89 所示。

图 1-89　批量重命名图

8）删除文件中的个人信息

（1）在需要删除信息的文件上右击，选择“属性”命令，打开“属性”对话框，打开“详细信息”选项卡，然后单击“删除属性和个人信息”链接文字。

（2）Windows 7 为用户提供了两种删除属性的方式，其中“创建不包含任何可删除属性的副本”方式是指系统重新创建一个已删除属性的副本，而源文件的属性依然保留；“从此文件中删除以下属性”方式是直接删除文件中的属性，且不创建副本。本例选择后者，然后选择要删除的个人信息，如图 1-90 所示。

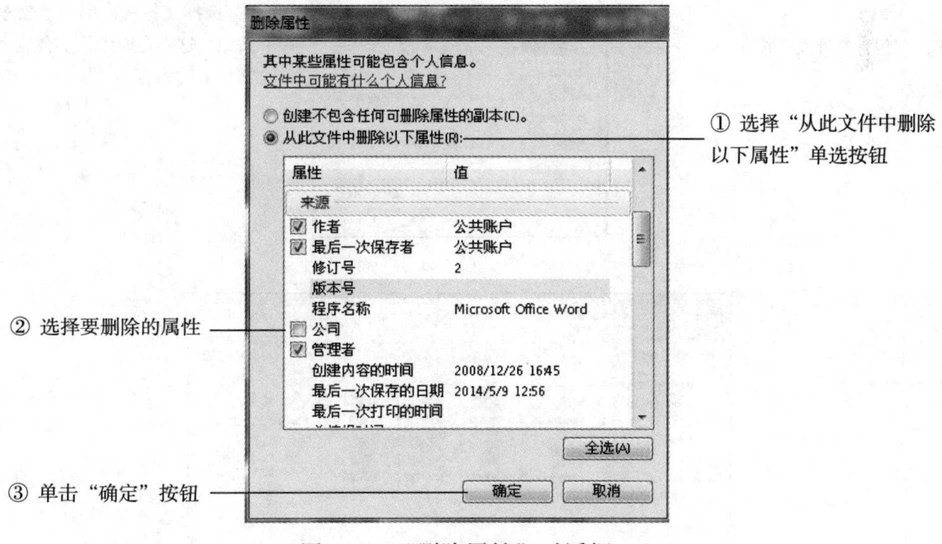

图 1-90　“删除属性”对话框

2. 通过库管理文件

1）“库”式存储与管理

Windows 7 引入了一种新的文件存储结构——库。库具有以下两大优点：

（1）突破了存储位置的局限，方便管理。在一个库中可以添加多个文件夹，这些文件夹中的文件或子文件夹在该库目录下显示，用户可以对库内的文件和文件夹直接访问、删除、修改。

（2）以属性归档，方便检索。库具有多种排列方式。

通过库式存储结构，文件的访问变得更方便、快捷。此外，用户可以随时删除库，在删除库的时候，库中显示的文件夹和文件并不会同时被删除。

2）活用“库”分类管理文件

针对不同的文件夹，库提供了多种不同的排列方式。系统默认创建了视频、图片、文档和音乐四个库。例如，系统自建的音乐库有文件夹、唱片集、艺术家、流派、分级等多种排列方式。选择不同的排序方式，库中文件的显示方式也不同。若选择文件夹排序方式，所有音乐文件将以文件夹名称排序；若选择艺术家排序方式，所有音乐文件则以演唱艺术家名字排序。

3）增减库内文件

用户可以根据需要增减库内文件。例如，要将某个文件夹内的图片在系统自建的图片库视图中显示，可以按照以下方法来完成。

（1）打开资源管理器窗口后，在导航窗格中选择“库”选项，然后在“图片”库上右击，在弹出的快捷菜单中选择“属性”命令。

（2）出现“图片属性”对话框后，对于不需要在图片库中显示的文件夹内容，可以在选择文件夹后删除，然后单击“包含文件夹”按钮，如图 1–91 所示，并在打开的对话框中指定要增加的文件夹。

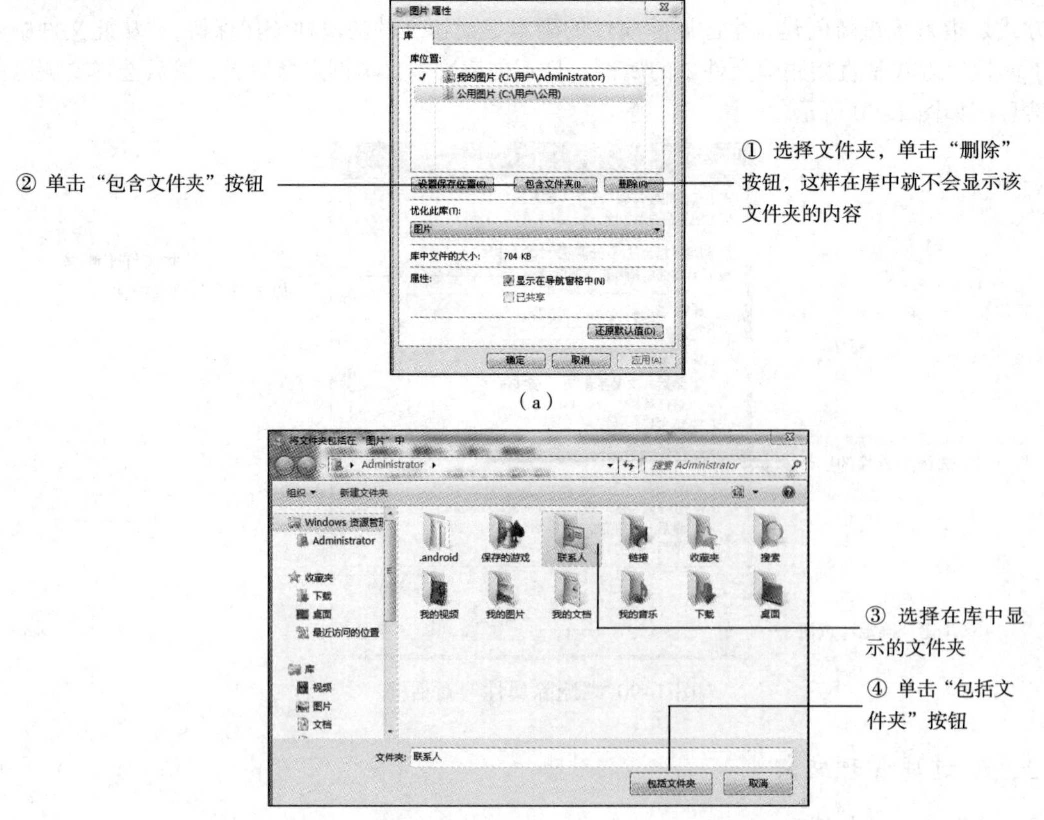

（a）

（b）

图 1–91　增减库内文件

4）创建及优化库

Windows 7 系统只创建了图片、音乐、文档、视频这四类库，用户可以根据需要创建其他库，如软件库，然后在库中增加要管理的文件夹。具体操作方法如下：

（1）打开资源管理器窗口后，在导航窗格中选择“库”选项，然后在右窗格中右击，选择“新建”→“库”命令，接着输入库名称。

（2）新建软件库后，将保存软件的文件夹添加到这个库中，然后就可以进入软件库访问这些文件夹中保存的文件。

打开库的“属性”对话框后，可以根据文件夹属性来优化库。优化的项目包括常规项、文档、音乐、图片和视频，用户可根据库要显示的文件格式选择对应的优化目标。若库中显示的是音频文件，可选择“音乐”为优化目标。由于本例软件库显示的是程序，故选择“常规项”为优化目标，如图 1-92 所示。

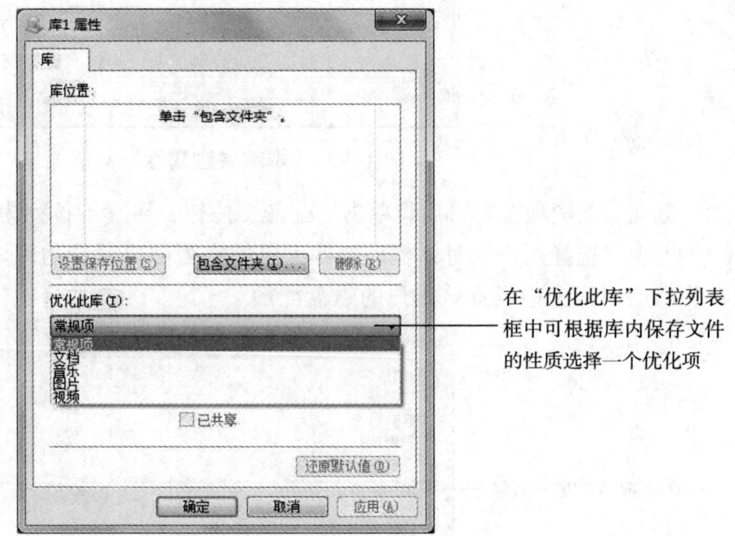

图 1-92　软件属性对话框

3. 使用磁盘配额

1）分配不同用户账户的可用空间

对于多用户使用的磁盘，管理员可以根据实际情况给每个用户账户分配不同的可用空间。在 Windows 7 中分配磁盘配额的方法如下：

（1）使用管理员账户登录系统后，打开资源管理器窗口，在需要分配磁盘配额的 NTFS 分区上右击，选择“属性”命令。

（2）弹出“本地磁盘属性”对话框后，打开“配额”选项卡。如图 1-93 所示，先启用配额管理功能，然后为所有用户设置基础磁盘空间的限制值，接着单击“配额项”按钮，准备为各个用户账户指定磁盘配额。

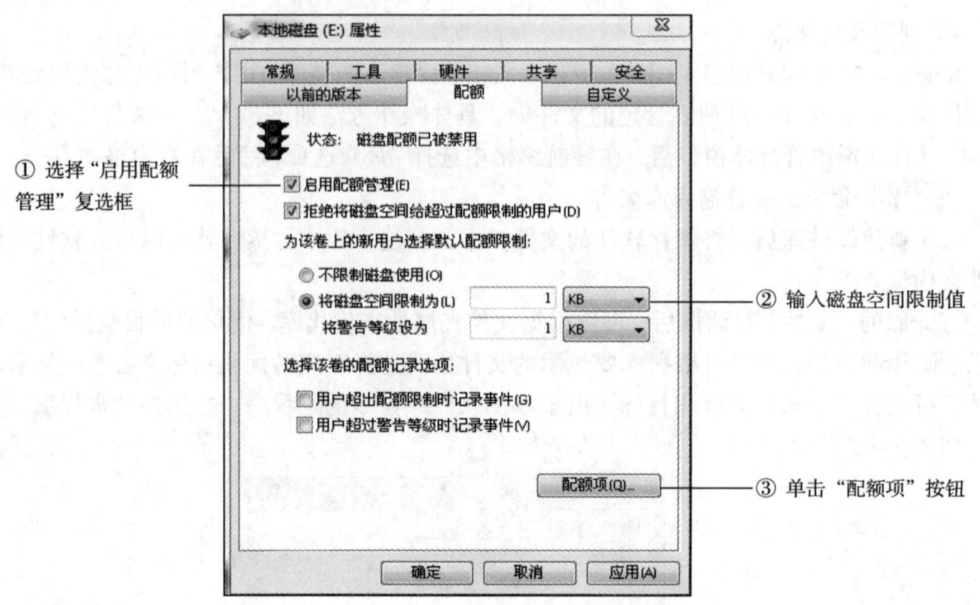

图 1-93 “本地磁盘属性”对话框

（3）出现“配额项”窗口后，单击“配额”按钮，在其下拉列表中选择“新建配额项”命令。

（4）出现“选择用户”对话框后，就可以指定当前要设置的用户账户名称，如图 1-94 所示，最后在弹出的对话框中设置该用户的磁盘配额。

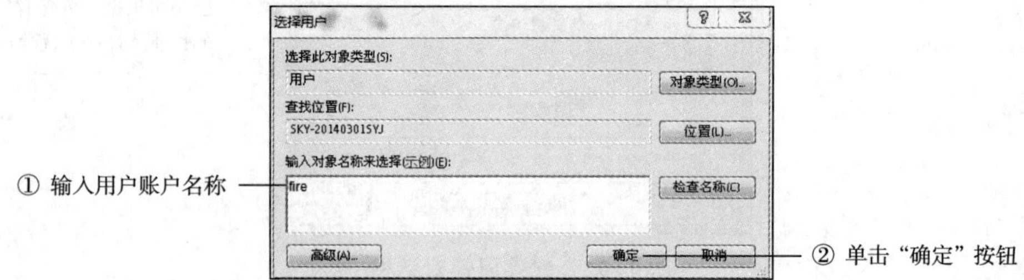

图 1-94 “选择用户”对话框

2）备份和应用磁盘配额

（1）使用管理员账户登录系统后，打开资源管理器窗口，需要分配磁盘配额的 NTFS 分区上右击，选择“属性”命令。

（2）弹出磁盘“属性”对话框后，打开“配额”选项卡，单击“配额项”按钮。

（3）出现“配额项”窗口后，如图 1-95 所示，在需要备份的配额名称上右击，在弹出的快捷菜单中选择“导出”命令，然后指定保存配额项的目录和文件名即可。

在导出备份的磁盘配额项之前，只要打开“配额项”窗口，然后单击“配额”按钮，在其下拉列表中选择“导入”命令，接着在弹出的对话框指定要导入的配额项文件，并单击“打开”按钮即可。

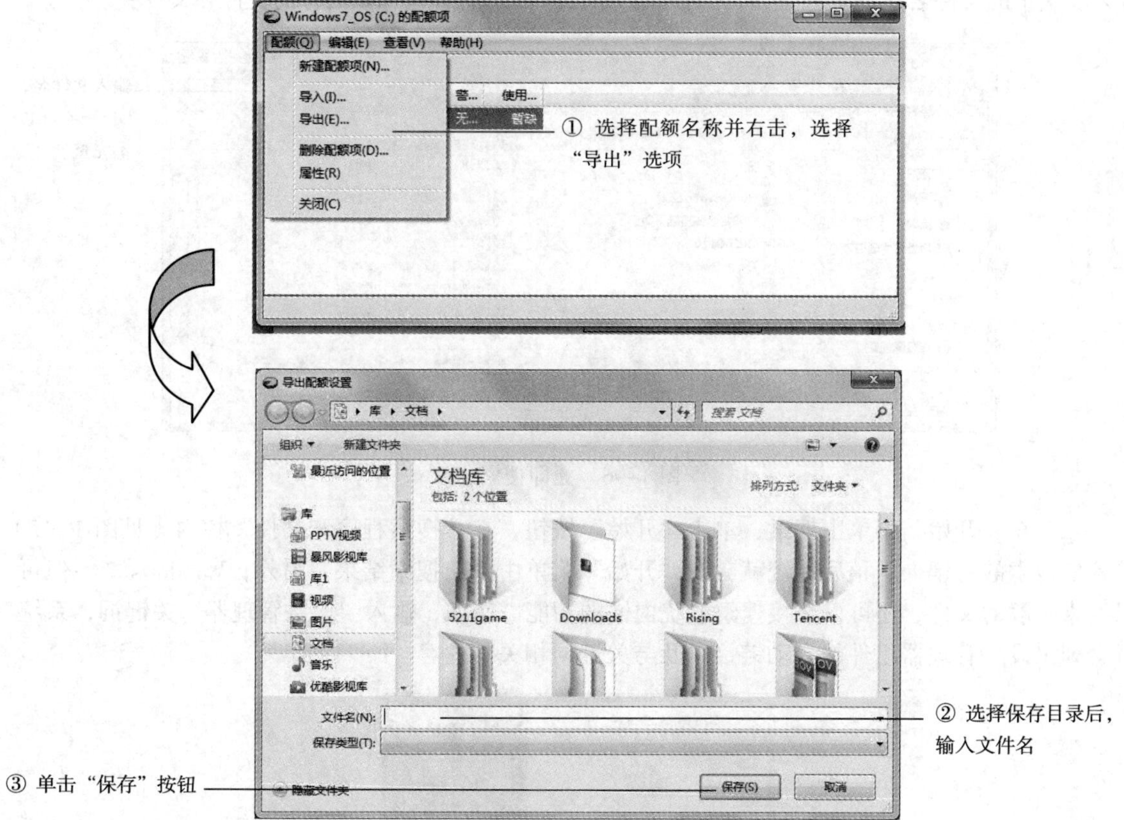

图 1–95　配额设置

4. 文件搜索与索引

1）认识 Windows 7 文件索引服务

在没有索引功能之前，如果要搜索一个文件，操作系统需要扫描指定目录内的所有文件夹，花费的时间比较长。

使用索引功能后，系统预先将文件的基本信息（如文件名、修改日期、作者、标识和分级等）存入索引文件中，当系统搜索添加了索引的文件时，无须扫描硬盘中的全部文件，仅搜索索引中的内容就可以快速找到文件，大大提高了搜索效率。

2）扩展索引范围以加快搜索

Windows 7 系统默认的索引包含一些常用的文件夹，例如个人文件夹、电子邮件和脱机文件等，如果用户要使用索引功能搜索其他文件夹中的内容，需要自己手动扩展索引范围。

（1）选择“开始”→“控制面板”命令，打开“控制面板”窗口后，在“查看方式”下拉列表中选择“小图标”命令，然后单击“索引选项”链接文字。

（2）出现“索引选项”对话框后，单击“修改”按钮，就可以在弹出的对话框中指定要建立索引的文件夹或者磁盘分区。

3）基本查询

Windows 7 具有非常方便的搜索功能，在资源管理器窗口和“开始”菜单都提供了搜索框。

（1）立即搜索：在资源管理器窗口打开某个目录后，只要在窗口右上角的搜索框中（见图 1–96）

输入要搜索的文件名，系统就会立刻扫描该目录，并列出所有包含该名称的文件和文件夹。

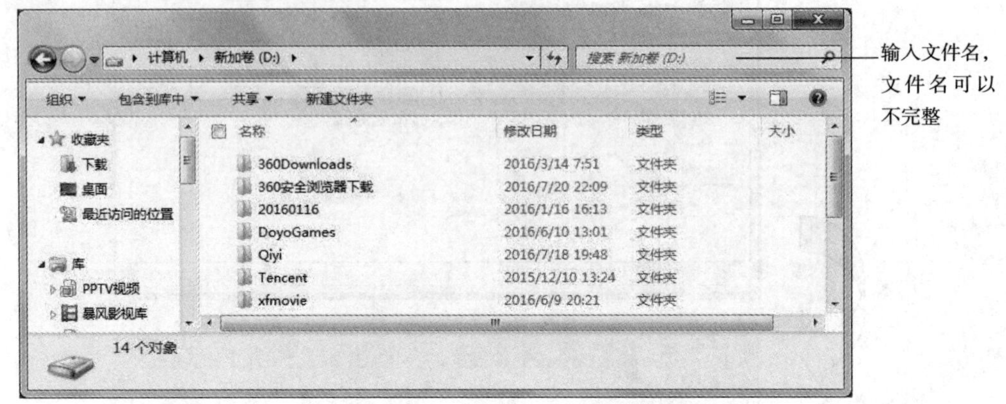

图 1-96　立即搜索

（2）在“开始”菜单中搜索：单击“开始”按钮，在“搜索程序和文件”栏内（见图 1-97）输入要搜索的关键词，稍后系统就会在“开始”菜单中列出搜索结果。另外，Windows 7 不但可以搜索一般的文件，还可以直接搜索系统内嵌的功能。例如，输入“设备管理器”关键词，系统就会列出设备管理器组件的启动链接以及与关键词相关的内容。

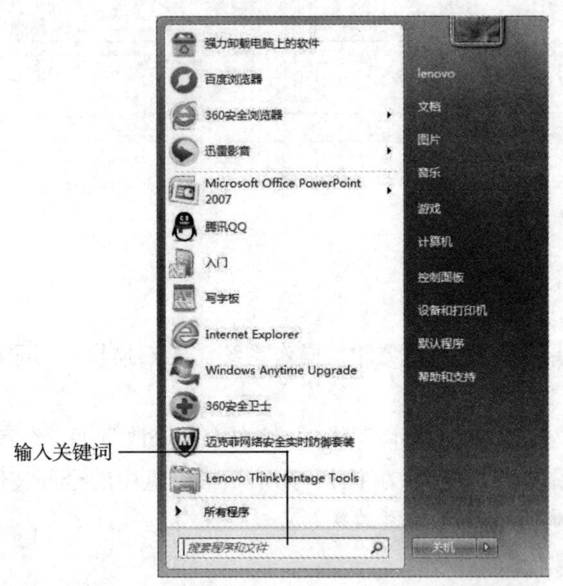

图 1-97　在“开始”菜单中搜索

4）通过日期和大小筛选搜索结果

在搜索时，如果符合关键词的搜索结果太多，用户可以进一步指定所需文件的最后修改日期和大小，达到快速筛选搜索结果的目的。

（1）打开资源管理器窗口，如图 1-98 所示，在窗口右上角的搜索框输入关键词，然后单击搜索框，在下拉列表中选择“修改日期”命令，接着指定文件最后修改的日期。

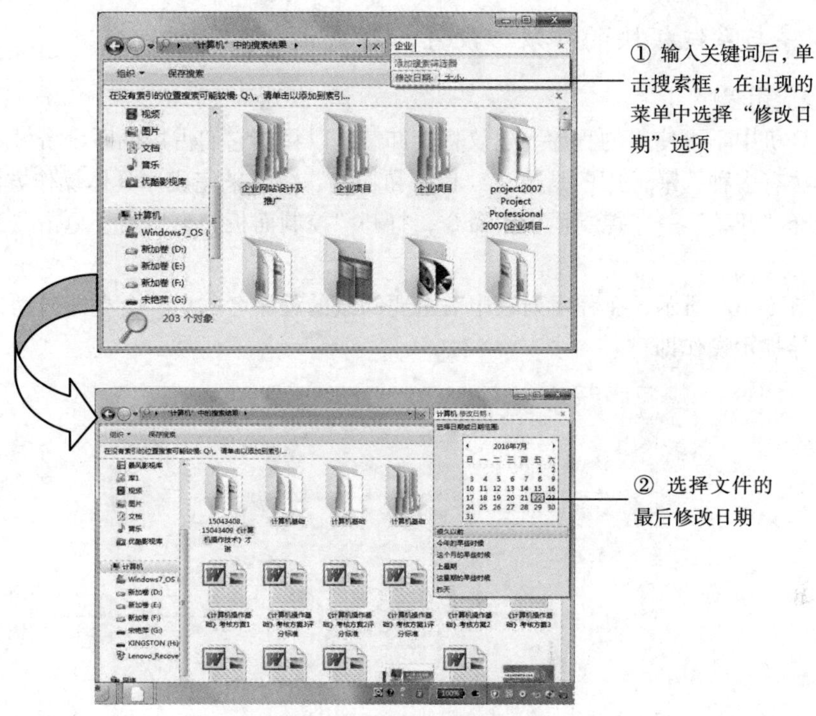

图 1–98　指定修改日期

（2）为了加快搜索速度，接着使用大小筛选。如图 1–99 所示，单击搜索框后，在下拉列表中选择“大小”命令，然后指定文件的大小范围。

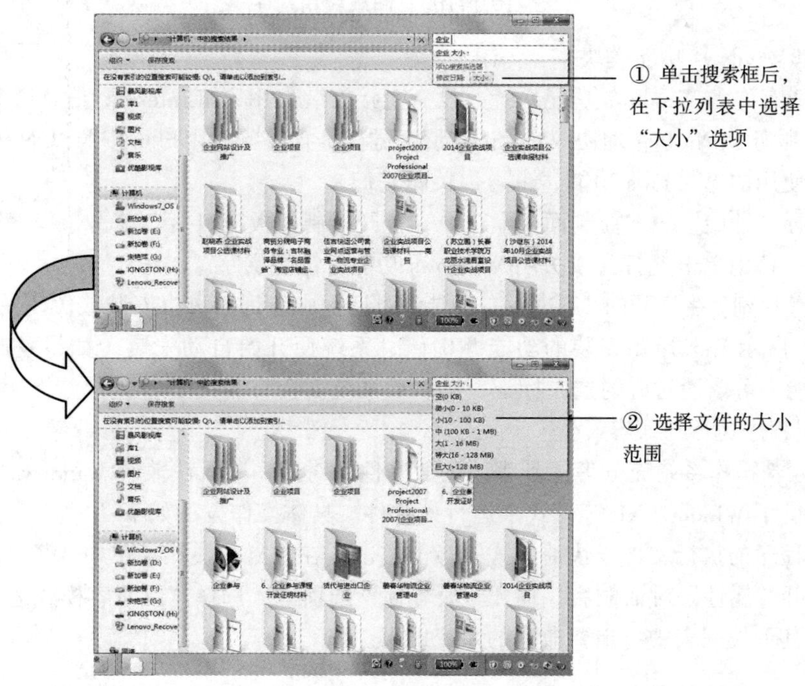

图 1–99　指定大小

5. 程序与系统模块的安装、设置与卸载

1）卸载应用程序

对于计算机中不再使用的程序，建议将其卸载，以释放它们占用的系统资源和磁盘空间。卸载程序的方法有多种，最常用的是通过“程序和功能”窗口来完成。具体操作方法如下：

（1）选择“开始”→“控制面板”命令，打开“控制面板”窗口后，单击“卸载程序”链接文字。

（2）如图 1-100 所示，在程序列表中双击要卸载的程序名称后，会立即启动该程序的卸载向导，根据向导提示操作即可。

图 1-100　卸载应用程序

2）管理 Windows 功能模块

实际上，有许多 Windows 功能系统并没有直接安装启用，如 Internet 信息服务、RIP 侦听器、Telnet、NFS 服务、SNMP 管理协议、MSMQ 服务器等，有需要的用户可按照以下方法来安装它们。对于不需要使用的 Windows 功能，也可以关闭它们。

（1）选择“开始”→“控制面板”命令，打开控制面板窗口后，单击“程序”链接文字，然后在打开的窗口中单击“打开或关闭 Windows 功能”链接文字。

（2）稍等片刻，在打开的“Windows 功能”对话框中会列出可以安装或关闭的 Windows 功能，如图 1-101 所示，选择要安装的功能并确认，系统便开始自动安装（如果是卸载已经安装的 Windows 功能，可取消对应的选中标记，确认后系统就会将其关闭）。

3）应用程序运行与兼容设置

Windows 7 操作系统充分考虑到程序的兼容性，对于一些无法兼容 Windows 7 操作系统的程序，系统提供了 Windows XP 等模式来运行该软件。具体操作方法如下：

（1）在程序的执行文件或快捷方式图标上右击，在弹出的快捷菜单中选择“属性”命令。

（2）打开“属性”对话框后，打开“兼容性”选项卡，选择“以兼容模式运行这个程序”复选框，并在其下拉列表中指定要兼容的系统即可。

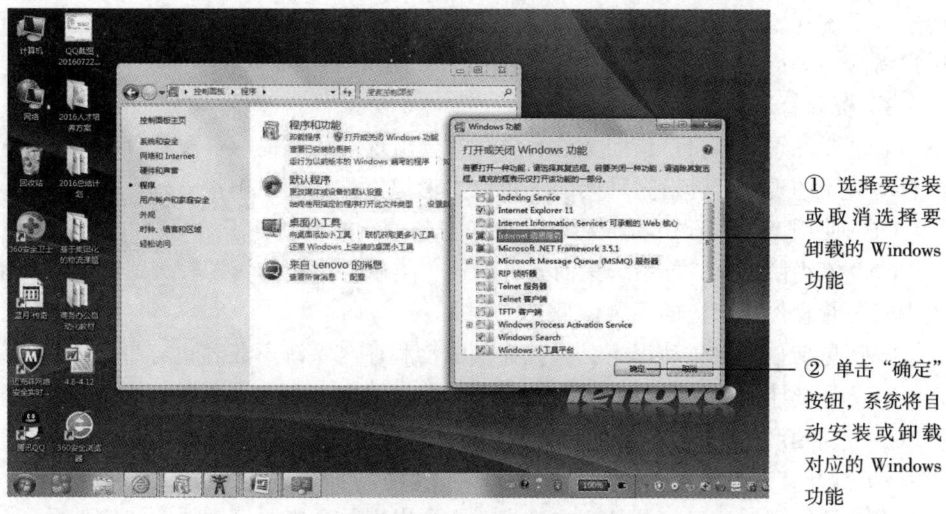

图 1-101　安装或取消选择文件界面

4）命令行运行设置

许多用户习惯通过命令提示符窗口来运行一些命令，如测试网络、管理文件共享等。如果用户想要更改命令提示符窗口默认的大小、颜色、字体等设置，可以执行以下操作。

（1）选择“开始”→“所有程序”→“附件”命令，然后在“命令提示符”选项上右击，选择“属性”命令。

（2）弹出“属性”对话框后，分别在“布局”和“字体”选项卡设置窗口大小以及窗口中显示字符的大小和字体，也可以在“颜色”选项卡下调整屏幕文字、背景颜色。

6. 答疑解惑

1）取回旧版本的文件与文件内容

如果系统启用了还原功能且建立了还原点，在受系统还原保护的文件更改后，用户可以将其恢复至还原点前的状态。如果文件并未受到系统还原功能的保护，但曾经使用过系统备份功能，也可以在更改后将其还原至备份前的状态。操作方法如下：

（1）在需要还原的文件或文件夹上右击，在弹出的快捷菜单中选择“属性”命令。

（2）打开“属性”对话框，然后打开“以前的版本”选项卡，在列表中选择要还原的版本并单击“确定”按钮即可。

2）修复系统文件的完整性

开机后，屏幕提示系统文件损坏，某些程序无法正常运行，这可能是强行关闭计算机、病毒入侵、操作失误等引起的。遇到这种情况，可以执行 SFC 程序扫描系统文件并将其恢复。操作方法如下：

（1）选择“开始”→“所有程序”→“附件”命令，然后在“命令提示符”选项上右击，选择“以管理员身份运行”命令。

（2）运行 sfc/scannow 命令后，如图 1-102

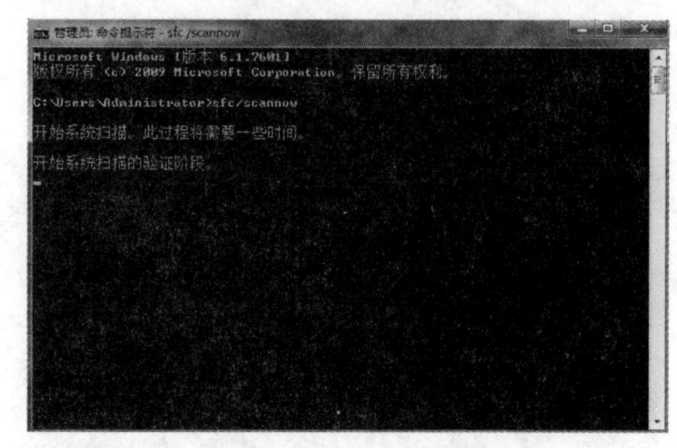

图 1-102　系统文件扫描界面

所示，系统开始扫描，如果发现系统文件损坏或被修改将自动恢复。这个过程花费的时间较长，用户需耐心等待。

3）资源管理器经常停止响应

通过资源管理器窗口访问文件时，经常会出现对话框提示资源管理器停止响应，然后整个窗口自动关闭的现象。针对这种问题，可以参考以下方法尝试解决：

（1）使用 Windows Update 功能检查和安装最新的更新补丁。

（2）停止使用第三方系统桌面软件，这一类软件占用的资源较大，如果硬件配置较低，容易出现资源管理停止响应的问题。

（3）更新显卡的驱动程序，因为显卡驱动程序与系统不兼容也容易出现这个问题。

（4）升级计算机的内存容量，如果内存容量较小，在运行大型的软件时，系统资源不足便会导致这个问题产生。

4）打开文件夹资源管理器自动关闭

在资源管理器窗口打开某个文件夹时，会出现整个资源管理器窗口突然关闭的情况。原因是该文件夹所在的分区出现文件系统错误，可以参考以下方法进行解决。

（1）打开资源管理器窗口后，在对应的分区上右击，在弹出的快捷菜单中选择“属性”命令。

（2）打开“磁盘属性”对话框后，在“工具”选项卡的“查错”区域中单击“开始检查”按钮。

（3）弹出“检查磁盘”对话框后，选择“自动修复文件系统错误”复选框并单击“开始”按钮，随后系统开始检查当前分区并自动修复错误。

☑ 技能训练

（1）根据不同的用户设置账户磁盘的可用空间，并写出操作流程。

（2）将计算机中长期不用的应用程序进行卸载，并写出操作流程。

任务 6　键盘操作与汉字输入

☑ 任务介绍

文档的编辑、电子表格的编辑及幻灯片的设计都离不开键盘的操作与汉字的输入，本任务是学会键盘操作基本技能和汉字输入的基本技巧。

☑ 相关知识

一、键盘操作

键盘是微机最基本的输入设备，也是最重要和最常用的输入设备。它在操作系统中被定义为标准输入设备，是实现人机对话最主要的手段。利用键盘，用户可以向计算机输入程序、指令、数据等。

1. 键盘的分区

现在，微型计算机上配置的标准键盘大部分为 101 键或 104 键，其键面可划分为四个区域：

打字键区、功能键区、控制键区和数字键区，如图 1–103 所示。

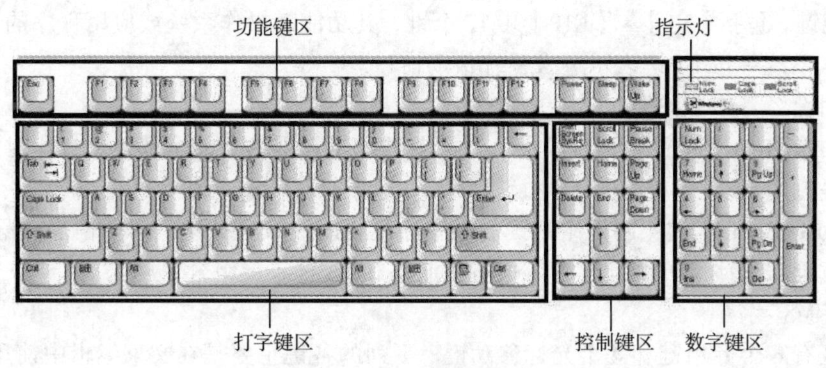

图 1–103　标准键盘的布局

1）打字键区

打字键区包括英文字母、数字键、标点符号键和特殊符号键，还有一些专用键，这些键的排列大部分和普通的英文打字机相同。打字键区的功能是输入数据、字符。

（1）字母键。26 个英文字母（A ~ Z）。

（2）数字键。10 个数字（0 ~ 9），每个数字键和一个特殊字符共用一个键。

（3）特殊符号键。有如下种类：

① 空格键：位于键盘下方的一个长键，用于输入空格。

② Windows 徽标键⊞：单击可打开“开始”菜单，相当于按【Ctrl+Esc】组合键；按【Windows+E】组合键可打开“资源管理器”窗口。

③ 文本键▤：按下可打开“快捷菜单”，相当于鼠标右键功能。

（4）专用键。有如下种类：

①【Enter】键：回车键，是一行字符串输入结束换行或一条命令输入结束的标志。按【Enter】键后，计算机才正式处理所输入的字符，或开始执行所输入的命令。

②【Esc】键：是 Escape 的缩写，其功能由操作系统或应用程序定义。但在多数情况下均将【Esc】键定义为退出键，即在运行应用软件时，按此键一次，将返回到上一步状态。

③【Tab】键：制表键，每按一次，光标向右移动一个制表位（制表位长度由软件定义）。

④【Caps Lock】键：英文字母大小写转换键，它是一个开关键。计算机启动后，按字母键输入的是小写字母。按一次此键，位于键盘右上方的指示灯亮，输入的字母为大写字母；再按一次此键，指示灯熄灭，输入的字母又是小写字母。

⑤【Shift】键：上档键。键盘上有些键面上有上下两个字符，亦称双字符键。当单独按这些键时，输入下方的字符。若先按住【Shift】键不放手，再去按双字符键，则输入上方的字符。

⑥【Backspace】键或“←”键：退格键。击此键一次，就会删除光标左边的一个字符，同时光标左移一格。常用此键删除错误的字符。

⑦【Num Lock】键：数字锁定键，是开关键。此键是控制小键盘区的双字符键输入的，按此键，Num Lock 键指示灯亮，小键盘区上的双字符键为输入上方数字字符状态；再按此键，指示灯熄灭，为输入小键盘区双字符键的下方功能符状态。

⑧【Ctrl】键：控制键。它不能单独使用，总是和其他键组合使用。具体的功能由操作系统或应用软件来定义。

⑨【Alt】键：切换键。它也不能单位使用，需要和其他键组合使用。

2）功能键区

（1）功能键。包括【F1】~【F12】共 12 个键，其功能随操作系统或应用程序的不同而不同，如在 Windows 系统中按 F1 键表示进入系统帮助窗口。

（2）专用键。有如下种类：

①【Print Screen】键：屏幕打印键。当需要把显示在屏幕上的全部信息打印时，按下此键，就可实现屏幕打印。

②【Pause Break】键：暂停中断键。当程序运行时，按下此键，可暂停当前程序的执行，按下其他任意键，程序又可继续运行。中断功能要和【Ctrl】键组合使用。

3）控制键区

控制键区有 6 个专用键和 4 个光标移动键。下列的各键主要是在文书编辑中使用，亦称编辑键，其他的使用场合在此不作介绍。

（1）专用键。有如下种类：

①【Delete】键：删除键。按下此键一次，可以把紧接光标之后的字符删除。

②【Insert】键：插入键。按下此键，可以在光标之前插入字符。

③【Home】键：光标移到行首键。不论光标在本行何处，按下此键，光标立即跳到行首。

④【End】键：光标跳到行末键。不论光标在本行何处，按下此键，光标立即跳到行末。

⑤【Page UP】键：上翻页键。当文稿内容较长，超出一屏时，按下此键，可把后面的文稿内容上翻一页。

⑥【Page Down】键：下翻页键。当文稿内容较长，在编辑状态，按下此键，可把文稿下翻一页。

（2）方向键。有如下种类：

①【↑】：光标上移键。按下此键，光标上移一行。

②【↓】：光标下移键。按下此键，光标下移一行。

③【←】：光标左移键。按下此键，光标左移一列。

④【→】：光标右移键。按下此键，光标右移一列。

4）数字键区

数字键区亦称小键盘，位于键盘右侧，由数字键、光标移动键及一些编辑键组成。其功能是专门用于快速输入大批数据、编辑过程的光标快速移动。

提示：另外还有具有提示功能的指示灯区，位于键盘的右上角。

2. 手指的分工

计算机键盘上的字键位置是按照各字母在文字中出现的概率大小来排列的。在 26 个字母中，选出了用得比较多的 7 个字母键及 1 个字符键作为基准键，即 A S D F 和 J K L ；，如图 1-104 所示。其中，A S D F 是左手的小指、无名指、中指及食指的原位字键。J K L ；是右手的食指、中指、无名指、小指的原位字键。

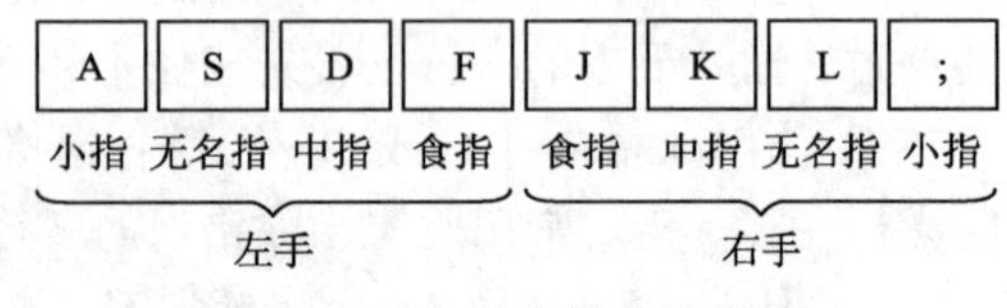

图 1-104 基本键位示意图

基准键是左右手指常驻的位置，在击其他字符键时，都是根据基本键的键位来定位的。在打字过程中，每个手指只能打指法所规定的字符键，切勿击打规定以外的其他字符键。

手指除击它的原位字键外，还击它的范围线所包括的字键，这种字键称为范围键，如图 1-105

所示。例如：左手小指击 ZAQ1 和左边的三个字键，无名指击 XSW2，中指击CDE3，食指击 VFR4 和 BGT5，依此类推。

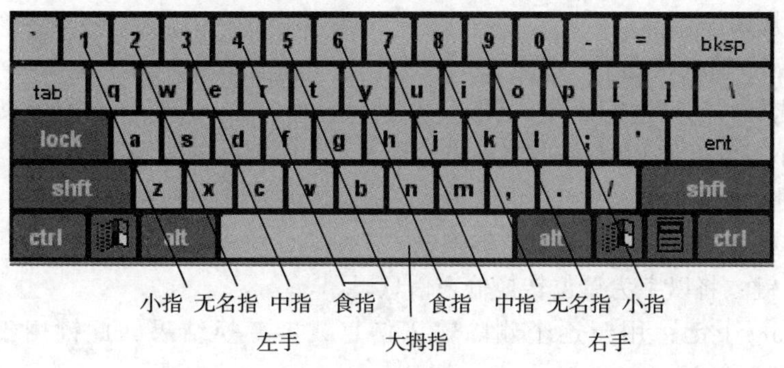

图 1-105　手指分工

二、汉字输入

1. 全拼输入法

全拼是指规范的汉语拼音，输入全拼和书写汉语拼音的过程完全一致。在书写时，如超过系统允许的字符个数，则响铃警告。基本输入规则为：

1）“'”隔音符号

例如：xian（先），xi'an（西安）。

目前，使用全拼输入法作为主要输入法的人不多，但其作为一种辅助输入方法还是有价值的。

2）查偏旁部首

在文本编辑过程中有时需要输入汉字的偏旁部首，虽然用五笔输入法就能做到，但有时不一定能立即打出需要的偏旁部首，而且系统中碰巧没有装五笔输入法又该怎么办呢？首先，选择全拼输入法，接着输入“pianpang”（其实输入“pianp”就已经够了），这时会发现一些汉字的偏旁部首出现了，如图 1-106 所示，如果需要的偏旁不在其中，可以按【+】或【-】键前后翻页即可。其共包括 41 个偏旁部首，使用非常方便。

3）“智能”查询

用“？”键可以实现“智能”查询，操作过程是：在输入合法的任何外码后，输入“？”，系统会在重码选择区显示以这个外码开始编码的汉字或符号程序。“？”代表一位编码，多位查询可输入多个“？”。例如，输入“基金”时，若不知道“金”字是“jin”还是“yin”，则输入“ji?in”即可，如图 1-107 所示。

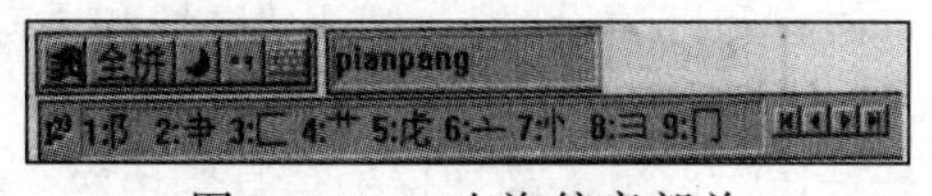

图 1-106　查询偏旁部首

图 1-107　“智能”查询

2. 智能 ABC 输入法

智能 ABC 是音与形结合的输入法，其既可按字、词输入拼音，也可以输入笔形代码，或者二者的各种结合，而不需要输入方式切换。这样，一个单字可有数种输入形式，而多词输入组合方式就更多了。它简单易学、快速灵活，因此受到用户的青睐。

1）输入编码规则

（1）在智能 ABC 输入状态下，智能 ABC 的外码窗允许输入字串可长达 40 个字符。在输入过程中，可以使用光标移动键进行插入、删除、取消等操作。第一个输入的字符只允许为 26 个英文字母（大写、小写均可），以空格或者标点结束。

（2）特殊用键。

① 空格，标点符号：将以词为单位转换输入字串。

② 【Enter】键：将以字为单位转换输入信息。

③ 【Backspace】键：用于逐个删除输入信息或者变换结果，此键用于人为干预分词构词过程。

（3）单字的输入。在标准输入状态下，直接逐个输入汉字的小写拼音字母，即可输入汉字，又称全拼输入。全拼输入是按规范的汉语拼音输入，输入过程和书写汉语拼音的过程完全一致。

例如，标准方式下输入“窗”，可直接输入“chuang+空格”。

（4）词组的输入。智能 ABC 的基本词库约有 6 万个词条，利用词组输入可以提高输入速度，减少重码。在标准输入状态下，可以使用全拼输入、简拼输入、混拼输入、笔形输入以及音形混合输入。

简拼输入是汉语拼音的简化形式，由各个音节的第一个字母组成，对于包含 zh、ch、sh 的音节，也可以取前两个字母组成，即取其声母。

混拼输入是两个音节以上的词语，有的音节全拼，有的音节简拼。隔音符号在混拼时很重要。表 1-4 所示为词组的输入方法。

表 1-4　词组的输入方法

词　组	全　拼	简　拼	混　拼
计算机	jisuanji	jsj	jisj
培训	peixun	px	peix

（5）中文数字的输入。智能 ABC 提供阿拉伯数字和中文大小写数字的转换能力。输入“i0~i9”，转换为中文数字“零、壹、贰、……、玖”。

☑ 任务实施

在安装 Windows 系统的过程中，已经自带了部分中文输入法，如微软拼音、智能 ABC、全拼、郑码输入法等。在这些输入法中，有些输入法是用户用不到的，也有的是系统在默认情况下没有加载的，这时就需要添加或删除一些输入法。添加输入法的操作方法如下：

（1）双击“控制面板”窗口中的“日期、时间、语言和区域设置”，打开“区域和语言选项”对话框，如图 1-108 所示。

（2）打开“语言”选项卡，单击“文字服务和输入语言”组中的“详细信息”按钮，打开如图 1-109 所示的“文字服务和输入语言”对话框。

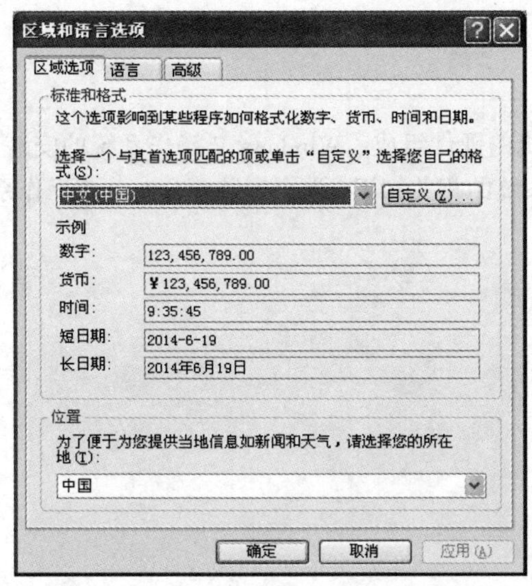

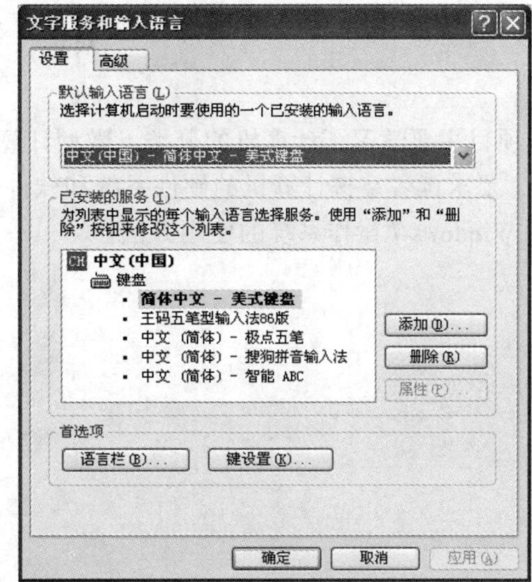

图 1-108　“区域和语言选项”对话框　　　　图 1-109　“文字服务和输入语言”对话框

（3）在“设置”选项卡的“已安装的服务”组中，单击“添加”按钮，弹出“添加输入语言”对话框，如图 1-110 所示。

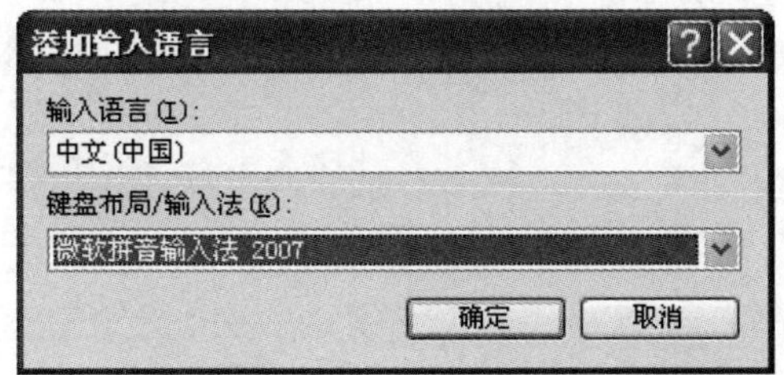

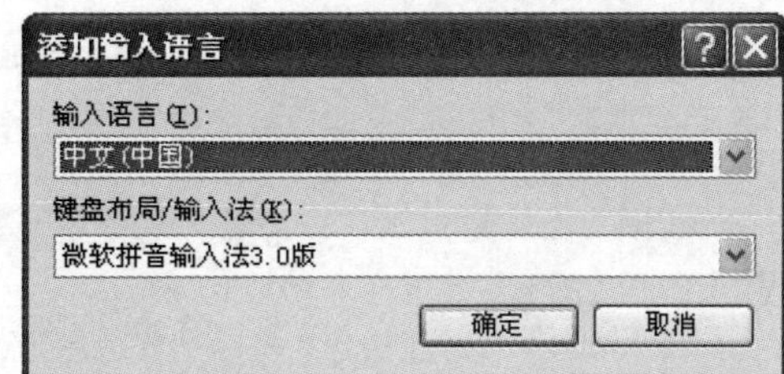

图 1-110　“添加输入语言”对话框

（4）在“输入语言”下拉列表中选择要添加的输入语言，在“键盘布局/输入法”下拉列表框中选择要添加的输入法。

（5）单击“确定”按钮，所安装的输入法就出现在“键盘布局/输入法”列表框中，再单击“应用”或“确定”按钮，所安装的输入法即可使用。

删除输入法的方法很简单，在“文字服务和输入语言”对话框中的“设置”选项卡中，选择要删除的输入法后，单击“删除”按钮即可。

提示：有的输入法安装是一个独立的程序或与某个安装程序一起安装的，如五笔字型输入法等。

☑ 技能训练

（1）分别练习汉字和英文的输入。

（2）安装搜狗输入法。

小　　结

本项目主要学习了计算机的分类、微型计算机的硬件组成、Windows 7 操作系统的安装及使用方法。要求读者掌握计算机的硬件系统和软件系统的相关知识，学会安装 Windows 7 操作系统，并掌握 Windows 7 操作系统的使用方法。

项目二　计算机网络技术

• 项目描述

信息化时代离不开网络办公，很多企事业单位已实现无纸化办公。张同学刚刚大学毕业，单位给小张配置了一台新计算机，张同学要将这台计算机进行网络设置，使其能够与同事们的计算机进行网络连接，以便进行文件共享；还要共享办公室的打印机，以方便进行网络资料打印。

• 项目分析

要了解和掌握计算机网络技术基础，既要掌握计算机网络的相关知识，也要掌握计算机网络的应用，即 Windows 局域网的应用和 Internet 的应用。

• 项目分解

本项目分解成以下 3 个任务：

任务 1　计算机网络基础知识

任务 2　Internet 基础

任务 3　Internet 应用

任务 1　计算机网络基础知识

☑ 任务介绍

一台新的计算机要连接到局域网中，不仅要对计算机网络硬件部分进行连接，还要对网络进行设置，如 IP 设置等。

完成该任务，需要了解计算机网络的基本概念、组成及应用，IP 地址的设置，网络连接的物理设备的连接。

☑ 相关知识

一、计算机网络的定义

计算机网络是现代通信技术与计算机技术相结合的产物。由于人们对网络的研究和应用侧重点不同，对计算机网络的含义的理解也有所不同。以资源共享为目的的计算机网络定义为：将相互独立的计算机系统以通信线路相连接，按照全网统一的网络协议进行数据通信，从而实现网络资源共享的计算机系统的集合。

（1）相互独立的计算机系统：网络中各计算机系统具有独立的数据处理功能，它们既可以连入网内工作，也可以脱离网络独立工作，而且联网工作时，也没有明确的主从关系，即网内的一台计算机不能强制性地控制另一台计算机。从分布的地理位置来看，它们既可以相距很近，也可以相隔千里。

（2）通信线路：可以用多种传输介质实现计算机的互联，如双绞线、同轴电缆、光纤、微波、无线电等。

（3）网络协议：即网络中各计算机在通信过程中必须共同遵守的规则。

（4）数据：可以是文本、图形、声音、图像等多媒体信息。

（5）资源：可以是网内计算机的硬件、软件和信息。

二、计算机网络的发展

计算机网络的形成和发展大致可以分为以下 4 个阶段。

1. 第一代计算机网络——具有通信功能的单机系统

第一代计算机网络产生于 20 世纪 50 年代，人们将多台终端（键盘和显示器）通过通信线路连接到一台中央计算机上，构成“主机–终端”系统，如图 2-1 所示。这一阶段的计算机网络是以面向终端为特征的，其中具代表性的是 20 世纪 50 年代建立的半自动地面防空系统（SAGE），以及 20 世纪 60 年代建成的全国性飞机订票系统。

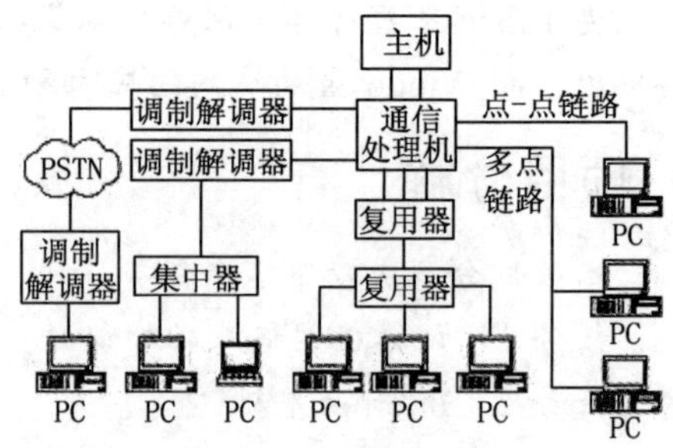

图 2-1　计算机终端系统

根据现代资源共享观点对计算机网络的定义，这种“主机–终端”系统还算不上是真正的计算机网络，因为终端没有独立处理数据的能力。但这一阶段进行的计算机技术与通信技术相结合的研究，成为计算机网络发展的基础。

2. 第二代计算机网络——具有通信功能的多机系统

第二代计算机网络强调的是通信。网络主要用于传输和交换信息，而资源共享程序不高，并且没有成熟的网络操作系统软件来管理网上的资源。由于已产生了通信子网和用户资源子网的概念，第二代计算机网络也称两级结构的计算机网络，如图 2–2 所示。ARPAnet 就是第二代计算机网络的典型代表。ARPAnet 为 Internet 的产生和发展奠定了基础。

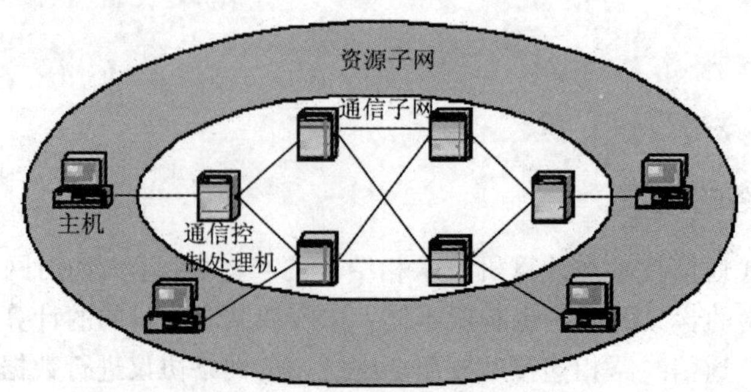

图 2–2　资源子网和通信子网

3. 第三代计算机网络——真正意义的计算机网络

第三代计算机网络的主要特征是全网中所有的计算机遵守同一种协议，强调以实现资源共享（硬件、软件和数据）为目的。Internet 充分体现了这些特征，全网中所有的计算机遵守同一种 TCP/IP 协议。

20 世纪 70 年代中期开始，网络体系结构与网络协议的国际标准化成为迫切需要解决的问题。当时，许多计算机生产商纷纷开发出自己的计算机网络系统，并形成各自不同的网络体系结构。例如，IBM 公司的系统网络体系结构 SNA，DEC 公司的数字网络体系结构 DNA。这些网络体系结构有很大的差异，只能连接本公司的设备，无法实现不同网络之间的互联。1977 年，国际标准化组织（ISO）制定了著名的计算机网络体系结构国际标准——“开放系统互连参考模型”（Open System Interconnection / Reference Model，OSI / RM）。OSI / RM 共分 7 层，TCP / IP 只是其中的两层协议。OSI / RM 尽管没有成为市场上的国际标准，但它对网络技术的发展产生了极其重要的影响。

4. 第四代计算机网络——宽带综合业务数字网

第四代计算机网络的特点是综合化和高速化。从 20 世纪 90 年代开始，Internet 实现了全球范围的电子邮件、WWW、文件传输、图像通信等数据服务的普及，但电话和电视仍各自使用独立的网络系统进行信息传输。人们希望利用同一网络来传输语音、数据和视频图像，因此提出了宽带综合业务数字网（Broadband Integrated Services Digital Network，B-ISDN）的概念。这里“宽带”是指网络具有极高的数据传输速率，可以承载大数据量的传输；“综合”是指信息媒体，包括语音、数据和图像可以在网络中综合采集、存储、处理和传输。

计算机网络的发展趋势将是 IP 技术的充分运用，实现“三网合一”。目前广泛使用的网络有电话通信网络、有线电视网络和计算机网络。这三类网络中，新的业务不断出现，各种业务之间相互融合，最终三种网络将向单一的 IP 网络发展。在 IP 网络中，利用 IP 技术进行数据、语音、图像和视频的传输，能提供目前电话网、电视网和计算机网络的综合服务；能支持多媒体信息通信，提供多种形式的视频服务；具有高度安全的管理机制，以保证信息安全传输；具有开放统一的应用环境，智能化系统的自适应性和高可靠性；网络的使用、管理和维护更加方便。同时，随着移动通信技术的发展，计算机和其他通信设备在没有与固定的物理设备相连的情况下接入网络成为可能，使人们使用因特网变得更加方便、快捷。

三、计算机网络的功能

1. 资源共享

计算机网络最主要的功能是实现了资源共享。这里说的资源包括网内计算机的硬件、软件和信息。从用户的角度来看，网络用户既可以使用本地资源，又可以使用远程计算机上的资源，如通过远程登录方式，可以共享大型机的 CPU 和存储器资源。至于在网络中设置共享的外围设备，如打印机、绘图仪等，更是常见的硬件资源共享。

2. 数据通信

网络中的计算机与计算机之间交换各种数据和信息。这是计算机网络提供的最基本的功能。

3. 分布式处理

利用计算机网络技术，将一个大型复杂的计算问题分配给网络中的多台计算机，在网络操作系统的调度和管理下，由这些计算机分工协作来完成。此时的网络就像是一个具有高性能的大中型计算机系统，能很好地完成复杂的处理，但费用比大中型计算机低得多。

4. 提高了计算机的可靠性和可用性

在网络中，当一台计算机出现故障无法继续工作时，可以调度另一台计算机来接替完成任务，很显然，比起单机系统，整个系统的可靠性在提高。当一台计算机的工作任务过重时，可以将部分任务转交给其他计算机来处理，使得整个网络中各计算机负担比较均衡，从而提高每台计算机的可用性。

四、计算机网络的分类

计算机网络的种类很多，根据各种不同的联系原则，可以得到各种不同类型的计算机网络。

1. 按网络的覆盖范围与规模分类

按网络的覆盖范围与规模可分为三类：局域网（Local Area Network，LAN）、城域网（Metropolitan Area Network，MAN）、广域网（Wide Area Network，WAN）。

（1）局域网。局域网覆盖有限的地域范围，一般在几千米的范围之内，如公司、机关、学校、工厂等，将本单位的计算机、终端以及其他的信息处理设备连接起来，实现办公自动化、信息汇集与发布等功能。

（2）城域网。城域网所覆盖的地域范围介于局域网和广域网之间，一般从几千米到几百千米，是一种大型的 LAN。城域网是随着各单位大量局域网的建立而出现的。同一个城市内各个局域网之间需要交换的信息量越来越大，为了解决它们之间信息高速传输的问题，提出了城域计算机网络的概念，并为此制定了城域网的标准。

（3）广域网。广域网由相距较远的局域网或城域网互联而成，它可以覆盖一个地区、国家，甚至横跨几个洲而形成国际性的广域网络。Internet 网就是一个横跨全球可公共商用的广域网络。

2. 按网络的拓扑结构分类

按网络的拓扑结构可以分为：星形网、环形网、总线形网等。

（1）星形网。星形网中所有主机和其他设备均通过一个中央连接单元或是集线器（Hub）连接在一起，如图 2-3 所示。如果集线器遭到破坏，整个网络将不能正常运行。如果某台计算机损坏则不会影响整个网络的运转。星形结构具有较高的可靠性，目前应用比较广泛。它的优势在于扩充简单方便，网络内可以混用多种传输媒体，分支线路故障不会影响全网的安全稳定运行，多台主机可以同时发送信息等。

（2）环形网。环形网中全部的计算机连接成一个逻辑环，数据沿着环传输，通过每一台计算机，如图 2-4 所示。环形网的优点在于网络数据传输不会出现冲突和堵塞情况，但同时也有物理链路资源浪费多，而且环路构架脆弱，环路中任何一台主机故障即造成整个环路崩溃等缺点。

（3）总线形网。总线形结构是将所有的计算机和打印机等网络资源都连接到一条主干线（即总线）上，如图 2-5 所示。这种结构的所有主机都通过总线来发送或接收数据，当一台主机向总线上“广播”发送数据时，其他主机以“收听”的方式接收数据，这是一种“共享传输介质”的通过总线交换数据的方式。总线形网络具有结构简单、扩展容易和投资少等优点，但是传送速度比较慢，而且一旦总线损坏，整个网络都将不可用。

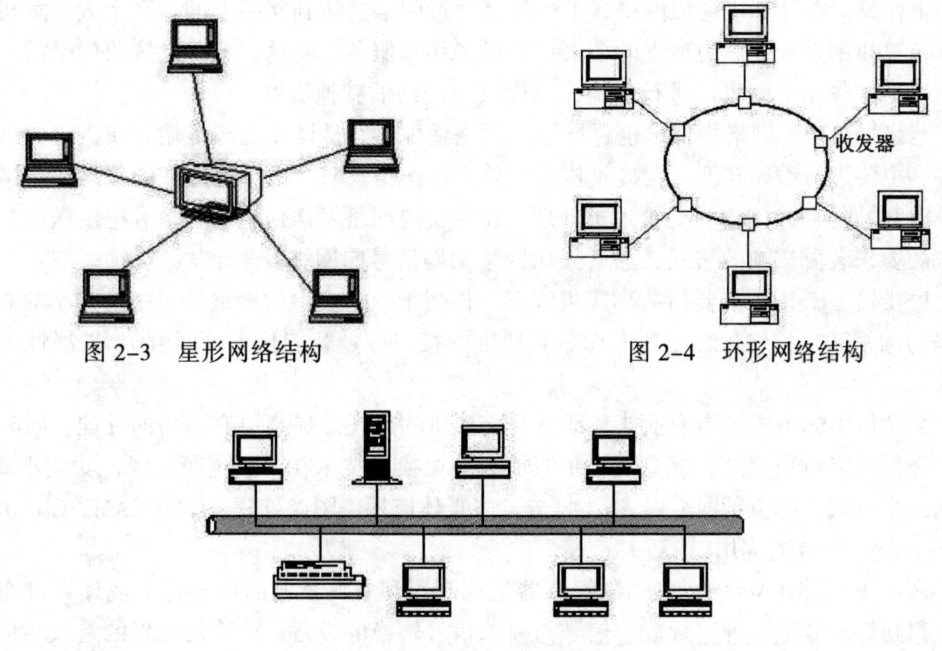

图 2–3　星形网络结构　　图 2–4　环形网络结构

图 2–5　总线形网络结构

3. 按通信传输的介质分类

按通信传输的介质可以分为双绞线网、同轴电缆网、光纤网、无线电网、卫星网等。

4. 按数据传输速率分类

按数据传输速率可以分为低速网、中速网、高速网。有时也直接用数据传输速率的值来划分，例如 10 Mbit/s 网络、100 Mbit/s 网络、1 000 Mbit/s（1 Gbit/s）网络、10 000 Mbit/s（10 Gbit/s）网络。

5. 按网络的信道带宽分类

按网络的信道带宽可以分为基带网和宽带网。

五、计算机网络的组成

计算机网络系统是由网络硬件和网络软件组成的。在网络系统中，硬件的选择对网络起着决定性的作用，而网络软件则是挖掘网络潜力的工具。

1. 网络硬件

网络硬件是计算机网络系统的物质基础。要构成一个计算机网络系统，首先要将计算机及其附属硬件设备与网络中的其他计算机系统连接起来，实现物理连接。不同的计算机网络系统，在硬件方面是有差别的。随着计算机技术和网络技术的发展，网络硬件日趋多样化，且功能更强，更复杂。常见的网络硬件有服务器、工作站、网络接口卡、集线器、交换机、调制解调器、路由器及传输介质等。

（1）服务器。在计算机网络中，分散在不同地点担负一定数据处理任务和提供资源的计算机称为服务器。服务器是网络运行、管理和提供服务的中枢，它影响着网络的整体性能。

（2）工作站。在计算机局域网中，工作站是通过网卡连接到网络上的一台个人计算机，它仍保持原有计算机的功能，作为独立的个人计算机为用户服务，同时它又可以按照授予的一定权限访问服务器。工作站之间可以进行通信，可以共享网络的其他资源。

（3）网络接口卡。网络接口卡也称网卡或网络适配器，是计算机与传输介质进行数据交互的中间部件，主要进行编码转换。在接收传输介质上传送信息时，网卡把传来的信息按照网络上信号编码要求和帧的格式接收并交给主机处理。在主机向网络发送信息时，网卡把发送的信息按照网络传送的要求装配成帧的格式，然后采用网络编码信号向网络发送出去。

（4）集线器（Hub）。主要指共享式集线器。相当于一个多口的中继器，一条共享的总线，能实现简单的加密和地址保护。主要考虑带宽速度、接口数、智能化（可网管）、扩展性（可能级联和堆叠）。

（5）交换机（Switch）。指交换式集线器。交换机的出现是提高原有网络的性能，同时保护原有投资，降低网络响应速度，提高网络负载能力。交换机技术在不断更新发展，功能不断加强，可以实现网络分段、虚拟子网（VLAN）划分、多媒体应用、图像处理、CAD/CAM、Client/Server、Browser/Server 等方式的应用。

（6）调制解调器（Modem）。调制解调器是调制器和解调器的简称，是实现计算机通信的外围设备。调制解调器是一种进行数字信号与模拟信号转换的设备。计算机处理的是数字信号，而电话线传输的是模拟信号，在计算机和电话线之间需要一个连接设备，将计算机输出的数字信号变换为适合电话线传输的模拟信号，在接收端再将接收到的模拟信号变换为数字信号由计算机处理。因此，调制解调器成对使用。

（7）路由器（Router）。广域网的通信过程与邮局中信件传递的过程类似，都是根据地址来寻找到达目的地的路径，这个过程在广域网中称为“路由”。路由器负责不同广域网中各局域网之间的地址查找（建立路由）、信息包翻译和交换，实现计算机网络设备与电信设备的电气连接和信息传递，因此，路由器必须具有广域网和局域网两种网络通信接口。

（8）传输介质。传输介质是传送信号的载体，在计算机网络中通常使用的传输介质有双绞线、同轴电缆、光纤、微波及卫星通信等。它们可以支持不同的网络类型，具有不同的传输速率和传输距离。

2. 网络软件

在网络系统中，网络中的每个用户都可享用系统中的各种资源。为了协调系统资源，系统需要通过软件工具对网络资源进行全面的管理，进行合理的调度和分配，并采取一系列保密安全措施，防止用户不合理地对数据和信息的访问，防止数据和信息的破坏与丢失。

网络软件是实现网络功能所不可缺少的软环境。通常网络软件包括网络协议软件（如 TCP/IP 协议）、网络通信软件（如 IE 浏览器）和网络操作系统。

目前，客户机/服务器非对等结构模型中流行的网络操作系统主要如下所示。

Microsoft 公司的 Windows NT Server、Windows Server 2022 等操作系统、Novell 公司的 NetWare 操作系统、IBM 公司的 LAN Server 操作系统、UNIX 操作系统、Linux 操作系统。

在实际网络环境中，服务器上常采用 Windows Server 2022、NetWare、UNIX、Linux 等操作系

统，客户机（工作站）上常采用 Windows XP、Windows 7、Windows 10 等操作系统。按照服务器上安装的网络操作系统的不同，也可以对局域网进行分类。如使用 Windows NT Server 的局域网被称为“NT 网”，使用 NetWare 的局域网系统称为“Novell 网”。

六、计算机网络协议

在计算机网络中，为了实现各种服务的功能，必然要在计算机系统之间进行各种各样的通信和对话。通信时为了使通信双方能正确理解、接收和执行，就必须遵守相同的规定，就如同两个人交谈时必须采用能让对方听得懂的语言，且语速既不能太快，也不能太慢。两个对象要想成功地通信，它们必须“说同样的语言”，并按既定控制法则来保证相互的配合。具体地说，在通信内容、如何通信以及何时通信等方面，两个对象要遵从相互可以接受的一组约定和规则。这些约定和规则的集合称为协议。因此，协议是指通信双方必须遵守的控制信息交换的规则集合，作用是控制并指导通信双方的对话过程，发现对话过程中出现的差错并确定处理策略。

20 世纪 70 年代，国际标准化组织（ISO）就计算机网络提出了开放系统互连参考模型（OSI），它是连接异种计算机的标准框架。OSI 为连接分布式的“开放”系统提供了基础。OSI 采用了分层的结构化技术，共有七层：物理层、数据链路层、网络层、传输层、会话层、表示层和应用层。

Internet 之所以能够将不同的网络相互连接，主要是因为它使用了 TCP/IP 协议，TCP/IP 是 OSI 中的两个重要协议：传输控制协议（Transmission Control Protocol，TCP）和网络协议（Internet Protocol，IP）。在 Internet 上，基本上所有的人都是将这两个协议合在一起使用的。

七、局域网技术

局域网具有广泛的应用，可将基于个人计算机的智能工作站连成局域网，可以共享文件和相互协同工作，还可以共享磁盘、打印机等资源。

1. 局域网的特点

由于数据传输距离远近的不同，广域网、局域网和城域网从基本通信机制上有很大的差异，各自具有不同的特点。局域网的主要特点如下所示。

（1）局域网覆盖一个有限的地理范围，如一个办公室、一幢大楼或几幢大楼之间的地域范围，适用于机关、学校、公司、工厂等单位。一般属于一个单位所有。

（2）局域网易于建立、维护和扩展。

（3）局域网中的数据通信设备是广义的，包括计算机、终端、电话机等通信设备。

（4）局域网的数据传输速率高、误码率低。目前局域网的数据传输速率在 10～1 000 Mbit/s 之间。

2. 局域网的类型

根据软硬件支持方式不同，局域网目前主要有对等网络和客户机/服务器网络两种基本类型。

（1）对等网络。对等网络是没有专门服务器的网络，每一台连接在此网络上的计算机既是服务器，又是客户机，每台计算机都可由用户自行决定如何与网络内的其他用户分享资源（文件、文件夹和打印机等），如图 2-6 所示。

在对等网络中，由于所有计算机地位相等，因此无论哪一台计算机出现死机现象或者被关闭，都不会影响网络的正常运行。

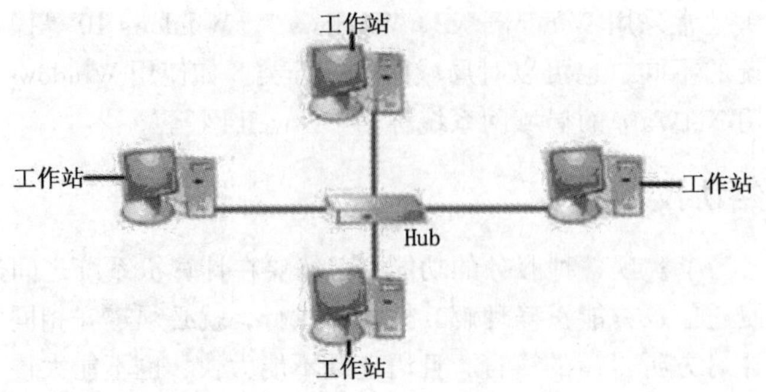

图 2-6　对等网络

（2）基于服务器的网络。基于服务器的网络中至少有一台计算机主机用于服务器功能，其余不用分享任何信息，全部数据都存储于服务器上，如图 2-7 所示。服务器可以扮演几个角色：文件和打印服务器、应用服务器、电子邮件服务器、传真服务器和通信服务器等。

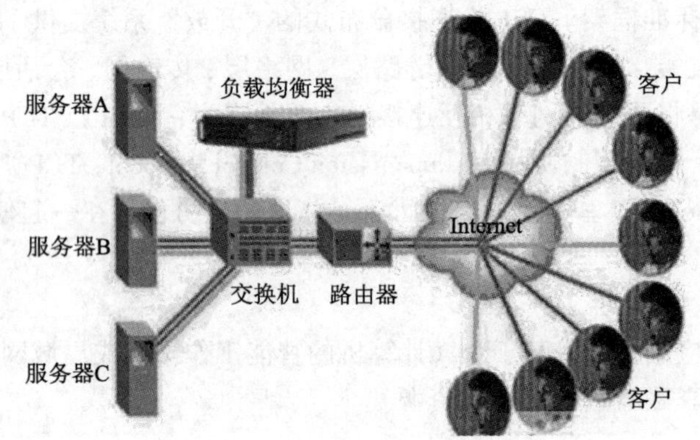

图 2-7　基于服务器的网络

在基于服务器的网络中，服务器承担共享资源的管理和调度任务，通常是由局域网中速度最快或硬盘容量最大的计算机来担当，它是局域网的中心。一旦服务器出现死机现象或者被关闭，整个局域网将瘫痪。

3. 局域网的拓扑结构

拓扑学是几何学的一个分支，它是把实体抽象成与其大小、形状无关的点，将点与点之间的连接抽象成线段，进而研究它们之间的关系。计算机网络中也借用这种方法，将网络中的计算机和通信设备抽象成结点，将结点与结点之间的通信线路抽象成链路。这样一来，计算机网络可以抽象成由一组结点和若干链路组成，这种由结点和链路组成的几何图形称为计算机网络拓扑结构。

计算机网络由两台及以上的计算机连接而成，计算机连接的物理方式决定了网络的拓扑结构。目前，常见的办公局域网拓扑结构有总线形、星形、环形与混合形。

4. 传输介质

传输介质是连接网络中各结点的物理通路。在局域网中，常用的网络传输介质有双绞线、同轴电缆、光纤电缆与无线电等。

（1）双绞线：由两根、四根或八根绝缘导线组成，两根为一线对作为一条通信链路。为减少各线对之间的电磁干扰，各线对以均匀对称的方式，螺旋状扭绞在一起。

（2）同轴电缆：由内导体、外屏蔽层、绝缘层及外部保护层组成。同轴电缆可连接的地理范围较双绞线更宽，可达几千米至几十千米，抗干扰能力较强，使用与维护方便，但价格较双绞线高。

（3）光纤电缆，简称光缆。一条光缆中包含多条光纤。每条光纤由玻璃或塑料拉成极细的能传导光波的细丝，外面再包裹多层保护材料构成。光纤通过内部的全反射来传输一束经过编码的光信号。光缆因其数据传输速率高、抗干扰性强、误码率低及安全保密性好等特点，被认为是一种最有前途的传输介质。

（4）无线电：使用特定频率的电磁波作为传输介质，可以避免有线介质（双绞线、同轴电缆、光缆）的束缚，组成无线局域网。随着便携式计算机的增多，无线局域网应用越来越普及。

☑ 任务实施

1. 了解学生用机联网情况

局域网机房的学生用机可以上网，则在机器上要安装网卡，如图 2-8 所示。可以从主机箱后面或打开主机箱看见，网卡的接口上通过 RJ-45 水晶头连接双绞线，在网卡接口附近有指示灯，灯亮时表明线路已连接，若灯闪烁则表示有数据交换。

图 2-8　网卡

2. 了解线路

一般用双绞线连接计算机与交换机或集线器，双绞线的两头均使用 RJ-45 水晶头，压接水晶头需用专用压线钳，且双绞线的多根金属线在水晶头的排列顺序有一定要求。制作好的网线（两端有水晶头的）是否畅通与正确，可用专用测线仪测试。网络辅材及工具如图 2-9 所示。

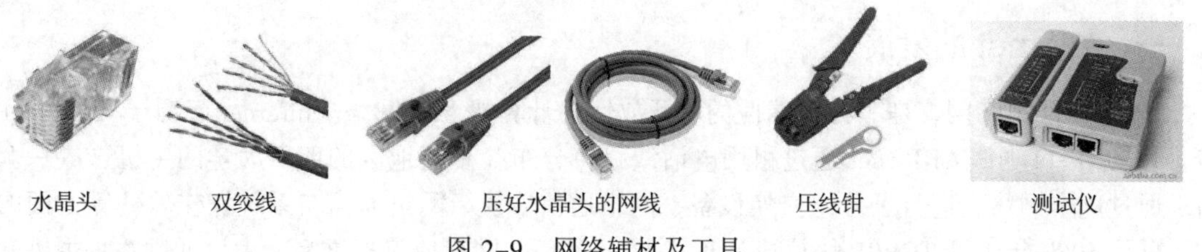

图 2-9　网络辅材及工具

3. 了解交换机

交换机的接口一般接 RJ-45 水晶头，高档交换机有光纤接口的可直接接光纤。交换机的接口可接计算机、其他交换机及上级路由器。

4. 了解网络拓扑结构

交换机的接口有 8 口、16 口、24 口、36 口、48 口等，如图 2-10 所示，一般 24 口交换机应用最为广泛。多台计算机通过双绞线接在同一台交换机上，就构成了星形网络。如果用 24 口交换机，而机房机器远不只 24 台，则要用多台交换机，多台交换机之间再进行级联，并且通过某一台交换机接上级路由器而上 Internet，这样就构成了树状网络结构。

16 口交换机

24 口交换机

图 2-10　交换机

☑ 技能训练

（1）网线制作。采用交叉网线和平行网线两种网络做法，并将做好的网线进行测试。

（2）将寝室内的几台计算机利用交换机连接起来。

任务 2　Internet 基础

☑ 任务介绍

张同学将已装好操作系统的计算机的硬件连接到网络上，之后张同学将这台计算机准备连接到互联网上。那么张同学将如何设置这台计算机的网络设置呢？IP 地址又将怎么进行设置呢？又该如何发送和接收电子邮件呢？

完成该任务，需要了解 IP 地址的设置、IE 浏览器的使用方法及如何利用电子邮箱写邮件和发送电子邮件。

☑ 相关知识

一、Internet 的发展

Internet 即因特网，是一种全球性的、开放性的计算机互联网络。Internet 起源于 ARPAnet 网络。1969 年 11 月，ARPAnet 通过租用电话线路将分布在不同地区的四所大学的主机连成一个网络。通过这个网络，进行了分组交换设备、网络通信协议、网络通信与系统操作软件等方面的研究。自从 1983 年 1 月 TCP/IP 协议成为正式的 ARPAnet 网络协议标准后，大量的网络、主机和用户都连入了 ARPAnet，使得 ARPAnet 迅速发展。到 1984 年，美国国家科学基金会又组建了大型的 NSFnet 网络，世界各个国家、地区和科研机构也在建设自己的广域网络，这些网络构成了因特网在各地的基础。20 世纪 90 年代以来，这些网络逐渐连接起来，从而构成了今天世界范围内的互联网。

Internet 是一个富有旺盛生命力的全球性社团，目前已有数千万用户，应用范围从商业、教育等领域一直到个人，影响极其广泛。在整个世界范围的大家庭中，人们进行各种前沿科学的研究，讨论问题及传播信息（包括 E-mail、Telnet 和 BBS 等），消除了时间、空间的差别，也感觉不到计算机的差异。从新闻角度衡量，Internet 涵盖世界上数量最多的杂志，几乎每秒钟都有成千上万的人通过 E-mail 进行多方电子会谈，它提供的信息和资源之广无法衡量。

二、Internet 的特点及功能

Internet 不仅仅是网络系统，更重要的是一个信息资源系统。这个庞大的信息资源系统的使用对象不仅仅是工程师和科研人员，各行各业的人也在不断地加入 Internet，通过它便捷的通信功能和外界交换着信息。

Internet 上有众多的服务：如 E-mail（电子邮件）、FTP（文件传输）、Telnet（远程登录）、WWW（World Wide Web，简称 Web，也称万维网）、BBS（电子公告牌）等。特别是 WWW 的应用，在 Internet 上实现的全球性的、交互、动态、多平台、分布式图形信息系统，使人们通过互联网看到的不仅仅是文字，还有图片、声音、动画甚至电影。在人们的工作、生活和社会活动中，Internet 起着越来越重要的作用。网络已成为人类社会存在与发展不可或缺的一部分，已成为一种文化。人们喜欢 Internet，正是因为它具有如下突出的特点：

（1）能进行非常便捷的通信。Internet 最诱人的功能之一是其强大的通信功能，这也是 Internet 被很多人称为信息高速公路的原因。使用 Internet 可以和自己认识的或希望结识的人进行一对一或者一对多的实时或非实时的信息交换。

（2）能获取应有尽有的信息。在 Internet 上还可以取得免费或收费的资料。Internet 上有很多这样的结点，它们有很多可利用的资源，能提供所需要的软件资料，而且可以将这些资料复制到自己的个人计算机上。

在众多的可下载的结点中，有几个主机结点是专门为用户设置的，这些主要的结点通常都比较忙，为此它们在全球许多其他的结点上都有副本，称为镜像结点，可以从镜像结点上获取自己想要的文件和信息，这样就能够极大地减少 Internet 上的交通拥挤状况。

三、IP 地址

Internet 采用 TCP/IP。所有连入 Internet 的计算机必须拥有一个网内唯一的地址，以便相互识别。Internet 上计算机拥有的这个唯一地址称为 IP 地址。

1. IP 地址的结构

IP 地址由两部分构成：网络地址和主机地址，如图 2-11 所示。

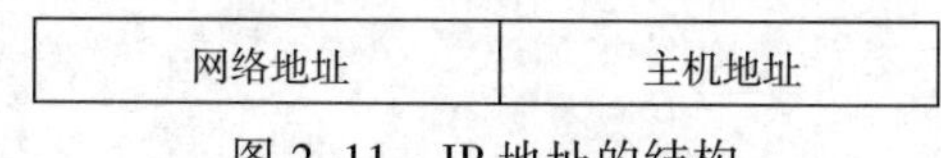

图 2-11　IP 地址的结构

网络地址标识一个逻辑网络。主机地址标识该网络中一台主机。

IP 地址由因特网信息中心（NIC）统一分配。NIC 负责分配最高级 IP 地址，并给下一级网络中心授权在其自治系统中再次分配 IP 地址。在国内，用户可向电信公司、ISP 或单位局域网管理部门申请 IP 地址，这个 IP 地址在因特网中是唯一的。如果是使用 TCP/IP 协议构成局域网，可自行分配 IP 地址，该地址在局域网内是唯一的，但对外通信时需经过代理服务器。

需要指出的是，IP 地址不仅标识主机，还标识主机和网络的连接。TCP/IP 协议中，同一物理网络中的主机接口具有相同的网络号，因此当主机移动到另一个网络时，它的 IP 地址需要改变。

2. IP 地址分类

IP 地址长度为 4 个字节（1 个字节为 8 位二进制数），即 32 位二进制数，由 4 个用小数点隔

开的十进制数字域组成（如：192.168.10.52），称为点分十进制表示法，其每个十进制数字域的取值在 0 ~ 255 之间。根据网络地址和主机地址的不同划分，编址方案将 IP 地址划分为 A、B、C、D、E 五类，其中 A、B、C 三类为基本 IP 地址，D、E 类作为多播和保留使用。A、B、C 类 IP 地址划分如图 2-12 所示。

A 类

0	网络地址（7 bit）	主机地址（24 bit）

B 类

1	0	网络地址（14 bit）	主机地址（16 bit）

C 类

1	1	0	网络地址（21 bit）	主机地址（8 bit）

图 2-12　IP 地址的分类

A 类地址：第 1 位用 0 来标识，网络地址占 7 位，最多允许容纳 2^7 个网络，第 1 数字域取值为 1 ~ 126，0 和 127 保留，用于特殊目的；主机地址占 24 位，即 3 个数字域，即每个网络可接入多达 224 ~ 16 777 216 台主机，适用于少数规模很大的网络。

B 类地址：第 1、2 位用 10 来标识，网络地址占 14 位，最多允许容纳 2^{14} 个网络，第 1 数字域取值为 128 ~ 191；每个网络可接入 2^{16} 台主机，适用于国际性大公司。

C 类地址：第 1 ~ 3 位用 110 来标识，网络地址占 21 位，最多允许容纳 2^{21} 个网络，第 1 数字域取值为 192 ~ 223；每个网络可接入 2^8 台主机。适用于小公司和研究机构小规模的网络。

对于一个 IP 地址，直接判断它属于哪类地址的最简单方法是：判断它的第一个十进制数字域所在范围。例如，202.115.65.189 是一个 C 类 IP 地址，其中，202.115.65.0 是网络地址，189 是主机地址。A、B、C 三类地址的第 1 数字域及 IP 地址的起止范围如表 2-1 所示。

表 2-1　基本类 IP 地址起止范围

类　　别	第 1 数字域取值范围	IP 地址起止范围
A 类	0~127	1.0.0.0~126.255.255.255（0 和 127 保留作为特殊用途）
B 类	128~191	128.0.0.0~191.255.255.255
C 类	192~223	192.0.0.0~255.255.255.255

3. 特殊 IP 地址

（1）网络地址：当一个 IP 地址的主机地址部分为 0 时，它表示一个网络地址。例如，202.115.65.0 表示一个 C 类网络。

（2）广播地址：当一个 IP 地址的主机地址部分为 1 时，它表示一个广播地址。例如，142.55.255.255 表示一个 B 类网络 142.55 中的全部主机。

（3）回送地址：任何一个 IP 地址以 127 为第 1 个十进制数时，称为回送地址。例如，127.0.0.1，回送地址可用于对本机网络协议进行测试。

4. 子网和子网掩码

从 IP 地址的分类可以看出，地址中的主机地址部分最少有 8 位，这对于一个网络来说，最多可连接 254 台主机（全 0 和全 1 地址不用），这往往容易造成地址浪费。为了充分利用 IP 地址，TCP/IP 协议采用了子网技术。子网技术把主机地址空间划分为子网和主机两部分，使得网络被划分成更小的网络——子网。这样一来，IP 地址结构则由网络地址、子网地址和主机地址三部分组成，如图 2-13 所示。

网络地址	子网地址	主机地址

图 2-13 采用子网的 IP 地址结构

当一个单位申请到 IP 地址以后，由本单位网络管理人员来划分子网。子网地址在网络外部是不可见的，仅在网络内部使用。子网地址的位数是可变的，由各单位自行决定。为了确定哪几位表示子网，IP 协议引入了子网掩码的概念。通过子网掩码将 IP 地址中分为两大部分：网络地址部分、子网地址和主机地址部分。

子网掩码是一个与 IP 地址对应的 32 位数字，其中的若干位为 1，另外的位为 0。IP 地址中与子网掩码为 1 的位相对应的部分是网络地址和子网地址，与为 0 的位相对应的部分则是主机地址。子网掩码原则上 0 和 1 可以任意分布，但一般在设计子网掩码时，多是将子网地址的开始连续的几位设为 1。

对于 A 类地址，对应的子网掩码默认值为 255.0.0.0，B 类地址对应的子网掩码默认值为 255.255.0.0，C 类地址对应子网掩码默认值为 255.255.255.0。

四、域名

直接使用 IP 地址就可访问 Internet，但是 IP 地址很难记忆，也不能反映主机的相关信息，于是 Internet 中采用了层次结构的域名系统 DNS（Domain Name System，DNS）来协助管理 IP 地址。

1. 域名的层次结构

Internet 域名具有层次型结构，整个 Internet 网被划分成几个顶级域，每个顶级域规定了一个通用的顶级域名。顶级域名采用两种划分模式：组织模式和地理模式。组织模式分配如表 2-2 所示。地理模式的顶级域名采用两个字母缩写形式来表示一个国家或地区。例如，cn 代表中国，us 代表美国，jp 代表日本，ca 代表加拿大，uk 代表英国等。

表 2-2 Internet 顶级域名组织模式分配

顶级域名	com	edu	gov	int	mil	net	org
分配情况	商业组织	教育机构	政府部门	国际组织	军事部门	网络支持中心	各种非营利性组织

因特网信息中心 NIC 将顶级域名的管理授权给指定的管理机构，由各管理机构再为其子域分配二级域名，并将二级域名管理授权给下一级管理机构，依此类推，构成一个域名的层次结构。由于管理机构是逐级授权的，因此各级域名最终都得到网络信息中心 NIC 的承认。因特网中主机域名也采用一种层次结构，从右至左依次为顶级域名、二级域名、三级域名等，各级域名之间用点“.”隔开。每一级域名由英文字母、符号和数字构成。总长度不能超过 254 个字符。主机域名的一般格式如下：

四级域名. 三级域名. 二级域名. 顶级域名

如北京大学的 Web 网站域名为 www.pku.edu.cn，其中 cn 代表中国，edu 代表教育机构，pku 代表北京大学，www 代表提供 Web 信息服务。

2. 我国的域名结构

我国的顶级域名 cn 由中国互联网信息中心 CNNIC 负责管理。顶级域名 cn 按照组织模式和地理模式被划分为多个二级域名。对于地理模式是行政区代码，表 2-3 列举了我国二级域名中对应于组织模式的分配情况。

表 2-3　我国二级域名组织模式分配

二级域名	com	ac	edu	gov	net	org
分配情况	商业组织	科研机构	教育机构	政府部门	网络支持中心	各种非营利性组织

中国互联网信息中心 CNNIC 将二级域名的管理权授予下一级的管理部门进行管理。

3. 域名解析和域名服务器

域名相对于主机的 IP 地址来说，方便了用户记忆，但在数据传输时，因特网上的网络互联设备却只能识别 IP 地址，不能识别域名，因此，当用户输入域名时，系统必须要能够根据主机域名找到与其相对应的 IP 地址，即将主机域名映射成 IP 地址，这个过程称为域名解析。为了实现域名解析，需要借助于一组既独立又协作的域名服务器（DNS）。域名服务器是一个安装有域名解析处理软件的主机，在因特网中拥有自己的 IP 地址。因特网中存在着大量的域名服务器，每台域名服务器中都设置了二个数据库，其中保存着它所负责区域内的主机域名和主机 IP 地址的对照表。

五、Internet 的接入

要接入 Internet，需要在硬件及软件方面做一些准备工作，如安装调制解调器、安装浏览器、选择适当的入网方式及网络服务商等。

1. 因特网服务提供者 ISP

因特网服务提供者（Internet Service Provider，ISP）能为用户提供因特网接入服务，它是用户接入因特网的入口。ISP 还能为用户提供多种信息服务，如电子邮件服务、信息发布代理服务、网络故障排除及技术咨询服务等。从用户角度来看，只要在 ISP 成功申请到账号，便可成为合法的用户而使用因特网资源。用户的计算机必须通过某种通信线路连接到 ISP，再借助 ISP 接入因特网。国内常见的 ISP 商家有电信、移动、联通等。

2. Internet 接入技术

用户在加入互联网之前，需要根据自己的需求和经济条件选择适当的接入方式。

1）电话拨号接入

电话拨号入网是通过电话网络接入因特网。这种方式下用户计算机通过调制解调器和电话网相连。调制解调器负责将主机输出的数字信号转换成模拟信号，以适应电话线路传输；同时，也负责将从电话线路上接收的模拟信号，转换成主机可以处理的数字信号。常用调制解调器的速率是 28.8 kbit/s、33.6 kbit/s 和 56 kbit/s。用户通过拨号和 ISP 主机建立连接后，即可以用浏览器如 IE 访问因特网上的资源。

2）xDSL 接入

DSL 是 Digital Subscriber Line（数字用户）的缩写。xDSL 技术是基于铜缆的数字用户线路接入技术。字母 x 表示 DSL 的前缀可以是多种不同的字母。xDSL 利用电话网或 CATV 用户环路，经 xDSL 技术调制的数字信号叠加在原有话音或视频线路上传送，由电信局和用户端的分离器进行合成和分解。xDSL 技术中常见的方式和传输速率如表 2-4 所示。

表 2-4　xDSL 技术中常见的方式和传输速率

xDSL	名　称	5.5 km 下/上行速率/（bit/s）	3.6 km 下/上行速率/（bit/s）
ADSL	非对称数字用户线	1.5 M/64 k（非对称）	6 M/640 k（非对称）
HDSL	高比特率数字用户线	1.544 M（对称）	1.544 M（对称）
SDSL	对称数字用户线	1 M（对称）	1 M（对称）
VDSL	甚高速数字用户线	51 M/2.3 M（非对称）	51 M/2.3 M（非对称）
RADSL	速率自适应数字用户线	1.5 M/64 k（非对称）	6 M/640 k（非对称）
ISDL	基于 ISDN 数字用户线	128 k（对称）	128 k（对称）

非对称数字用户线（ADSL）是广泛使用的一种接入方式。ADSL 可在无中继的用户环路网上，通过使用标准铜芯电话线——一对双绞线，采用频分多路复用技术实现单向高速、交互式中速的数字传输以及普通的电话业务。其下行（从 ISP 到用户计算机）速率可高达 8 Mbit/s，上行（从用户计算机到 ISP）速率可达 640 kbit/s ~ 1 Mbit/s，传输距离可达 3 ~ 5 km。

ADSL 接入充分利用现有大量的市话用户电缆资源，可同时提供传统业务和各种宽带数字业务，两类业务互不干扰。用户接入方便，仅需安装一台 ADSL 调制解调器即可。

3）局域网接入

目前许多公司、学校和机关均已建立了自己的局域网，可以通过一个或多个边界路由器，将局域网连入因特网的 ISP。用户只需将自己的计算机通过局域网卡正确接入局域网，然后对计算机进行适当的配置，包括正确配置 TCP/IP 协议中的相关地址等参数，则可以访问因特网上的资源。

4）DDN 专线接入

公用数字数据网 DDN 专线可支持各种不同速率，满足数据、声音和图像等多种业务需要。DDN 专线连接方式通信效率高，误码率低，但价格也相对昂贵，比较适合大业务量的用户使用。这种连接方式用户需要向电信部门申请一条 DDN 数字专线，并安装支持 TCP/IP 协议的路由器和数字调制解调器。

5）无线接入

无线接入技术是指接入网的某一部分或全部使用无线传输媒介，提供固定和移动接入服务技术。它具有不需要布线、可移动等优点，是很有潜力的接入因特网方法。

六、Internet 的常用服务

Internet 提供的服务多样化，新的服务层出不穷。目前最基本的服务有 WWW 服务、电子邮件服务、远程登录服务、文件传输服务、电子公告牌、网络新闻、检索和信息服务等。

1. WWW 服务

WWW 是目前广为流行、最受欢迎、最方便的信息服务。它具有友好的用户查询界面，使用超文本（Hypertext）方式组织、查找和表示信息，摆脱了以前查询工具只能按特定路径一步步查询的限制，使得信息查询符合人们的思维方式，能随意地选择信息链接。WWW 还具有连接 FTP、BBS 等服务的能力。总之，WWW 的应用和发展已经远远超出网络技术的范畴，影响着新闻、广告、娱乐、电子商务和信息服务等诸多领域。WWW 的出现是 Internet 应用的一个革命性里程碑。

2. 电子邮件服务（E-mail）

电子邮件服务以其快捷便利、价格低廉的特征成为目前因特网上使用最广泛的一种服务。用户使用这种服务传输各种文本、声音、图像、视频等信息。电子邮件服务器是 Internet 邮件服务系统的核心，用户将邮件提交给邮件服务器，由该邮件服务器根据邮件中的目的地址，将其传送到对方的邮件服务器，然后由对方的邮件服务器转发到收件人的电子邮箱中。

用户首次使用电子邮件服务发送和接收邮件时，必须在该服务器中申请一个合法的账号，包括账号名和密码。

3. 文件传输服务（FTP）

文件传输服务允许 Internet 上的用户将文件和程序传送到另一台计算机上，或者从另一台计算机上复制文件和程序。目前常使用 FTP 文件传输服务从远程主机上下载各种文件及软件。特别是 FTP 匿名服务，用户不注册就能从远程主机下载文件，为用户共享资源提供了极大的方便。

4. 远程登录服务（Telnet）

用户计算机需要和远程计算机协同完成一项任务时，需要使用 Internet 的远程登录服务。Telnet 采用客户机/服务器模式，用户远程登录成功后，用户计算机暂时成为远程计算机的一个仿真终端，可以直接执行远程计算机上拥有权限的任何应用程序。

5. 网络新闻服务（Usenet）

网络新闻组是指利用网络进行专题讨论的国际论坛。Usenet 是规模最大的一个网络新闻组。用户可以在一些特定的讨论组中，针对特定的主题阅读新闻、发表意见、相互讨论、收集信息等。

6. 电子公告牌（BBS）

电子公告牌（Bulletin Board System，BBS）是一种电子信息服务系统。通过提供公共电子白板，用户可以在上面发表意见，并利用 BBS 进行网上聊天、网上讨论、组织沙龙、为他人提供信息等。

7. 信息查找服务（Gopher）

Gopher 是 Internet 上一种综合性的信息查询系统，它给用户提供具有层次结构的菜单和文件目录，每个菜单指向特定信息。用户选择菜单项后，Gopher 服务器提供新的菜单，逐步指引用户找到自己需要的信息资源。

8. 广域信息服务（WAIS）

广域信息服务（Wide Area Information Service，WAIS）是一个网络数据库的查询工具，它可以从 Internet 数百个数据库中搜索信息。用户只要指定一个或几个单词为关键字，WAIS 就按照这些关键字对数据库中的每个项目或整个正文内容进行检索，从中找出与关键字相匹配的信息，即符合用户要求的信息，查询结果通过客户机返回给用户。

9. 商业应用（Business Application）

这是一种不受时间与空间限制的交流方式，是一个促进销售、扩大市场、推广技术、提供服务的非常有效的方法。厂商可以将产品的介绍在网上发布，附带详细的图文资料，实效性强，费用经济。

10. 网络电话（Web Phone）

用市话费用拨打国际长途，这已是 Internet 上流行的应用之一。Internet Phone 是利用 Internet 上打电话的优秀软件，支持声音和视频，不仅可以打国际长途，并且可以打可视电话，费用可比一般国际长途电话节省 95%以上。如果加上摄像机、麦克风、扬声器等工具，还可以看到对方的活动。

11. 虚拟现实（VR）

虚拟现实是一种可以创建和体验虚拟世界的计算机系统。它是由计算机生成的通过视觉、听觉、触觉等作用于使用者，使之产生身临其境的交互式视景仿真。它综合了计算机图形学、图像处理与模式识别、智能接口技术、人工智能、传感技术、语音处理与音响技术、网络技术等多门科学。

12. 语音广播

Real Audio 是 Internet 上一种语音实时压缩的专利技术。当在 Web 上遇见一个 Real Audio 声音文件时，系统会在接收到该文件的前几千个字节后，就开始解压缩，然后播放解开的部分，与此同时，其余部分仍在传送，这样就节约了大量的时间。

13. 视频会议

随着网络技术的迅速发展，可以借助一些软件在 Internet 上实现电视会议。它跟以前意义上的电视会议相比，具有传播范围更广、传输速度更快、价格更低廉的特点。Internet 上的视频会议大都采用点对点方式。有的软件也提供了一对多的传输方式，即多个站点可以同时看到一个站点的输出。总之，对于以缩短距离、建立联系为目的的视频会议来说，Internet 视频会议是一个廉价的解决方案。

☑ 任务实施

1. 打开“本地连接属性”对话框

（1）单击“开始”→“控制面板”，在“控制面板”窗口中双击“网络和 Internet 连接”图标，打开“网络和 Internet 连接”窗口，如图 2-14 所示。

（2）单击“网络连接”图标，打开“网络连接”窗口，如图 2-15 所示。

（3）右击“本地连接 2”图标，在弹出的快捷菜单中选择“属性”命令，打开“本地连接 2 属性”对话框，如图 2-16 所示。

2. 打开"Internet 协议（TCP/IP）属性"对话框

在"本地连接 2 属性"对话框中，选中"常规"选项卡中的"Internet 协议（TCP/IP）"选项，单击"属性"按钮，打开"Internet 协议（TCP/IP）属性"对话框，如图 2-17 所示。

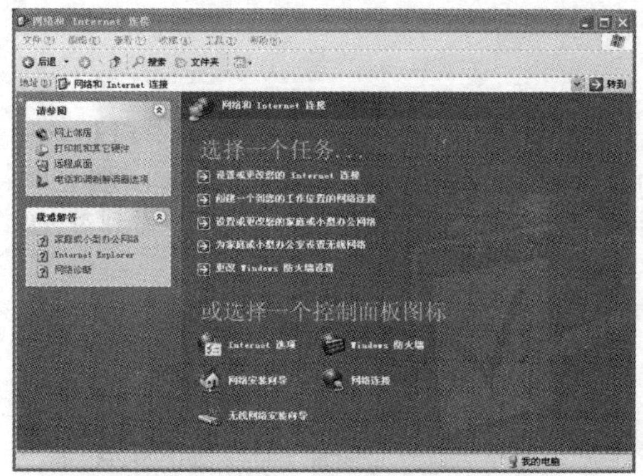

图 2-14 "网络和 Internet 连接"窗口

图 2-15 "网络连接"窗口

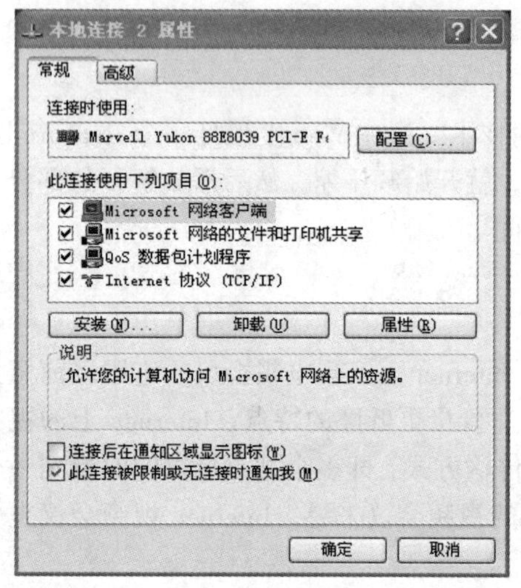

图 2-16 "本地连接 2 属性"对话框

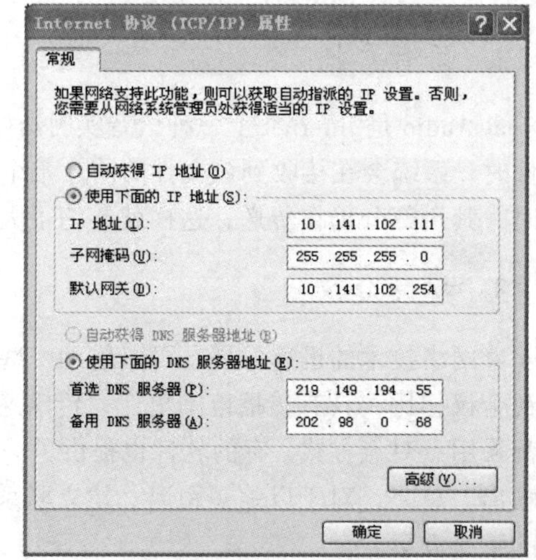

图 2-17 "Internet 协议（TCP/IP）属性"对话框

3. 查看 IP 地址

在"Internet 协议（TCP/IP）属性"对话框中，可以看到手动设置的 IP 地址，如本例中的 IP 地址是 10.141.102.111，子网掩码是 255.255.255.0，默认网关是 10.141.102.254，首选 DNS 服务器是 219.149.194.55，备用 DNS 服务器是 202.98.96.68。

☑ 技能训练

（1）申请一个网易电子邮箱，写一个电子邮件并将该电子邮件发送给老师。

（2）查看已上网计算机的 IP 地址，并记下来。

任务 3　Internet 应用

☑ 任务介绍

张同学的计算机网络连接安装好之后，要利用这台计算机查找一些商品信息，同时要在网上进行购物。完成该任务，需要了解 IE 浏览器的使用方法，了解网上查找信息和网上购物的相关内容。

☑ 相关知识

一、Internet 中的常用术语

1. 浏览器

WWW 服务采用客户机/服务器的工作模式，客户机需使用应用软件——浏览器，才能解读并显示网页内容。使用时，浏览器向 WWW 服务器发出请求，服务器根据请求将特定页面传送至客户机，由于页面是 HTML 文件，需经浏览器解释才能使用户看到图文并茂的页面。目前常用的浏览器是 Microsoft 公司的 IE（Internet Explorer）。

2. 主页和页面

Internet 上的信息以 Web 页面来组织，若干主题相关的页面集合构成 Web 网站。主页（Home Page）就是这些页面集合中的一个特殊页面，它是网站的第一个页面。通常，WWW 服务器设置主页为默认值，所以主页是一个网站的入口点，就好似一本书的封面。一般通过主页进入本网站的其他页面，或引导用户访问其他 WWW 网址上的页面。页面上是一些连续的数据片段，包含普通文字、图形、图像、声音、动画等多媒体信息，还可以包含指向其他网页的超链接。正是因为有了超链接，才能将遍布全球的信息联系起来，形成浩如烟海的信息网。

3. HTML

HTML（超文本置标语言）是用于创建 Web 页面的一种计算机程序语言。它可以定义格式化的文本、图形与超文本链接，使得声音、图像、视频等多媒体信息可以集成在一起。特别是通过其中的超文本和超媒体技术，用户在浏览 Web 页面时，可以随意跳转到其他的页面，极大地促进了 WWW 的迅速发展。

4. 超文本和超媒体

超文本技术是将一个或多个“热字”集成于文本信息之中，“热字”后面链接新的文本信息，新文本信息中又可以包含“热字”。通过这种链接方式，许多文本信息被编织成一张网。无序性是这种链接的最大特征。用户在浏览文本信息时，可以随意选择其中的“热字”而跳转到其他文本信息上，浏览过程无固定的顺序。“热字”不仅能够链接文本，还可以链接声音、图形、动画等，因此也称超媒体。

5. HTTP

WWW 服务中客户机和服务器之间采用超文本传输协议（HTTP）进行通信。从网络协议层次结构上看，HTTP 应属于应用层协议。使用 HTTP 定义的请求和响应报文，客户机发送“请求”到服务器，服务器则返回“响应”。

6. 统一资源定位器

统一资源定位器（Uniform Resource Locator，URL）体现了 Internet 上各种资源统一定位和管理的机制，极大地方便了用户访问各种 Internet 资源。URL 的作用就是指出用什么方法、去什么地方、访问哪个文件。不论身处何地、用哪种计算机，只要输入同一个 URL，就会连接到相同的网页。现在几乎所有 Internet 的文件或服务都可以用 URL 表示。URL 的组成如下所示。

<协议类型>: // <域名或 TP 地址> / /路径及文件名

其中，“协议类型”可能是 HTTP、FTP、Telnet 等，常用的 WWW 上的协议如表 2-5 所示。因此，利用浏览器不仅可以访问 WWW 服务，还可以访问 FTP 等服务。“域名或 IP 地址”指明要访问的服务器，“路径及文件名”指明要访问的页面名称。例如，http://www.sina.com.cn 表示连接到 www.sina.com.cn 这台 WWW 服务器上，省略路径及文件名，表示访问该网站默认主页。

表 2-5 WWW 上的协议方式及功能

协议方式	功能
HTTP	采用超文本传输协议 HTTP 访问 WWW 服务器
FILE	将远程服务器上的文件传送到本地显示
FTP	以 FTP 文件传输协议访问 FTP 服务器
mailto	向指定地址发送电子邮件
NEWS	阅读 USENET 新闻组
Telnet	远程登录访问某一站点

HTML 文件中加入 URL 则可形成一个超链接。

二、Internet Explorer 的使用

Internet Explorer 是 Microsoft 公司生产的 Web 浏览器，简称 IE 浏览器。Internet 上的信息资源极其丰富，要获取 Internet 上丰富的资源，用户必须利用 Web 浏览器才能看到图文并茂的页面，Web 浏览器是一种专用于解读网页的软件。

1. 初识 IE

在 Windows 桌面上双击 Internet Explorer 图标，或者在任务栏的快速启动栏上单击“启动 Internet Explorer 浏览器”按钮，就可以启动 IE，并自动打开默认主页的窗口，如图 2-18 所示。该窗口由标题栏、菜单栏、工具栏、地址栏、主窗口和状态栏等组成。

（1）标题栏：左侧显示当前浏览页面的标题，右侧有“最小化”“最大化 / 还原”“关闭”3 个按钮。

（2）菜单栏：包含 IE 的若干命令，有文件、编辑、查看、收藏、工具和帮助等。单击某个命令，弹出相应的下拉菜单。

（3）工具栏：提供 IE 中使用频繁的功能按钮。利用这些按钮可以快速执行 IE 命令，如后退、前进、停止、刷新、主页、搜索、收藏和历史等。

（4）地址栏：用于输入 URL 地址。Internet 上的每一个信息页都有自己的 URL 地址。

（5）主窗口：用于浏览页面，右侧的滚动条可拖动页面，使其显示在主窗口中。

（6）状态栏：显示 IE 链接时的一些动态信息，如页面下载的进度状态。

图 2-18　Internet Explorer 窗口

2. 在“地址”栏中直接输入 URL

在 IE 浏览器的地址栏中直接输入网址打开网站，也可以在“我的电脑”（Windows XP 中）、“计算机”（Windows 7 中）、“资源管理器”或其他文件夹窗口的“地址”栏中输入网址，然后按【Enter】键即可启动 Internet Explorer。例如，输入 http://www.sina.com.cn，按【Enter】键，即可进入新浪网的主页，如图 2-19 所示。

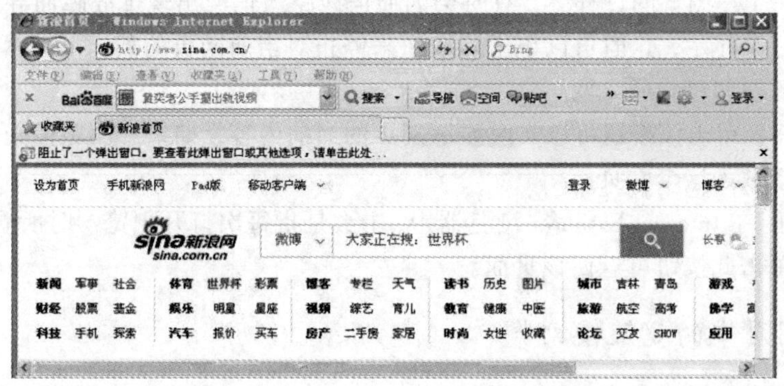

图 2-19　在“地址”栏中输入网址

IE 地址栏使用技巧如下所示。

1）地址输入自动完成功能

如果曾经在地址栏中输入某个网站地址，那么再次输入它的前一个或几个字符时，浏览器就会自动在地址栏的下面显示出一个下拉列表，其中显示曾输入过的前面部分相同的所有网站地址，选择想要的网站地址，单击即可。

2）使用历史记录功能

地址栏是一个文本输入框，也是一个下拉列表框，单击地址栏右侧的下拉按钮，可以看到下位列表中保存着 Internet Explorer 浏览器记录的曾输入过的网站地址，如图 2-20 所示。单击列表中的地址即可进入相应网页。

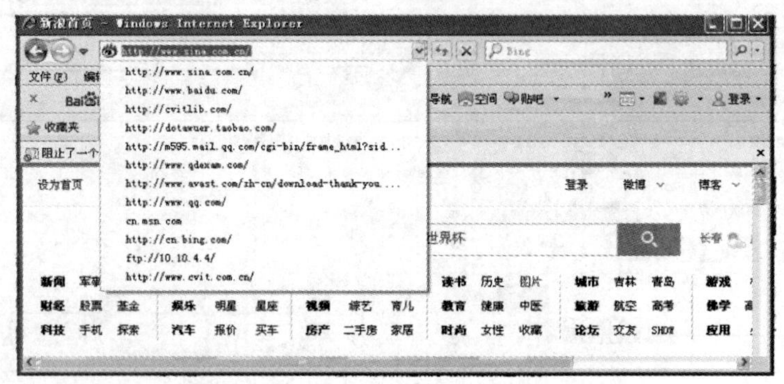

图 2-20　使用地址栏的历史记录功能

3. 使用导航按钮浏览

Internet Explorer 浏览器的工具栏上最左侧的 5 个按钮有导航的功能，称为导航按钮，在浏览网页过程中，会频繁使用这 5 个导航按钮。

（1）后退按钮：刚打开浏览器时，这个按钮呈灰色不可用状态。当访问了不同网页或使用了网页上的超链接后，按钮呈黑色可用状态，记录了曾经访问过的网页。单击此按钮可以返回到上一个网页；单击按钮上的下三角，在弹出的下拉列表中，可以选择在访问该网页之前曾访问过的网页。

（2）前进按钮：同样，刚打开浏览器时，这个按钮呈灰色不可用状态。当使用了后退功能后，按钮呈黑色可用状态。单击此按钮，可返回单击后退按钮前的网页。单击按钮上的下三角，在弹出的下拉列表中，可以选择在访问该网页之后曾访问过的网页。

（3）停止按钮：在浏览的过程中，有时会因通信线路太忙或出现了故障而导致一个网页过了很长时间还没有完全显示，这时可以单击此按钮来停止对当前网页的载入。当然，没有出现问题时，也可以单击此按钮停止载入网页。

（4）刷新按钮：单击该按钮可以实时显示网页的当前内容，如果想浏览停止载入的网页，单击此按钮可以重新载入这个网页。

（5）主页按钮：在 Internet Explorer 浏览器中，主页是指每次打开浏览器时所看到的起始页面，在浏览过程中，单击此按钮可返回该页面。

4. 利用网页中的超链接浏览

超链接就是存在于网页中的一段文字或图像，通过单击这一段文字或图像，可以跳转到别的网页中的另一位置、其他网页或网站。超链接广泛地应用在网页中，提供了方便、快捷的访问手段。

光标停留在有超链接功能的文字或图像上时，会变为手形，单击就可进入链接目标。

5. 在新窗口中打开网页

有的网站在打开一个新窗口后，原来的窗口也随着消失，当用户想再次返回原窗口时，虽然可以单击浏览器中的后退按钮来实现，但这样并不是很方便。此时可以右击某个超链接，在弹出的快捷菜单中选择“在新窗口中打开”命令，如图 2–21 所示，这样就能够在不关闭当前窗口的同时打开多个网页。

如果当前窗口不想关闭，想再打开一个窗口且知道网页 URL，可以选择“文件”→“新建窗口”命令，如图 2–22 所示，新建一个同样的窗口，再修改地址栏 URL 即可。

图 2–21　在新窗口中打开网页

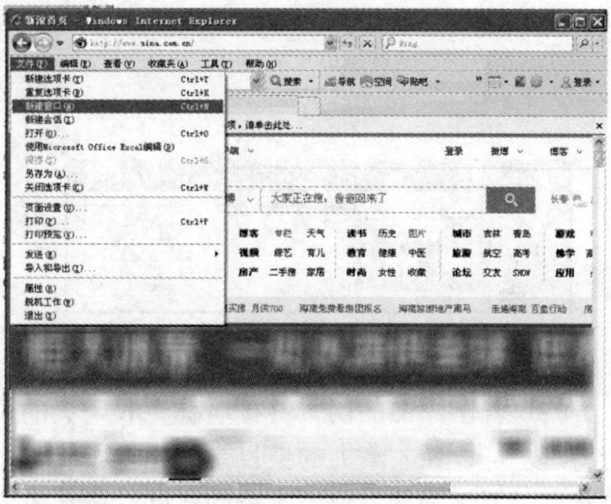

图 2–22　新建窗口

6. 使用收藏夹

浏览网页时，遇到喜欢的网页可以把它放到“收藏夹”里，以后再打开该网页时，单击“收藏夹”中的链接即可。

添加网页到“收藏夹”的方法：

（1）打开要收藏的网页，然后单击工具栏上的收藏夹按钮，在浏览区打开“收藏夹”栏，如图 2–23 所示。

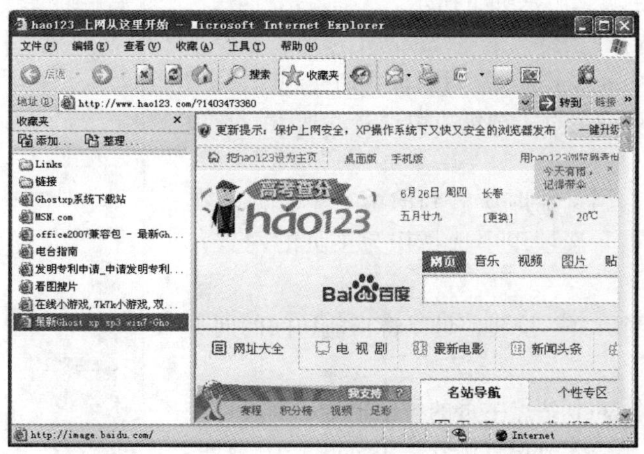

图 2–23　打开收藏夹栏

（2）单击“收藏夹”栏上的添加按钮，弹出“添加到收藏夹”对话框，如图 2–24 所示。

单击“确定”按钮即可将该网页的链接名称添加到收藏夹栏的根目录里；单击“创建到”按钮，可选择“创建到”文本框中一个已有的文件夹收藏该链接名称；若已有文件夹不适合，可单击“新建文件夹”按钮，弹出“新建文件夹”对话框，如图 2–25 所示，输入新文件夹名，单击“确定”按钮，则该新文件夹已建好，并处于打开准备接收网页链接名称状态，再单击“确定”按钮即可把链接名称添加到新建的文件夹中。

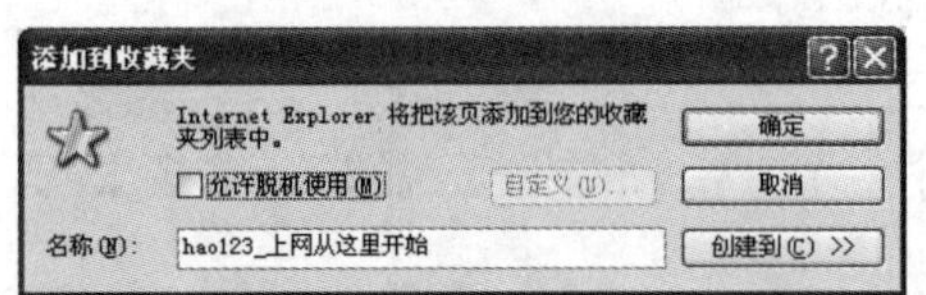

图 2–24 “添加到收藏夹”对话框

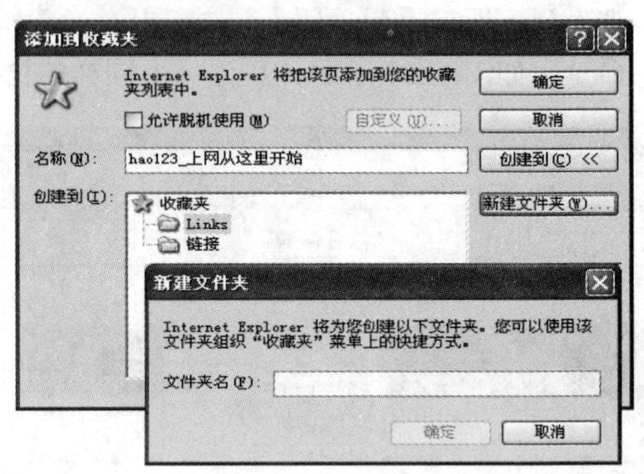

图 2–25 收藏夹中的新建文件夹界面

（3）若已添加的网页链接名称在收藏夹的位置不对，或收藏夹中内容太多，可以对收藏夹进行整理。可以在收藏夹的根目录下建立一些名字有代表意义的文件夹，分别存放不同类别的网页链接名，便于管理，也便于查阅；可以将不想要的文件夹或网页链接名称删除掉；可以移动某个收藏的网页链接名称从一个文件夹到另一个文件夹中等。

整理收藏夹的方法是：单击“收藏夹”栏中的“整理”按钮，会弹出“整理收藏夹”对话框。在这个对话框里，可以对“收藏夹”进行多项管理，如创建文件夹，重命名和删除网页链接名称，移动和脱机使用网页链接名称等。具体的使用方法很简单，此处不再详述。

7. 设置 Internet Explorer

在启动 Internet Explorer 的同时，系统打开默认主页，默认设置下，打开的主页是“微软（中国）首页”。为了使浏览因特网时更加快捷、方便，可以将访问频繁的站点设置为主页，方法如下所示。

打开 IE 窗口，选择“工具”→“Internet 选项”命令，打开图 2–26 所示的“Internet 选项”对话框，切换到“常规”选项卡，该选项卡中可对主页、浏览历史记录、搜索、选项卡、外观等进行设置。

主页就是打开 IE 浏览器时所看到的第一个页面。在图 2–26 所示的“主页”选项组中选择作为主页的网页，设置方法如下所示。

（1）单击“使用当前页”按钮，可以将当前访问的网页设置为主页。

（2）如果知道一个 Web 站点主页的详细地址，则可以在“地址”文本框中，直接输入要设置为默认主页的 URL 地址，如 http://www.baidu.com。

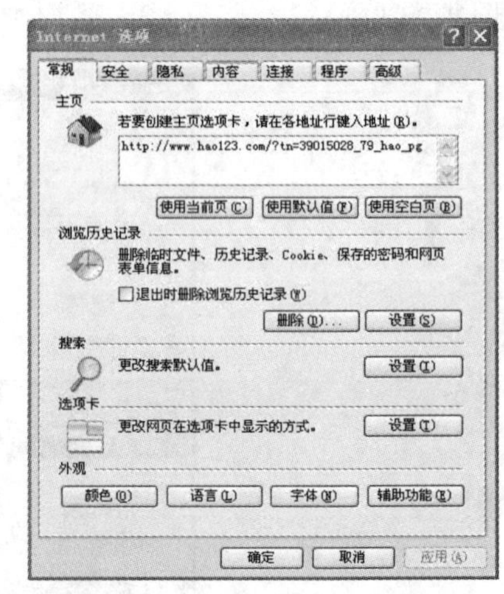

图 2–26 “Internet 选项”对话框

（3）若要将主页还原为默认的“微软(中国)首页”，则可以单击“使用默认值”按钮。

（4）如果希望每次启动 Internet Explorer 时，都不打开任何主页，则可以单击“使用空白页”按钮。

设置完毕，单击“确定”按钮完成主页的设置。以后每次启动 IE 时或在 IE 窗口中单击 “主页”按钮，都会打开设置的主页页面。

在“Internet 选项”对话框的“常规”选项卡中，还可以删除和设置临时文件，以及清除历史记录，不留下上网记录信息，以便于保密工作。

三、搜索和下载网络资源

1. 搜索网络资源

随着 Internet 的迅速发展，网上信息以爆炸性的速度不断扩展。为了能在数百万个网站中快速、有效地查找信息，Internet 提供了一种称为“搜索引擎”的 WWW 服务器。用户借助搜索引擎可以快速查找需要的信息。目前，Internet 上的搜索引擎很多，常用的搜索引擎如表 2-6 所示。

表 2-6　常用的搜索引擎

搜 索 引 擎	URL 地址	搜 索 引 擎	URL 地址
百度	http://www.baidu.com	新浪	http://www.sina.com.cn
搜狐	http:// www.sohu.com	网易	http://www.163.com

搜索引擎的使用方法可以分为按分类目录搜索、通过关键字搜索两类。下面以百度搜索引擎为例，介绍如何使用搜索引擎查询资料。

百度搜索引擎使用简单方便，用户只需在搜索框内输入一个或多个能描述所需信息的内容，并单击搜索框右侧的“百度一下”按钮，就可以得到符合查询需求的网页地址。其中，相关性最高的网页显示在首位，稍低的放在第二位，依此类推。例如，搜索长春旅游的相关信息，所输关键字及搜索结果如图 2-27 和图 2-28 所示。

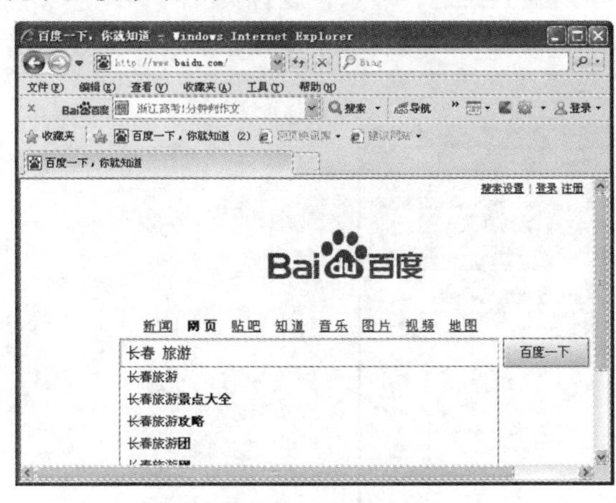

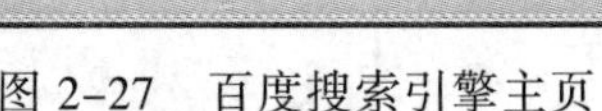
图 2-27　百度搜索引擎主页

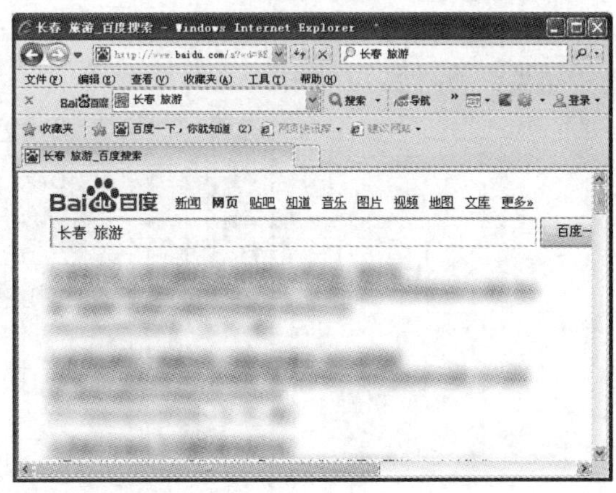

图 2-28　百度搜索结果

不同的搜索引擎的使用方法并不完全相同，下面列出一些通用的搜索技巧。

（1）多个关键词之间用空格分开，搜索内容将包括每个关键词。

（2）没有空格分开的关键词相当于“或者”。

（3）可以在结果中再搜索。

（4）英文字母不区分大小写。

（5）网页查询时可以直接用网址进行查询。

（6）“-”号可以排除无关信息，帮助搜索到更准确的内容。

（7）使用（“”）搜索可以得出精确的搜索结果。

（8）在英文关键词中，一些标点符号，如“-”“\”“+”“,”“'”，也可作为短语连接符。

在使用搜索引擎搜索相关信息时，选择正确的搜索字词是找到所需信息的关键。通常先从明显的字词开始，输入多个词语搜索时，不同字词之间用空格隔开，可以获得更精确的搜索结果。

2. 下载网络资源

按照“先搜索，后下载”的原则，先使用搜索引擎或直接在网站中查找需要的信息，然后利用以下方法将资源下载并保存到硬盘中。

（1）整个网页：选择“文件”→“另存为”命令，可以将网页的内容保存到硬盘中。

（2）网页中的文字：直接将文字选中，然后按【Ctrl+C】组合键复制内容，切换到 Word 文档中，按 Ctrl+V 组合键，将内容粘贴过来，保存 Word 文档即可。

（3）网页中的文件：右击网页中的文件的链接，选择快捷菜单中的“目标另存为”命令，然后根据提示操作。

（4）网页中的图片：右击网页中的图片，在快捷菜单中选择“图片另存为”命令，可以将网页中的图片保存到硬盘中。

（5）网页中容量较大的软件（程序）：使用专门的下载工具下载，如网络蚂蚁、网际快车、迅雷、音影传送带、BT 软件、超级旋风等。

下面以使用搜索引擎“百度”从网上搜索、下载 WINRAR 压缩解压缩软件为例，介绍下载网上资源的一般方法。

① 打开 Internet Explorer 浏览器。

② 在地址栏内输入：http://www.baidu.com，然后按 Enter 键，显示百度首页。

③ 在搜索引擎文本框中输入关键字“WINRAR”，并单击“百度一下”按钮，屏幕上显示出搜索结果，如图 2-29 所示。

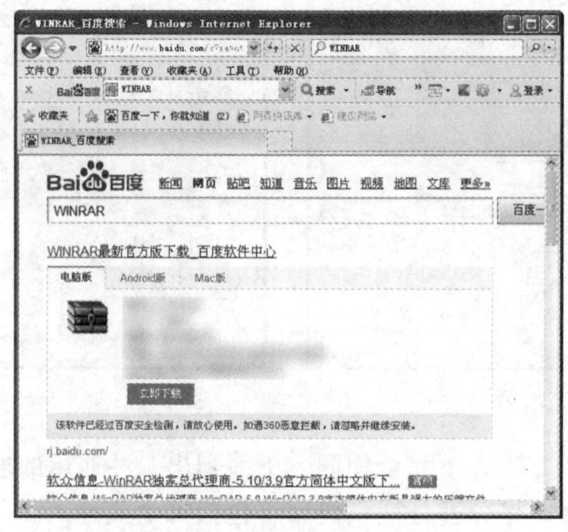

图 2-29　百度搜索“WINRAR”结果

④ 在搜索结果中，选择一个网页，如“天空下载”，此时显示出软件 WinRAR 的下载页面，

如图 2–30 所示。

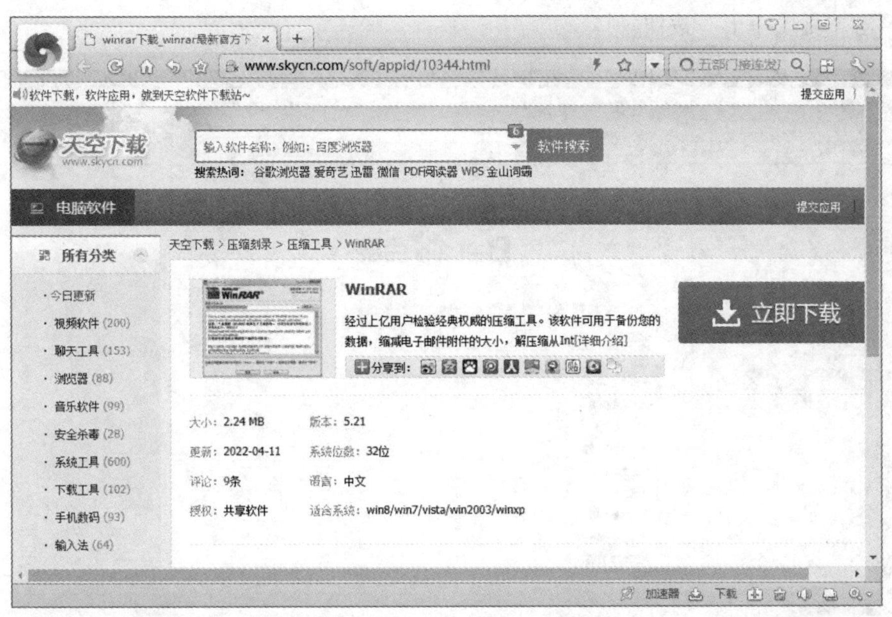

图 2–30　软件 WinRAR 下载页面

⑤ 将该页面保存至 D 盘。方法是：选择“文件”→“另存为”命令，在打开的“另存为”对话框中，单击“保存在”文本框右边的下拉箭头，修改为 D 盘；在“文件名”文本框输入名字（如：天空软件下载）；保存类型和编码不改，最后单击“保存”按钮即可把整个页面保存在 D 盘上，如图 2–31 所示。如果网页内容多，还可看见保存进度指示。

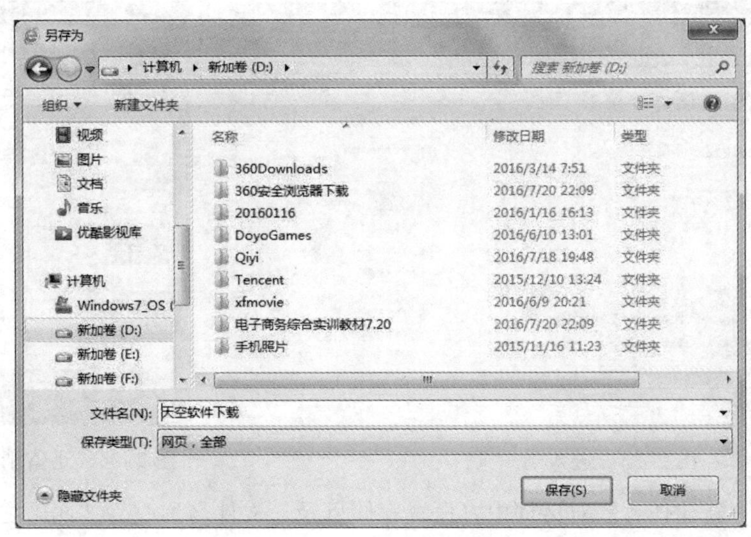

图 2–31　保存整个网页

☑ 任务实施

（1）启动 IE 浏览器，在地址栏中输入百度网址：http://www.baidu.com，并按【Enter】键，即可打开百度网站。

（2）单击 MP3 链接，并在搜索引擎文本框中输入歌名（或歌手名），如“北国之春”，如图 2-32 所示，再单击“百度一下”按钮。

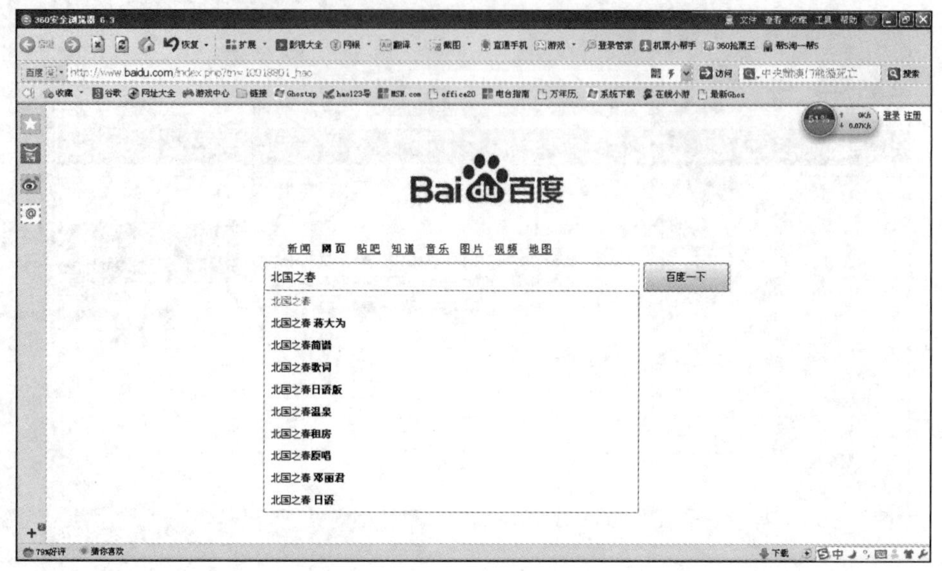

图 2-32 关键字查询

（3）当查找出结果并显示出来时，单击其中的一首歌曲名“北国之春”，进入下一页面，如图 2-33 所示。

（4）右击超链接，在弹出的快捷菜单中选择“使用迅雷精简版下载”命令，如图 2-34 所示。

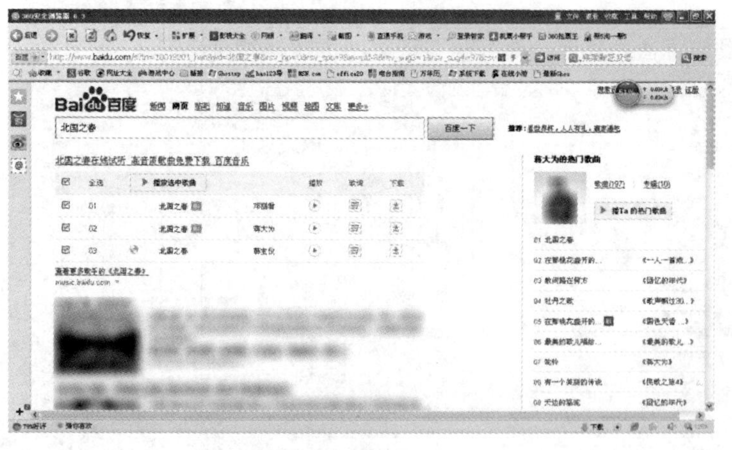

图 2-33 进入下一页

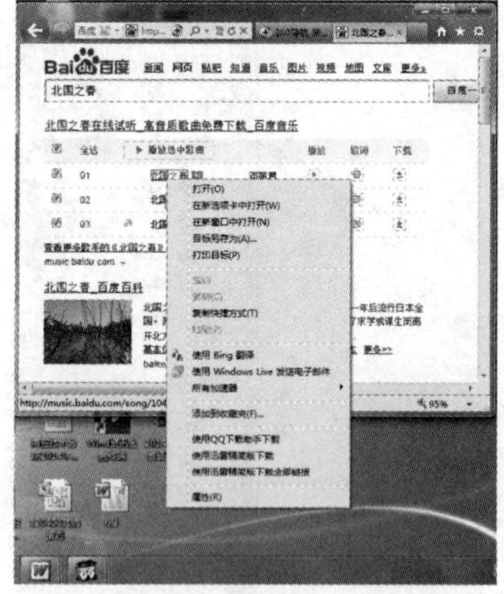

图 2-34 迅雷精简版下载页面

（5）在迅雷“新建任务”对话框中，设置存储目录，文件名称改为“北国之春.mp3”，再单击“确定”按钮，即开始下载，如图 2-35 所示。

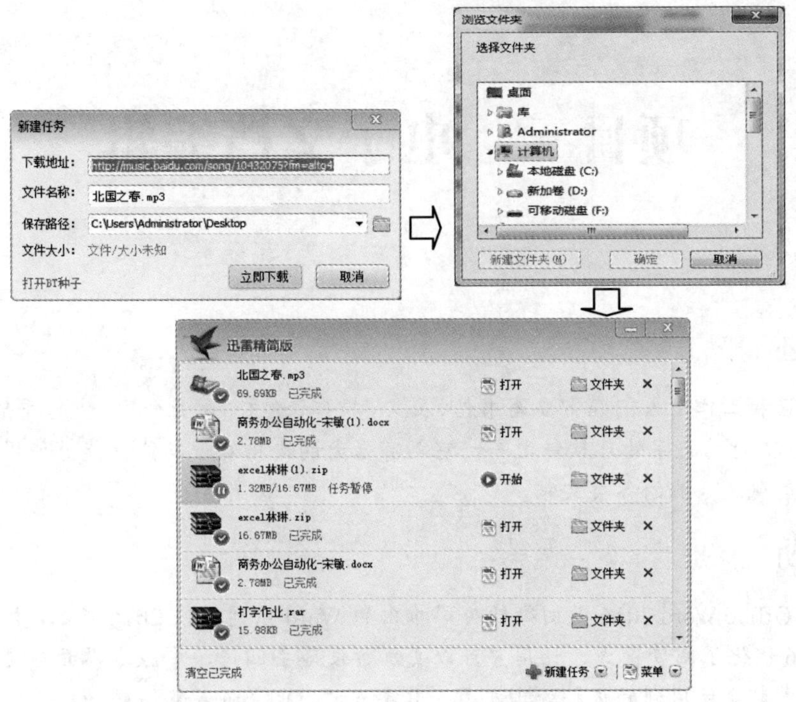

图 2-35　建立新的下载任务页面

☑ 技能训练

（1）将学校的网址添加到安全站点中。

（2）在淘宝网中查找鲜花的相关信息，自选一束鲜花并进行网上购物，写出购物流程。

小　　结

本项目通过三个任务介绍了计算机网络的应用，包括计算机网络的概念、局域网的设置、资源共享、双绞线的制作、Internet 的相关知识、万维网的应用、电子邮件的收发、网上信息查询等相关知识技巧。通过本项目的学习，读者能够具备较好的应用计算机网络能力，可以结合实际工作充分利用网络资源，架构局域网，从而达到能创建 Windows 对等局域网、能熟练设置共享资源、访问共享资源、能制作双绞线、能接入因特网、能熟练地利用因特网收集信息、能熟练地收发电子邮件及利用因特网实现网上购物。

项目三　电子文档编辑

• 项目描述

在日常生活和工作中人们经常要写书信、公文、报告、论文、商业合同、宣传手册等，Microsoft Word 是目前最流行的文字处理软件之一，它具有强大的文档处理功能，能够使用户在极短的时间内创建出既美观又专业的各类文档。

• 项目分析

Microsoft Office Word 2016 是由微软公司推出的 Word 系列软件 2016 版本，相比于前一代版本，Word 2016 优化了阅读模式，让用户可以更加方便地去阅读，本版本界面也更加美观，是很多用户在办公中都会使用到的文档处理工具。其丰富的审阅、批注和比较功能有助于快速收集和管理来自同事的反馈信息。Word 主要用于日常办公、文字处理；在书信、公文、报告、论文、商业合同、表格制作和广告设计等方面帮助用户更迅速、更轻松地创建外观精美的文档。

• 项目分解

本项目分解成以下 6 个任务:

任务 1　认识 Word 2016

任务 2　制作企业公文

任务 3　制作公司营销策划方案

任务 4　制作新员工入职登记表

任务 5　批量制作商务邀请函

任务 6　制作中文书法字帖

任务 1　认识 Word 2016

☑ 任务介绍

王鹏是新毕业的大学生，到新单位报到之后，看到同事们经常用 Word 设计制作一些文档，王鹏觉得自己对文字处理软件还不够熟练，决定系统地学习 Word 知识，使自己设计制作的文档既符合办公要求又不失个性。他决定从 Word 的基本使用方法开始学起，然后通过制作大量的实例来达到灵活应用的目的，最后设计出有特色的作品。

☑ 相关知识

一、认识全新的 Word 2016 选项卡

相较于之前的版本，Word 2016 新增了很多功能，最显著的变化就是增加了多窗口显示功能，这项功能非常实用，避免了来回切换 Word 的麻烦，直接在同一界面中就可以选取。另外，依次单击“工具栏”“插入”，发现在形状右侧增加了一个新功能“图标”，可以非常方便地导入一些常用小图标。在“插入”中还增加了“屏幕截图”功能，可以直接截取屏幕图片，并且图片可以直接被导入 Word 中进行编辑修改。在视图中增加了“垂直”和“翻页”选项，可以自由切换页面视图为横向或者纵向显示。在视图中还增加了“学习工具”，可以修改文字间距、启用朗读功能。在工具栏最上面右侧增加了“搜索框”，如果找不到 Word 中的一些功能，可以直接在搜索框中输入关键字进行调用。每个选项卡所拥有的功能如下所述：

1.“开始”选项卡

“开始”选项卡中包括剪贴板、字体、段落、样式、编辑、保存几个组。该选项卡主要用于帮助用户对 Word 2016 文档进行文字编辑和格式设置，是用户最常用的选项卡，如图 3-1 所示。

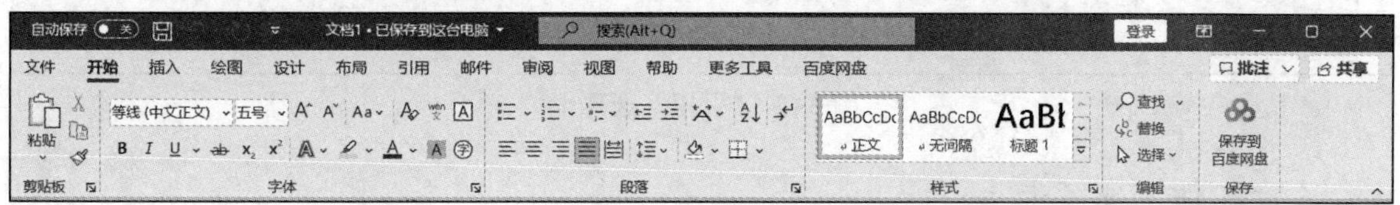

图 3-1 “开始”选项卡

2.“插入”选项卡

“插入”选项卡包括页面、表格、插图、加载项、媒体、链接、批注、页眉和页脚、文本和符号几个组，主要用于在 Word 2016 文档中插入各种元素，如图 3-2 所示。

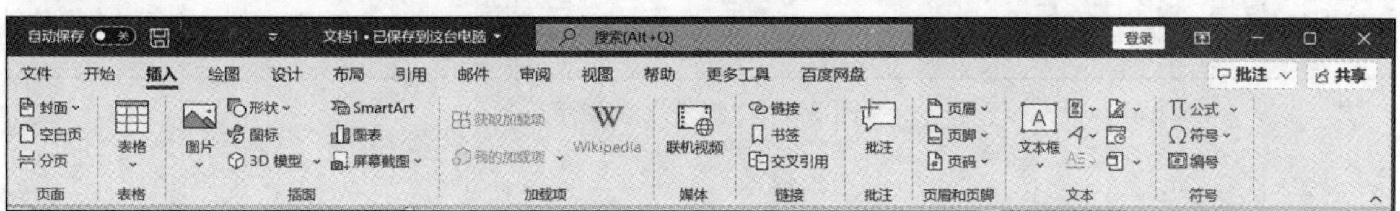

图 3-2 “插入”选项卡

3.“设计”选项卡

“设计”选项卡包括“文档格式”和“页面背景”两个分组，主要功能包括主题的选择和设置、设置水印、设置页面颜色和页面边框等项目，如图 3-3 所示。

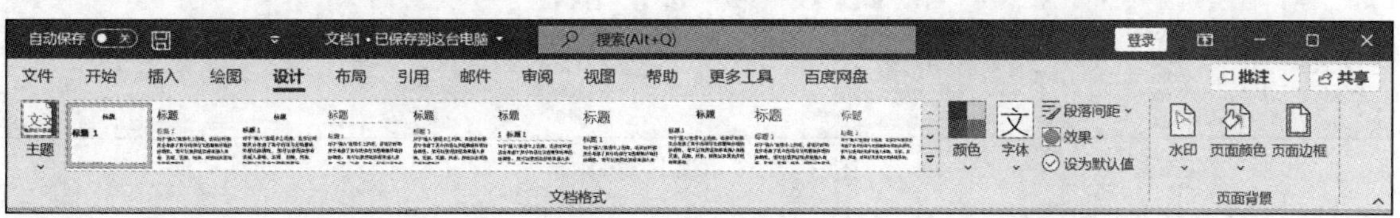

图 3-3 “设计”选项卡

4.“布局”选项卡

“布局”选项卡包括页面设置、稿纸、段落、排列几个组，用于帮助用户设置 Word 2016 文档页面样式，如图 3-4 所示。

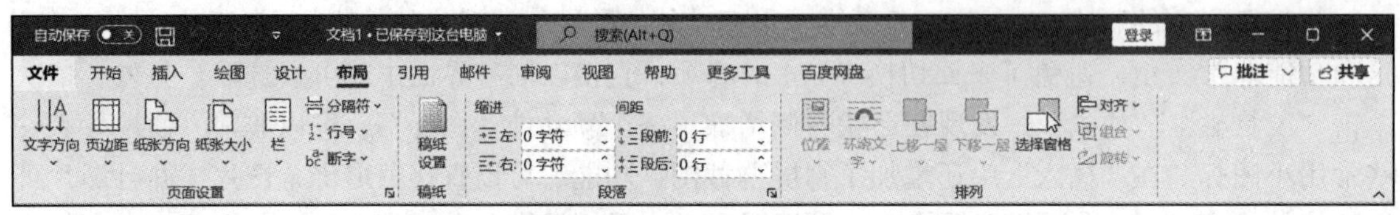

图 3-4 “布局”选项卡

5.“引用”选项卡

“引用”选项卡包括目录、脚注、信息检索、引文与书目、题注、索引和引文目录几个组，用于实现在 Word 2016 文档中插入目录等比较高级的功能，如图 3-5 所示。

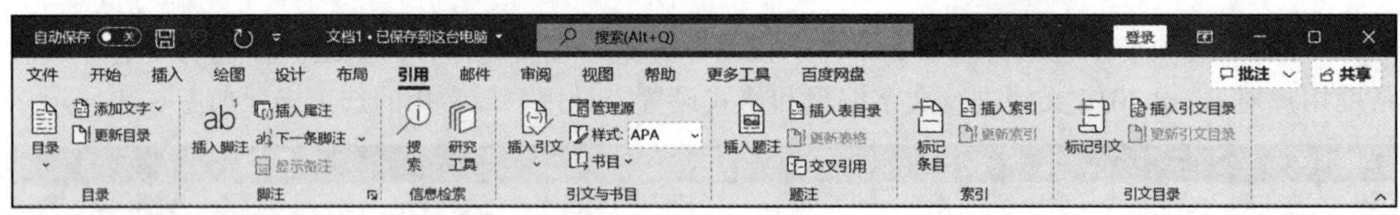

图 3-5 “引用”选项卡

6.“邮件”选项卡

“邮件”选项卡包括创建、开始邮件合并、编写和插入域、预览结果和完成几个组，该功能区的作用比较专一，专门用于在 Word 2016 文档中进行邮件合并方面的操作，如图 3-6 所示。

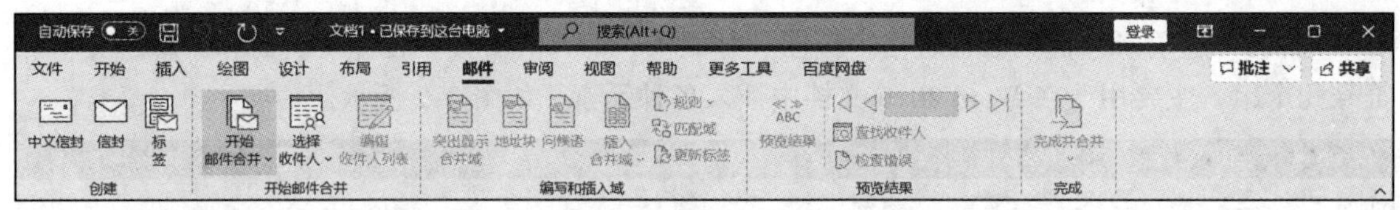

图 3-6 “邮件”选项卡

7.“审阅”选项卡

“审阅”选项卡包括校对、语音、辅助功能、语言、中文简繁转换、批注、修订、更改、比较、保护和墨迹几个组，主要用于对 Word 2016 文档进行校对和修订等操作，适用于多人协作处理 Word 2016 长文档，如图 3-7 所示。

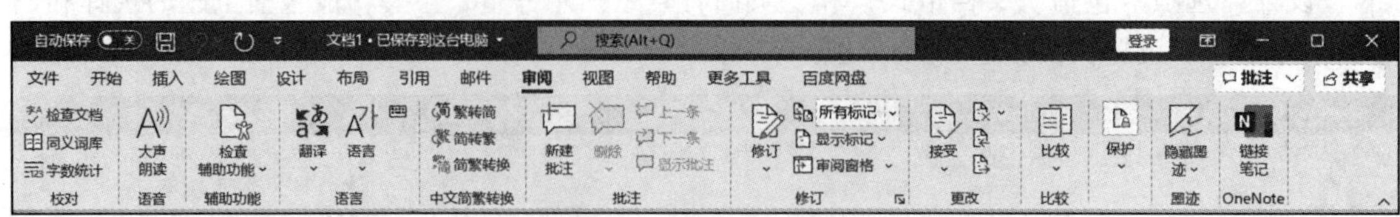

图 3-7 “审阅”选项卡

8.“视图”选项卡

“视图”选项卡包括视图、沉浸式、页面移动、显示、缩放、窗口、宏和 SharePoint 几个组，主要用于帮助用户设置 Word 2016 操作窗口的视图类型，以方便操作，如图 3-8 所示。

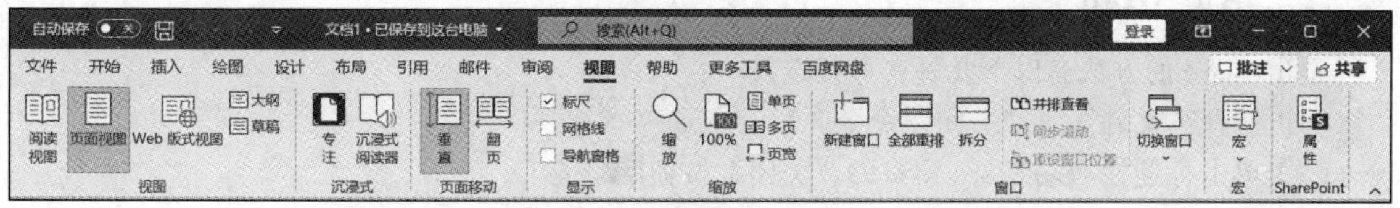

图 3-8　“视图”选项卡

二、Word 2016 的启动和退出

1. 启动

启动 Word 2016 有多种方法，用户可以根据个人的习惯选择。其中常用的启动 Word 的方法有下面三种。

1）常规方法

启动 Word 的常规方法实际上就是在 Windows 10 下运行一个应用程序的操作，具体步骤如下：

（1）将鼠标指针移动到屏幕的左下角，单击“开始”按钮打开“开始”菜单。

（2）往下拖滚动条直到找到“Word 2016”命令并单击，如图 3-9 所示。

（3）单击“新建”下的“空白文档”选项，如图 3-10 所示。

2）快捷方式

双击 Windows 桌面上的 Word 2016 快捷方式图标，这是启动 Word 的一种快捷的方法。

当 Word 启动后，首先看到的是 Word 的标题屏幕，然后出现 Word 窗口并自动创建一个名为“文档 1”的新文档。

图 3-9　“开始”菜单

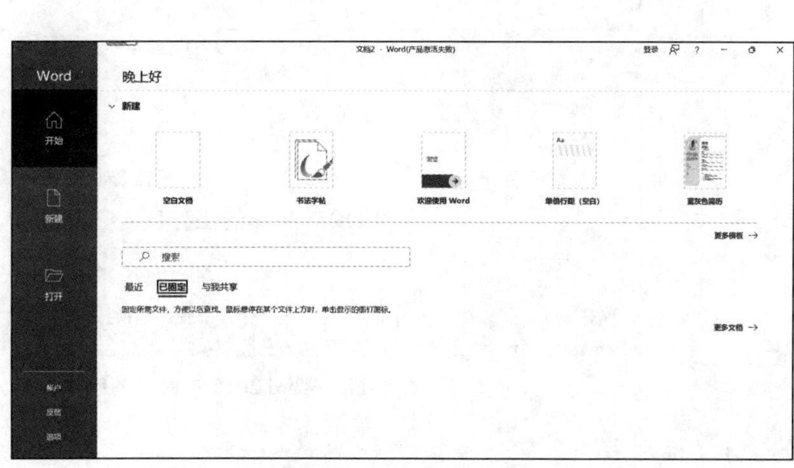

图 3-10　通过“开始”菜单启动 Word 2016

3）利用文档启动 Word 2016

打开保存有 Word 文档的文件夹，双击一个 Word 2016 文档的文件名，系统会自动启动 Word 2016，并将该文档载入系统内。

2. 退出 Word

退出 Word 的方法有以下几种，可任选其一：

（1）选择“文件”→“关闭”命令。

（2）单击标题栏右端 Word 窗口的“关闭”按钮 ✕。

（3）右击任务栏，选择“关闭”命令，也能关闭文档。

（4）利用快捷键：按【Alt+F4】组合键。

在执行退出 Word 的操作时，如文档输入或修改后尚未保存，那么 Word 将会出现一个对话框（见图 3-11），询问是否要保存文档，这时若单击“保存”按钮则保存当前输入或修改的文档，而且 Word 还会出现另一个对话框询问保存到的文件夹和文档类型等；若单击“不保存”按钮，则放弃当前所输入或修改的内容，退出 Word；若单击“取消”按钮则取消这次操作，继续工作。

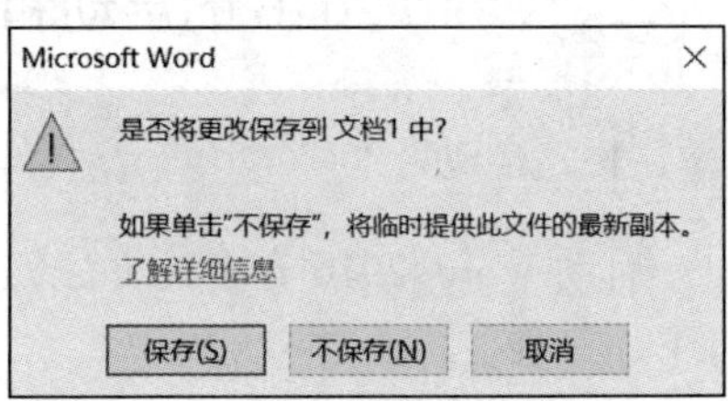

图 3-11　提示保存文件的对话框

三、Word 2016 的工作窗口的组成

成功启动 Word 2016 后，首先看到的是 Word 2016 的标题屏幕，然后出现 Word 窗口并自动创建一个名为“文档 1”的新文档。其窗口由标题栏、菜单栏、工具栏、工作区和状态栏等部分组成。在 Word 窗口的工作区中包含标尺、滚动条、文档编辑区和视图切换按钮等，如图 3-12 所示。

熟悉 Word 窗口的主要组成部分和它们的功能对掌握 Word 的操作是有益的，下面分别对 Word 窗口的主要组成部分作一简要说明。

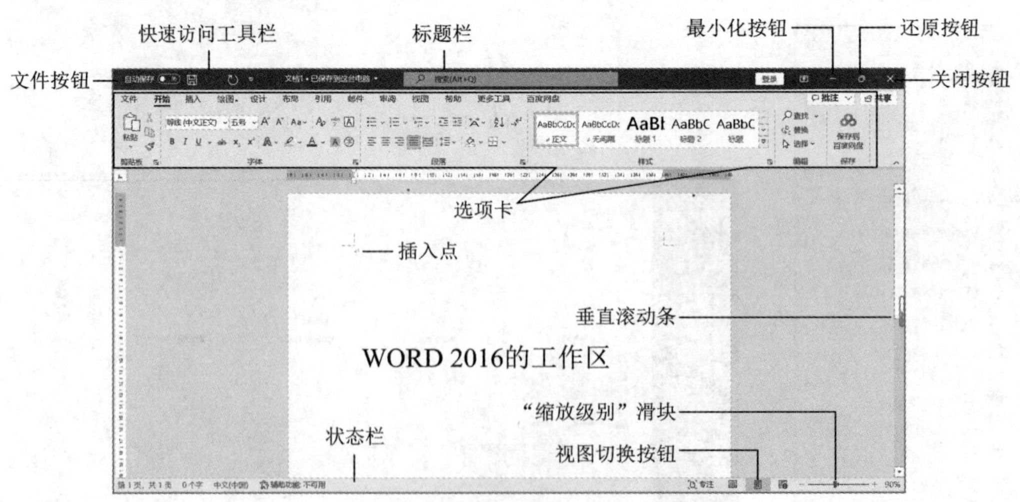

图 3-12　Word 2016 主窗口的组成

1. 标题栏

标题栏位于程序窗口的最上方，显示了程序名称、当前编辑的文档名和“最小化”“向下还

原/最大化”“关闭”按钮。“最小化”按钮用于将程序窗口缩小为一个图标显示在屏幕最底端的任务栏中；“向下还原/最大化”按钮用于使 Word 程序窗口还原为上次调整后的大小或者最大化以充满整个屏幕；“关闭”按钮用于退出 Word。

在当前窗口未处于最大化或最小化状态时，用鼠标按住标题栏并拖动标题栏可移动窗口在屏幕上的位置。右击标题栏的任意位置可弹出 Word 控制菜单，用于改变窗口的大小、位置和关闭 Word。

2. “文件”按钮

“文件”按钮是一个类似于菜单的按钮，位于 Word 2016 窗口左上角。单击“文件”按钮可以打开“文件”面板，其中包括一些常用的命令及选项按钮，包含“开始”“新建”“打开”“信息”“保存”“另存为”“打印”“共享”“导出”“转换”“关闭”“更多”等常用命令，如图 3-13 所示。

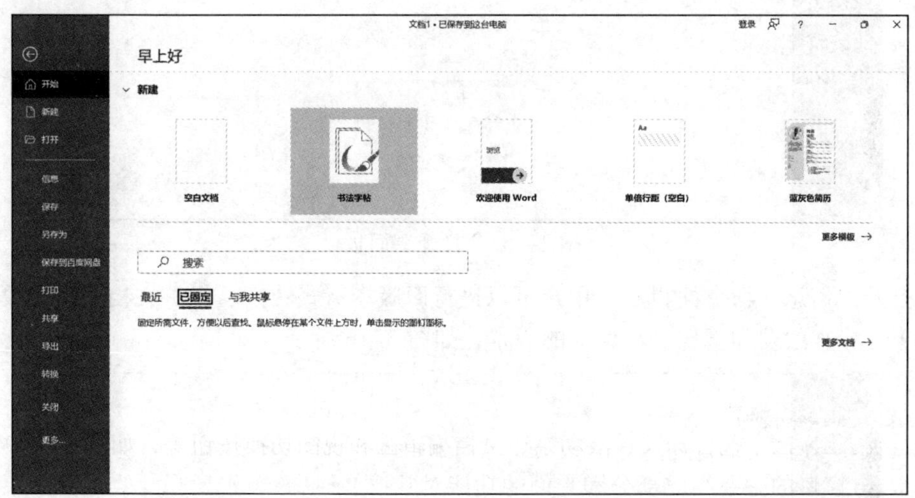

图 3-13　“文件”面板

（1）打开“新建”命令面板后，用户可以选择新建空白文档或者书法字帖，还可以搜索诸如“蓝灰色简历”“快照日历”等类型的联机模板，如图 3-14 所示。

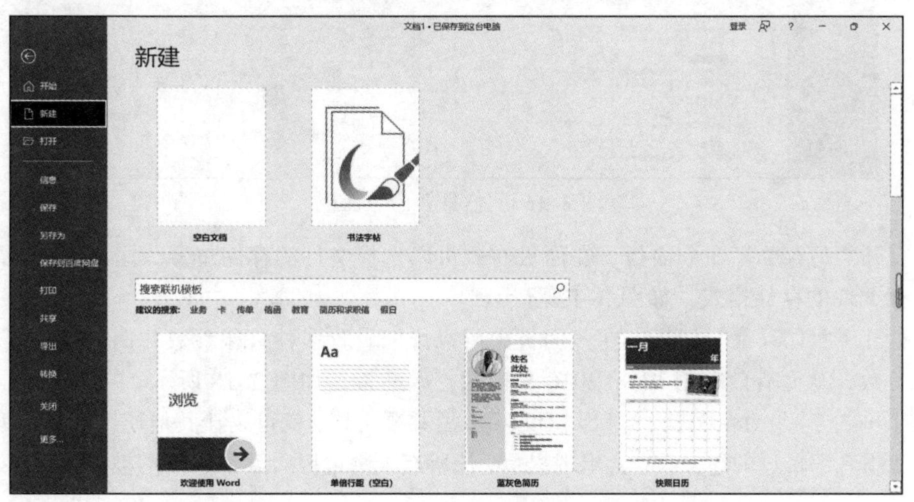

图 3-14　“新建”面板

（2）打开“打开”命令面板后，用户可以选择打开最近编辑的文档、他人共享的文档以及计算机指定位置的文档，其中，默认打开的“最近”选项卡中，在面板右侧可以查看最近使用的 Word 文档列表，用户可以通过该面板快速打开使用的 Word 文档。在每个历史 Word 文档名称的右侧含有一个固定按钮，单击该按钮可以将该记录固定在当前位置，而不会被后续历史 Word 文档名称替换，如图 3-15 所示。

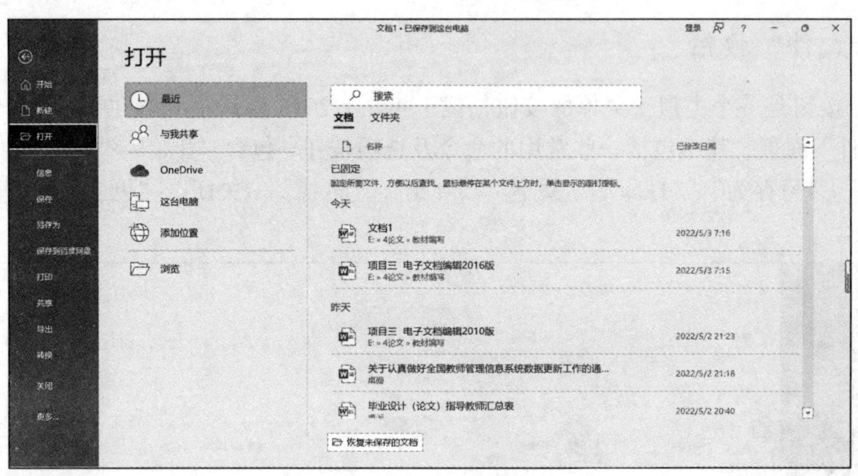

图 3-15 “打开”面板

（3）打开“信息”命令面板后，用户可以进行旧版本格式转换、保护文档（包含设置 Word 文档密码）、检查问题和管理自动保存的版本，如图 3-16 所示。

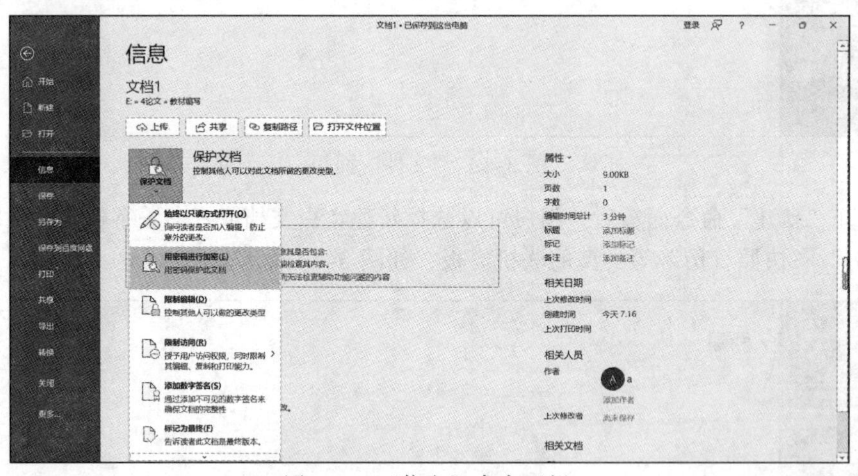

图 3-16 “信息”命令面板

（4）打开“另存为”命令面板，在面板右侧可以选择文件的存储位置，用户可以在下拉列表中选择另存文件的存储格式，如图 3-17 所示。

（5）打开“打印”命令面板，在该面板中可以详细设置多种打印参数，例如双面打印、指定打印页等参数，从而有效控制 Word 2016 文档的打印结果，如图 3-18 所示。

（6）打开“共享”命令面板，登录到 Office 以后共享文档，就可以让其他使用者一同编辑文件，而且每个使用者编辑过的地方，也会出现提示，让所有人都可以看到哪些段落被编辑过，如图 3-19 所示。

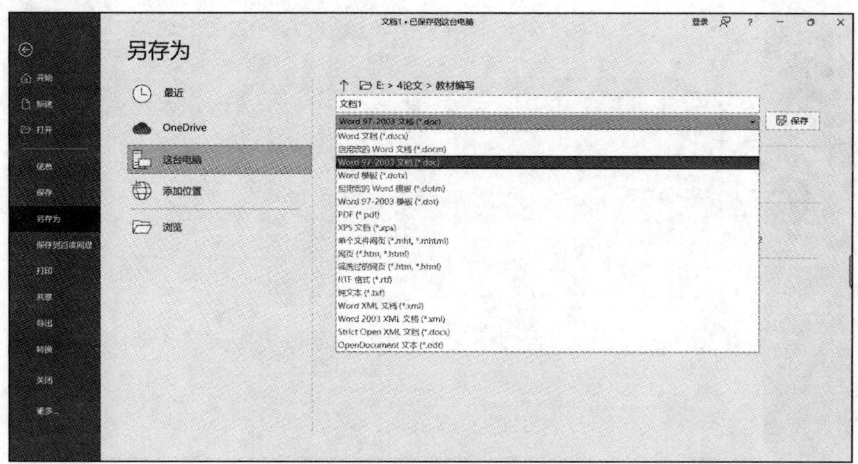

图 3-17　“另存为”命令面板

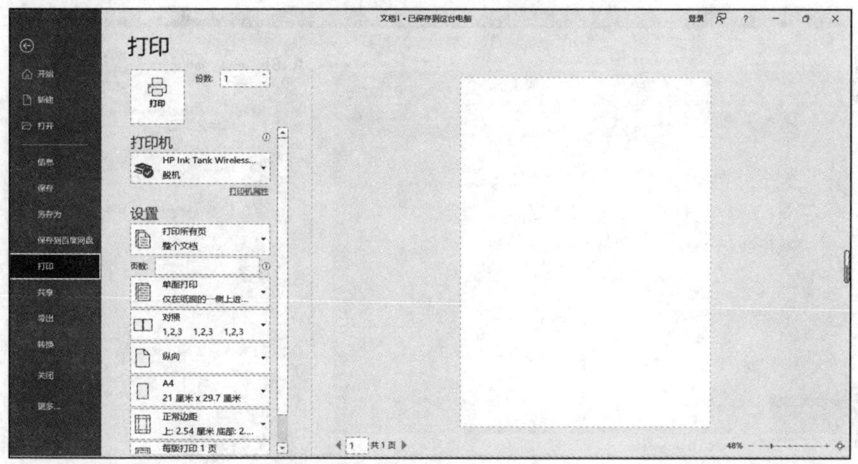

图 3-18　“打印”命令面板

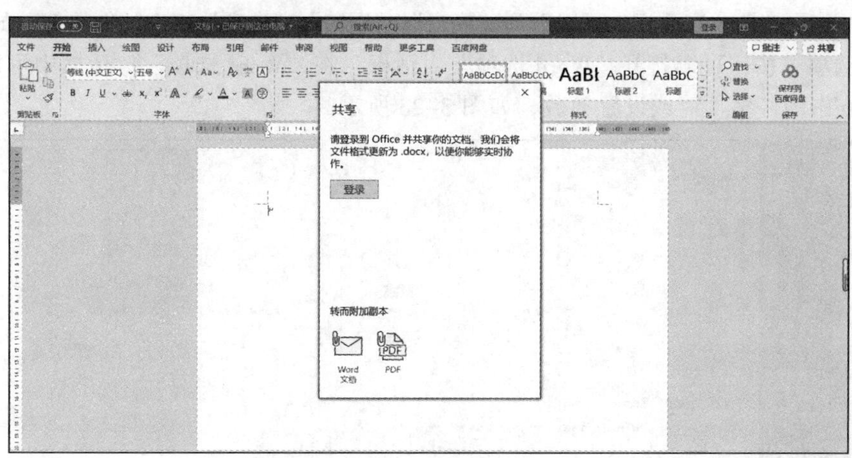

图 3-19　“共享”命令面板

（7）打开“导出”命令面板，可以创建 PDF/XPS 文档，还可以更改文件类型，如图 3-20 所示。

（8）打开“转换”命令面板，可以将文档转换为适用于任何设备的交互式、易共享的 Microsoft Sway 网页，但此项功能需要在使用 Microsoft 或 Office 365 账户登录时使用，如图 3-21 所示。

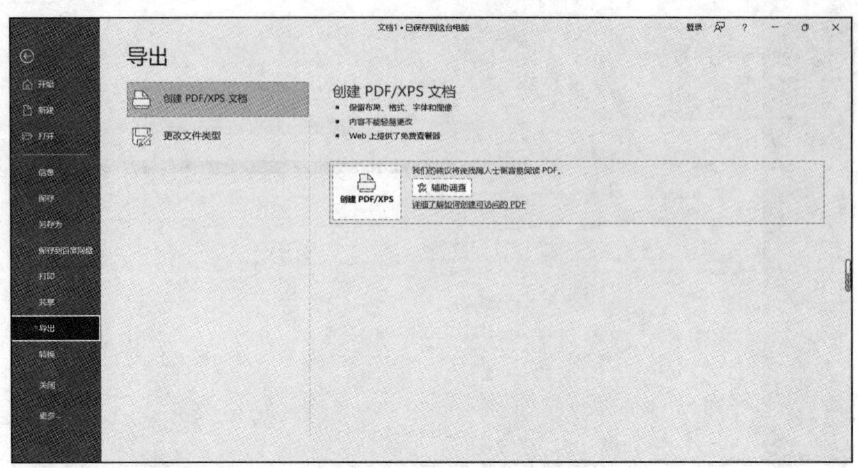

图 3-20 “导出”命令面板

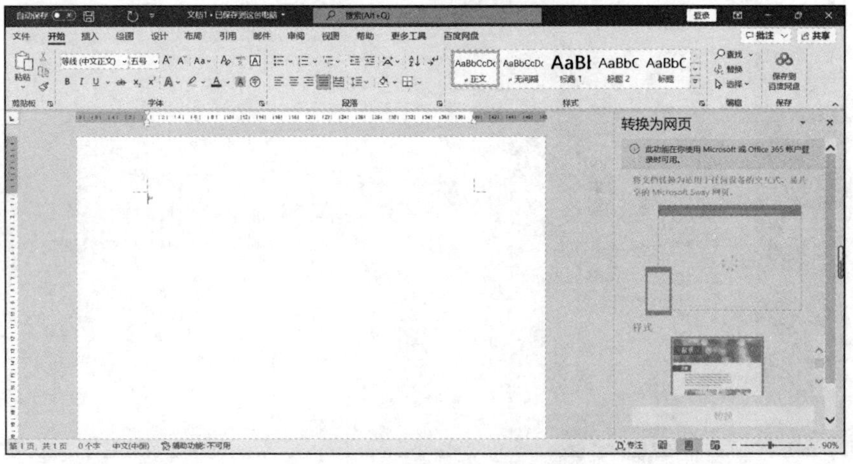

图 3-21 “转换”命令面板

（9）打开“更多”命令面板，可以看到“账户”“反馈”“选项”三个功能按钮，如图 3-22 所示。单击“选项”按钮可以打开“Word 选项”对话框。在“Word 选项”对话框中可以开启或关闭 Word 2016 中的许多功能或设置参数，如图 3-23 所示。

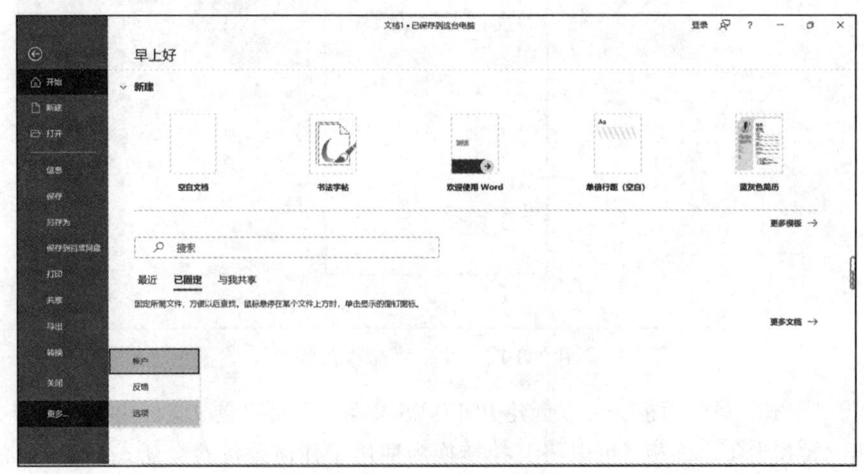

图 3-22 “更多”命令面板

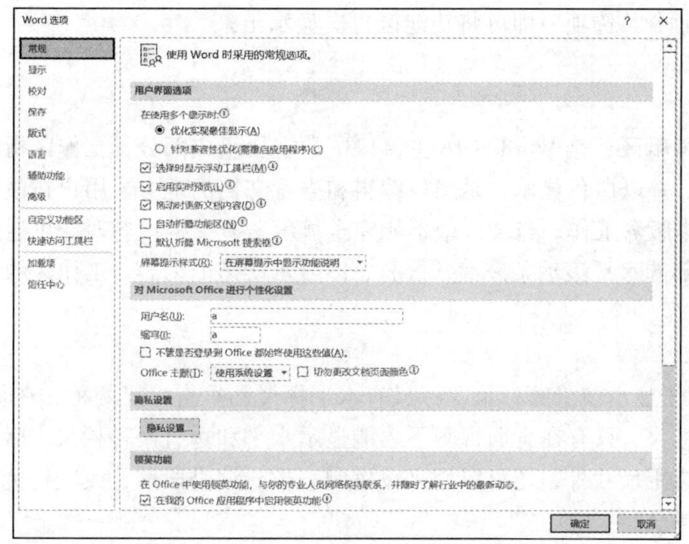

图 3-23　“Word 选项”对话框

3. 快速访问工具栏

快速访问工具栏位于标题栏左边，默认显示“自动保存”“保存”“撤销”“重做”4 个按钮。它是 Office 2016 的组成部分，始终显示在程序界面中。单击快速访问工具栏右端的“自定义快速访问工具栏”按钮▣，可弹出一个下拉菜单，其中包含一些常用工具，如“新建”“打开”“打印预览和打印”“绘制表格”等，如图 3-24 所示。

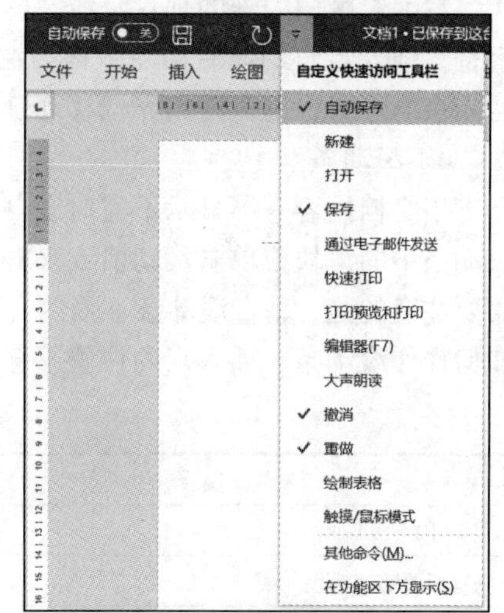

图 3-24　快速访问工具栏及其下拉菜单

在“自定义快速访问工具栏”下拉菜单中选择某一命令，即可使其显示在快速访问工具栏中；而取消对其选择，又可将其隐藏。若在下拉菜单中选择“在功能区下方显示”命令，则可将快速访问工具栏移到功能区的下方显示。

4. 选项卡

Word 2016 的选项卡位于快速访问工具栏和标题栏的下方。选项卡中的命令被组织在逻辑组中，逻辑组集中在选项卡下。每个选项卡都与一种类型的活动相关，如图 3-25 所示。

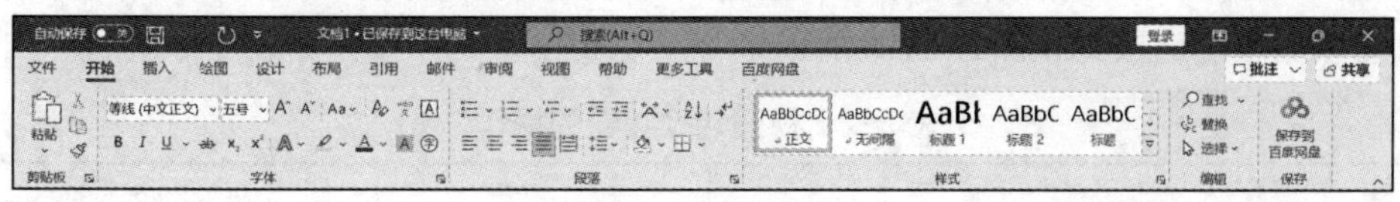

图 3-25　选项卡

为了减少混乱，功能区中的某些选项卡只在需要时才显示。例如，仅当选择绘图后，才显示“绘图工具”选项卡。

Word 2016 为快速实现功能区的最小化提供了一个“折叠功能区”按钮，单击该按钮，即可将功能区隐藏起来，想要再次显示功能区，单击“功能区显示选项”按钮▣，在弹出的菜单中选择“显示选项卡和命令”选项，即可将功能区再次显示出来。

5. 工作区

工作区即文档编辑区，是 Word 2016 主窗口中的主要组成部分。工作区指功能区以下和状态栏以上的一个区域，并以白色显示，是用户编辑和查看文档的地方。用户在该区域对文档进行输入、编辑、修改和排版等工作。当屏幕中不能完全显示所有文档内容时，可通过拖动工作区右侧的垂直滚动条和底部的水平滚动条来滚动屏幕，以显示所需的内容。工作区的各项功能和分别介绍如下。

1）标尺

“标尺”：用于显示或隐藏标尺。标尺有水平标尺和垂直标尺两种，在普通视图和 Web 版式下只能显示水平标尺，只有在页面视图下才能显示水平和垂直两种标尺。标尺除了显示文字所在的实际位置、页边距尺寸外，还可以用来设置制表位、缩进段落、改变栏宽、调整页边距、左右缩紧、首行缩进等。

2）文档编辑区

标尺下面是文档内容的显示区，称为文档编辑区，在此可以输入、编辑、排版和查看文档。

3）插入点和文档结束标记

在编辑区中闪烁的垂直竖线“I”，称为插入点。它表示输入字符将显示的位置。每输入一个字符，插入点自动向右移动一格，在编辑文档时，可以移动“I”状的鼠标指针并单击，来移动插入点的位置，也可使用光标移动键将插入点移到所希望的位置。

4）滚动条

当文档内容一屏显示不完时会自动出现滚动条。滚动条分水平滚动条和垂直滚动条，可拖动滚动条中的滑块或单击滚动箭头来翻动查看一屏中未显示出来的其他内容，从而浏览整个文档。需要注意的是，垂直滚动条下面的几个按钮可以用来上下翻页。具体操作如表 3-1 所示。但不管如何操作滚动条，插入点的位置不会被改变。因此，滚动后要在定位插入点处单击。

表 3-1　滚动条按钮的操作

操　作	结　果
单击按钮▲（或▼）	向上（或下）方向滚动一行
拖动垂直滚动滑块	滚动到指定的页
单击按钮◀（或▶）	向左（或右）方向滚动

5）视图与视图切换按钮

Word 2016 提供了 4 种版式视图，该按钮组中的每个按钮与某种版式的视图对应，单击对应按钮即可切换到相应的版式视图。Word 的四个视图切换按钮具体操作如表 3-2 所示。

表 3-2　视图切换按钮的操作

操　作	结　果
单击专注模式按钮	切换到专注模式视图方式
单击选取模式按钮	切换到选取模式视图方式
单击打印布局按钮	切换到页面视图方式
单击 Web 版式视图按钮	切换到 Web 版式视图方式
单击草稿视图按钮	切换到草稿视图方式

6）状态栏

状态栏位于 Word 窗口的最下端，它用来显示当前的一些状态，如当前光标所在的页号、总页数、字数、校对状态、语言（国家/地区）等。在状态栏的右侧还提供了视图方式切换按钮和显示比例控件，从而使用户可以非常方便地在各种视图方式之间进行切换，以及无级调节页面的显示比例，如图 3–26 所示。

第 1 页，共 2 页　342 个字　英语(美国)　辅助功能: 不可用　专注　130%

图 3–26　状态栏

单击“缩小”–和“放大”+两个按钮，或者用鼠标直接拖动缩放滑块可以改变显示比例，如果要为页面指定一个特定的显示比例，则可以单击“缩小”按钮左边的“缩放级别”按钮，打开“显示比例”对话框进行所需的设置。

在状态栏上右击，会弹出图 3–27 所示菜单，用户可根据自己的情况勾选需要在状态栏上显示的命令。

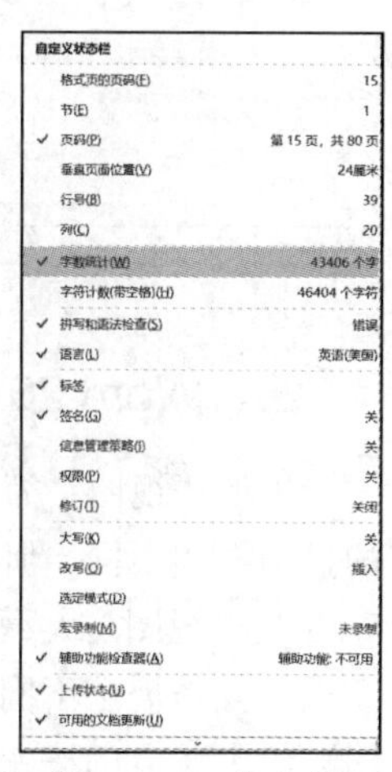

图 3–27　状态栏

6. 在 Word 2016“快速访问工具栏”中添加常用命令

Word 2016 文档窗口中的“快速访问工具栏”用于放置命令按钮，使用户快速启动经常使用的命令。默认情况下，“快速访问工具栏”中只有数量较少的命令，用户可以根据需要添加多个自定义命令，操作步骤如下所述：

（1）打开 Word 2016 文档窗口，选择“文件”→“更多”→“选项”命令，如图 3–28 所示。

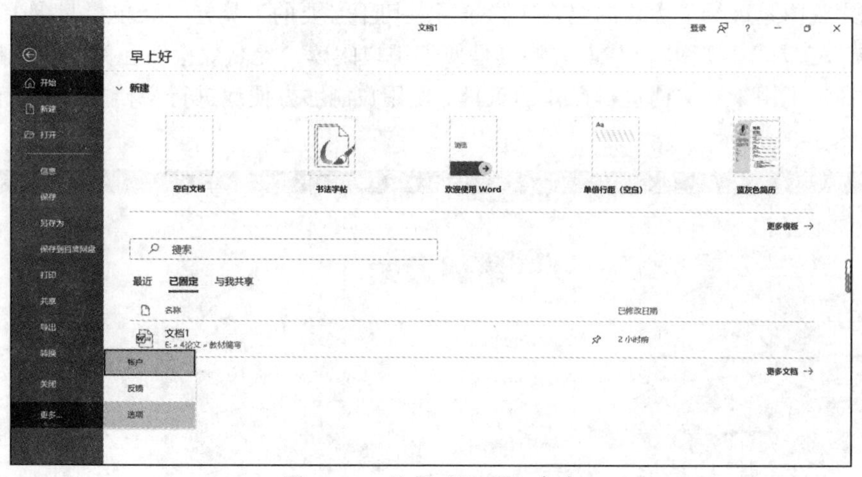

图 3–28　选择“选项”命令

（2）在打开的“Word 选项”对话框中切换到“快速访问工具栏”选项卡，然后在“从下列位置选择命令”列表中单击需要添加的命令，并单击“添加”按钮即可，如图 3–29 所示。

（3）重复步骤（2）可以向 Word 2016 快速访问工具栏添加多个命令，依次单击“重置”→“仅重置快速访问工具栏”按钮可将“快速访问工具栏”恢复到原始状态，如图 3–30 所示。

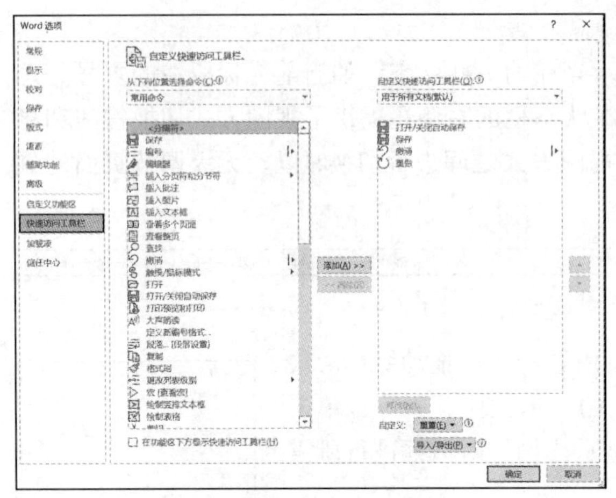

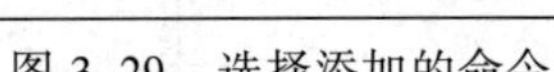
图 3-29　选择添加的命令

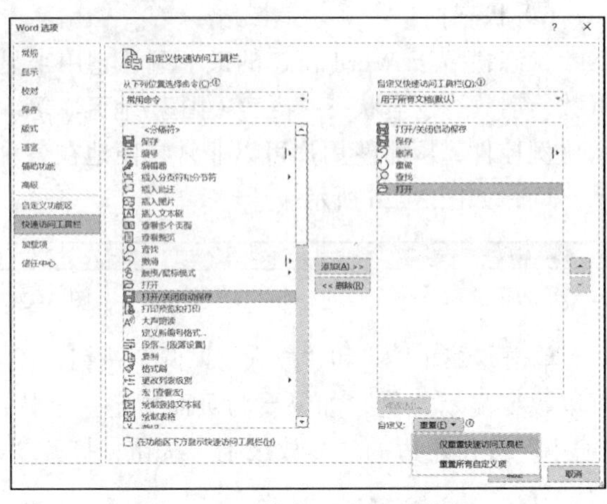
图 3-30　单击“重置”按钮

四、Word 2016 的视图方式

所谓“视图”简单说就是查看文档的方式。同一个文档可以在不同的视图下查看，虽然文档的显示方式不同，但是文档的内容是不变的。Word 2016 提供了 5 种视图：阅读视图、页面视图、Web 版式视图、大纲视图和草稿视图。在不同的视图方式下，用户可以看到的内容有所不同。对文档的操作需求不同，可以采用不同的视图。视图之间的切换可以单击“视图”选项卡中的“视图”组中对应的按钮，也可以单击水平滚动条右端的视图切换按钮。

1. 阅读视图

阅读版式视图是进行了优化的视图，隐藏了一切不必要的工具栏，菜单栏只剩下三个选项，包括“文件”“工具”“视图”，其最大特点是便于用户阅读，提高效率。在阅读视图模式下，界面的左上角提供了用于对文档进行操作的工具，使用户能够方便地进行文档的保存、查找和打印等操作，如图 3-31 所示。

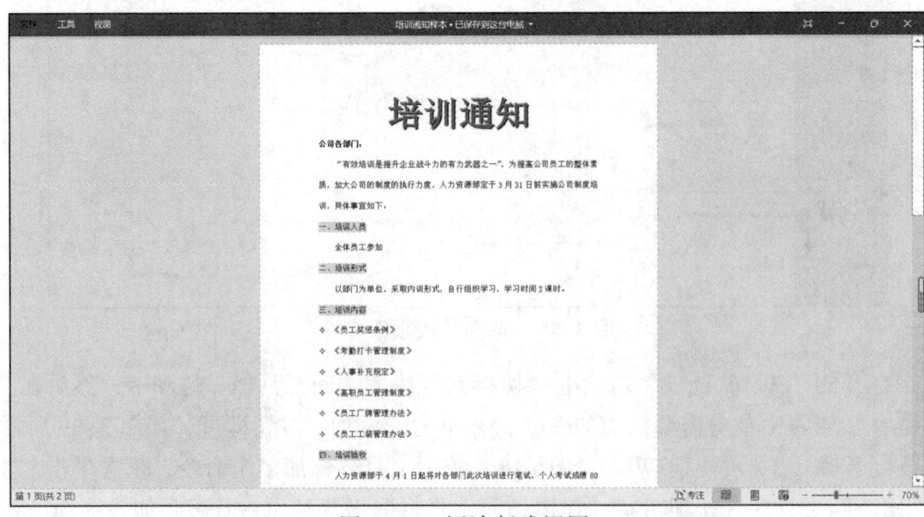

图 3-31　阅读版式视图

2. 页面视图

页面视图是文档编辑中最常用的一种版式视图，在该视图下用户可以看到图形及文字的排版格式，其显示与最终打印的效果相同，具有所见即所得的效果。在页面视图下可以像在普通视图下一样输入，编辑和排版文档，也可以处理页边距、图文框、分栏、页眉和页脚、Word 绘制的图形等。在此模式下可以看到上、下两页的页眉和页脚之间有很大的空间，中间为一灰色的分界区域，代表两页纸的分界。单击该分界区域即可隐藏两页纸之间的空白区域，此时两页纸的分界以一条黑色的实心线表示。由于页面视图能够很好地显示排版格式，因此常用来编辑文本、格式、版面。但在页面视图下占用的计算机资源相对较多，会使处理速度变慢，如图 3-32 所示。

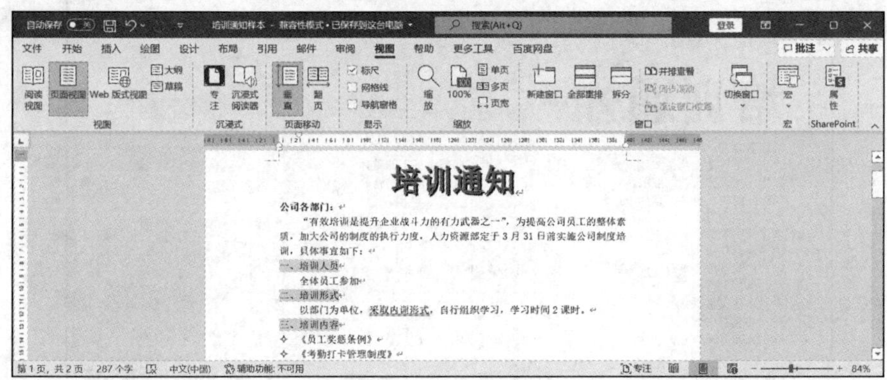

图 3-32　页面视图

3. Web 版式视图

Web 版式视图中的显示与在浏览器（如 IE）中的显示完全一致，用其可以编辑网站发布的文档。所以可以将 Word 2016 中编辑的文档直接用于网站，并通过浏览器直接浏览。

在这种视图下，正文显得更大，显示和阅读文章最佳。可看到背景和为适应窗口而换行显示的文本，且图形位置与在 Web 浏览器中的位置一致。也就是说，使用 Web 版式视图与使用浏览器打开该文档时的画面一样，如图 3-33 所示。

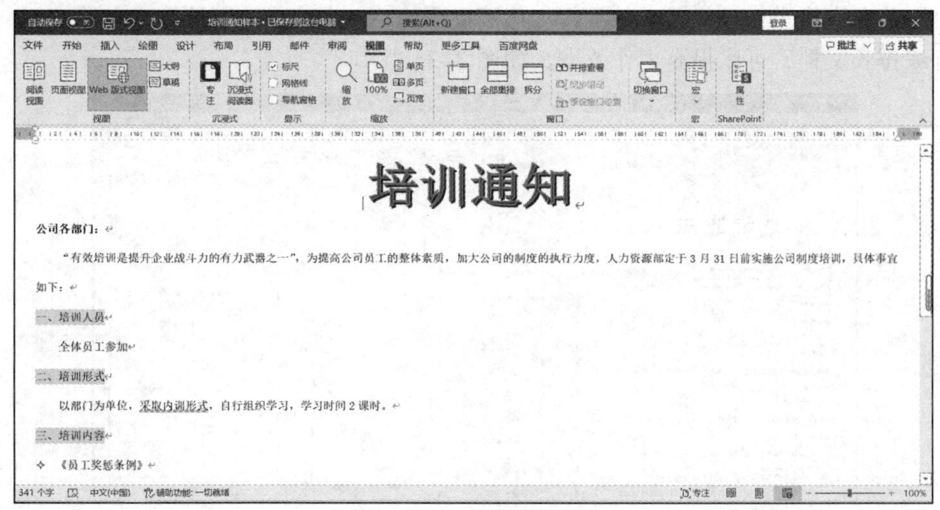

图 3-33　Web 版式视图

4. 大纲视图

大纲视图用于编辑文档的大纲，适合查看长篇文档的结构及大纲层次，以便能审阅和修改文档的结构。在大纲视图中，会显示文档结构，并可通过拖动标题来移动、复制或重新组织正文。也可以“折叠”文档以便只查看某一级的标题或子标题，也可以“展开”文档查看整个文档的内容，使用“上移”或“下移”按钮可以方便地调整标题顺序，单击工具栏上的“升级”或“降级”按钮可以升降标题级别。其缩进和符号不影响文档在普通视图中的外观，且不会打印出来，如图 3-34 所示。

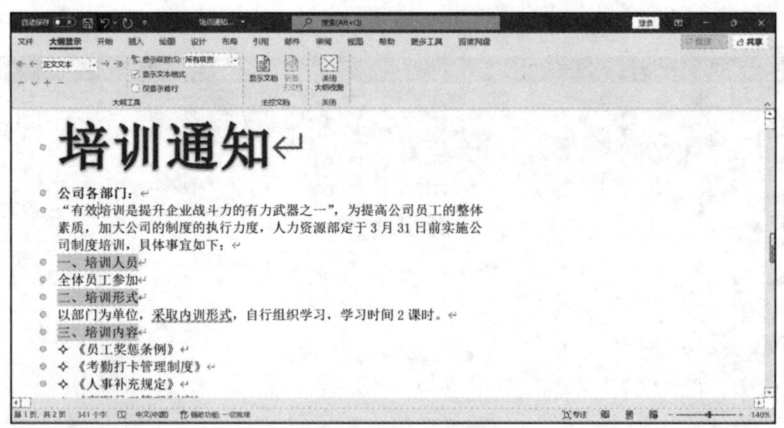

图 3-34　大纲视图

5. 草稿视图

草稿视图模式是一种简化的页面布局方式，多用于文字处理工作，如输入、格式的编辑和插入图片等。而且也是能够尽可能多地显示文档内容的一种视图模式，基本上实现了“所见即所得”的功能。在该视图中仅显示文本和段落格式，而不能分栏显示、首字下沉，页眉、页脚、脚注、页号、边距，以及用 Word 绘制的图形等不可见。在草稿视图下可以连续显示正文，页与页之间的分隔以一条虚线表示，使文档阅读起来更连贯。该模式不仅可以快速地输入和编辑文字，而且还可以对图片和表格进行一些基本的操作。草稿视图简单、方便，占用计算机资源少，响应速度快，适合编排长文档，可以提高工作效率，如图 3-35 所示。

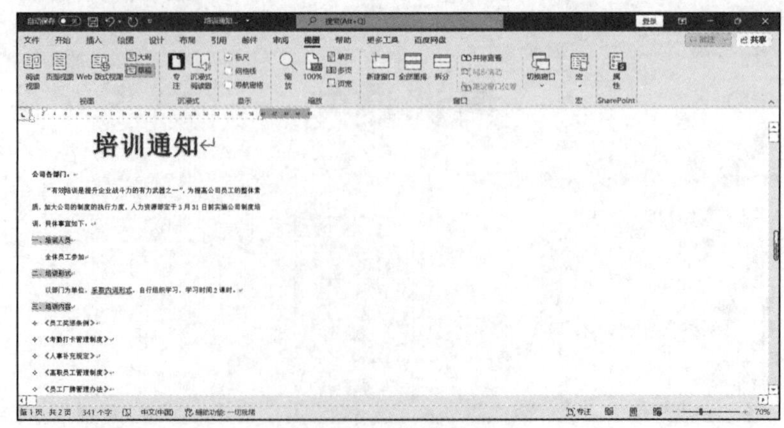

图 3-35　草稿视图

☑ 任务实施

1. 新建 Word 文档并输入文字内容

新建一个 Word 文档，输入“自我介绍”内容，另存至 F 盘中以“班级+姓名+学号”命名的文件夹里。

操作步骤：

（1）打开“计算机”→“F 盘”窗口，单击“文件”菜单，选择“新建”→“文件夹”命令，重命名“班级+姓名+学号”。

（2）选择“开始”→“Word 2016”命令，启动 Word。

（3）选择“文件”→“另存为”命令，在“另存为”对话框中，选择“F 盘”→“班级+姓名+学号”文件夹，文件名为“自我介绍”。

（4）在“自我介绍”文档中输入自我介绍的文字内容：“大家好：我叫××，我是××大学××专业大三学生，一直以来，努力、积极、乐观、拼搏是我的人生信条，我相信，我会一直努力下去，做好自己，奉献社会。敢做敢拼，脚踏实地；做事认真负责，责任心强；座右铭是‘优秀是一种习惯’。我的期望是在企事业单位从事管理、金融、行政、助理等与专业相关的工作。爱好所学专业，乐于学习新知识；对工作有责任心；踏实，热情，对生活充满激情；主动性强，自学能力强，具有团队合作意识，有一定组织能力；抗压能力强，能够快速适应周围环境。”

2. 以各种视图观看文档

打开文件“自我介绍．docx”，分别以草稿视图、Web 版式视图方式、页面视图方式、大纲视图方式和阅读视图方式观看文档。

操作步骤：

（1）打开文件“自我介绍．docx”，单击“视图”选项卡，单击“草稿”按钮。

（2）打开文件“自我介绍．docx”，单击“视图”选项卡，单击“Web 版式视图”按钮。

（3）打开文件“自我介绍．docx”，单击“视图”选项卡，单击“页面视图”按钮。

（4）打开文件“自我介绍．docx”，单击“视图”选项卡，单击“大纲”按钮。

（5）打开文件“自我介绍．docx”，单击“视图”选项卡，单击“阅读视图”按钮。

☑ 技能训练

创建并保存文档

创建一个文件名为“工作计划”的文档，操作要求如下：

（1）打开 F 盘名为“班级+姓名+学号”的文件夹，在文件夹中新建一个 Word 文档，重命名为“工作计划”。

（2）在 Word 文档中输入标题“工作计划”，然后输入第一段文本“光阴似箭，岁月如梭，转眼间又要进入新的一年，2022 年对我来说是辞旧迎新、展现自己的一年，也是充满机遇与挑战的一年，在生活和工作压力的推动下，我会继续努力工作认真学习，同时为了让自己在新的一年里有更大的进步和成长，特制定了本年度的工作计划，具体如下：”

（3）输入第二段文本“首先，我会明确自己的发展方向，正确认识自己，认真听取领导和同事的意见和建议，更加勤奋地工作，努力提高各项工作技能。同时，我也会向其他同事学习，取长补短，积极和同事交流工作经验，以取得更好的工作业绩。”

（4）复制第二段文本至第三段，使用“查找和替换”功能将“首先”替换为“其次”，并重新编辑第三段文本。

（5）将第一段文本移动至第三段文本之后。

（6）撤销第一段文本移动操作。

（7）保存“工作计划”文档。

（8）另存为“工作计划”PDF 版本至本文件夹。

任务 2　制作企业公文

☑ 任务介绍

部门张经理交给王鹏一个任务，要求王鹏制作一份员工培训通知，通知要写明召开会议的时间、地点、名称、要求及须知等。文字言简意赅，措辞得当，打印后张贴到宣传栏。小王参照企业公文的规范要求，开始了通知的制作。

☑ 相关知识

一、新建文档

当启动 Word 2016 以后，就会在 Word 窗口中自动打开一个新文档，并暂时将其命名为“文档 1”，此时插入点位于编辑区左上角，表明现在可以输入文本了。除了这种自动创建文档的办法外，如果在编辑文档的过程中还需另外创建一个或多个新文档时，可以用下列方法之一来创建。Word 对以后新建的文档依据创建的顺序，依次命名为“文档 2”“文档 3”等。

（1）在 Word 2016 中，单击快速访问工具栏中的“新建”按钮。

（2）选择“文件”→“新建”→“空白文档”命令。

（3）按【Alt+F】组合键打开“文件”选项卡按钮菜单，再用上、下光标移动键把光标移动到“新建”命令处按【Enter】键（或直接按【N】键）。

（4）直接按【Ctrl+N】组合键。

使用方法（2）、（3）新建文档时，会出现图 3-36 所示的“新建”窗口，其他两种方法则直接打开一个空白文档，不打开“新建”窗口。

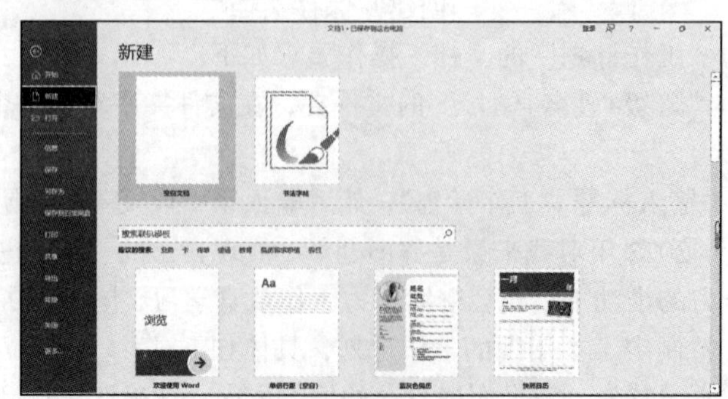

图 3-36　“新建文档”窗口

若要根据模板创建新文档，在连接到 Internet 的情况下，可在“文件”选项卡“新建”命令面板的“搜索联机模板”搜索框中搜索模板，或者选择下方给出的具体模板直接创建新文档。

二、输入文本

1. 输入文字

新建一个空文档后，就可输入文本了。当输入文本时，插入点自左向右移动。当输入到行末时，不必按【Enter】键换行，Word 会自动换行。只有完成一个段落的输入后想要另起一个新的段落时，才按【Enter】键换行。按【Enter】键，表示一个段落的结束，新段落的开始。

在中文 Word 中，既可以输入英文，又可以输入汉字。中/英文输入法的切换方法有：

（1）单击“任务栏”右端的“语言指示器”按钮，在“输入法”列表中单击所需要的输入法。

（2）按【Ctrl+空格】组合键可以在中/英文输入法之间切换。

（3）按【Ctrl+Shift】组合键可以在各种输入法之间循环切换。

在中文输入法状态下，按【Shift+空格】组合键可以在半角和全角之间切换，但只有在小写字母状态时才能输入汉字，可用【CapsLock】键转换字母的大小写。

Word 2016 提供了“插入”和“改写”两种编辑模式，默认情况下在文档中输入文本是处于插入状态的。在插入状态下，输入的文字出现在光标所在位置，而该位置原有的字符将依次向后移动。按【Insert】键或单击状态栏上的“插入”标签可以切换到改写状态。在改写状态下单击“插入”标签又可切换回插入状态。在改写状态下，输入的文字将依次替代其后面的字符，即可以实现边录入边对文档的修改，并且不会破坏文本的既定格式。

2. 删除文本

如果输入了错误的字符或汉字，按【Backspace】键可删除插入点前面的字符，或按【Delete】键可删除插入点右边的字符，然后再继续输入。

如果要删除连续的部分文字，则可以从前向后或从后向前拖动鼠标左键，使要删除的文本反相显示（这一过程称为“选定文本”），再按【Delete】键（或工具栏上的“剪切”按钮），则选定的文本即被删除。

如果误删了某部分文字，则可单击工具栏中的图标撤销此次操作。这一功能对许多误操作的复原都很有用。

3. 插入符号

在输入文本时，可能要输入或插入一些特殊的符号，如俄、日、希腊文字符、数学符号、图形符号等，这些可利用汉字输入法的软键盘，而对于像“🕮”一类的特殊符号或“☎”一类的图形符号，使用软键盘也不能输入。对于这些特殊符号，Word 提供了“插入符号”的功能，具体操作步骤如下：

（1）把插入点移动到要插入符号的位置。

（2）切换到“插入”选项卡，单击“符号”组中的“符号”按钮Ω，选择“其他符号”选项，打开图 3-37

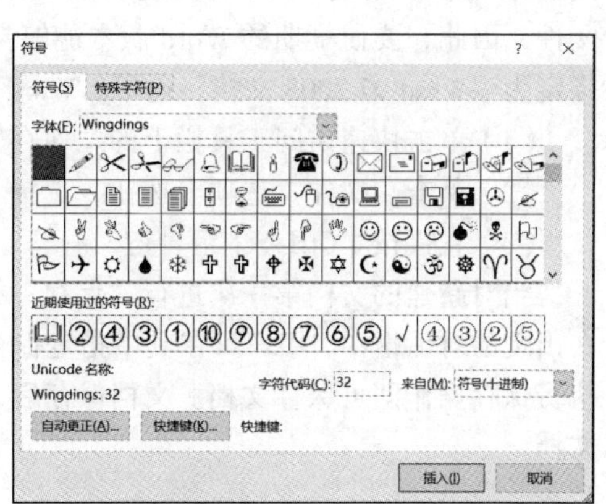

图 3-37　“符号”对话框

示的“符号”对话框。

（3）在“符号”选项卡“字体”列表框中选择适当的字体项，单击符号列表框中所需要符号，该符号将以蓝底白字放大显示。

（4）单击“插入”按钮就可将选择的符号插入文档的插入点处。

（5）单击“关闭”按钮，关闭“符号”对话框，返回文档。

另外，还可以使用“符号”对话框中的“特殊字符”选项卡来插入其他的特殊符号。例如：如果要插入版权符号©、注册符号®或商标符号™等不常见的特殊符号时，则可打开“符号”对话框中的“特殊字符”选项卡，选择后单击“插入”按钮即可。

为了方便起见，Office 还将单位符号、数字序号、拼音符号、标点符号、数学符号及其他一些常用的特殊符号单独组织到了一起。在“插入”选项卡中单击“特殊符号”组中的“符号”按钮，选择“更多”命令，可打开“输入特殊符号”对话框，在适当的选项卡中选择所需的符号，然后单击“确定”按钮将其插入文档中。此外，常用的特殊符号会显示在“插入”选项卡“特殊符号”组的“符号”下拉列表中，单击某一图标按钮即可插入相应的符号。

4. 插入编号

有时需要输入特殊格式的数字，如⑴、①、㈠、或 I、i、甲、壹等，除了可以使用插入符号的方法以外，还可以使用“插入”选项卡中的“编号”按钮，在打开的对话框（见图 3-38）中输入数字，同时选择数字的格式类型，单击“确定”按钮，则该种格式类型的数字便会出现在插入点位置处。

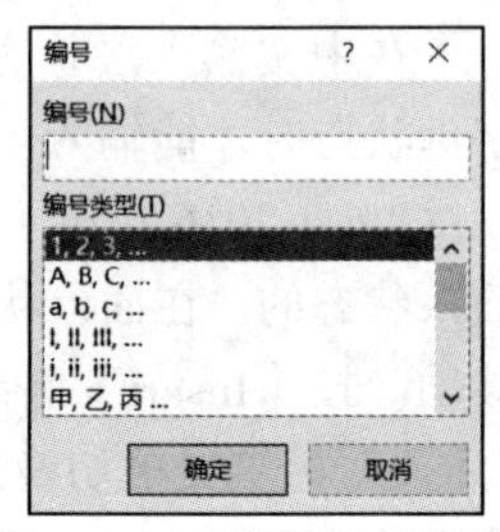

图 3-38 “编号”对话框

三、文档的保存、保护和关闭

1. 文档的保存

1）保存新建文档

当文档输入完毕后，它的内容还临时驻留在计算机的内存中，为了永久保存所建立的文档，在退出 Word 前应将其作为磁盘文件保存起来，即使是已保存过的文档，在编辑过程中也要注意随时执行保存操作，以保存最新编辑数据，防止丢失文档信息。Word 2016 在保存文档时必须将其保存为.docx 格式，而不是传统的.doc 格式。但是，Word 2003 之前的版本不能打开.docx 格式的文件，因此，要使早期的 Word 版本能够打开使用 Word 2016 编辑的文档，还必须将其保存类型指定为“Word 97 2003 文档”通常，Word 中保存文档的方法有如下几种：

（1）单击快速访问工具栏上的“保存”按钮。

（2）单击“文件”选项卡按钮，选择“保存”命令，即可保存当前文档。

（3）直接按【Ctrl+S】组合键。

当对新建的文档第一次进行“保存”操作时，会出现如图 3-39 所示的“另存为”对话框。在出现的对话框中，用户可在其中指定保存位置、文件名称、保存类型，最后单击“保存”按钮，执行保存操作即可保存文档。文档保存后，该文档窗口并没有关闭，用户可以继续输入或编辑该文档。

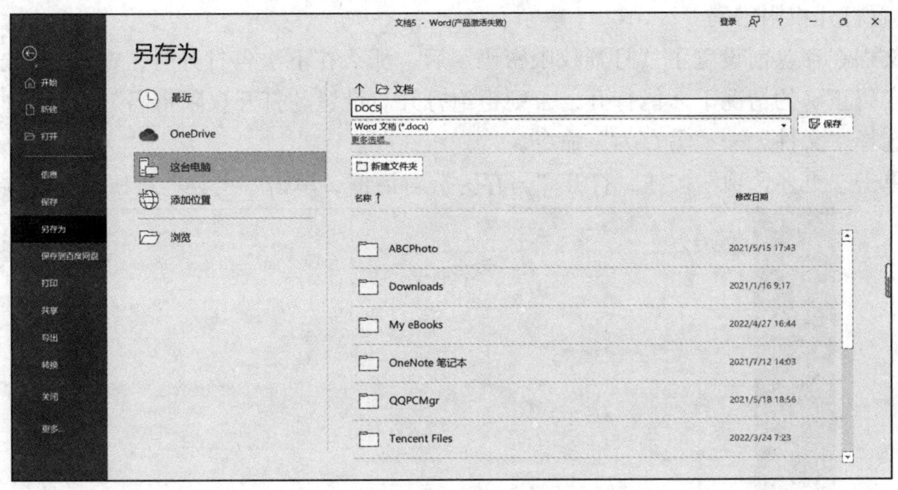

图 3–39　“另存为”对话框

2）保存已有的文档

对已有的 Word 文件打开和修改后，同样可以用上述方法将修改后以原来的文件名保存在原来的文件夹中，此时不再出现“另存为”对话框。

3）用另一文件名保存文档

对已经保存过的文档，可以选择“文件”→“另存为”命令，把一个文件以另一个不同的名字保存在同一文件夹下，或保存到不同的文件夹中去，或存为其他格式。例如，当前正在编辑的文件名为 A.DOCX，如果既想保存原来的文档，又想把编辑修改后的文档另存为一个名为 B.DOCX 的文件，就可以使用“另存为”命令。执行“另存为”命令后，打开“另存为”对话框，后面的操作和保存新建文档一样。

在“文件名”下拉列表中输入文档的名称，文件名最多为 255 个字符。如果未输入扩展名，系统默认为.docx。在“保存位置”下拉列表中选择存放文档的位置。

2. 文档的关闭

保存完文档后，仍会返回编辑状态，等待用户继续处理。当处理完一个文档以后，可按下面方法将其关闭：

（1）选择“文件”→“关闭”命令。

（2）单击标题栏右侧的关闭按钮。

（3）按【Alt+F4】组合键。

如果没有保存修改后的文档，Word 2016 在关闭文档时会弹出一个对话框提示用户是否保存文档，如图 3–40 所示。

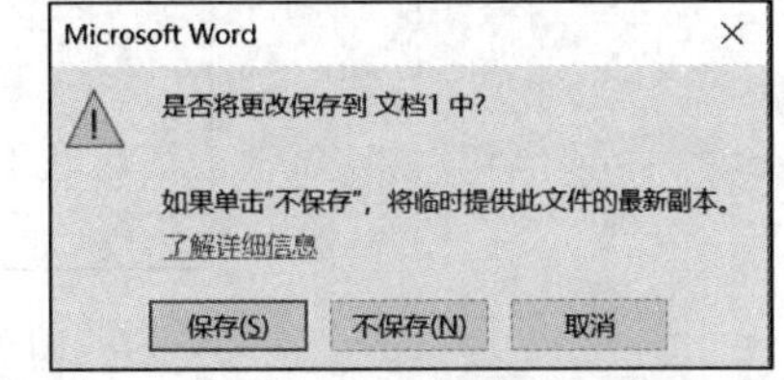

图 3–40　关闭文档提示保存文件的对话框

3. 文档的保护

如果所编辑的文档是一份机密的文件，不希望无关人员查看此文档，则可以给文档设置“打开权限密码”，使别人在没有密码的情况下无法打开此文档。另外，如果所编辑的文档允许别人查看，但禁止修改，那么可以给这种文档加一个“修改权限密码”。对设置了“修改密码权限”的文档，别人可以在不知道口令的情况下以“只读”方式查看它，但无法修改它。设置密码是保护文件的一种方法。下面介绍设置密码的方法。

1）设置打开权限密码

当一文档在存盘前设置了“打开权限密码”后，那么在下次再打开时，Word 首先要核对密码，只有密码正确的情况下才能打开，否则拒绝打开。设置“打开权限密码”的步骤如下：

（1）选择“文件”→“另存为”命令。

（2）单击“更多选项”按钮，打开“另存为”对话框，单击“工具”按钮，如图 3-41 所示。

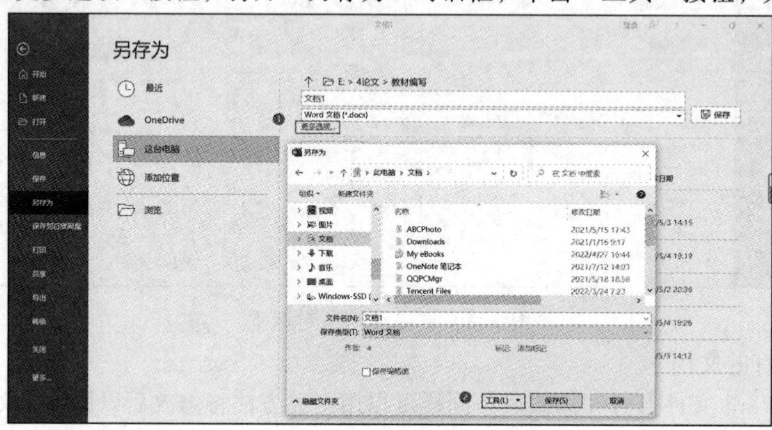

图 3-41 “另存为”对话框

（3）在“工具”下拉列表中选择“常规选项”命令，弹出“常规选项”对话框，如图 3-42 所示。

（4）将插入点移到“常规选项”选项卡的“打开文件时的密码”文本框左端，并输入密码，密码的每个字符对应显示为一个星号，密码的最大长度是 15 个字符。密码可以是字母、数字和符号，英文字母区分大小写。

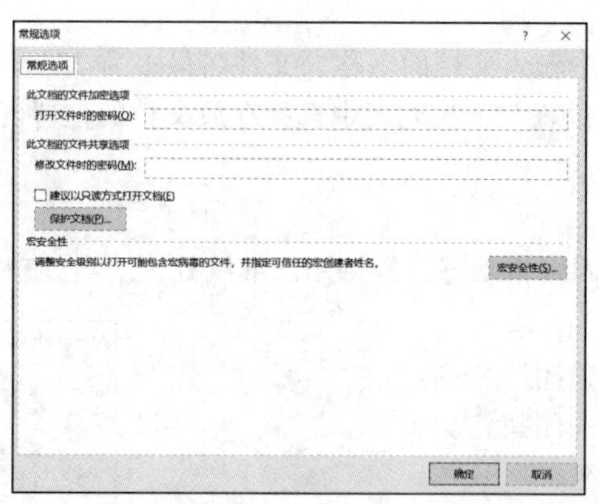

图 3-42 “常规选项”对话框

（5）单击“确定”按钮，打开“确认密码”对话框，要求用户再重复输入所设置的密码，如图 3-43 所示。如果密码核对正确，则返回文档编辑状态，否则，出现如图 3-44 所示的提示信息框。单击“确定”按钮，即可重新进行设置密码的操作。

（6）当返回编辑状态后，再对文档进行保存，则密码会随文档一起被保存下来。至此密码设置完成，关闭文档后，密码就起作用了，当再打开文档时，首先要求用户输入密码以便核对。如果密码正确，则文档被打开；如果不正确，则提示密码不正确，无法打开文档。

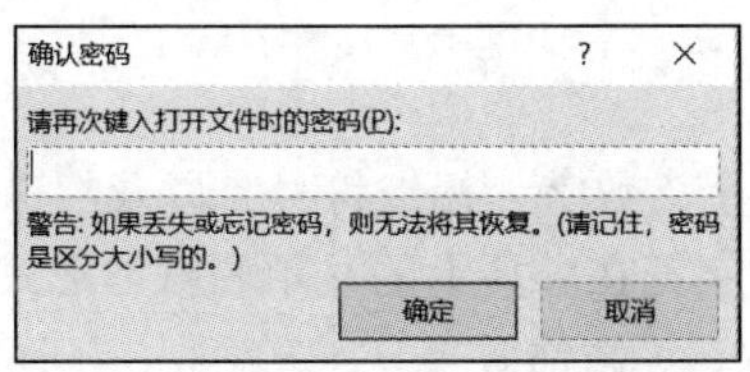

图 3-43　“确认密码”对话框

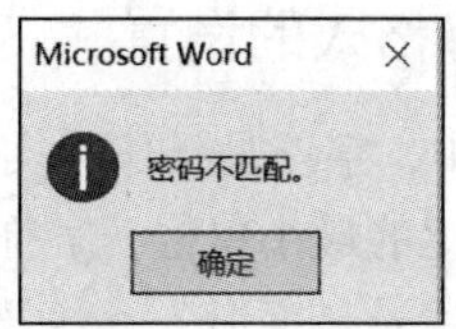

图 3-44　信息提示框

2）设置修改权限密码

别人可以打开并查看一个设置了修改权限密码的文档，但无权修改它。设置修改权限密码的步骤，除了将密码输入“修改文件时的密码”的文本框之外，其余的操作步骤与设置打开权限密码的操作一样。打开时的情况也有些类似，此时“密码”对话框中多了一个“只读”按钮，供不知道密码的人以“只读”方式打开它。

3）设置文件的属性

由上述可见，将文件属性设置成“只读”属性也是保护文件不被修改的一种方法。把文件设置成为只读文件的方法如下：

（1）单击“文件”→“另存为”→“更多选项”按钮，打开“另存为”对话框，单击“工具”按钮。

（2）在“工具”下拉列表中选择“常规选项”命令，弹出“常规选项”对话框，选中 “建议以只读方式打开文档”复选框。

（3）单击“确定”按钮，返回编辑状态，再保存文件就完成了只读属性的设置。

4）取消设置的密码

如果想要取消已设置的密码，可以按下列步骤进行：

（1）用正确的密码打开该文档。

（2）选择“文件”→“另存为”命令。

（3）单击“更多选项”按钮，打开“另存为”对话框，单击“工具”按钮。在其下拉列表中选择“常规选项”命令，弹出“常规选项”对话框。

（4）删除“打开文件时的密码”文本框中的内容，单击“确定”按钮返回编辑状态。

（5）当返回编辑状态后，再对文档进行保存。这样就删除了密码，以后再打开此文件时不需要密码了。

四、拼写检查

Word 2016 提供的拼写检查器可帮助用户验证并纠正文档中的中英文拼写错误。要检查文档中部分文本的拼写是否有错误，首先选择要检查的文本。若要检查整个文档，需将插入点移到文档的开始处，然后单击“审阅”→“校对”→“拼写和语法”按钮，或按【F7】键。

在该对话框中，对有拼写和语法错误的单词，如果系统发现有代替的词，则在“建议”列表框中列出。用户根据情况单击“忽略一次”或“全部忽略”或“更改”按钮来完成拼写和语法检查操作。

除上述利用拼写检查器外，Word 2016 还可以设置在用户输入文本时检查每个单词。凡在词典中没有出现的单词都用一条红色波浪线标出，提示用户注意。如果有错误，则及时纠正。

五、字符格式的设置

在 Word 中，字符是指作为文本输入的字母、汉字、数字、标点符号，以及特殊符号等。字符是文档格式化的最小单位，字符格式的编排决定了字符在屏幕上的显示和打印形式。字符的格式包括字体、字号、字形、颜色及特殊的阴影、空心字等修饰效果。

设置文字格式的方法有两种：一种是使用“开始”选项卡“字体”组中的“字体”“字号”“加粗”“倾斜”“下画线”“字符边框”“字符底纹”“字体颜色”等按钮来设置文字的格式；另一种是打开“字体”对话框来设置文字的格式。

1. 设置字体、字形、字号和颜色

Word 文档中可以使用的字体取决于打印机提供的字体和计算机装入的字体文件。不同的字体有不同的外观形状，一些字体还可以带有自己的符号集。Word 默认的中文字符格式是宋体五号字，英文字体则为 Times New Roman（新罗马）。通过“字体”组中的“字体”下拉列表即可快速设置选定字符的字体。为此执行如下操作方法。

1）按钮设置

（1）选定要改变字体的文本。

（2）单击“开始”选项卡“字体”组“字体”下拉按钮。

（3）拖动“字体”下拉列表右侧的滚动条，找到并选中所需的字体。如果要改变英文字体，则选定英文字母，然后在“字体”下拉列表中选择英文字体即可。

（4）单击“开始”选项卡“字体”组“字号”下拉按钮，弹出“字号”下拉列表，找到并选中所需的字号。

除了字体和字号外，使用“开始”选项卡“字体”组中的其他按钮还可以设置更多字形和文字效果。图 3-45 列举了几种字体、字号、字形和效果。

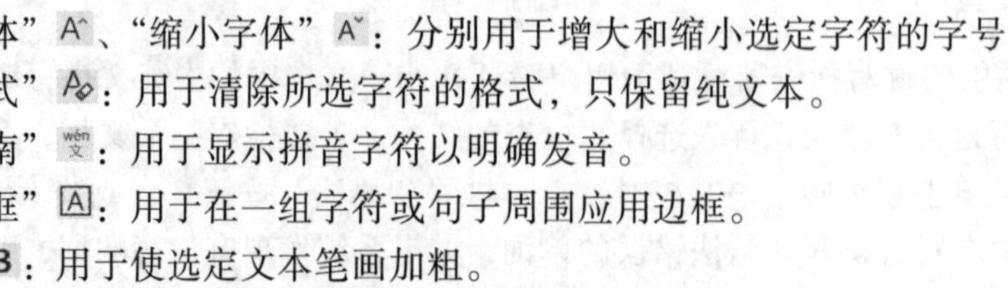

五号宋体　**四号楷体加粗**　*小四号仿宋倾斜*　***三号隶属加粗倾斜***

~~删除线~~　双删除线　上^{标}　下$_{标}$　空心　阴影　阳文　阴文　加下画线

波浪线　字符边框　字符底纹　着重号　X^2+Y^2　字符缩放 150%

字 符 间 距 加 宽 2 磅　$CO_2+H_2O=H_2CO_3$　Times New Roman　**Arial Black**

图 3-45　字体、字号、字形及效果示例

①“增大字体”、“缩小字体”：分别用于增大和缩小选定字符的字号。

②“清除格式”：用于清除所选字符的格式，只保留纯文本。

③“拼音指南”：用于显示拼音字符以明确发音。

④“字符边框”：用于在一组字符或句子周围应用边框。

⑤“加粗”B：用于使选定文本笔画加粗。

⑥“倾斜”I：用于使选定文本向右倾斜。

⑦“下画线”U：用于为选定文本添加下画线。单击按钮右侧的下拉按钮可在弹出的下拉列表中选择下画线的线型和颜色。

⑧“删除线”：用于在选定文本的中间画一条线。

⑨“下标”X_2、“上标”X^2：分别用于在文字基线下方和文本行上方创建小字符。

⑩“更改大小写”：用于将所选的所有文字更改为全部大写、全部小写或者其他常见的大小写形式。

⑪“突出显示”：用于使选定文本变成带有背景色的文本以使其突出显示。如果没有事先选定文本，单击此按钮后指针形状为状，用鼠标在所需文本上拖过即可突出显示这些文本。单击按钮右侧的下拉按钮可在弹出的下拉列表中选择其他的背景色。

⑫“字体颜色”：用于改变选定文本的颜色。单击按钮右侧的下拉按钮可在弹出的下拉列表中选择不同的颜色。

⑬“字符底纹”：用于为选定文本添加底纹背景。

⑭“带圈字符”：用于在字符周围添加圆圈或边框加以强调。

此外，Word 2016 还提供了一个相当智能的格式工具栏，当用户选中文档中的任意文字松开鼠标后，选中区域的右上角就会显示一个半透明的浮动工具栏，其中包含了字体、字号、对齐方式、字体颜色等格式设置工具。用鼠标指向它即可使其正常显示，如图 3-46 所示。

2）对话框设置

单击“开始”选项卡“字体”组右下角的按钮，弹出“字体”对话框，如图 3-47 所示。选定“字体”选项卡设置字体格式，在预览框中查看所设置的字体效果，确认后单击“确定”按钮。

图 3-46　浮动格式工具栏

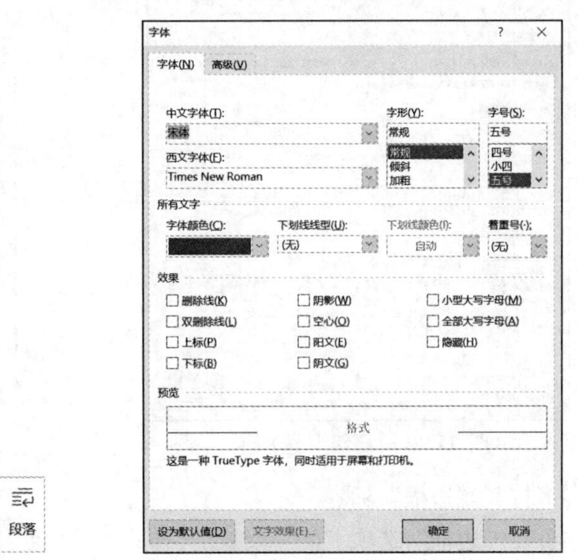

图 3-47　“字体”对话框

2. 改变字符间距

在“字体”对话框中，除设置字体的格式外还可以对字符间距、字符缩放比例和字符位置进行调整，用户可以通过此项功能调整文档的外观，提高可读性。

（1）选中要调整字符间距的文本。

（2）单击“开始”选项卡“字体”组对话框启动器按钮，弹出“字体”对话框。打开“高级”选项卡，如图 3-48 所示。“高级”选项卡中各主要选项功能如下：

①“缩放”：用于扩展或压缩所选文本。

②“间距”：用于选择相邻文本之间相隔的距离。有“标准”“加宽”“紧缩”3 种选择。当选择了后两个选项后，还可在其右侧的“磅值”文本框中指定相应的值。

③“位置”：用于指定字符位置。有“标准”“上升”“下降”3 种选择。当选择了后两个选项后，还可在其右侧的“磅值”文本框中指定相应的值。

3. 给本文添加边框和底纹

边框是围在段落或文本四周的框（不一定是封闭的）；底纹是指用背景颜色填充一个段落或部分文本。例：计算机为文字加边框，计算机为文字加底纹。前面已经介绍过使用按钮给文本添加下画线、边框和底纹的方法，但用这种方法设置的下画线、边框和底纹都比较单一，没有线型和颜色的变化。“开始”选项卡“段落”组“边框和底纹”下拉列表中的“边框和底纹”命令的功能更强一些。操作步骤如下：

（1）选定要加边框和底纹的文本。

（2）选择“开始”选项卡“段落”组“边框”下拉列表中的“边框和底纹”命令，打开如图 3-49 所示的“边框和底纹”对话框。

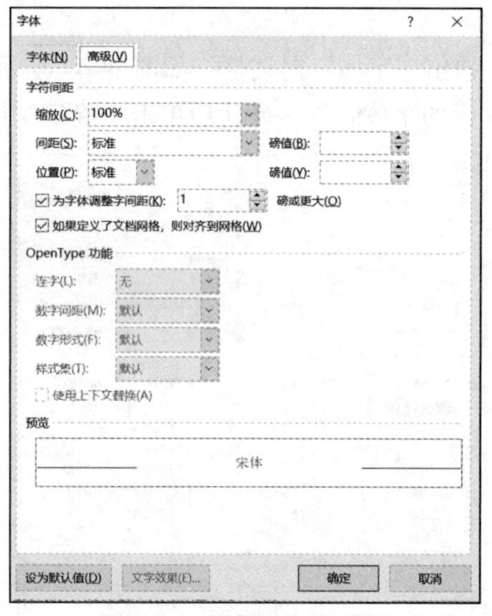

图 3-48 “高级”选项卡

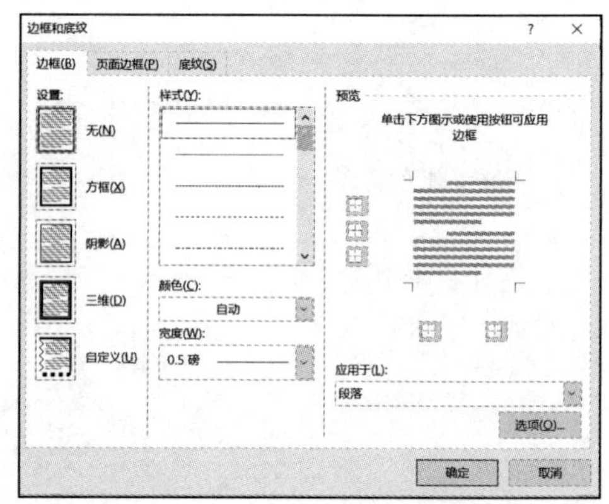

图 3-49 “边框和底纹”对话框

（3）打开“边框”标签。

（4）在“边框”选项卡的“设置”“样式”“颜色”“宽度”等列表框中选定合适的参数。

（5）在“应用于”列表框中选择“文字”选项。

（6）在预览框中查看结果，确认后单击“确定”按钮。

（7）如果要加“底纹”，在“底纹”选项卡中进行上述类似操作。

在选项卡中选定底纹的颜色和图案；在“应用于”列表中选择“文字”选项；在预览框中查看结果，确认后单击“确定”按钮。底纹和边框可以同时或单独加在文本上。

4. 格式的复制和清除

对一部分文字设置的格式可以复制到另一部分文字上，使其具有同样的格式。设置好的格式如果觉得不满意，也可以清除它。使用“开始”选项卡“剪贴板”组中的“格式刷”按钮可以实现格式的复制。

1）格式的复制

（1）选定已设置格式的文本。

（2）“开始”选项卡“剪贴板”组中的“格式刷”按钮，此时鼠标指针变为刷子形。

（3）将鼠标指针移到要复制格式的文本的开始处。

（4）拖动鼠标直到要复制格式的文本的结束处，放开鼠标左键即可。

注意：上述方法的格式刷只能使用一次。如果想多次使用，应双击“格式刷”按钮，此时，“格式刷”就可使用多次，如果要取消“格式刷”功能，只要再单击“格式刷”按钮或按【Esc】键即可。

2）格式的清除

如果对于所设置的格式不满意，可以清除已设置的格式，恢复到 Word 默认状态。

逆向使用格式刷可以清除已设置的格式。也就是说。把 Word 默认的字体格式复制到已设置格式的文本上去。

使用键盘也可以清除格式，其操作步骤是：

（1）选定要清除格式的文本。

（2）按组合键【Ctrl+Shift+Z】组合键。

六、段落格式的设置

一篇文章是否简洁、醒目和美观，除了文字格式的合理设置外，段落的恰当编排也是很重要的。简单说，段落就是指以段落标记作为结束的一段文字。每按一次【Enter】键就是插入一个段落标记。如果删除段落标记，那么后面一段文本就连接到前一段文本之后，成为前一段文本的一部分，其段落设置变成与前一段相同。段落的设置主要是指调整段落的对齐方式、缩进、行距、段落间距等。在设置某一段落的格式时，只需将鼠标定位在此段落中即可。如果要同时对多个段落进行设置，则应选定这些段落。简单的段落格式可以使用标尺和“开始”选项卡“段落”组中的按钮进行设置，如果要进行更加精确的设置，则需要使用“段落”对话框，如图 3-50 所示。

图 3-50　“段落”对话框

1. 段落的对齐方式

段落对齐方式有“左对齐”“居中”“右对齐”“两端对齐”“分散对齐”5 种。系统默认设置为两端对齐方式。设置段落对齐的方法有如下 3 种：

（1）选定需改变对齐方式的段落，单击“开始”选项卡“段落”组中的对齐按钮。

（2）使用“段落”对话框，具体步骤如下：

① 选定要设置对齐方式的段落。

② 单击“开始”选项卡“段落”组对话框启动器按钮，打开“段落”对话框，如图 3-49 所示。

③ 在“缩进和间距”选项卡中，单击“常规”下方“对齐方式”下拉按钮，在下拉列表中选定相应的对齐方式。在预览框查看设置情况，确认后单击“确定”按钮。

（3）用快捷键设置。有一组快捷键可以对选定的段落实现对齐方式的快速设置，如表 3-3

所示。

表 3-3　设置段落对齐方式的快捷键

快 捷 键	作　用
Ctrl + J	使选定的段落两端对齐
Ctrl + L	使选定的段落左对齐
Ctrl + R	使选定的段落右对齐
Ctrl + E	使选定的段落居中对齐
Ctrl + Shift + J	使选定的段落分散对齐

2. 段落缩进

段落缩进是指第 1 个字符距正文边缘之间的距离，利用段落缩进使文档中的某一段落相对于其他段落偏移一定的距离。缩进分左缩进、右缩进、首行缩进和悬挂缩进 4 种。设置段落缩进的方法有如下 3 种：

（1）单击“开始”选项卡“段落”组中的“减少缩进量”按钮或“增加缩进量”按钮可缩进或增加段落的左边界，这种方法由于缩进量是固定不变的，因此灵活差。

（2）利用标尺。使用标尺可以快速灵活地设置段落的缩进，水平标尺上有 4 个缩进滑块，如图 3–51 所示。用鼠标拖动滑块时可以根据标尺上的尺寸确定缩进的位置。

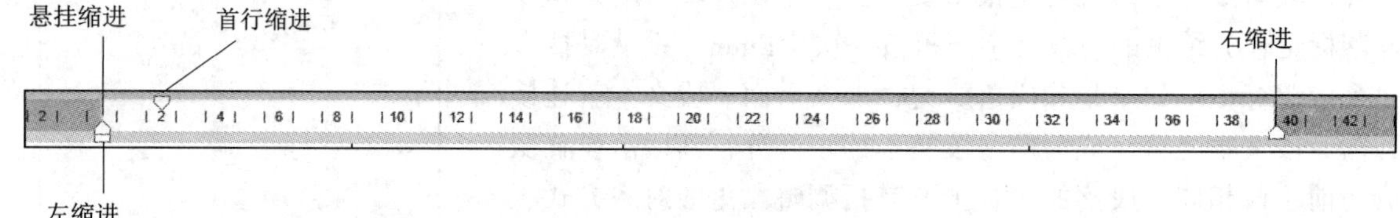

图 3–51　标尺上的缩进滑块

标尺上各滑块的功能如下。

①“首行缩进”：用于使段落的第一行缩进，其他部分不动。

②“悬挂缩进”：用于使段落除第一行外的各行缩进，第一行不动。

③“左缩进”：用于使整个段落的左部跟随滑块移动缩进。

④“右缩进”：用于使整个段落的右部跟随滑块移动缩进。

拖动相应标记块即可改变缩进方式；先按住【Alt】键再拖动相应标记块，可显示位置值。

（3）使用“段落”对话框。单击“开始”选项卡“段落”组对话框启动器按钮，打开“段落”对话框。其中包含“缩进和间距”“换行和分页”“中文版式”3 个选项卡，可用来设置更加丰富的段落格式。“段落”对话框中各选项卡的功能分别如下。

①“缩进和间距”：用于设置段落的对齐方式、段落文本的大纲级别、段落的缩进方式及段落间距等选项。

②“换行和分页”：用于设置换行和分页选项，包括“孤行控制”“与下段同页”“段中不分页”“段前分页”4 个分页选项，“取消行号”“取消断字”两个格式设置例外项，以及文本框的环绕方式选项。

③“中文版式”：用于设置换行、字符间距和对齐方式，包括“按中文习惯控制首尾字符”“允

许西文在单词中间换行”“允许标点溢出边界”3 个换行选项；“允许行首标点压缩”“自动调整中文与西文的间距”“自动调整中文与数字的间距”3 个字符间距选项以及文本对齐方式选项。

3. 行间距与段间距的设定

通常初学者常用按【Enter】键插入空行的办法来增加段间距或行距。显然，这是一种不得已的办法。在 Word 中，可以用“段落”对话框精确设置段间距和行间距。

1）设置段间距

设置段间距的具体操作步骤如下：

（1）选定要改变段间距的段落。例如，假设要使示例文档的第一段（即标题段）的段前和段后的间距都设置为 18 磅，以突出标题，那么，首先将插入点移到第一段任意位置中，选定它。

（2）单击“开始”选项卡“段落”组对话框启动器按钮 ，打开“段落”对话框。如图 3-49 所示。

（3）把插入点依次移到“缩进和间距”选项卡“间距”组“段前”和“段后”文本框中，并分别输入“18 磅”。“段前”选项表示所选段落与上一段之间的距离；“段后”选项表示所选段落与下一段之间的距离。

（4）查看预览框，确认后单击“确定”按钮。

2）设置行间距

一般情况下，Word 会根据用户设置的字体大小自动调整行距。有时，键入的文档不满一页，为了使页面显得饱满、美观，可以适当增加字间距和行距；有时，输入的内容稍稍超过了一页，为了节省纸张，可以适当减小行距。其操作步骤如下：

（1）选定要设置行距的段落，打开“段落”对话框。

（2）单击“行距”下拉按钮，选择所需的行距选项。各行距的含义如下：

①“单倍行距”选项设置每行的高度为可容纳这行中最大的字体，并上下留有适当的空隙，这是默认值。

②“1.5 倍行距”选项设置每行的高度为这行中最大字体高度的 1.5 倍。

③“2 倍行距”选项设置每行的高度为这行中最大字体高度的 2 倍。

④“最小值”选项设置 Word 将自动调整高度以容纳最大字体。

⑤“固定值”选项设置成固定的行距，Word 不能调节的。

⑥“多倍行距”选项允许行距设置成带小数的倍数，如 2.25 倍等。

只有在后 3 个选项中，在“设置值”框中要输入具体的设置值。

（3）预览确认后，单击“确定”按钮。

4. 给段落添加边框和底纹

有时，对文章的某些重要段落或文字加上边框或底纹，使其更为突出和醒目。在前面的节中已经介绍了给文本添加边框和底纹的方法，用同样的方法可以给一个或多个段落添加边框和底纹。

1）给段落添加边框

给一个或多个段落添加边框的具体步骤如下：

（1）选定要添加边框的段落。

（2）在“开始”选项卡上单击“段落”组中的 按钮，在下拉列表中选择“边框和底纹”命令，打开其对话框。

（3）在“边框”选项卡的“设置”“样式”“颜色”“宽度”等选项区域中选定需要的选项。

（4）在“边框”选项卡的“应用于”列表中选定“段落”选项。

（5）如果还想设置边框线与文本间的距离，可以单击“选项”按钮来设置，并单击“确定”按钮。

（6）查看“预览”框，确认后单击“确定”按钮。

2）给段落添加底纹

给一个或多个段落添加底纹与添加边框的操作类似，具体如下：

（1）选定要添加底纹的段落，打开“边框和底纹”对话框。

（2）单击“底纹”选项卡。

（3）在“填充”区中选择底纹的填充颜色。

（4）在“样式”列表框中选择底纹的样式，再在“颜色”列表框中选择底纹的颜色。

（5）查看预览框，确认后单击“确定”按钮。

5. 项目符号、编号和多级编号

项目符号是指在各项的前面加上的符号，编号是指在各项前加上的顺序编号。编排文档时，在某些段落前加上编号或项目符号，可以提高文档的可读性。手工输入段落编号或项目符号不仅效率不高，而且在增、删段落时还需修改编号顺序，容易出错。在 Word 中，可以在键入时自动给段落创建编号或项目符号，也可以给已输入的各段文本添加编号或项目符号。

1）输入文本时自动创建编号或项目符号

在输入文本时自动创建项目符号的方法是：键入文本时，在行首输入一个星号“*”，后面加上一个空格，然后输入文本。当输完一段按【Enter】键以后，星号会自动变成黑色圆点的项目符号，并在新的一段开始处自动添加同样的项目符号。这样，一段一段地输入，每一段前都有一个项目编号，最后新的一段前也有一个项目编号。如果要结束自动添加项目符号，那么按【Enter】键开始一个新段后，再按【BackSpace】键删除插入点前为该段自动添加的项目符号即可。

自动创建段落编号的方法是：在输入文本时，先在行首输入一个数字或者一个字母，加上一个圆点、顿号或右括号，再加上一个空格（例如：“1.”“(1)”“一.”“第一、”“A.”），然后输入文本内容，当按【Enter】键时，在新的一段开头处就会根据上一段的编号格式连续自动创建编号。重复上述步骤，可以对输入的各段建立一系列的段落编号。如果要结束自动编号，那么按【Enter】键开始一个新段后，再按【BackSpace】键删除插入点前面的编号即可。在这些建立编号的段落中，删除或插入某一段落时，其余的段落编号会自动修改，不必人工干预。

2）为已输入的段落添加编号或项目符号

使用“开始”选项卡的“编号”“项目符号”按钮给已键入的段落添加编号或项目符号，其操作步骤如下：

① 选定要添加段落编号或项目符号的段落。

② 单击“开始”选项卡“段落”组中的“编号”按钮或“项目符号”按钮。也可使用快捷菜单中的“项目符号”和“编号”命令打开图 3-52 及图 3-53 所示的提示框，给已输入的段落添加编号或项目符号。

用户还可以自定义除选项框中提供的格式以外的项目符号或编号：选择“定义新项目符号”命令或“定义新编号格式”命令就可以选择并定义新的项目符号或编号。

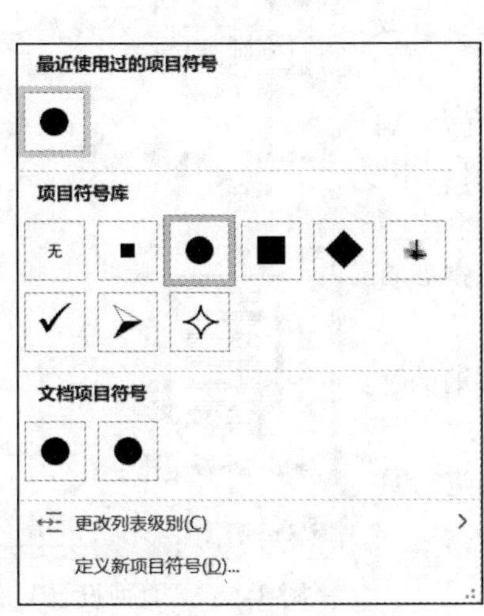

图 3-52　项目符号框

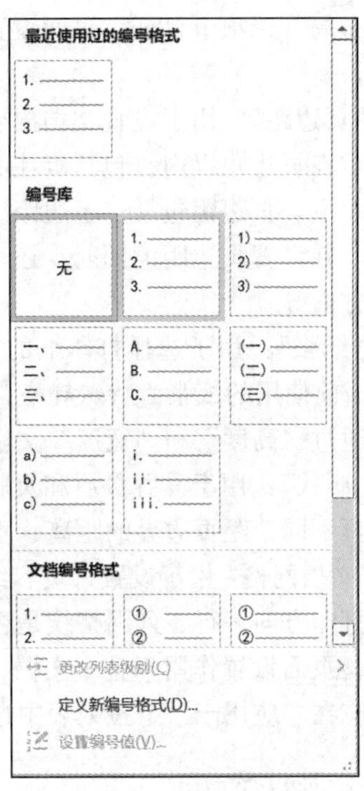

图 3-53　编号格式框

3）添加多级编号

多级列表按钮用于创建多级列表，清晰地表明层次的关系。创建多级列表时，必须先确定多级格式，然后输入内容，再通过“减少缩进量”按钮和“增加缩进量”按钮来确定层次关系。

如图 3-54 所示为项目符号、编号和多级编号的设置效果。

编号	项目符号	多级编号
1） 编号设置	▪ 编号设置	1 编号设置
2） 项目符号	▪ 项目符号	1.1 项目符号
3） 多级编号	▪ 多级编号	1.1.1 多级编号

图 3-54　项目符号、编号和多级编号的设置效果

七、页面格式的设置

页面排版反映了文档的整体外观和输出效果，Word 2016 在建立新文档时，已经默认了纸张、纸张的方向、页边距等选项，但是，由于要制作的文档类型不同，所需要的页面参数设置也不一样，用户可以在“布局”选项卡中设置文档的页面格式。页面排版格式主要包括页面设置、页眉和页脚、特殊格式设置（例如分栏、首字下沉等）。

1. 页面设置

页面设置包括设置纸张的大小、页边距、页眉和页脚的位置、每页容纳的行数和每行容纳的字数等。在新建一个文档时，其页面设置使用于大部分文档。用户也可以根据需要自行设置，通

过“页面布局”选项卡打开“页面设置”对话框进行操作，如图 3-55 所示。

（1）“页边距”：用于设置文档内容和纸张四边的距离，通常正文显示在页边距以内，包括脚注和尾注，而页眉和页脚显示在页边距上。页边距包括“上边距”“下边距”“左边距”和“右边距”。在设置页边距的同时，还可以设置装订线的位置或选择打印方向等。

（2）“纸张”：用于选择打印纸的大小。一般默认值为 A4 纸。如果当前使用的纸张为特殊规格，可以选择“自定义大小”选项，并通过“高度”和“宽度”文本框定义纸张的大小。

（3）“版式”：用于设置页眉和页脚的特殊选项，如奇偶页不同、首页不同、距页边界的距离、垂直对齐方式等。

（4）“文档网格”用于设置每页容纳的行数和每行容纳的字数，文字打印方向，行、列网格线是否要打印等。

通常，页面设置作用于整个文档，如果对部分文档进行页面设置，应在“应用于”下拉列表中选择范围。

图 3-55 “页面设置”对话框

2. 分页设置

Word 具有自动分页的功能，也就是说，当输入的文本或插入的图形满一页时，Word 会自动分页，当编辑排版后，Word 会根据情况自动调整分页的位置。有时为了使文档的某一部分内容单独形成一页，可以插入分页符号进行强制人工分页。插入分页符的步骤：

（1）将插入点移到新的一页的开始位置。

（2）按【Ctrl+Enter】组合键。

在普通视图下，人工分页符是水平虚线。如果想删除分页符，只要把插入点移到人工分页符的水平虚线中，按【Delete】键即可。

3. 设置页码

如果希望在每页文档的打印件中插入页码，可以使用“插入”选项卡“页眉和页脚”组中的“页码”按钮。具体操作如下：

（1）单击“插入”选项卡“页眉和页脚”组中的“页码”按钮，打开“页码”菜单，如图 3-56 所示。根据用户需要选择合适的命令。

（2）如果要更该页码的格式，可以选择“页码”→“设置页码格式”命令，打开“页码格式”对话框，如图 3-57 所示，在此对话框中设置页码格式。

（3）查看预览框，确认后单击“确定”按钮。

只有在页面视图和打印预览方式下才可以看到插入的页码，草稿视图和大纲视图下看不到页码。在大纲视图或 Web 版式视图中，“页码”命令不可选。在草稿视图中可以添加页码，但看不到页码。在页面视图中两者均可。

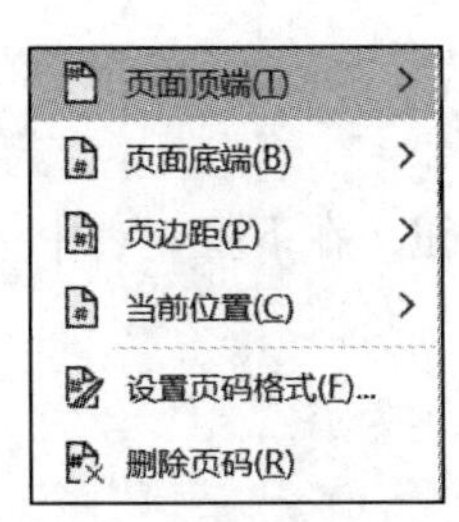

图 3–56 “页码”菜单项

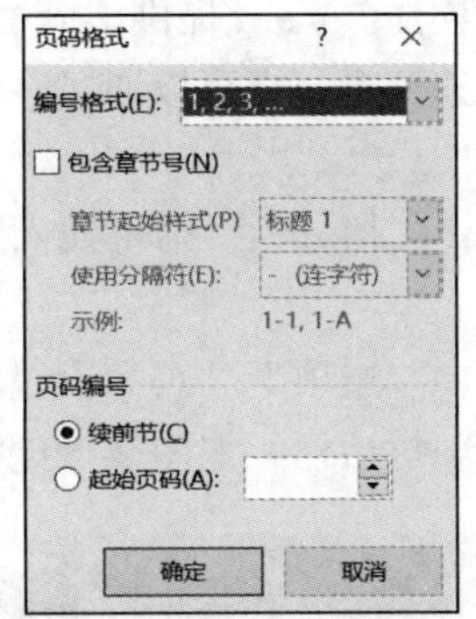

图 3–57 “页码格式”对话框

4. 页眉和页脚

页眉和页脚通常用于打印文档，页眉出现在每页的顶端，打印在上页边距中；而页脚出现在每页的底端，打印在下页边距中。用户可以在页眉和页脚中插入文本或图形，如页码、日期、徽标、文档标题、文件名或作者名等，以美化文档。

1）插入页眉和页脚

（1）创建页眉，单击“插入”选项卡“页眉和页脚”组中的“页眉”按钮，在弹出的“页眉”菜单中选择“编辑页眉”选项。

（2）在页眉区中输入文本和图形。

（3）创建页脚，单击“页眉和页脚”组中的“页脚”按钮，在弹出“页脚”菜单中选择“编辑页脚”选项。然后输入文本或图形。

（4）单击“页眉和页脚工具-设计”选项卡中的“关闭页眉和页脚”按钮☒。

2）删除页眉或页脚

删除一个页眉或页脚时，Word 2016 中自动删除整篇文档中相同的页眉或页脚。

（1）单击“插入”选项卡“页眉和页脚”组中的“页眉”或“页脚”按钮，在弹出“页眉”或“页脚”菜单中选择“删除页眉”或“删除页脚”命令。

（2）在页眉或页脚区中选定要删除的文字或图形，然后按【Delete】键。

5. 设置页面背景

“设计”选项卡“页面背景”组中的工具可用于设置文档页面的背景效果。其中各选项的功能如下：

（1）“水印”：用于在页面内容后面插入虚影文字。这通常表示要将文档特殊对待或提示，如“原本”或“严禁复制”等。

（2）“页面颜色”：用于选择页面的背景颜色或图案效果。

（3）“页面边框”：用于添加或更改页面周围的边框。

如图 3–57 所示为页面背景的设置效果。

6. 设置分栏

在报纸杂志中，经常可以看到分栏排版，分栏可使文本按纵列顺序排列，使得版面显得更为生动活泼，增强可读性。Word 提供了分栏功能。可以通过“页面布局”选项卡中的“页面设置”组中的分栏按钮快速分栏，也可以通过“页面设置”组中的“更多分栏”命令对文档进行分栏，具体操作如下：

（1）如果对整个文档分栏。则将插入点移到文本的任意处；如果对部分段落分栏，则应选定这些段落。

（2）单击“布局”选项卡“页面设置”组中的“栏”按钮，在下拉列表中选择“更多分栏”命令，打开“分栏”对话框，如图 3-59 所示。

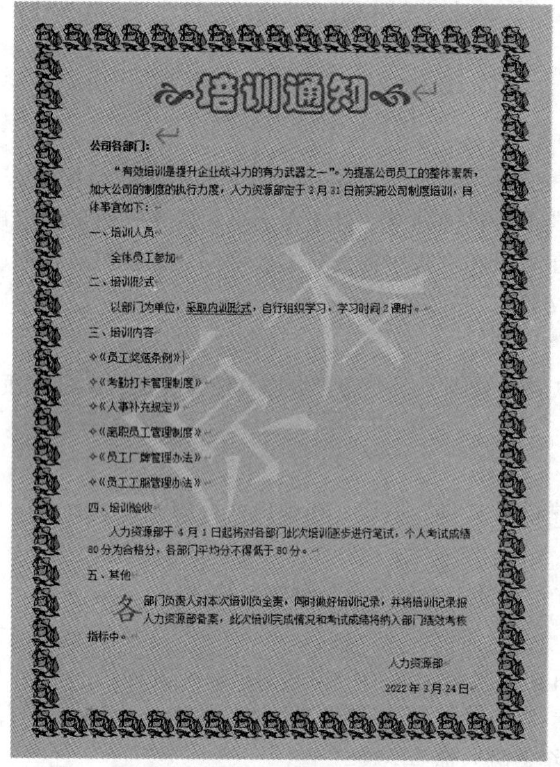

培训通知

公司各部门：

“有效培训是提升企业战斗力的有力武器之一”。为提高公司员工的整体素质，加大公司的制度的执行力度，人力资源部定于 3 月 31 日前实施公司制度培训，具体事宜如下：

一、培训人员

全体员工参加

二、培训形式

以部门为单位，采取内训形式，自行组织学习，学习时间 2 课时。

三、培训内容

◇《员工奖惩条例》

◇《考勤打卡管理制度》

◇《人事补充规定》

◇《离职员工管理制度》

◇《员工厂牌管理办法》

◇《员工工服管理办法》

四、培训验收

人力资源部于 4 月 1 日起将对各部门此次培训逐步进行笔试，个人考试成绩 80 分为合格分，各部门平均分不得低于 80 分。

五、其他

各部门负责人对本次培训负全责，同时做好培训记录，并将培训记录报人力资源部备案，此次培训完成情况和考试成绩将纳入部门绩效考核指标中。

人力资源部

2022 年 3 月 24 日

图 3-58　页面背景的设置效果

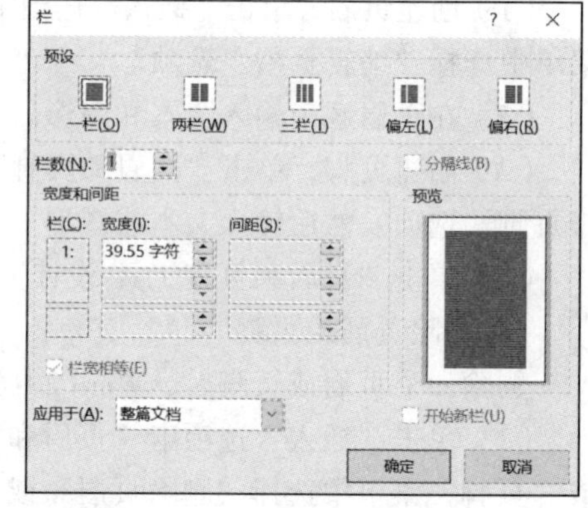

图 3-59　“分栏”对话框

（3）选定“预设”框中的分栏格式，或在“列数”文本框中键入分栏数，在“宽度和间距”框中设置栏宽和间距。

（4）单击“栏宽相等”复选框。则各栏的宽度相等，否则可以逐栏设置宽度。

（5）单击“分隔线”复选框，可以在各栏之间加一分割线。

（6）“应用于”框中有“整篇文档”“插入点以后”，选定后单击“确定”按钮。

说明：

（1）因为各栏宽度和间距之和等于页面宽度，所以，如要同时设置栏宽和间距，则应先调整页面宽度。

（2）如果对整篇文档分栏时，显示结果未达到预想的效果，改进的办法是先在文档结束处插入一分节符，然后再分栏。

（3）只有在页面视图或打印预览下才能显示分栏效果。

知识扩展

特殊格式的设置

在 Word 中，还有一些比较特殊的排版格式，在这里作一简要介绍。

1. 首字下沉

目前，有些文章用每段的首字下沉使文章醒目，如图 3-60 所示。用“插入”选项卡“文本”组中的“首字下沉”按钮可以设置或取消首字下沉。具体操作如下：

> 中国气候学家张家诚研究论述了若气温升降 1℃对中国粮食作物的影响：气温变化 1℃时，中国华南因全年日平均气温基本上大于 10℃，故积温变化为 365℃，这可种植三茬作物，相当于每一茬作物有 122℃的积温变化。据测试，气温变化 1℃，大体相当于农作物变化一个熟级。每变化一个熟级，产量变化 10%，意即气温上升或下降 1℃，

图 3-60　首字下沉效果示例

（1）将插入点移到要设置或取消首字下沉的段落的任意处。

（2）选择“插入”选项卡“文本”组“首字下沉”下拉列表中的“首字下沉选项”命令，打开“首字下沉”对话框，如图 3-61 所示。

（3）在“位置”组下的“无”“下沉”“悬挂”3 种格式选项中选定一种。

（4）在“选项”组中选定首字的字体，填入下沉行数和距离其后面正文的距离。

（5）单击“确定”按钮。

2. 带圈字符

（1）将插入点移到要插入带圈字符的位置，然后单击“开始”选项卡“字体”组中的“带圈字符”按钮字，打开图 3-62 所示的“带圈字符”对话框，在“字符”下的文本框内输入文本，在“圈号”列表框内选择要加的圈的形状，单击“确定”按钮，就可以为字符加圈，例如：令。

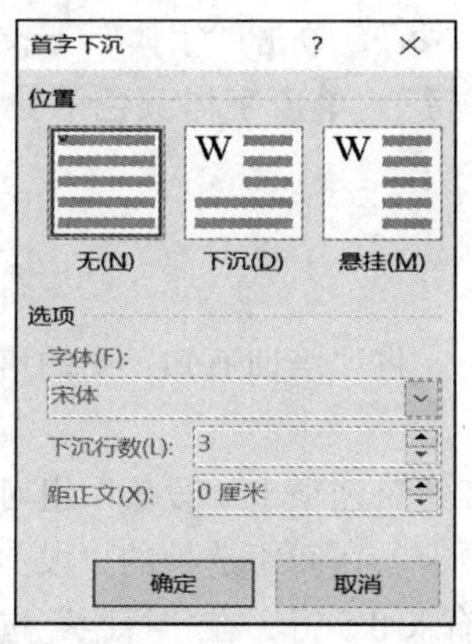

图 3-61　“首字下沉”对话框

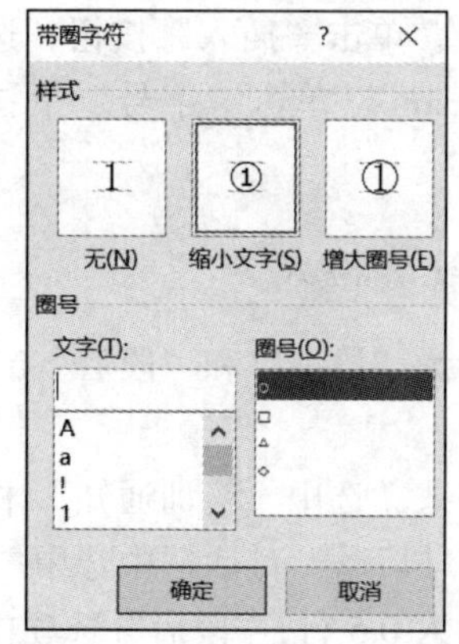

图 3-62　“带圈字符”对话框

（2）如果要去掉这个圈，则可以选中带圈子的字符，然后打开“带圈字符”对话框，在“样式”中选择“无”，单击“确定”按钮即可。

☑ 任务实施

1. 新建 word 文档

选择“开始”→“Word 2016”命令，启动 Word 2016。在空白文档中输入公告内容，并以“培

训通知.docx”文件名存到F盘的“班级+学号+姓名”文件夹内。通知内容如图3-63所示。

2. 页面设置

根据文档的打印输出要求设置纸张大小A4、页边距上下各为2.5厘米；左右各为3厘米，纵向打印。

设置纸张大小：选择“布局”→页面设置→“纸张大小”→页面设置→“A4”命令。

设置页边距：选择“布局”→页面设置→“页边距”→页面设置→“自定义边距”命令。在打开的“页面设置”对话框中，单击“页边距”选项卡，在“页边距”中，上选项输入2.5厘米，下选项输入2.5厘米，左选项输入3厘米，右选项输入3厘米，纸张方向选项选择纵向按钮。

3. 设置字符格式

将标题行文字“培训通知”设置为“华文彩云、48磅”，文字效果为“阴影”；符号“❧”和“☙”设置为“Times New Roman、48磅”；标题行字体颜色设置为红色。

设置字体：选中标题行文字“培训通知”，单击“开始”选项卡“字体”组中“字体”按钮。在打开的“字体”对话框中，在中文字体选项下拉列表中选择“华文彩云”，在“字号”选项下拉列表中选择“48磅”，在“文字”选项中，单击“阴影”选项按钮，单击“颜色”下拉按钮，选择“红色”，然后单击“确定”按钮。

插入符号：将光标定位于“培训通知”左侧，单击“插入”按钮；单击“符号”组中的“符号”按钮，选择“其他符号”命令，在打开的“符号”对话框中选择“符号”选项卡，在“字体”下拉列表中选择“Wingdings”集合，单击“❧”符号，单击“插入”按钮；将光标定位于“培训通知”右侧，单击“插入”按钮，单击“符号”组中的“符号”按钮，选择“其他符号”命令，在打开的“符号”对话框中选择“符号”选项卡，在“字体”下拉列表中选择“Wingdings”集合，单击“☙”符号，单击“插入”按钮；选中符号“❧”和“☙”，单击“字体”下拉按钮，选择“Times New Roman”，单击“字号”下拉按钮，选择“48磅”，单击字体颜色下拉按钮，选择“红色”。

4. 设置段落格式

将文本设置为“段前”和“段后”0.5行、固定值20磅。将“培训通知”中的培训内容各项设置为项目符号。

设置段落格式：选中“培训通知”中的文本，单击“开始”选项卡“段落”组对话框启动器按钮，在打开的“段落”对话框中选中“缩进和间距”选项卡，在间距选项的“段前”选项中单击微调按钮，输入0.5行，“段后”选项中单击微调按钮，输入0.5行，在“行距”选项中单击下拉按钮，选择“固定值”，在“设置值”选项中输入数值20磅。

设置项目符号：选中“培训内容”中的文本，单击“开始”选项卡，在“段落”组中单击“项目符号”下拉按钮，选择“定义新项目符号”命令，在打开的“定义新项目符号”对话框中单击“符号”按钮，在打开的“符号”对话框中，在“字体”下拉列表中选择“Wingdings”集合，单击“✧”符号，单击“确定”按钮。

5. 修饰美化版面

对培训人员、培训形式、培训内容等字体加粗添加橙色底纹，为页面添加艺术边框，最后为段落设置首字下沉，下沉字体为“楷体”、下沉行数 2 行，颜色为“红色”、48 磅。

添加底纹：选中“培训人员”“培训形式”“培训内容”等文本，单击“开始”选项“段落”组中的“底纹”按钮，选择“橙色”。

添加艺术边框：单击“开始”选项卡“段落”组中的“边框”下拉按钮，选择“边框和底纹”命令，打开“边框和底纹”对话框，选择“页面边框”选项卡，在“艺术型”选项下拉列表中选择样文所示的艺术型。

设置首字下沉：选中最后一段文本，单击“插入”选项卡“文本”组中的“首字下沉”按钮，打开“首字下沉”对话框，在“位置”选项中选择“下沉”样式，下沉字体为“楷体”、下沉行数 2 行，选中“首字下沉”文字，单击“开始”选项卡“字体”组中的“颜色”下拉按钮，选择红色，单击字号下拉按钮，选择“48 磅”。

6. 打印预览和打印文档

使用打印预览功能，事先查看打印效果；当对打印预览效果满意后使用打印机将公告打印张贴。

单击“快速访问工具栏”展开按钮，选择“打印”→“打印预览和打印”命令，查看打印效果。

单击“快速访问工具栏”展开按钮，选择“打印”命令，在打开的“打印”对话框中选择“打印”“页码范围”“份数”等内容，然后单击“打印”按钮。

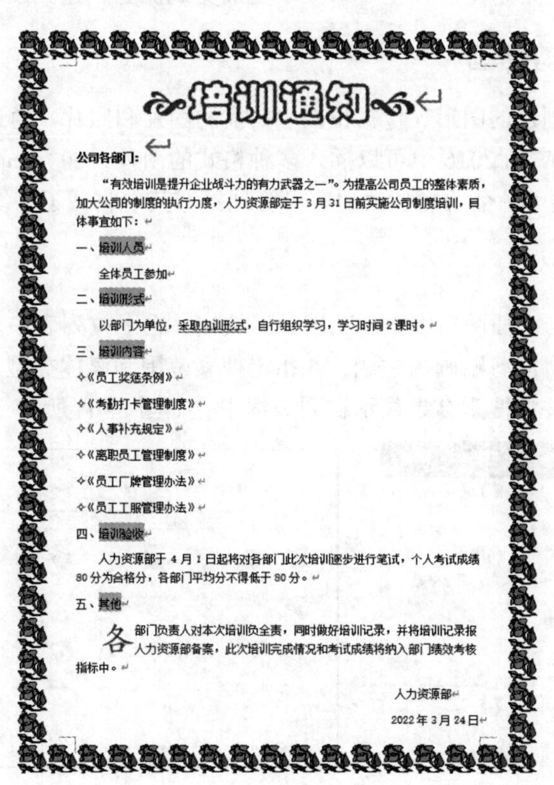

培训通知

公司各部门：

“有效培训是提升企业战斗力的有力武器之一”。为提高公司员工的整体素质，加大公司的制度的执行力度，人力资源部定于 3 月 31 日前实施公司制度培训，具体事宜如下：

一、培训人员

全体员工参加

二、培训形式

以部门为单位，采取内训形式，自行组织学习，学习时间 2 课时。

三、培训内容

✧《员工奖惩条例》

✧《考勤打卡管理制度》

✧《人事补充规定》

✧《离职员工管理制度》

✧《员工厂牌管理办法》

✧《员工工服管理办法》

四、培训验收

人力资源部于 4 月 1 日起将对各部门此次培训逐步进行笔试，个人考试成绩 80 分为合格分，各部门平均分不得低于 80 分。

五、其他

各部门负责人对本次培训负全责，同时做好培训记录，并将培训记录报人力资源部备案，此次培训完成情况和考试成绩将纳入部门绩效考核指标中。

人力资源部

2022 年 3 月 24 日

图 3-63　“培训通知”样文

☑ 技能训练

练习制作一份“迎新年联欢会”公告。操作要求如下：

（1）标题：标题字体格式为“楷体、二号、加粗”字符间距为“缩放 150%、加宽 1 磅”。

（2）在正文中插入符号

（3）在“日期、时间、地点、参加人员”前加项目符号“❖”并添加底纹“灰色 25%”。

（4）设置“欢”字首字下沉，楷体、下沉行数 3 行。

任务 3　制作公司营销策划方案

☑ 任务介绍

王鹏来营销部有一段时间了，部门经理找到他说：“快到元旦了，每逢元旦咱们公司都要搞促销活动，要做一个宣传手册。你是大学生，又学的营销专业，业务也挺好的，你抽出点时间做一份公司业务宣传手册吧”。王鹏接受了任务，经过几天的努力制作出了一份完整的宣传手册。

☑ 相关知识

图文混排是 Word 的特色功能之一。可以在文档中插入由其他软件制作的图片，也可以插入用 Word 提供的绘图工具绘制图形，使一篇文章更加美观漂亮，达到图文并茂的效果。

一、插入图片或剪贴画

图片是由其他文件创建的图形，包括位图、扫描的图片和照片。通过使用图片工具可以更改和增强图片的效果。在 Word 2016 中可以插入多种格式的图片，如*.bmp、*.pcx、*.tif、*.pic 等。此外，Word 2016 还提供了一个功能强大的剪辑管理器，其中收藏了系统自带的多种剪贴画。

1. 插入剪贴画

单击“插入”选项卡“插图”组中的“图片”按钮，在下拉列表中选择“图像集”命令在打开页面的搜索框中输入所需剪贴画的主题，并指定搜索范围和媒体类型后，单击【Enter】键，即可搜索所需的剪贴画，并将搜索结果显示在列表框中，如图 3-64 所示。

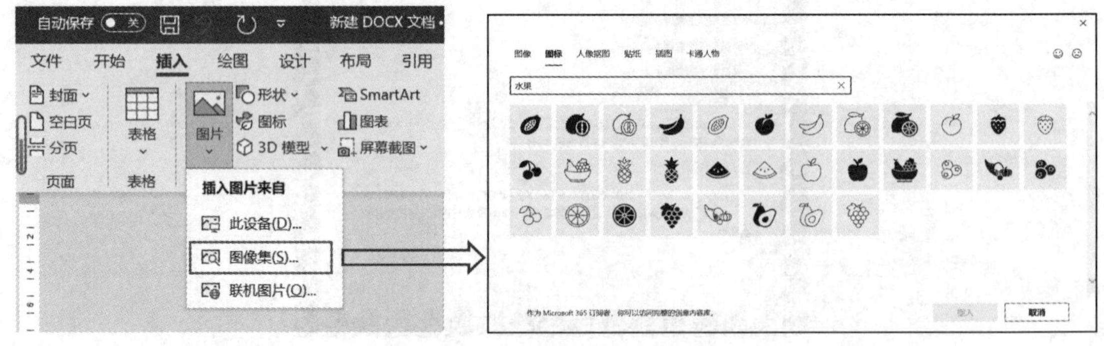

图 3-64　插入图片

2. 插入外部图片

单击“插入”选项卡“插图”组中的“图片”按钮，在下拉列表中选择“此设备”命令，打开图 3-65 所示的“插入图片”对话框。选择所需的图片后单击“插入”按钮，即可在文档中插入一幅外部图片。

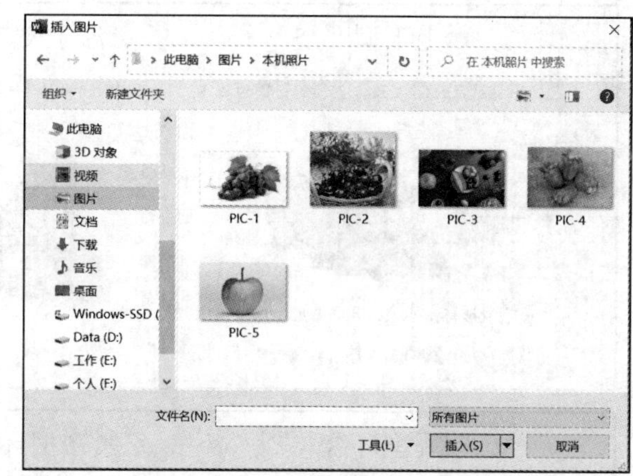

图 3-65　“插入图片”对话框

3. 设置图片格式

选择插入的剪贴画或图片后，会显示“图片工具-格式”选项卡，该选项卡可用于对图片进行各种调整和编辑，如图 3-66 所示。

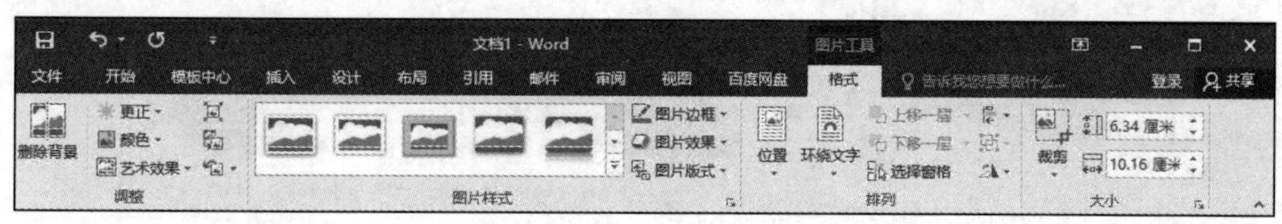

图 3-66　“图片工具-格式”选项卡

1）调整图片的大小和位置

可以通过以下两种方法缩放图形。

（1）使用鼠标：单击图片，在图片的 4 个角和 4 条边上的 8 个尺寸控制点，拖动该控制点即可缩放图片。

（2）使用图片工具栏：单击“图片工具-格式”选项卡，在“大小”组中输入适合的高度、宽度。

2）图片的裁剪

（1）使用图片工具栏：单击“图片工具-格式”选项卡，单击“大小”组中的“剪裁”按钮，鼠标指针变成形状，表示裁剪工具已被激活。

（2）将鼠标指针移到图片的小方块处，根据指针方向拖动鼠标，可裁去图片中不需要的部分。如果拖动鼠标的同时按住【Ctrl】键，可以对称裁去图片。

3）调整图片的色调

根据需要，可以为图片的颜色设置灰度和黑白等特殊效果。选定要改变颜色类型的图片，单击“图片工具-格式”选项卡，在“调整”组中设置。

4）图片与文字环绕方式

是指文本内容和图形之间的环绕方式，常用的有嵌入型（默认）、四周型（文字围绕图片边界所形成的矩形边框四周进行排列）、紧密型环绕（文字紧密围绕着图片边沿分布）、穿越型环绕（与紧密型相似，但在图片有严重凹陷时，文字可出现在图片凹陷区域）、上下型环绕（图片将上下行文本隔开，文本分布在图片的上、下方，图片左右两边无文本）、浮于文字上方（图片与文本各为一层，图片在上层，文字在下层，文字与图片重叠的区域，文字将被图片遮挡）、衬于文字下方（图片与文本各为一层，图片在下层，文字在上层，文字内容不会被图片遮挡）等。文字环绕效果如图 3-67 所示。

图 3-67　文字环绕效果

紧密型和穿越型的图片常常很难看出差别，只有一些图片有严重凹陷时能分辨。仔细观察下图，可发现“穿越型”示意图（见图 3-68）中，图片下方有较大的凹陷，且凹陷处有文本（蓝色横向条纹代表文本）填充，而“紧密型”示意图中图片下方的凹陷处为空白，无文本填充。

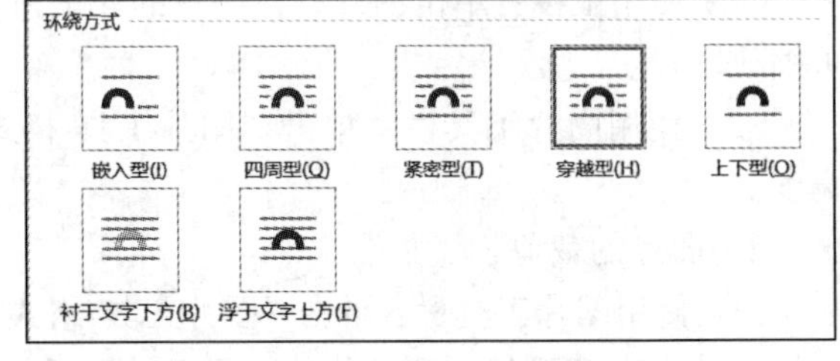

图 3-68　“穿越型”示意图

5）重置图片

如果对图片或者图片的格式设置不满意，那么可以在选定图片后，在“调整”组中单击“重置图片”按钮，使图片恢复到插入时的状态。

4. 图片的复制和删除

使用“剪切”“复制”“粘贴”按钮也可以对图片进行复制或删除。要复制图片，首先单击选定要复制的图片，再单击“开始”选项卡“剪贴板”组中的“复制”按钮，然后将插入点移动到所需的位置，再单击“粘贴”按钮。

删除图片的步骤比较简单，只要先选定要删除的图片，然后单击“剪贴板”组中的“剪切”按钮或按【Delete】键即可。

二、绘制图形

在 Word 2016 中可以使用“插入”选项卡“插图”组中的“形状”按钮来绘制各种图形。单击“形状”按钮，可弹出一个下拉列表，其中列出了可绘制的各种形状，共分线条、基本形状、箭头总汇、流程图、标注和星与旗帜 6 类。

1. 绘制图形

1）绘制简单图形

如绘制直线、箭头、矩形和椭圆等，只需切换到“插入”选项卡，单击“插图”组中的“形状”按钮，在弹出的菜单中单击与所需形状相对应的图标按钮，然后在页面中单击或者拖动鼠标，即可绘出所需的图形。如果要在某一位置绘制多个图形，并需要统一处理它们（如移动、复制等），可在弹出的菜单中选择“新建绘图画布”命令，在页面上插入一个绘图区域，然后再在其中绘制图形，如图 3-69 所示。

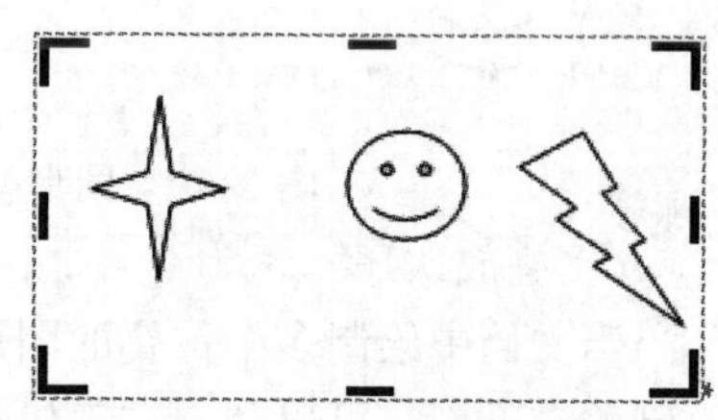

图 3-69　在绘图画布中绘制图形

2）绘制复杂图形

如流程图等，单击“插图”组中的“形状”按钮，选择需要插入的自选图形样式，然后在 Word 编辑区中相应的位置绘制出需要的图形。

2. 图形编辑和格式化

如果绘制出来的图形不满意，可以对图形做出调整，例如可以改变图形的大小，对图形进行旋转，改变图形形状等。

1）调整图形大小

选中一个图形后，在图形四周会出现 8 个尺寸控制点，将指针移动到图形对象的某个控制点上，然后拖动它即可改变图形大小。

此外，选中图形，单击“图片工具-格式”选项卡，在“大小”组中可以精确地设置图形的尺寸。

2）移动图形

使用鼠标可以自由地移动图形的位置。将指针指向要移动的图形对象或组合对象，当指针变为 状时按下鼠标左键，此时鼠标变为 状，按住鼠标拖动对象到达目标位置后，松开鼠标键即可。如果需要图形对象沿直线横向或竖向移动，可在移动过程中按住【Shift】键。

此外，还可以按住【Ctrl+方向键】组合键，即可对选定对象进行微移。

3）旋转和翻转图形

可以将在文档中绘制的图形向左或向右旋转任何角度，旋转对象可以是一个图形、一组图形或组合对象。一般情况下，在选中图形后，图形上会出现一个旋转的符号，鼠标拖动旋转符号可以将图形进行旋转。

4）图形变形。

对于某些图形，如选中时在图形的周围会出现一个或多个黄色的菱形控制柄，拖动这些菱形控制柄可调节图形的形状使其变形，如图 3-70 所示。

5）添加文字

在需要添加文字的图形上右击，在弹出的快捷菜单中选择“添加文字”命令。这时光标就出现在选定的图形中，输入文字内容。这些文字会变成图形的一部分，跟随图形一起移动。例如：在心形图形上添加“心心相印”，如图 3-71 所示。

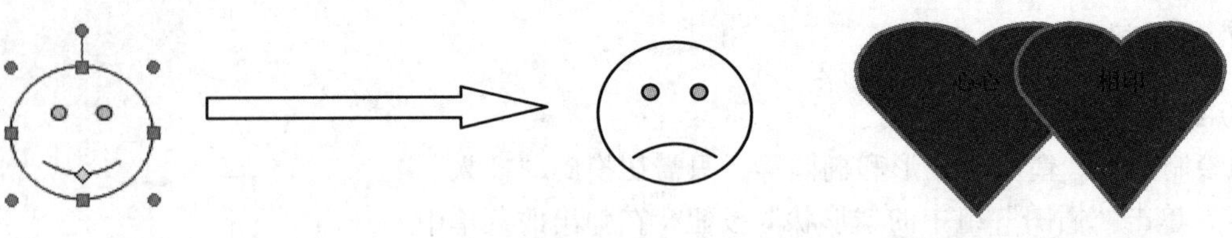

图 3-70　图形变形前后对比　　　　图 3-71　图形添加文字

6）叠放次序

当文档中绘制多个重叠的图形时，每个图形有叠放次序，这个次序与绘制的次序相同，最先绘制的在下面。可以利用右键快捷菜单中的“排序”命令改变图形的叠放次序。

7）设置图形格式

在默认情况下，在 Word 中所绘制的图形对象是黑色轮廓和白色填充色的，用户可以为图形对象填充其他颜色或者实现颜色过渡、纹理等特殊效果，并可以更改轮廓的颜色与效果。

如果要改变图形的填充效果，可在选定图形后切换到“绘图工具-格式”选项卡，单击“形状样式”组中的“形状填充”按钮，从弹出的菜单中选择所需的颜色，或者选择所需的命令指定其他填充效果，如图 3-72 所示。

若要改变图形的轮廓效果，则可单击“形状轮廓”按钮，从弹出的菜单中选择所需的颜色，或者选择所需的命令指定其他线条效果，如图 3-73 所示。

此外，用户也可以直接在“形状样式”组的样式库中选择 Word 2016 内置的图形填充和线条样式。

3. 图形组合

当用许多简单的图形构成一个复杂的图形后，实际上每一个简单图形还是一个独立的对象，这对移动整个图形来说将变得非常困难。为此，Word 提供了组合多个图形的功能。

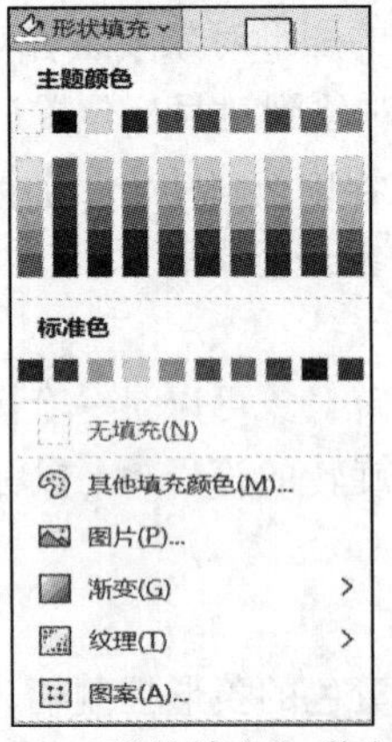

图 3-72　“形状填充”弹出菜单

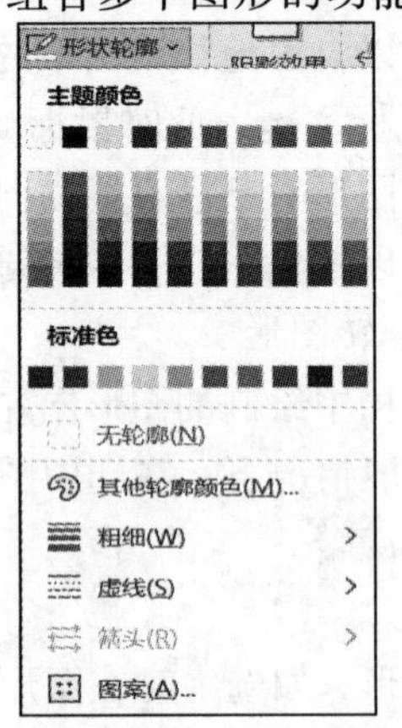

图 3-73　“形状轮廓”弹出菜单

（1）打开 Word 2016 文档窗口，在“开始”选项卡“编辑”组中单击“选择”按钮，并在打开的菜单中选择“选择对象”命令，如图 3-74 所示。

（2）将鼠标指针移动到 Word 2016 页面中，鼠标指针呈白色箭头形状。按住左键拖动选中所有的独立形状，如图 3-75 所示。

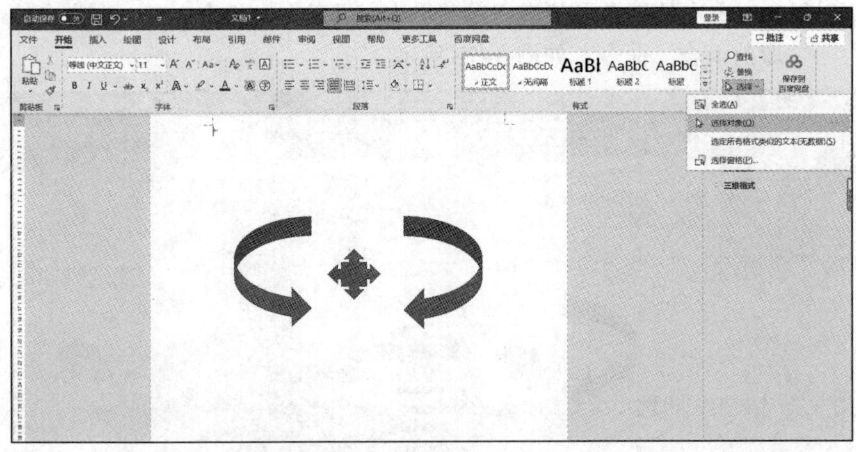

图 3-74　选择“选择对象”命令

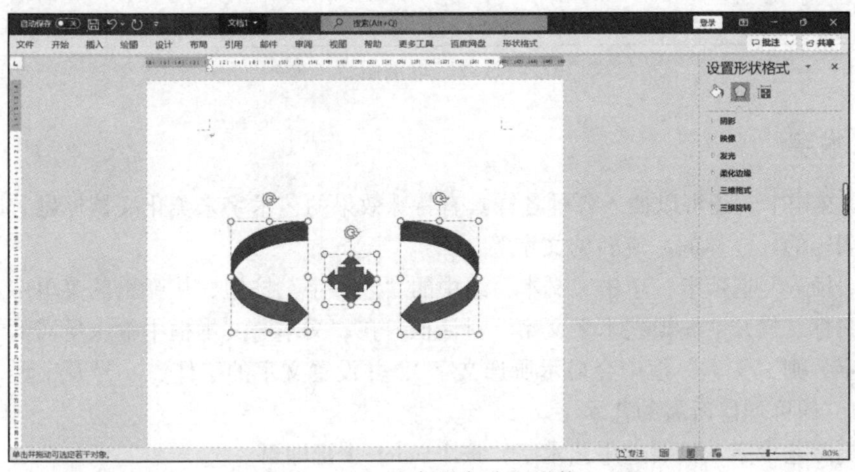

图 3-75　选中所有独立形状

（3）右击被选中的所有独立形状，在弹开的快捷菜单中选择“组合”→“组合”命令，如图 3-76 所示。

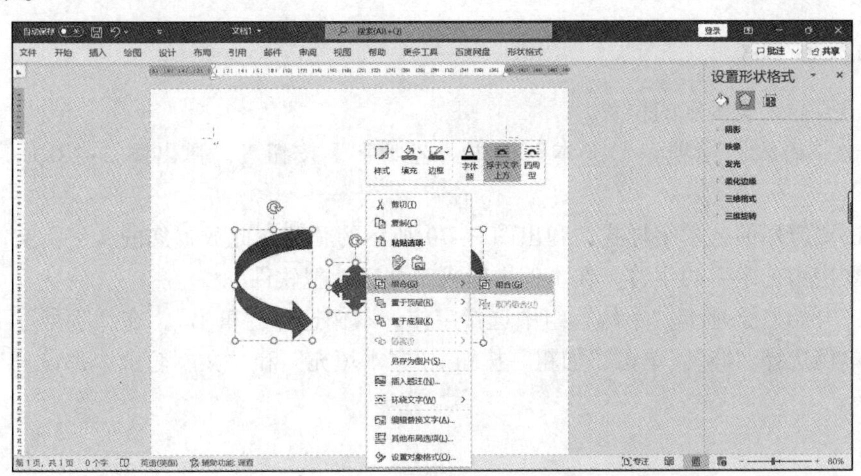

图 3-76　选择“组合”命令

（4）通过上述设置，被选中的 Word 2016 独立形状将组合成一个图形对象，可以进行整体操作。如果希望对组合对象中的某个形状进行单独操作，可以右击组合对象，在弹出的快捷菜单中选择“组合”→“取消组合”命令，如图 3–77 所示。

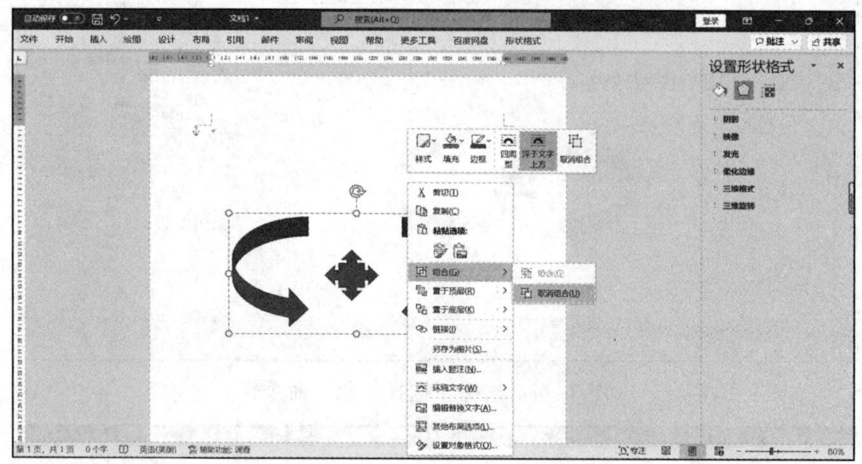

图 3–77　选择“取消组合”命令

三、艺术字

在 Word 文档中，还可以插入各种各样具有特殊效果的艺术字来美化文档标题，以增强视觉效果。如带阴影的、立体的、旋转的文字等。

切换到“插入”选项卡，单击“文本”组中的“艺术字”按钮，从弹出的菜单中选择所需的艺术字样式图标，打开“编辑艺术字文字”对话框，在“文本”文本框中输入所需的文字（若事先选择了文字，则“文本”框中会显示所选文字），并设置文字的字体、字号及字形，然后单击“确定”按钮，即可创建所需的艺术字。

如果要删除艺术字，只要选中艺术字，按【Delete】键即可。

例如，设置“文字处理软件”艺术字，艺术字样式为“第一行第五列”，字体为“隶书”，字号为 48，“文本填充”和“文本轮廓”都设置为橙色，形状样式设为“预设 9”，设置文字环绕为“四周型环绕”。操作步骤如下：

1. 插入艺术字

（1）单击要插入艺术字的位置。

（2）单击“插入”选项卡“文本”组中“艺术字”按钮，弹出图 3–78 所示的“艺术字”库。

（3）单击要应用的艺术字样式，弹出图 3–79 所示的“请在此放置您的文字”文本框，在文本框中输入要应用艺术字的字符，在本例中输入“文字处理软件”。

（4）在“开始”选项卡“字体”组中选择字体，本例选择“隶书”，在“字号”下拉列表中选择字号，本例选择“48”。单击“加粗”按钮。“文本填充”和“文本轮廓”都设置为橙色，如图 3–80 所示。

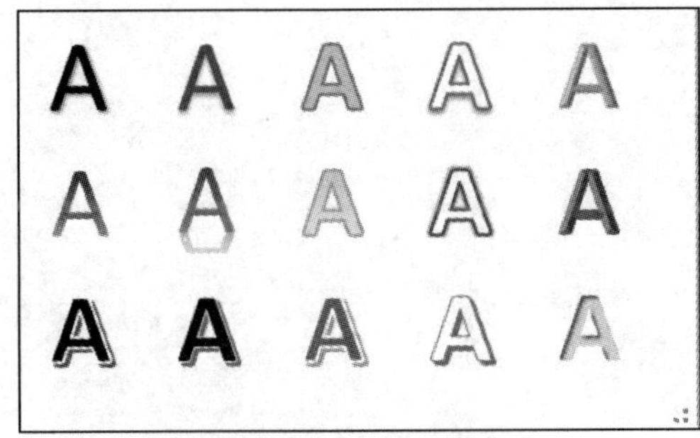

图 3-78　“艺术字”库

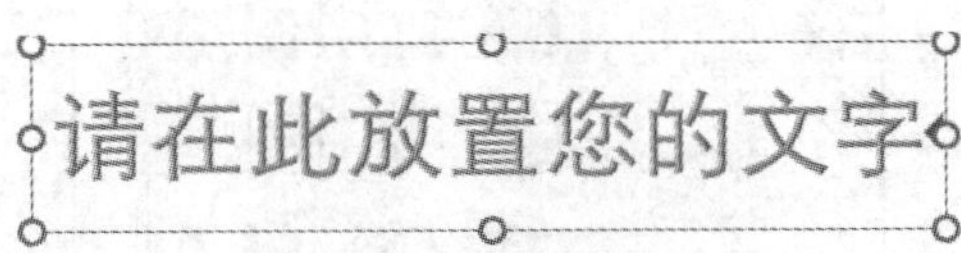

图 3-79　“请在此放置您的文字”文本框

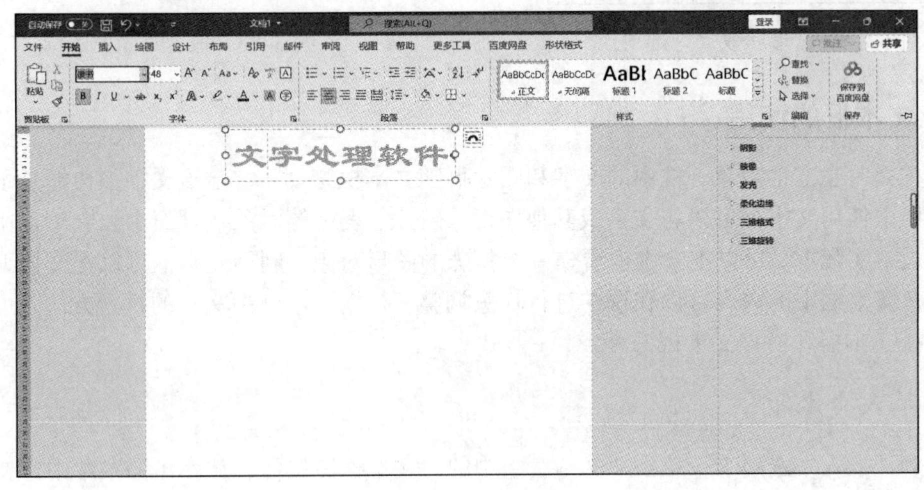

图 3-80　设置字体

2. 编辑艺术字

新插入的艺术字默认处于选定状态，可在功能区中显示“绘图工具-格式”选项卡，使用其中的工具可以对艺术字进行各种设置，如图 3-81 所示。

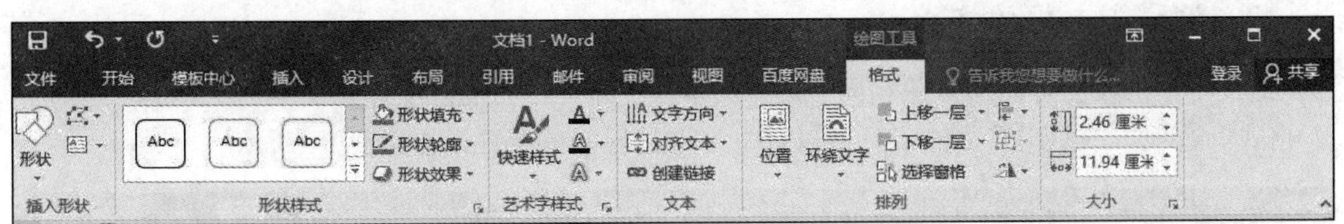

图 3-81　“绘图工具-格式”选项卡

（1）改变艺术字形状：单击“形状样式”组中的“形状效果”按钮，弹出图 3-82 所示的“形状效果”选项板，在该选项板中可以选择一种应用到艺术字上的形状效果。图 3-83 所示为选用“预设 9”后改变的艺术字形状的示例。

（2）设置文字环绕：单击“排列”组中的“环绕文字”按钮，在弹出的下拉菜单中可以选择“四周型”环绕方式。

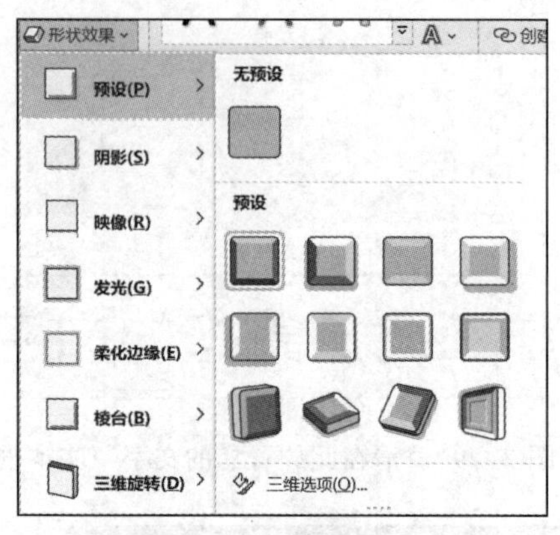

图 3-82 “形状效果”选项板

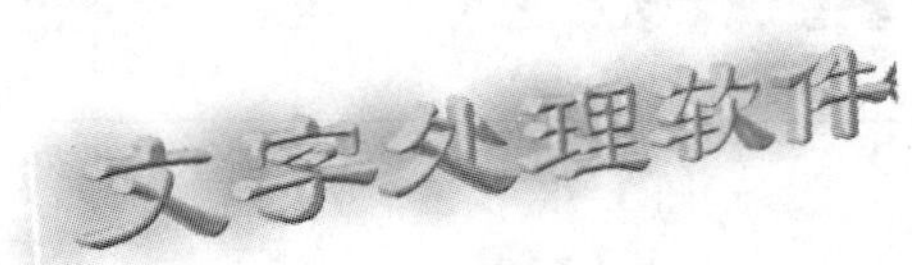

图 3-83 改变形状的示例

四、文本框的使用

文本框是一独立的对象，框中的文字和图片可随文本框移动，它与给文字加边框是不同的概念。在文档中使用文本框可以将文字或其他图形、图片、表格等对象在页面中独立于正文放置并方便地定位。实际上，可以把文本框看作一个特殊的图形对象。利用文本框可以把文档编排得更丰富多彩。文本框中的内容可以在框中进行任意调整。根据文本框中文本的排列方向，可将文本框分为竖排文本框和横排文本框两种。

1. 插入文本框

切换到“插入”选项卡，单击“文本”组中的“文本框”按钮，从弹出的菜单中选择“绘制横排文本框”或“绘制竖排文本框”命令，然后在页面中的文档中拖动鼠标，即可绘制出一个横排或竖排的文本框。

用户可以像在普通页面上组织文本一样直接在文本框中输入文字，还可以通过剪切或复制将文本粘贴到文本框中。此外，如果选择了一段文本，然后选择“绘制文本框”或“绘制竖排文本框”命令，则可创建包含此段文本的文本框。

2. 设置文本框的格式

对文本框的设置与图形对象相同。选择文本框，即可在功能区中显示文本框工具的“绘图工具-格式”选项卡，使用其中的工具可以对文本框进行各种设置，如图 3-84 所示。

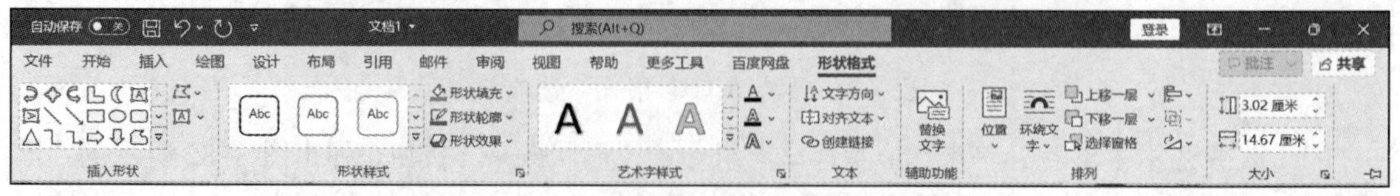

图 3-84 “绘图工具-格式”选项卡

此外，右击图形，在弹出的快捷菜单中选择“设置形状格式”命令，打开“设置形状格式”窗格，如图 3-85 所示，可精确地设置文本框格式。

3. 文本框的链接

当一个文本框中的文本超出了该文本框的大小而不能在该文本框中显示时，则将自动转入与之相链接的下一个文本框中显示。若要建立文本框之间的链接，则首先选中要与其他文本框建立链接的文本框，然后单击“文本”组中“创建链接”按钮，鼠标形状会发生变化，此时单击要与之建立链接的下一个空文本框，这样，两个文本框之间就建立了链接。

每个文本框只能有一个前向链接和一个后向链接，如果将一个文本框的链接断开，则文本便不再排至下一个文本框。若要断开文本框的链接，可以选定要断开链接的文本框，单击“断开链接”按钮即可。

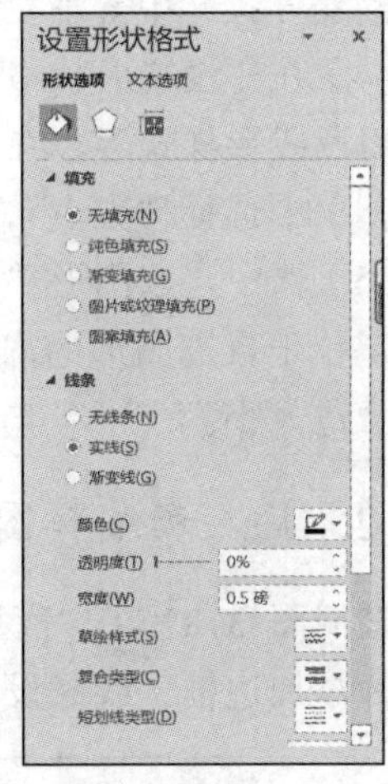

图 3-85　“设置形状格式”窗格

几种不同风格的文本框如图 3-86 所示。

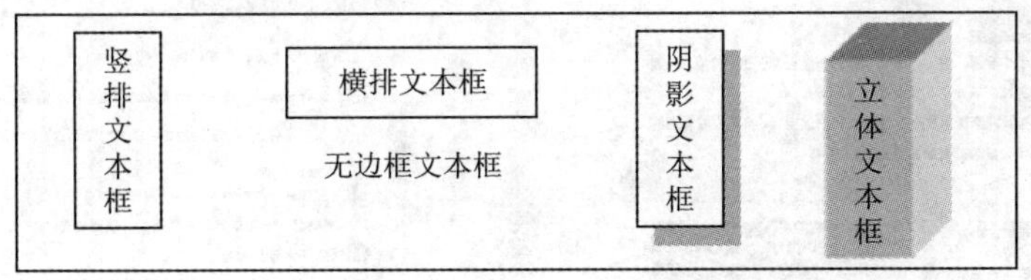

图 3-86　不同风格的文本框

☑ 任务实施

制作“公司营销策划方案”的主要操作步骤如下：

1. 插入自选图形

打开素材文件“公司营销策划方案.docx”，在文档的标题下方绘制一个“折角形”，调整到合适大小并旋转 180°，在自选图形中添加标题文字，为自选图形着色“中等渐变-个性色 4”，线条颜色为金色，短划线类型为方点，线条粗细为 0.5 磅。

具体操作步骤如下：

（1）将插入点置于要绘制图形的位置，单击“插入”选项卡，在“插图”组中选择“形状”→“基本形状”→“折角形”工具，当鼠标指针变为“+”字形时，将鼠标的“+”字形指针移动到要绘制图形的位置，按住鼠标并拖动到合适大小后释放鼠标，这样一个“折角形”图形就出现在指定位置了。

（2）如果要使图形旋转一定的角度，可选中“折角形”，上方出现“绘图工具-格式”选项卡，选择“排列”组中“旋转”按钮下拉列表中的“其他旋转选项”命令，打开“布局”对话框，在“旋转”文本框中输入 180，可将图形旋转 180°。也可选中图形，按住“旋转”控制柄，旋转到所希望的方向。

（3）设置填充效果：选择“折角形”工具，按照前面介绍的方法打开“设置形状格式”窗格，选择“填充与线条”选项卡，在“填充”选项组的“颜色”下拉列表中选择填充效果，如“无填充”“纯色填充”“渐变填充”“图片或纹理填充”“图案填充”等。此处选择“渐变”填充，选择预设渐变方式“中等渐变-个性色 4”。

（4）在“设置形状格式”窗格的“线条”选项组中可以为自选图形设置线条的颜色、线条粗细，以及线形样式等，在“颜色”下拉列表中可以使用调色板为线条设置想要的颜色。在“短划线类型”中选择“方点”，宽度设置为 0.5 磅。

（5）选中自选图形“折角形”并右击，在弹出的快捷菜单中选择“添加文字”命令，此时插入点定位于自选图形的内部，输入文字“一、市场环境分析”，设置文字格式，并将自选图形调整到合适大小。

2. 插入和编辑图片

按照图 3-87 在“商场春节营销策划书”文档中插入图片，并设置图片格式为四周环绕型，为图片添加边框，线条设置为与图片相近的颜色。

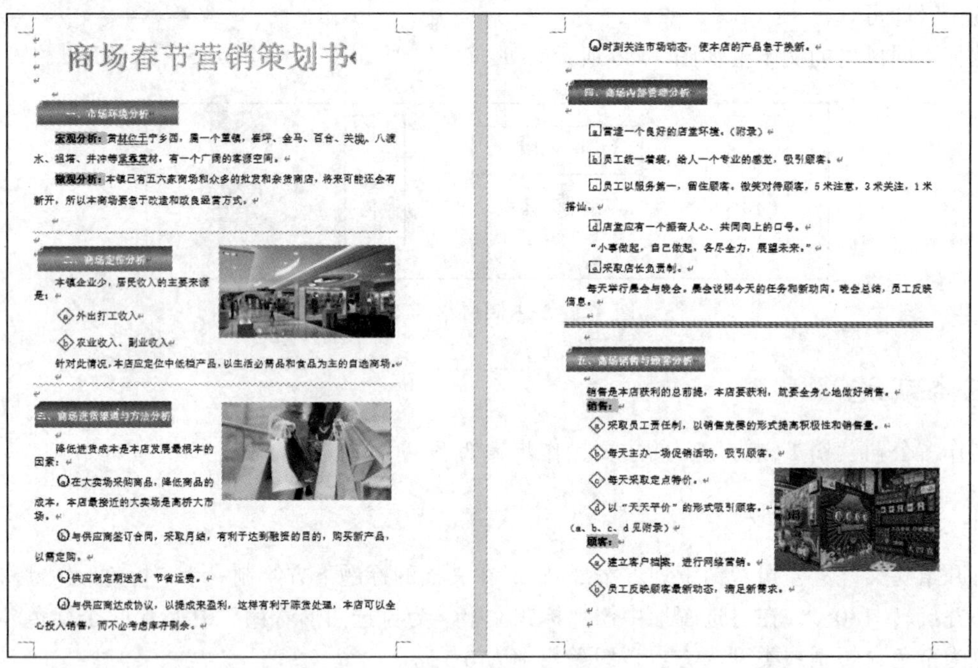

商场春节营销策划书

一、市场环境分析

宏观分析：贡林位于宁乡西，属一个罂镇，崔坪、金马、百合、关拢、八渡水、祖塔、井冲等紧靠贡材，有一个广阔的客源空间。

微观分析：本镇已有五六家商场和众多的批发和杂货商店，将来可能还会有新开，所以本商场要急于改造和改良经营方式。

二、商场定位分析

本镇企业少，居民收入的主要来源是：

ⓐ外出打工收入

ⓑ农业收入、副业收入

针对此情况，本店应定位中低档产品，以生活必需品和食品为主的自选商场。

三、商场进货渠道与方法分析

降低进货成本是本店发展最根本的因素：

ⓐ在大卖场采购商品，降低商品的成本，本店最接近的大卖场是高桥大市场。

ⓑ与供应商签订合同，采取月结，有利于达到融资的目的，购买新产品，以需定购。

ⓒ供应商定期送货，节省运费。

ⓓ与供应商达成协议，以提成来盈利，这样有利于陈货处理，本店可以全心投入销售，而不必考虑库存剩余。

ⓔ时刻关注市场动态，使本店的产品急于换新。

四、商场内部管理分析

a 营造一个良好的店堂环境。（附录）

b 员工统一着装，给人一个专业的感觉，吸引顾客。

c 员工以服务第一，留住顾客。微笑对待顾客，5 米注意，3 米关注，1 米搭讪。

d 店堂应有一个振奋人心、共同向上的口号。

“小事做起，自己做起，各尽全力，展望未来。”

e 采取店长负责制。

每天举行晨会与晚会。晨会说明今天的任务和新动向。晚会总结，员工反映信息。

五、商场销售与顾客分析

销售是本店获利的总前提，本店要获利，就要全身心地做好销售。

销售：

ⓐ采取员工责任制，以销售竞赛的形式提高积极性和销售量。

ⓑ每天主办一场促销活动，吸引顾客。

ⓒ每天采取定点特价。

ⓓ以“天天平价”的形式吸引顾客。

（a、b、c、d 见附录）

顾客：

ⓐ建立客户档案，进行网络营销。

ⓑ员工反映顾客最新动态，满足新需求。

图 3-87 “商场春节营销策划书”样文

具体操作步骤如下：

（1）将光标置于要插入图片的位置，单击“插入”选项卡中的“图片”按钮，在打开的“插入图片”对话框中选择要插入的图片，单击“插入”按钮。

（2）选中图片，单击“图片工具-格式”选项卡，选择“排列”组“环绕文字”下拉列表中的“四周型”选项。

（3）单击图片，在右侧弹出“设置图片格式”窗格，选择“填充与线条”选项卡，在“线条”选项组下拉列表中选择“实线”，选择合适的颜色。

3. 插入艺术字

插入艺术字和使用带圈字符，修饰美化版面。

具体操作步骤如下：

（1）插入艺术字：选择“插入”选项卡，单击“文本”组中的“艺术字”按钮，会弹出“艺术字库”对话框，在艺术字样式列表中选择第一行第五列的样式，然后单击“确定”按钮，或双击一种艺术字样式，随即打开“编辑‘艺术字’文字”对话框，输入标题文字内容，设置字体格式和字号大小，单击“确定”按钮。

（2）使用带圈字符：选定字符，单击“开始”选项卡“字体”组中的“带圈字符”按钮，弹出“带圈字符”对话框，在“样式”组中有3个选项，“无”的作用与还原带圈字符相同；“缩小文字”是为了让字符缩小，以便放入圆圈中；“增大圈号”是为了让圆圈扩大，以便将文字全部圈在里面，在这里选择“增大圈号”选项。

（3）选择圈号，在“圈号”列表框中选择字符外圈的形状，可以选择圆形、方形、三角形和菱形。在打开的“带圈字符”对话框以前没有选定字符，可以临时输入一个字符，或者在“文字”列表框中选定一个字符，在“文字”列表框中积累了平时曾经带过圈的字符，为频繁使用的带圈字符提供方便，单击“确定”按钮。

4. 插入文本框

插入文本框并设置文本框格式。

具体操作步骤如下：

（1）选定文本，选择“插入”→“文本框”→“绘制文本框”命令，则选定的文字内容都装载在文本框中，单击文本框，该文本框被选中，并在文本框周围出现几个黑色方块，称为文本框的顶点，拖动鼠标可以移动文本框的位置，将鼠标指针移动到顶点上，拖动鼠标可改变文本框大小。

（2）将鼠标指针移动到文本框边缘的位置，鼠标指针变为“十”字形状，此时单击可选中文本框，右击，在弹出的快捷菜单中选择“设置形状格式”命令，弹出“设置形状格式”窗格，可设置文本框的颜色与线条、文本框大小和版式等，其设置方式与自选图形格式的设置相同。

5. 版面格式编排

在文档中使用分栏排版，并添加艺术横线和背景。

具体操作步骤如下：

（1）选中要设置分栏的文本，单击“页面布局”选项卡“栏”组中的“更多栏”命令，在弹出的“分栏”对话框中选择“两栏”选项，设置“宽度”为“20字符”，选择“分隔线”和“栏宽相等”复选框，设置“应用于”为“所选文字”，然后单击“确定”按钮。

（2）将插入点定位于要放置艺术横线的位置，选择“开始”选项卡“段落”组中的“边框”命令，在弹出的“边框和底纹”对话框中设置边框“样式”“颜色”“宽度”，应用于段落。

（3）将插入点置于文档的任意位置，选择“设计”选项卡“页面背景”组“页面颜色”下的“填充效果”命令，弹出“填充效果”对话框，设置“填充效果”的方法与设置自选图形一样，在此省略。

6. 打印预览和保存文档

选择“文件”→“打印”命令，查看打印效果。

选择“文件”→“另存为”命令，在“另存为”对话框中，选择“F盘”中的“班级+姓名+学号”文件夹，文件名为“商场春节营销策划书”。

☑ 技能训练

制作公司招聘简章

上网查找资料并尝试制作一份“公司招聘简章”，操作要求如下：

（1）标题“公司招聘简章”，设置为艺术字格式。

（2）绘制自选图形并输入文字“公司简介”，在下方插入文本框，输入公司简介内容，内容自拟。

（3）在公司简介文本框中插入公司简介相关的图片，设置图文混排格式。

（4）绘制自选图形并输入文字“招聘岗位及岗位要求”，在下方插入文本框，并输入招聘岗位及岗位要求，内容自拟，但招聘岗位前需要插入带圈字符。

（5）绘制自选图形并输入文字“公司福利待遇”，在下方插入文本框，输入公司各项福利待遇并在每一项前面插入带圈字符。

（6）绘制自选图形并输入文字“联系我们”，在下方插入文本框，输入公司地址、报名方式和报名咨询电话等内容，内容自拟。

（7）调整版面设计，尽量使制作出来的招聘简章更加美观。

任务 4　制作新员工入职登记表

☑ 任务介绍

公司各部门准备让新员工填写入职登记表，而且要统一格式，经理把这个任务交给王鹏，并交代王鹏，入职登记表中的信息主要包括姓名、年龄、身份证号码、毕业学校、专业、学习经历、获奖情况等，王鹏根据经理提出的要求，收集了相关的资料，开始了新员工入职登记表的制作。

☑ 相关知识

表格是一种简明、扼要的表达方式，在许多报告中常常采用表格的形式来表达某一事物，如班级的考试成绩、职工工资表等，Word 2016 提供了丰富的表格功能，不仅可以快速创建表格，而且还可以对表格进行编辑修改，进行表格与文本间的相互转换和表格的自动套用。这些功能大大方便了用户，使得表格的制作的和排版变得比较简单。

一、表格的创建

1. 自动创建表格

将光标定位在文档中要插入表格的位置后，可以使用“插入表格”工具来快速插入一个具有固定格式的规范表格。即行与列分别等长，并且不出现斜线的表格。

单击“插入”选项卡“表格”组中的“表格”按钮▦，在下拉列表上半部的示例表格中拖动鼠标，示例表格顶部就会显示相应的行列数，如图 3-88 所示。当行列数达到所需数目时释放鼠标按键，即可插入一个具有相应行列数的表格。

如果要预先指定表格的格式，可在“表格”下拉列表中选择“插入表格”命令，打开“插入表格”对话框，从中指定表格的列数和行数，并进行其他参数设置，如图 3-89 所示。

2. 手工绘制表格

在实际应用中，常常会见到许多不规则的表格，这种表格可以通过手绘的方法来得到。单击“插入”选项卡“表格”组中的“表格”按钮，在弹出的下拉列表中选择“绘制表格”命令，此时鼠标指针将变成笔状，在页面中拖动可直接绘制表格外框，行列线及斜线（在线段的起点单击并拖动至终点释放），表格绘制完成后再单击“绘制表格”按钮或按【Esc】键，取消选定状态。在绘制过程中，可以根据需要在“表格工具-设计”选项卡中选择表格线的线型、宽度和颜色，如图 3-90 所示。

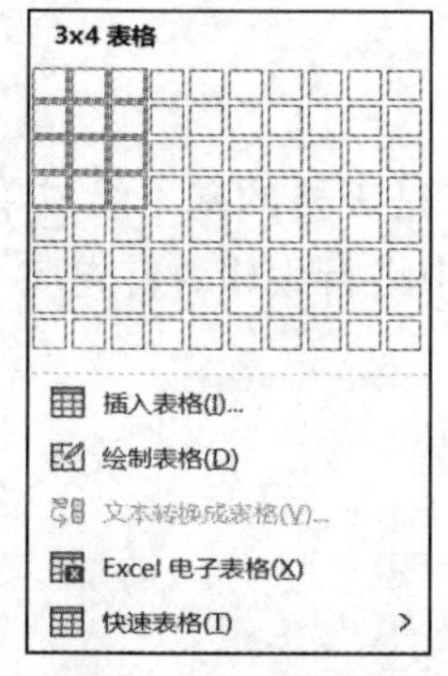

图 3-88　示例表格

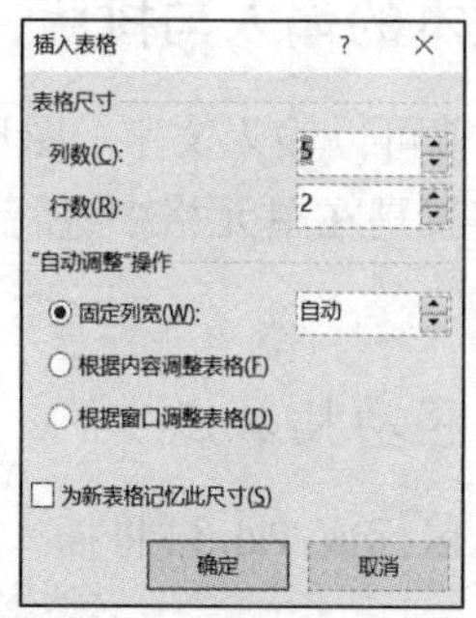

图 3-89　“插入表格”对话框

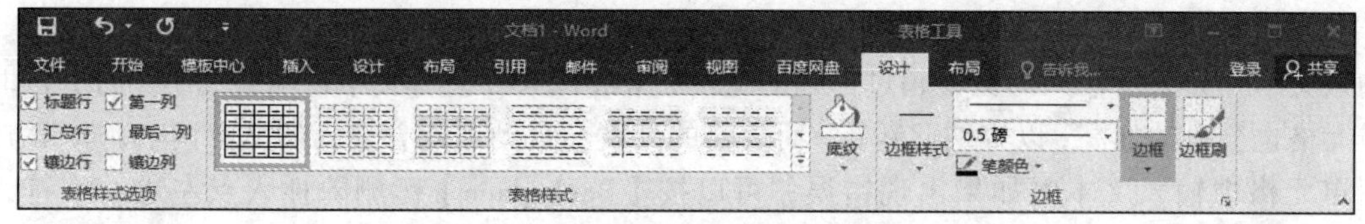

图 3-90　“表格工具-设计”选项卡

3. 文本转换成表格

如果已经有了需要添加到表格中的数据，可以使用 Word 的将文本转换为表格的功能直接将其转换成表格。

在转换之前，必须先确定已在文本中添加了分隔符，以便在转换时将文本放入不同的列中，然后单击“插入”选项卡“表格”组中的“表格”按钮，在弹出的下拉列表中选择“文本转换为表格”命令，打开“将文字转换成表格”对话框。从中指定表格的行列数及正确的列分隔符，即可将选定文字转换为表格。

例如，将图 3-91 所示的文本转换为表格。

（1）选定要转换为表格的文本，单击“插入”选项卡“表格”组中的“表格”按钮，在弹出的菜单中选择“文本转换为表格”命令，打开“将文字转换为表格”对话框，如图 3-92 所示。

（2）确定“列数”数值框中的数值为“5”，在“文字分隔位置”选项组中选中“空格”单选按钮。

（3）在“‘自动调整’操作”选项组中选中“根据内容调整表格”单选按钮。

（4）单击“确定”按钮，完成文本到表格的转换，如图 3-93 所示。

姓名语文数学英语计算机
王平　88　79　96　95
李莉　92　76　80　81
张亮　78　67　80　77

图 3-91　要转换为表格的文本

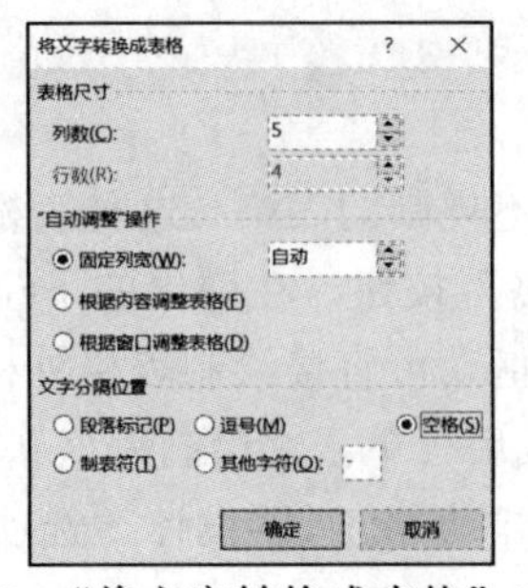

图 3-92　“将文字转换成表格”对话框

姓名	语文	数学	英语	计算机
王平	88	79	96	95
李莉	92	76	80	81
张亮	78	67	80	77

图 3-93　转换后的表格

二、表格中文本的输入与排版

表格绘制好后，就可以输入文字、图形等内容了，单元格是表格的基本组成单位，也就是说，在表格中的编辑其实就是在单元格中进行编辑，要在单元格中进行编辑，首先应了解如何在表格中移动插入点。

1. 在表格中移动插入点

可以用光标键、鼠标或 Tab 键将插入点移到其他单元格。

2. 在表格中输入文本

在表格中输入文本的方法与一般文本输入的方法一样，只要把光标定位在一个单元格中，即可输入文本。如果所输入的文本超过一列的宽度，Word 2016 会将文本自动折到下一行，同时，该单元格也会自动加高，以容纳此新行。而表格的高度会自动地随着输入的文本调整，非常方便。

单元格中输入文本时如果出现错误，可以按【Backspace】键删除插入点左边的字符，按【Delete】键则可以删除插入点右边的字符。

3. 移动或复制单元格、行或列中的内容

在单元格中移动或复制文本与在文档中的操作基本相同，不同的是在选中要移动或复制的单元格、行或列并执行“剪切”或“复制”的操作后，再执行“粘贴”命令时会相应地变成“嵌套表”“合并表格”“以新行的形式插入”“只保留文本”命令。选择相应的命令即可粘贴所选内容。

在选择单元格中的内容时，如果选中的内容不包括单元格结束符，则只是将选中单元格中的内容移动或复制到目标单元格内，并不覆盖原有文本。如果选中的内容包括单元格结束标记，则将替换目标单元格中原有的文本和格式。

4. 设置表格的外观样式

选择表格或表格元素后，可以使用“表格工具-设计”选项卡来设置表格的整体外观样式，如边框的样式、底纹的颜色等。

“表格工具-设计”选项卡中各组工具的功能如下：

(1)“表格样式选项”：当为表格应用了样式后，可用此组中的工具更改样式细节。其中标题行指第一行；汇总行指最后一行；镶边行和镶边列是指使偶数行或列与奇数行或列的格式互不相同。

（2）“表格样式”：用于选择表格的内置样式，并可使用“底纹”更改所选样式中的底纹颜色。

（3）“边框”：可使用“边框样式”来自动套用所选择 Word 2016 内置的主题边框样式；“笔样式”“笔画粗细”“笔颜色”3 种工具分别用于更改线条的样式、粗细、颜色；“边框”可以设置框线显示样式，还可以绘制表格；“边框刷”可以将格式应用于表格的特定边框。

5. 设置文本的对齐方式

单元格默认的对齐方式为“靠上两端对齐”，即单元格中的内容以单元格的上边线为基准向左对齐。如果单元格的高度较大，但单元格中的内容较少，不能填满单元格时，这种对齐方式会影响整个表格的美观，用户可以对单元格中文本的对齐方式进行设置。

选中要设置文本对齐的单元格，然后切换到“表格工具-布局”选项卡，单击“对齐方式”组中的对齐方式按钮即可更改文本在单元格中的对齐方式。

三、表格的修改

规则表格创建以后，通常需要对它进行修改，使之符合实际需要。例如：修改表格的行高和列宽、插入或删除行、列和单元格等。

1. 选定表格、单元格、行或列

在修改表格前常常需要先选定将要修改的部分，如：表格、单元格、行或列。选定的方法有以下 3 种：

1）用鼠标选定

（1）选定单元格：把鼠标指针移到要选定的单元格的左下角，当指针变为右指箭头“➚”时，单击，就可以选定该单元格；如果拖动鼠标，就可以选定多个连续的单元格。被选定的单元格呈反相显示。

注意：单元格的选定与单元格内全部文字的选定的表现形式是不同的。

（2）选定表格的行：把鼠标指针移到表格某行左侧的选定区中，当鼠标指针变成右指水平箭头“➚”时，单击，就可以选定箭头所指的行；如果从开始行拖动鼠标到最末行，放开鼠标左键，就可以选定表格的连续多行。被选定的行呈反相显示。

（3）选定表格的列：把鼠标指针移到表格顶端的选定区中，当鼠标指针变成向下箭头“⬇”时，单击，就可以选定箭头所指的列；从开始列拖动鼠标到最末一列，放开鼠标左键，就可以选定表格的连续多列。被选定的列呈反相显示。

（4）选定整个表格：显然，用上述拖动鼠标的方法可以选定整个表格。也可以将插入点移到表格内，单击表格左上角的十字光标按钮来选定整个表格。

2）用键盘选定

与用键盘选定文本的方法类似，也可以用键盘来选定表格。其方法如下：

（1）如果插入点所在的下一个单元格中已输入文本，那么按【Tab】键可以选定下一单元格中的文本。

（2）如果插入点所在的上一个单元格中已输入文本，那么按【Shift + Tab】键可以选定上一单元格中的文本。

（3）按【Shift+End】组合键可以选定插入点所在的单元格。

（4）按【Shift + 光标移动】组合键可以选定包括插入点所在的单元格在内的相邻的单元格。

（5）按任意光标移动键可以取消选定。

3）用菜单选定

在“表格工具-布局”选项卡中的“选择”按钮中提供了选择单元格、列、行或整个表格的命令。其操作方法如下：

（1）选定单元格：将插入点置于欲选行的某一单元格中，单击“选择”按钮下拉列表中的“选择单元格”命令。

（2）选定列：将插入点置于欲选列的某一单元格中，单击“选择”按钮下拉列表中的“选择列”命令。

（3）选定行：将插入点置于欲选列的某一单元格中，单击“选择”按钮下拉列表中的“选择行”命令。

（4）选定整个表格：将插入点置于表格的任一单元格中，单击“选择”按钮下拉列表中的“选择表格”命令。

2. 插入和删除行或列

1）插入行、列或单元格

在表格中选择某行或某列，或者将插入点置于要插入行或列的位置，然后在“表格工具-布局”选项卡中单击“行和列”组中的“在上方插入”“在下方插入”“在左侧插入”或“在右侧插入”按钮，即可在相应位置插入行、列或单元格。

2）删除表格、行、列或单元格

选择要删除的表格、行、列或单元格，然后在“表格工具-布局”选项卡中单击“行和列”组中的“删除”按钮，即可删除表格、行、列或单元格。

3. 拆分与合并单元格

1）合并单元格

在规则表格的基础上，通过对单元格的合并或拆分可以制作比较复杂的表格。合并单元格的方法比较简单，选定要合并的单元格区域后，在“表格工具-布局”选项卡中单击“合并”组中的“合并单元格”按钮，即可将多个单元格合并为一个大单元格。

2）拆分单元格

如果想把某些单元格拆分成几个单元格，那么，首先选定这些要拆分的单元格，在“表格工具-布局”选项卡中单击“合并”组中的“拆分单元格”按钮，打开图 3-94 所示的“拆分单元格”对话框，在“列数”和“行数”数值框中分别输入要拆分的列数和行数，然后单击“确定”按钮。

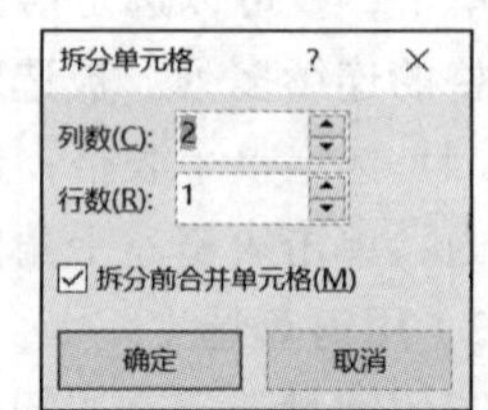

图 3-94 “拆分单元格”对话框

如果选中了一个单元格区域，可在“拆分单元格”对话框中选中“拆分前合并单元格”复选框，使选定的多个单元格先合并为一个单元格，然后再进行拆分。此时用户可以随意设置拆分的列数，但拆分的行数受到一定的限制。反之，如果不选中“拆分前合并单元格”复选框，则将对选中的每一个单元格按指定的列数进行拆分，但不能设置拆分的行数。

3）拆分表格

在“表格工具-布局”选项卡中单击“合并”组中的“拆分表格”按钮，可将一个表格拆分为两个表格，光标所在的行将成为第二个表格的首行。

☑ 任务实施

制作“新员工入职登记表”（见图 3-95）的主要操作步骤如下：

新员工入职登记表员工编号						
姓名		性别		出生日期	年　月　日	1 寸近照
曾用名		体重		身高	cm	
民族		籍贯		婚姻状况		
政治面貌		健康状况		血型		
身份证号码						
户口类型	城镇□　非城镇□		户口所在	（省）（市）（区）派出所		
学历		学位		第二学位		
专业				第二专业/辅修专业		
毕业学校				毕业时间		
外语水平	语种：　级别：　口语水平：					
计算机水平						
宗教信仰			E-mail			
家庭住址	省（市、自治区）　市（区）　县					
电话（家庭）			手机			
家庭主要成员	称谓	姓名	年龄	单位/职业/职务		
紧急情况联系人			联系电话			
学习简历（按学习经历倒序填写）	起止年月	就读学校、专业		毕（结、肄）业		
在校任职/社会实践/工作经历（填写主要经历）	起止年月	主要经历（如担任职务、工作内容等）				

图 3-95　新员工入职登记表效果

在校期间获奖情况：
特长：
培训经历：
自我评价（包括性格、能力等）：
在公司的职业发展设想：
其他需要说明的情况：

图 3–95　新员工入职登记表效果（续）

1. 制作表格标题

输入表格标题“新员工入职登记表”。

2. 创建表格

点击“插入”选项卡，选择“表格”→“绘制表格”命令，鼠标指针变为铅笔形状，在标题行下页面左上角的位置按住鼠标左键并拖动，直至页面右下角时释放鼠标左键，这时将出现一个与页面大小相匹配的矩形框，第二、三页同上。在矩形框内绘制出相应的水平线和垂直线。

3．合并与拆分单元格

在表格中的第七列的第 1～5 行单元格中拖动鼠标，选中这几个单元格，选择“表格工具-布局”选项卡中的“合并单元格”命令，则刚刚选中的单元格被合并成一个单元格，按照同样的方法合并其他单元格

4．设置表格的底纹

在创建好表格后，常常以黑色细线来显示，为了使表格的外观更加美观、生动，可以通过修改表格边框的颜色、线样式和底纹来实现，使之符合表格的设计要求，操作步骤如下：选定表格中要设置底纹的单元格，选择“表格工具-设计”选项卡中的“底纹”命令，在弹出的颜色选项中选择“白色-5%”。

5．在单元格中输入文字

单击表格第 1 行第 1 列，插入点定位在该单元格，输入文字“姓名”，按【Tab】键或【→】键将插入点向右移动，分别输入“性别”“出生年月”，按【↓】键将插入点向下移动，分别在各行输入相应的内容。

6．调整单元格的高度和宽度

表格中的行高和列宽通常是不用设置的，在输入文字时会自动根据单元格中的内容而定，但在实际应用中，为了表格的整体效果，需要对它们进行调整。将鼠标指针停留在表格第 1 列的右边框线上，直到指针变为“↤||↦”，向左拖动边框，文档窗口里出现一条垂直虚线随着鼠标指针移动，到合适的位置时释放鼠标。将鼠标指针移到垂直标尺的行标记上，直到指针变成“调整表格行”的上下双箭头时，向上拖动行标记，文档窗口里出现一条水平虚线随着鼠标指针移动，到合适位置时释放鼠标。

7．设置单元格的对齐方式

在表格中，单元格中对象的对齐方式可以在水平和垂直两个方向进行调整。

选定要设置对齐方式的表格，选择“表格工具-布局”选项卡“对齐方式”组中的“中部居中”按钮。

8．设置表格的边框

默认情况下表格的所有边框都为“0.5 磅”的黑色直线，有时为了达到美化表格的目的，可对表格的线型、粗细、颜色等进行修改。操作步骤如下：选定整个表格，单击“表格工具-设计”选项卡中的“边框”→“边框和底纹”命令，在弹出的“边框和底纹”对话框中，选择线型样式“——”，单击内部框线按钮，选择线型样式“双实线”，单击外部框线按钮，单击“确定”按钮。

☑ 技能训练

制作个人简历

尝试制作一份个人求职简历，操作要求如下：

（1）结合所学的 WORD 知识，创建一份个人求职简历，简历内容不限。

（2）简历中必须包含姓名、性别、年龄、户籍地、身高、体重、学校、专业、兴趣爱好、个人评价等内容。

（3）对简历内容进行适当的字符及段落的格式化，采用适当的艺术字、图片对简历进行修饰。

任务5　批量制作商务邀请函

☑ 任务介绍

公司计划在新年举办“2022 年答谢各地经销商宴会”，决定邀请各地的经销商参加，公司主管把这个任务交给了王鹏。王鹏打开客户名单文件，正思索如何完成这个任务时，旁边的小李提醒他用“邮件合并”功能，于是在小李的帮助下，开始了邀请函的制作。

☑ 相关知识

在实际工作中，公司或者学校经常会遇到批量制作邀请函、新年贺卡、通知书、成绩单、准考证等情况，这些工作都具有工作量大、重复率高的特点，既容易出错又枯燥乏味，在 Word 2016 中利用“邮件合并”功能就可以巧妙、轻松、快速地加以解决。

“邮件合并”这个名称最初是在批量处理“邮件文档”时提出的。具体地说，就是在邮件文档（主文档）的固定内容中，合并与发送信息相关的一组通信资料（数据源：如 Excel 表、Access 数据表等），从而批量生成需要的邮件文档，因此大大提高工作效率。

“邮件合并”功能除了可以批量处理信函、信封等与邮件相关的文档外，还可以轻松地批量制作标签、工资条、成绩单等。需要制作的数量比较大且文档内容可分为固定不变的部分和变化的部分。例如，打印信封，寄信人信息是固定不变的，而收信人信息是变化的部分，变化的内容来自数据表中含有标题行的数据记录表。

借助 Word 的邮件合并功能可以轻松实现批量写信，提高工作效率。在 Word 中，通过创建包含信件内容的主文档和包含收件人信息的数据源，能够把两个文档的信息合并，从而生成多个内容相同而收件人不同的信件。

（1）启动 Word，创建一个新文档，在新建文档中输入给每个客户的函件中都包含的共同内容，将其作为主文档，并保存为“邀请函.docx”，如图 3-96 所示。

（2）打开“邀请函.doc”，选择“邮件”→“开始邮件合并”→“邮件合并分步向导”命令，如图 3-97 所示，打开“邮件合并”任务窗格，在“选择文件类型”选项组中选择“信函”单选按钮，如图 3-98（a）所示。

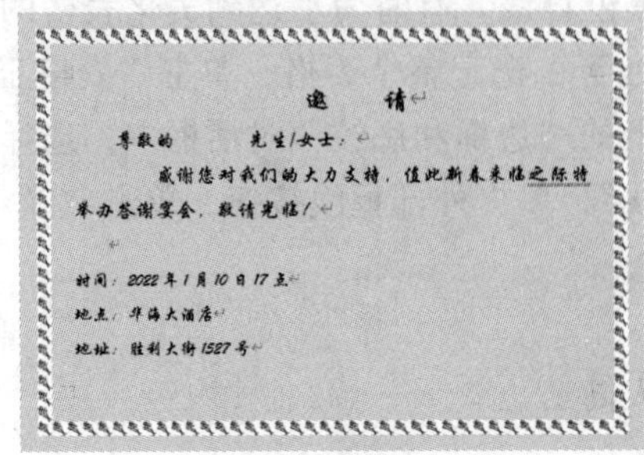

邀　请

尊敬的　　　先生/女士：

感谢您对我们的大力支持，值此新春来临之际特举办答谢宴会，敬请光临！

时间：2022 年 1 月 10 日 17 点

地点：华海大酒店

地址：胜利大街 1527 号

图 3-96　选择主文档

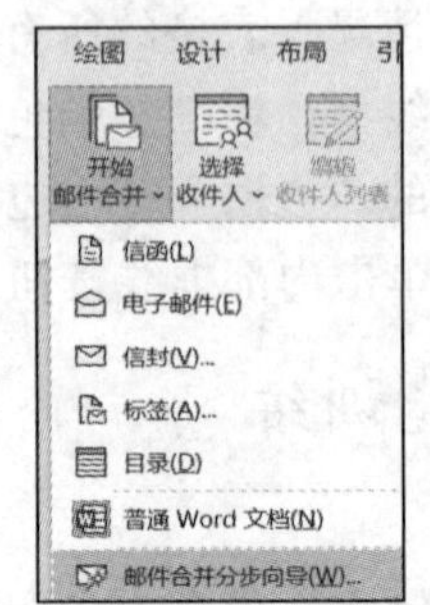

图 3-97　邮件合并按钮

（3）单击“下一步：正在启动文档”，在接下来的任务窗格的“想要如何设置信函”选项组中选择“使用当前文档”单选按钮，如图 3–98（b）所示。

（4）单击“下一步：选取收件人”，在接下来的任务窗格中选择“使用现有列表”单选按钮，如图 3–98（c）所示。然后单击“浏览”按钮，弹出“选取数据源”对话框，如图 3–99 所示。选择数据源文件后，单击“打开”按钮，弹出“邮件合并收件人”对话框，选择收件人，然后单击“确定”按钮。

（5）单击“下一步：撰写信函”，打开图 3–100 所示的任务窗格，将插入点置于主文档中“＊”号处，在“邮件合并”任务窗格中单击“其他项目”链接，在弹出的“插入合并域”对话框中选择“数据库域”单选按钮，在“域”列表框中选择“姓名”，然后单击“插入”按钮。将合并域插入后，关闭“插入合并域”对话框，对主文档进行必要的修改。

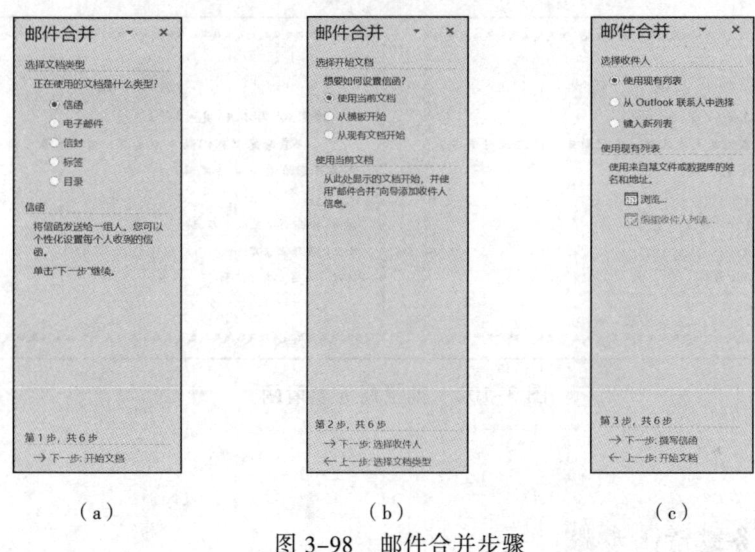

（a）　　　　　　（b）　　　　　　（c）

图 3–98　邮件合并步骤

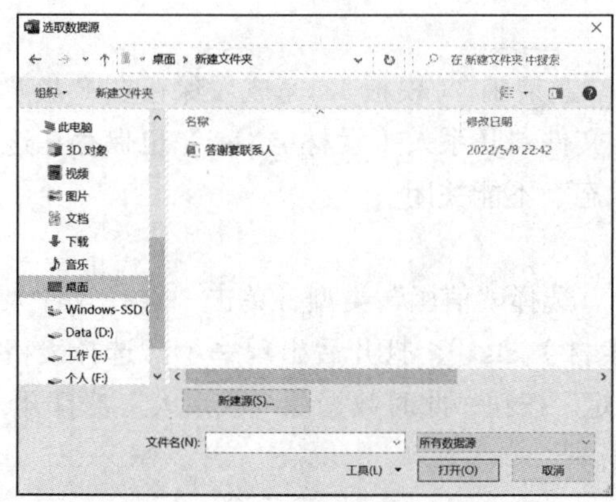

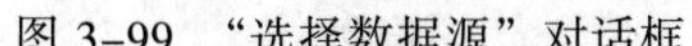
图 3–99　“选择数据源”对话框

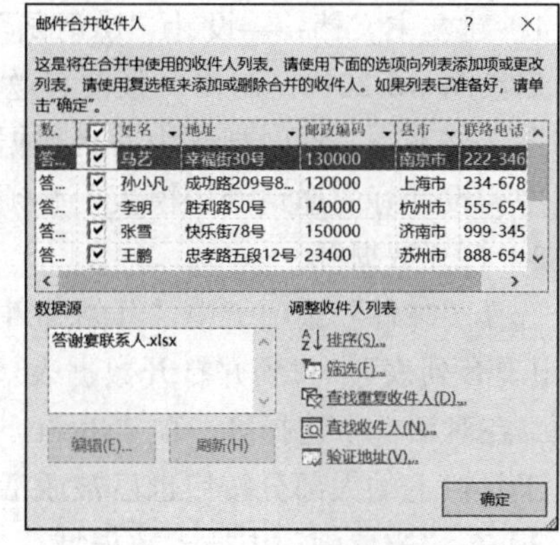

图 3–100　选择收件人

（6）单击任务窗格中的“下一步：预览信函”。

（7）在接下来的任务窗格中单击“下一步：完成合并”，单击“打印”链接，则将合并文档后打印输出，如果暂时不想打印合并后的批量邀请函，可以单击“编辑单个信函”，弹出“合并到新文档”对话框，在该对话框中可以选择要合并的记录，然后单击“确定”按钮，邮件合并后的效果如图 3–101 所示。

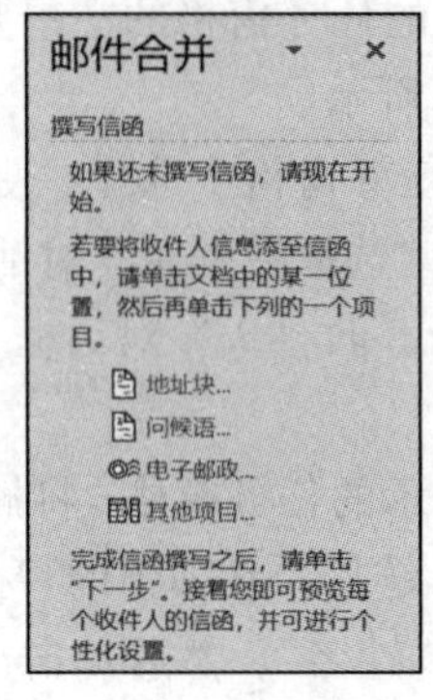

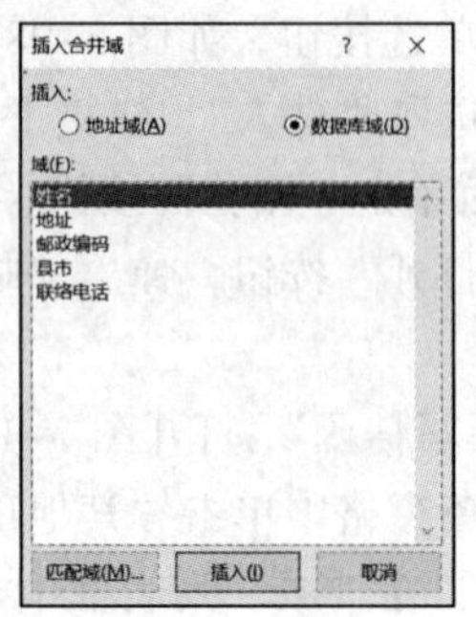

图 3-101　插入合并域

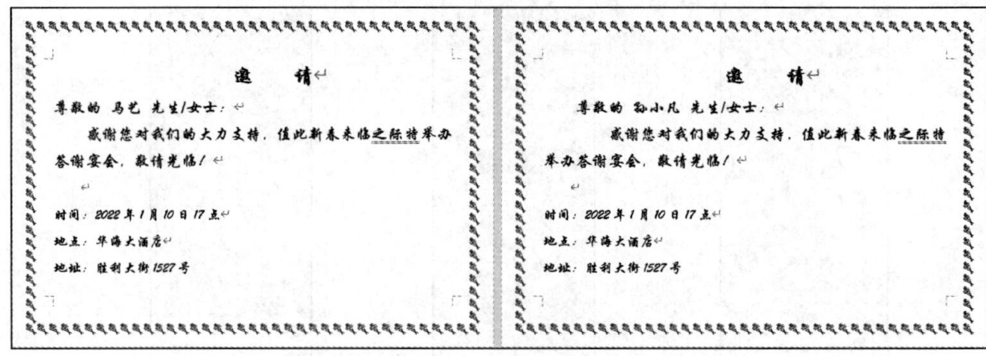

图 3-102　批量商务邀请函

☑ 任务实施

1. 制作商务邀请函步骤

1）建立主文档——设计“邀请函”

启动 Word 2016，制作一张没有邀请人姓名的“邀请函”（模板），完成后保存在 F 盘“邮件合并”文件夹中，同时把作为后台数据库的 Excel 文件“联系人（素材）.xlsx”也保存在这个文件夹中。设计好的邀请函（模板）必须处于打开状态，不能关闭。

2）打开数据源

选择“邮件”选项卡中“开始邮件合并”命令，选择“信函”类型，单击“选择收件人”→“使用现有列表”，找到并打开数据表“联系人（素材）.xlsx”，打开后出现一个“选择表格”对话框，在对话框中选择第一项“sheet1”，单击“确定”按钮，此时数据源“联系人”被打开，“邮件”工具栏上的大部分按钮也已被激活。

3）在“邀请函”中插入数据域

插入点放在“先生/女士”前面，单击“邮件”选项卡中的“插入合并域”按钮，打开“插入合并域”对话框，在“域”列表中选择“姓名”项，单击“插入”按钮，此时在“邀请函”（模板）的“姓名:”后面就会插入域《姓名》。单击“邮件”选项卡中的“查看合并数据”按钮，这时“邀请函”的各个数据域显示出第一条记录中的具体数据，单击“邮件”选项卡中的“上一条记录”按钮或“下一条记录”按钮，可以查看其他记录的数据。

4）合并文档

单击“邮件”选项卡中的“完成并合并”按钮，打开“合并到新文档”对话框，在对话框中选择“全部”选项，单击“确定”按钮。将合并数据产生的新文档保存在F盘“邮件合并”文件夹中，文件命名为“邀请函”。

2. 制作邀请函信封

用同样方法利用邮件合并制作信封。

知识扩展

将Word 2016文档直接保存为PDF文件。Word 2016具有直接另存为PDF文件的功能，用户可以将Word 2016文档直接保存为PDF文件，操作步骤如下：

（1）打开Word 2016文档窗口，选择“文件”→“另存为”命令，如图3-103所示。

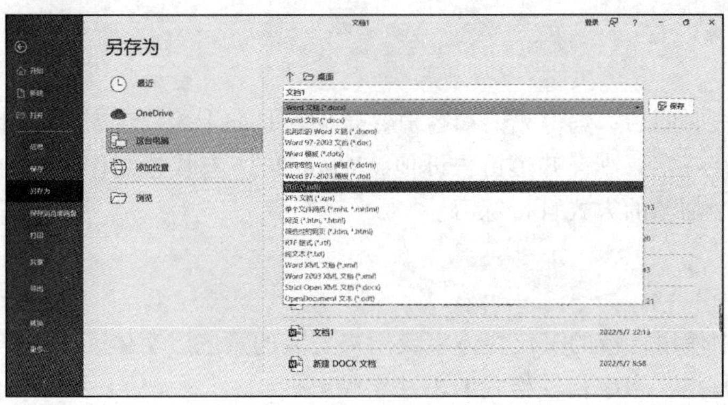

图3-103　“另存为”命令

（2）在打开的“另存为”对话框中，选择“保存类型”为PDF，然后选择PDF文件的保存位置并输入PDF文件名称，然后单击“保存”按钮，如图3-104所示。

（3）完成PDF文件发布后，如果当前系统安装有PDF阅读工具（如Adobe Reader），则保存生成的PDF文件将被打开。

提示：用户还可以在选择保存类型为PDF文件后单击“选项”按钮，在打开的“选项”对话框中对另存为的PDF文件进行更详细的设置，如图3-105所示。

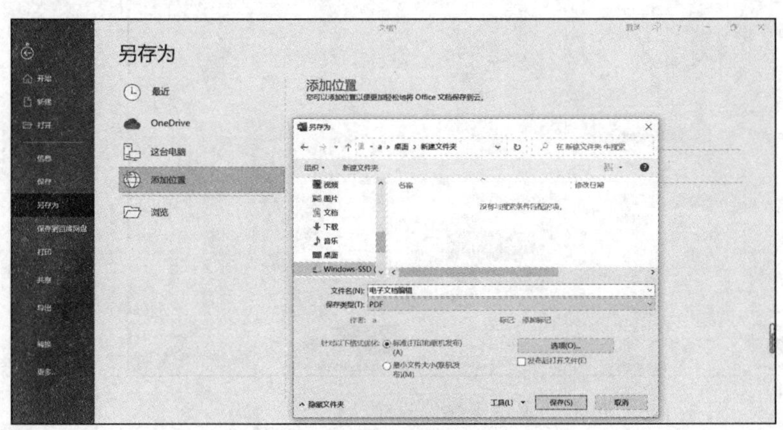

图3-104　选择保存为PDF文件

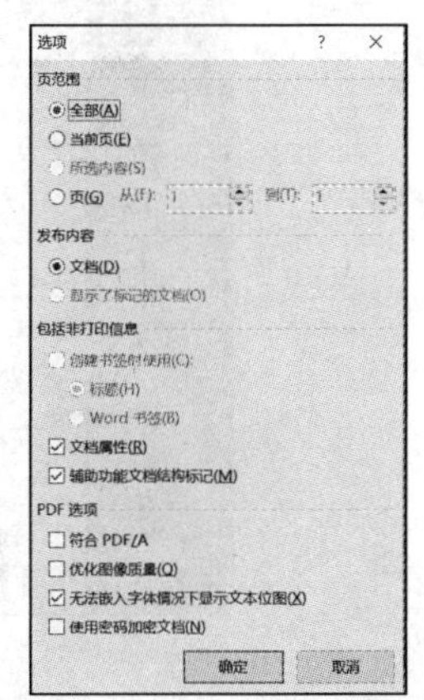

图3-105　“选项”对话框

☑ 技能训练

制作员工工作证

练习批量制作员工工作证，操作要求如下：

（1）创建一个“工作证”文档，标题为“××公司工作证”，内容自拟，需要包括姓名、工号、职位。

（2）美化“员工工作证”的格式。

（3）制作员工信息表，包括序号、姓名、工号、职位、照片，并准备好照片素材。

（4）批量制作工作证。

任务6　制作中文书法字帖

☑ 任务介绍

王鹏工作了一段时间后，觉得无论和客户签合同还是向上级提交文件，自己的字不够端庄和漂亮，想买本字帖练练字。李萍知道后告诉他，Word 2016 有快速制作字帖的功能，于是王鹏开始自己制作字帖，用临帖的方式自行练习。

☑ 相关知识

在 Word 2016 中使用自带的汉仪繁体字或用户安装的第三方字体，可以非常方便地制作出田字格、田回格、九宫格、米字格等格式的书法字帖。

一、制作书法字帖

使用 Word 2016 制作书法字帖的步骤如下所述：

（1）打开 Word 2016 窗口，选择“文件”→“新建”命令，在“新建”下方区域单击“书法字帖”选项，如图 3-106 所示。

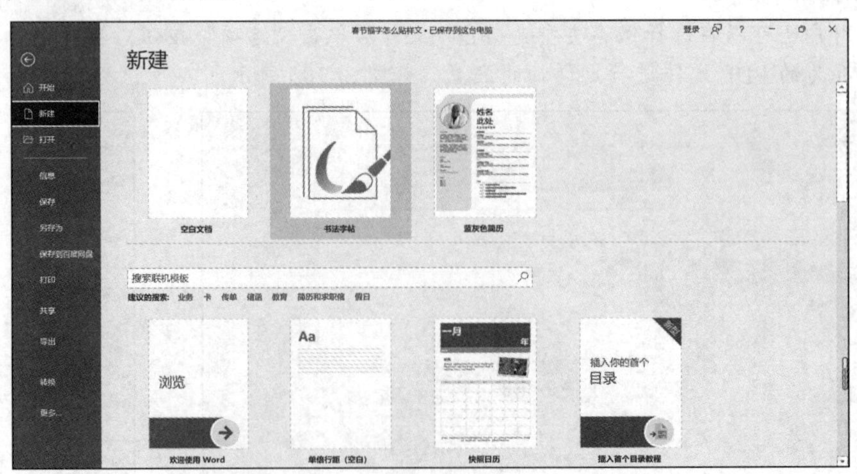

图 3-106　单击“书法字帖”选项

（2）打开“增减字符”对话框，在“字符”区域的“可用字符”列表中拖动鼠标选中需要作为字帖的汉字。然后在“字体”区域的“书法字体”列表中选中需要的字体（如“汉仪赵楷繁”）。单击“添加”按钮将选中的汉字添加到“已用字符”区域，并单击“关闭”按钮，如图 3-107 所示。

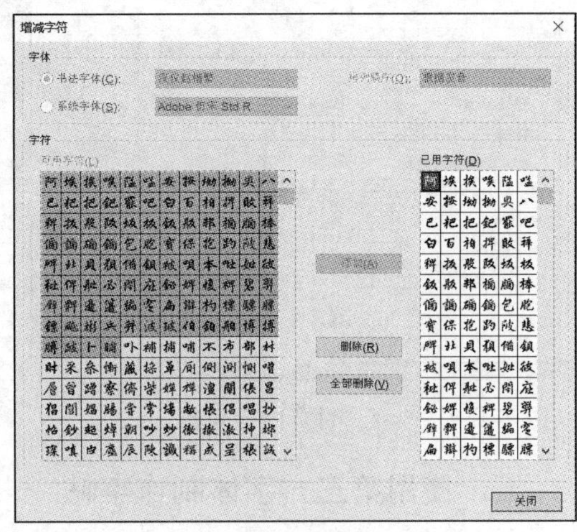

图 3-107　“增减字符”对话框

二、设置每个字帖最大汉字数量

默认情况下，每个字帖中最多只能允许添加 100 个汉字，用户可以根据实际情况调整汉字数量，操作步骤如下所述：

（1）在书法字帖编辑状态下，单击“书法”选项卡中的“选项”按钮，如图 3-108 所示。

（2）打开“选项”对话框，切换到“常规”选项卡。在“字符设置”区域调整“单个字帖内最多字符数”的数值，并单击“确定”按钮，如图 3-109 所示。

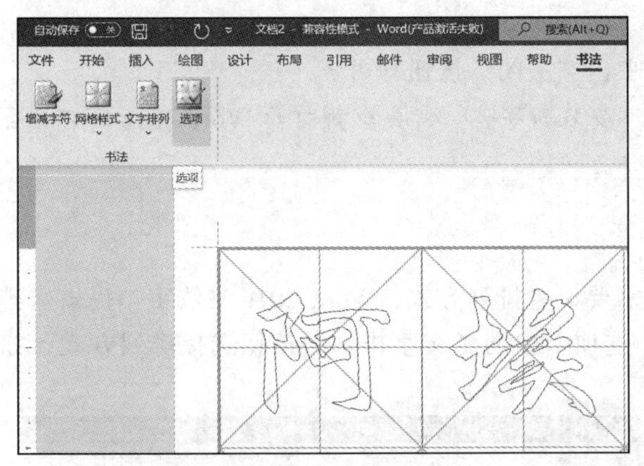

图 3-108　单击“选项”按钮

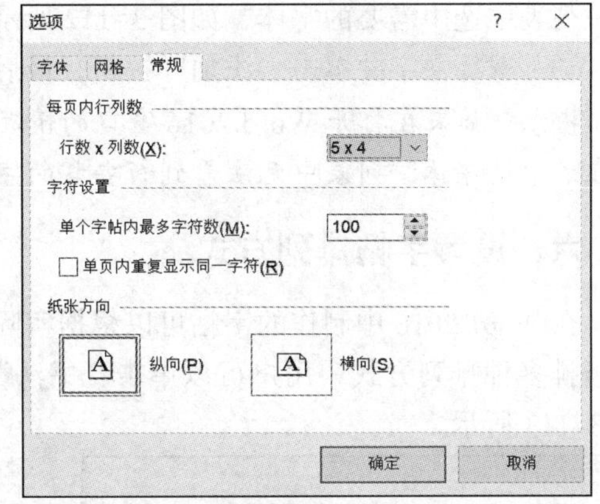

图 3-109　调整“单个字帖内最多字符数”的数值

三、设置字帖字体大小

Word 2016 书法字帖中的汉字不能通过设置字号来改变字体大小，不过可以通过设置每页字帖的行列数来调整字体的大小。在“选项”对话框的“常规”选项卡中，改变“每页内行列数”的规格即可，如图 3-110 所示。

四、设置字帖网格样式

Word 2016 书法字帖提供了田字格、田回格、九宫格、米字格、口字格等网格样式，用户可以根据自己的需要设置字帖的网格样式。在“书法”选项卡中单击“网格样式”按钮，在打开的网格列表中单击需要的网格样式即可，如图 3-111 所示。

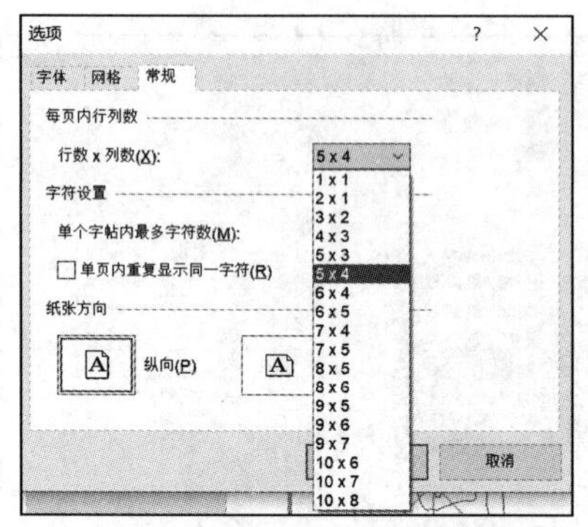

图 3-110　改变“每页内行列数”

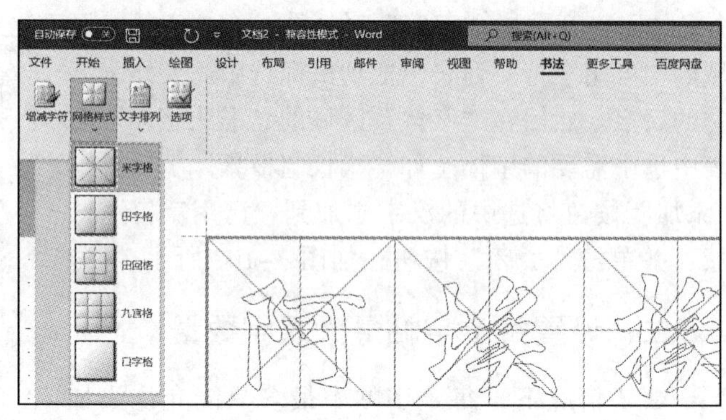

图 3-111　选择书法字帖网格样式

五、使用第三方字体制作字帖

如果用户希望使用自己安装的第三方字体制作书法字帖，同样可以使用 Word 2016 的书法字帖功能轻松实现，操作步骤如下所述：

（1）在 Word 2016 窗口中选择“文件”→“新建”命令，在“新建”下方单击“书法字帖”。

（2）打开“增减字符”对话框，在“字体”区域选中“系统字体”单选按钮，并在系统字体下拉列表中选中需要的字体，如图 3-112 所示。

（3）选择文字并单击“添加”按钮，最后单击“关闭”按钮即可。

提示：如果在打开 Word 2016 窗口的情况下安装新字体，需要重新打开 Word 2016 窗口，否则在“系统字体”列表中无法看到新安装的字体。

六、设置字帖排列方式

在 Word 2016 中制作的字帖可以根据实际需要设置排列方式，Word 2016 书法字帖提供横排和竖排多种排列方式，用户可以单击“书法”选项卡中的“文字排列”按钮选择排列方式，如图 3-113 所示。

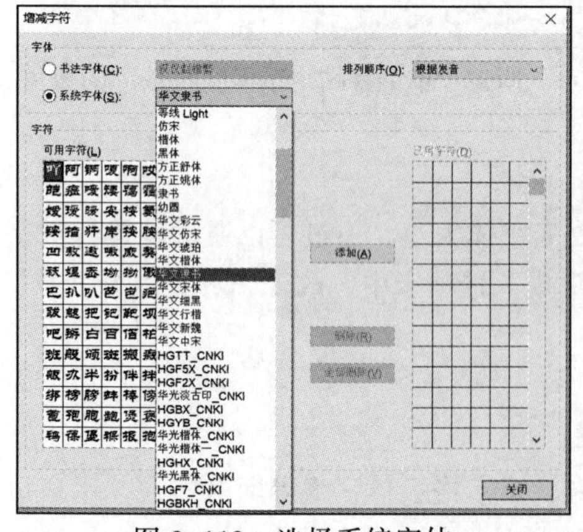

图 3-112　选择系统字体

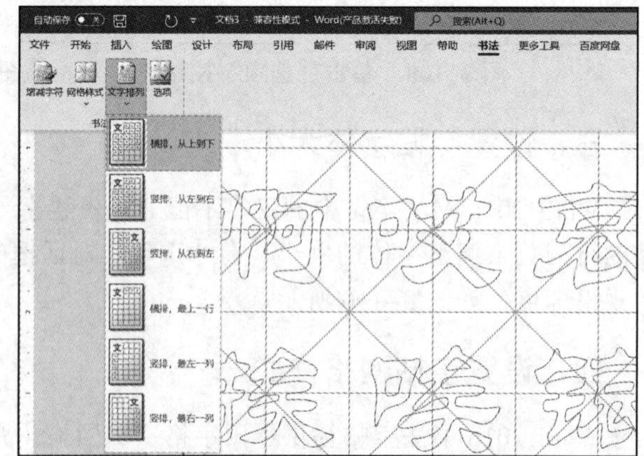

图 3-113　设置书法字帖文字排列方式

☑ 任务实施

将下列古诗制作成中文字帖，字体“汉仪柳楷繁”；每页内的行列数为“6*5”；网格样式“米字格”。

水 调 歌 头

宋 苏轼

丙辰中秋，欢饮达旦，大醉作此篇，兼怀子由。

明月几时有，把酒问青天，不知天上宫阙，今夕是何年？我欲乘风归去，又恐琼楼玉宇，高处不胜寒。起舞弄清影，何似在人间？

转朱阁，低绮户，照无眠。不应有恨，何事长向别时圆？人有悲欢离合，月有阴晴圆缺，此事古难全。但愿人长久，千里共婵娟。

（1）打开 Word 2016 窗口，选择“文件”→“新建”命令，在“新建”下方单击“书法字帖”。

（2）打开“增减字符”对话框，在“字符”区域的“可用字符”列表中拖动鼠标选中需要作为字帖的汉字。然后在“字体”区域的“书法字体”列表中选中需要的字体“汉仪柳楷繁”。单击“添加”按钮将选中的汉字添加到“已用字符”区域，并单击“关闭”按钮。

（3）单击“书法”选项卡中的“选项”按钮，打开“选项”对话框，切换到“常规”选项卡。在“每页内行列数”区域将“行*列”的数值设置为“6*5”，并单击“确定”按钮。

（4）在“书法”选项卡中单击“网格样式”按钮，在打开的网格列表中单击“米字格”的网格样式。

☑ 技能训练

制作字帖“出师表”

练习制作一份“出师表”字帖，操作要求如下：

（1）字体设置为“汉仪曹隶繁”。

（2）每页内行列数设置为“7*5”。

（3）网格样式设置为“回字格”。

小　　结

本项目将 Word 文档的编辑排版打印，由简单到复杂共设置了六个典型工作任务：任务一介绍了 Word 2016 启动和退出的方法、Word 2016 的工作窗口和视图模式；任务二介绍了文本的输入、文字格式设置、段落格式设置、设置项目符号和编号、设置边框和底纹以及打印和输出文件；任务三介绍了绘制自选图形、插入和编辑图片、插入艺术字、使用文本框以及版面格式编排；任务四介绍了创建和编辑表格、表格格式设置等；任务五介绍了如何制作批量信函和信封等；任务六介绍了如何使用 Word 2016 快速制作中文字帖。同学们要多多练习，熟练掌握。

项目四　电子表格处理

• 项目描述

Excel 2016 是一款重量级的电子表格处理软件，可以用来制作电子表格，处理各种复杂的图表和数据等，是财务人员、统计人员、人事管理人员等不可或缺的办公助手。

• 项目分析

在日常工作和生活中我们会接触到各类数据，使用表格对数据进行分类、整理、统计、以及利用表格中的数据绘制图表等，这些工作十分繁杂。为了使制表工作变得简便、快捷，人们设计了在计算机上处理表格数据的应用软件，这就是“电子表格”软件。Excel 就是一个功能强大的电子表格软件，被广泛应用于统计、财务、会计、金融和审计等领域。Excel 2016 与早期的版本相比，又增加了许多新功能，使用户操作起来更加得心应手。

• 项目分解

本项目分解成以下 4 个任务：

任务 1　Excel 2016 基本操作

任务 2　公式与函数的运用

任务 3　图表的运用

任务 4　数据处理与分析

任务 1　Excel 2016 基本操作

☑ 任务介绍

通过本任务的学习，首先应该掌握工作簿的基本操作，包括工作簿的新建、保存以及关闭等。其次是掌握工作表的基本操作；最后熟练掌握单元格的基本操作，这是学习 Excel 2016 的基本要求。

☑ 相关知识

一、基础知识

要想熟练使用 Excel 2016，首先掌握工作表的一些基础操作其中包括新建工作簿、快速插入工作表、对工作表重命名、复制工作表、删除工作表，以及设置工作表标签颜色等。

1. 创建新工作簿

工作簿是Excel用来计算和存储数据的文件，其扩展名为.xlsx，其中可以包含一个或多个工作表。

2. 插入新工作表

工作表是工作簿的重要组成部分，又称为电子表格，用户可以在一个工作簿文档中管理各类型的相关信息。默认情况下新打开的一个工作簿中包含3个工作表。

3. 重命名工作表

在新建的工作簿中，默认是以Sheet1、Sheet2、Sheet3、……的顺序来命名工作表，为了方便对工作表的记忆和管理，用户可以通过对工作表进行重新命名来管理工作表。

4. 复制、删除工作表

当一张工作表中包含数据、元素较多时，不用逐一复制，而可以直接复制整张工作表。而当用户有不再需要的某张工作表时，也可以将整张表删除。在使用过程中用户也可以通过移动工作表的方法来调整各个工作表之间的顺序。

5. 设置工作表标签颜色

为了更加清晰明了地区分工作表，用户可以在Excel 2016中为工作表标签设置不同的颜色。

二、数据的输入与编辑

1. 数据类型

在Excel单元格中可以输入多种数据，下面以文本、数值、日期和货币这四种最常见的数据类型为例介绍其输入的方法和技巧。

1）文本型数据

通常可以是英文字母、汉字、文本性质的数字、特殊字符或由它们组成的字符串。在默认情况下，当单元格中输入文本类型的数据时，输入的内容会自动靠左对齐。

2）数值型数据

在日常生活中，除了类似于电话号码这样具有文本性质的数字外，绝大部分数字（如价格、数量等）都需要参与到特定的公式中进行计算。在默认情况下，在单元格中输入数字时，输入的内容会自动在单元格中靠右对齐。

3）日期型数据

日期型数据也是常见的数据类型之一。当在单元格中输入日期时，年、月、日之间可以用短线或斜线连接，也可直接用2022年3月5日的形式表示。

4）货币型数据

用户可以把单元格中表示货币的数据设置为货币格式或者会计专用格式。

2. 输入符号和特殊字符

在制作表格的过程中，有时需要输入一些用键盘不能输入的特殊符号，这时可通过“插入特殊符号”对话框进行。

3. 插入、删除单元格、行或列

在编辑工作表的过程中，用户可以根据需要在任意位置插入或删除单元格、行或列。

4. 设置行高和列宽

在向单元格中输入文字或数字时，常常会出现这样的现象：在编辑栏中能够完整显示的信息，而在单元格中只显示一半文字或只有一串“#”符号。这主要是单元格的宽度或高度不够导致的，在这种情况下就需要调整单元格的行高或列宽。

5. 自动填充

在输入一些有规律的序列或重复数据时，可以通过自动填充功能快速完成。自动填充功能只能在一行或一列上的连续单元格中进行。将鼠标指针移到初始值所在单元格右下角的填充柄上，此时鼠标指针变成实心“十”字形，然后拖动至填充的最后一个单元格，即可完成。

6. 使用批注

批注是对单元格进行说明和注释的文字，在某个单元格中添加了批注后，该单元格的右上角出现一个红色的小三角标记，只要将鼠标指针移到该单元格中，就会出现添加的批注内容。

7. 设置表格格式

格式设置中包含合并单元格、自动换行、字体、字号，对齐方式、表格边框与底纹等。

合并单元格是指将多个相邻单元格合并为一个单元格，合并后单元格引用为合并前左上角单元格的引用。

自动换行是指 Excel 根据单元格列宽将文本折行，并自动调整单元格的高度，使全部内容都能显示在该单元格中。

Excel 中的字体格式主要包括选择字体、字号、字形和字体颜色等。

Excel 默认的对齐方式是文本左对齐、数字右对齐，用户也可以根据自己的需要进行设置。单元格中的内容在水平和垂直方向上各有 3 种对齐方式，分别是“顶端对齐”“垂直居中”“底端对齐”“文本左对齐”“居中”和“文本右对齐”。

通常，工作表中的单元格都是浅灰色的边框线，其实它是 Excel 内部设置的便于操作的网格线，打印时是不会显示的。而在制作财务、统计等报表时常常需要把报表设计成各种各样的表格形式，使数据及其说明文字层次分明，这就需要通过设置单元格的边框线来实现。

为了使 Excel 中的数据更好区分，可以为记录添加底纹。

☑ 任务实施

1. 基础知识

1）创建新工作簿

用户可以通过打开 Excel 2016 的方式来新建一个工作簿，选择“开始”→“Excel 2016”命令，打开 Excel 2016，系统会默认创建一个新工作簿，如图 4-1 所示。

2）增加新工作表

（1）增加新工作表的方法有以下 2 种：在 Sheet1 工作表标签上右击，在弹出的快捷菜单中选择“插入”命令，如图 4–2 所示。在打开的“插入”对话框中选择“工作表”，单击“确定”按钮，即可在 Sheet1 工作表之前插入一个新工作表 Sheet2。

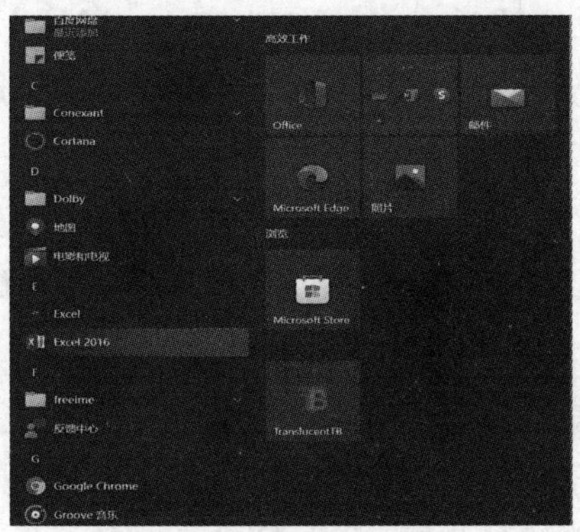

图 4–1　Excel 2016

图 4–2 “插入”命令

（2）单击 Sheet1 工作表标签右侧 ⊕ 按钮，即会直接出现一个新的 Sheet2 工作表，如图 4–3 所示。

3）重命名工作表

在此工作簿中选择 Sheet2 工作表，在工作表标签上右击，在弹出的快捷菜单中选择“重命名”命令，如图 4–4 所示，输入新的名字即可。

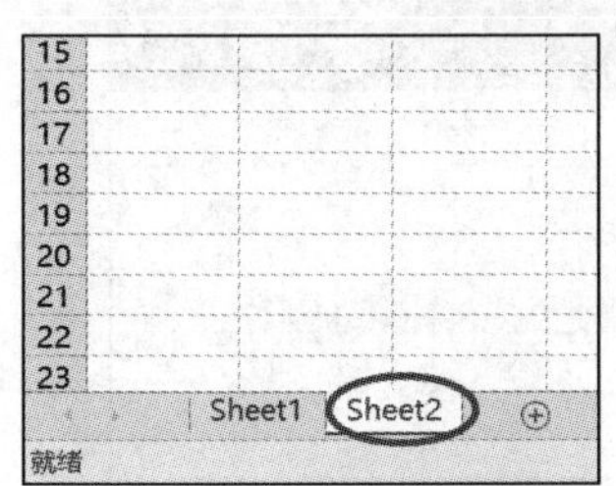

图 4–3　添加新工作表

图 4–4　重命名工作表

4）复制、删除工作表

在此工作簿中选择 Sheet1 工作表，在工作表标签上右击，在弹出的快捷菜单中选择“移动或复制工作表”命令，如图 4–5 所示。

在出现的对话框中选择目标位置，选中“建立副本”复选框，即可复制一张与 Sheet1 内容相同的工作表。若要移动工作表，则在本步骤中不选择“建立副本”复选框即可，如图 4–6 所示。

图 4–5　复制、删除工作表

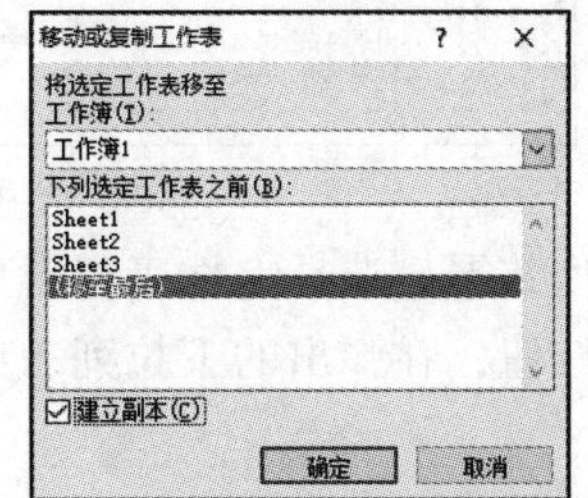

图 4–6 “移动或复制工作表”对话框

5）设置工作表标签颜色

为了区分新复制的工作表，选择 Sheet1 工作表标签右键快捷菜单中的“工作表标签颜色”命令，在出现的色板中选择“红色”。想要看到更改后的效果，只要选择其他工作表标签即可，如图 4–7 所示。

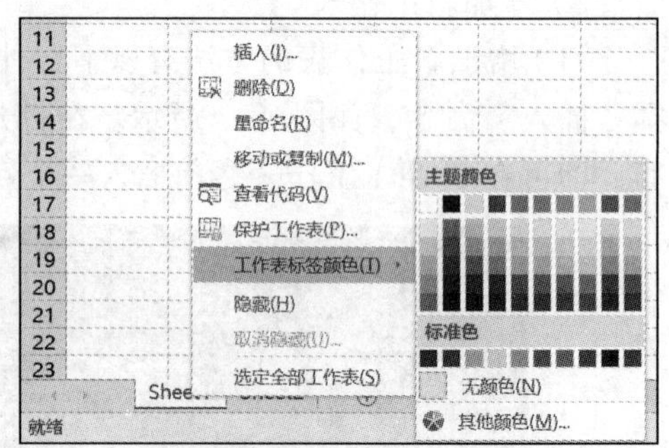

图 4–7　设置工作表标签颜色

2. 数据的输入与编辑

1）不同数据类型数据的输入

（1）文本型数据。在 Excel 中创建一个新工作簿，在 A1 单元格中输入“原材料采购表”，如图 4–8 所示。

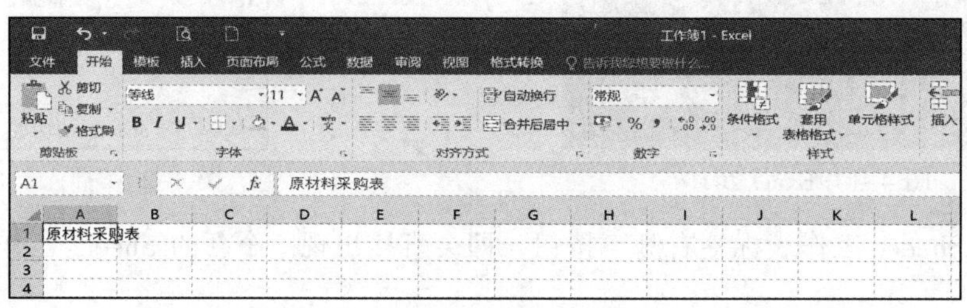

图 4–8　输入文本型数据

（2）数值型数据。在上面工作簿 D3 和 E3 单元格中分别输入表示单价和数量的数字，如图 4–9 所示。

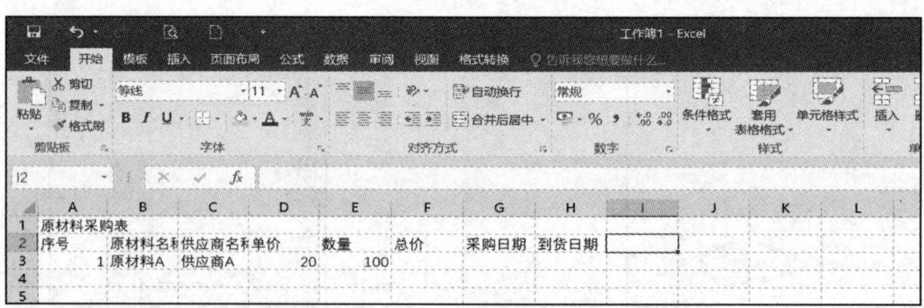

图 4–9　输入数值型数据

（3）日期型数据。在上面工作簿 G3 和 H3 单元格中输入表示日期的数据，如图 4–10 所示。

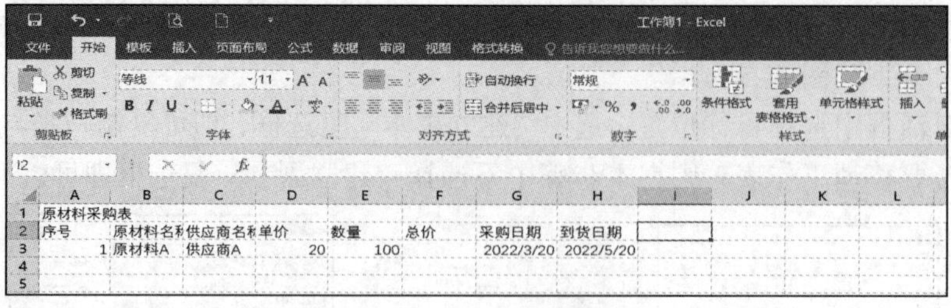

图 4–10　输入日期型数据

（4）货币型数据。选择上面工作簿中 D3 单元格，在“开始”选项卡“数字”组中单击“数字格式”下拉按钮，在弹出的下拉列表中选择“货币”或“会计专用”选项，如图 4–11 所示。

图 4-11　输入货币型数据

2）设置数据格式

选择上面工作簿 A3 单元格，在“开始”选项卡“数字”组中单击“数字格式”下拉按钮，在弹出的下拉列表中选择“文本”选项，如图 4-12 所示。

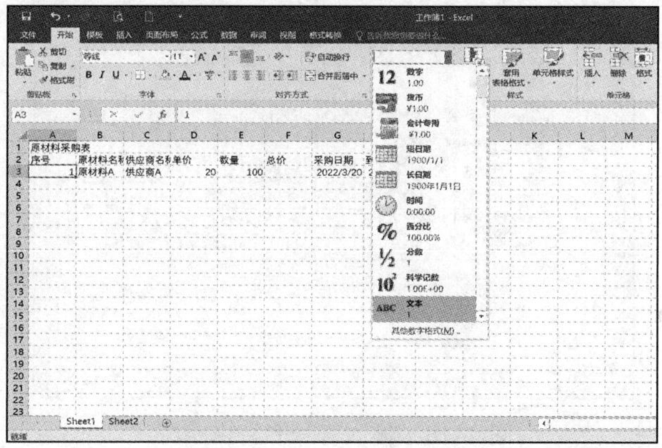

图 4-12　设置数据格式方法 1

以上操作也可以选择“单元格”组中“格式”下拉列表中的“设置单元格格式”命令，如图 4-13 所示，在打开的对话框中选择“数字”选项卡，来设置具体的数据类型，如图 4-14 所示。

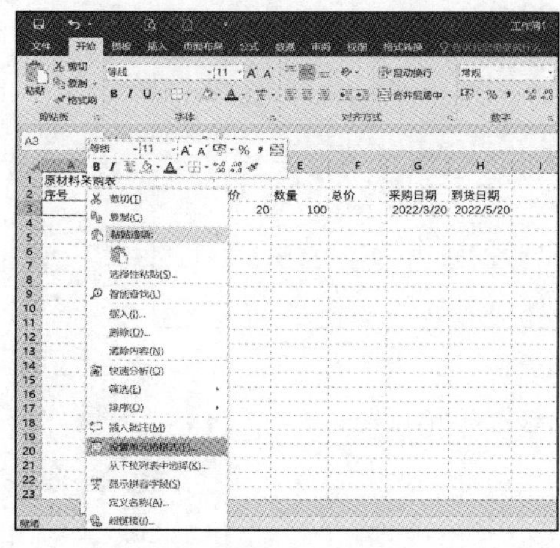

图 4-13　“设置单元格格式”命令

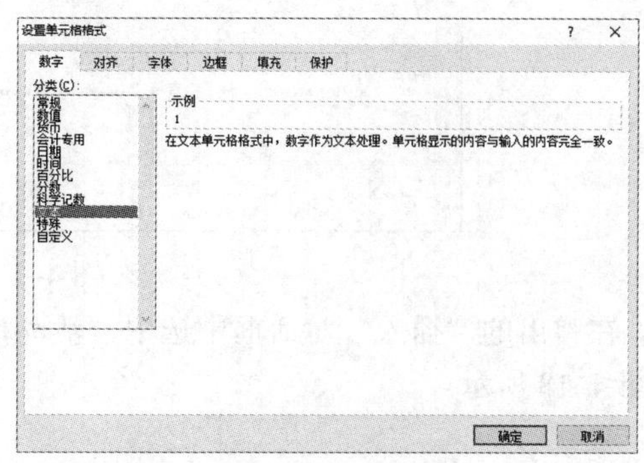

图 4-14　设置数据类型

3）输入符号和特殊字符

选择上面工作簿 I3 单元格，单击“插入”选项卡中的“符号”按钮，如图 4–15 所示；在弹出的对话框中选择所需的特殊字符，单击“插入”即可，如图 4–16 所示。

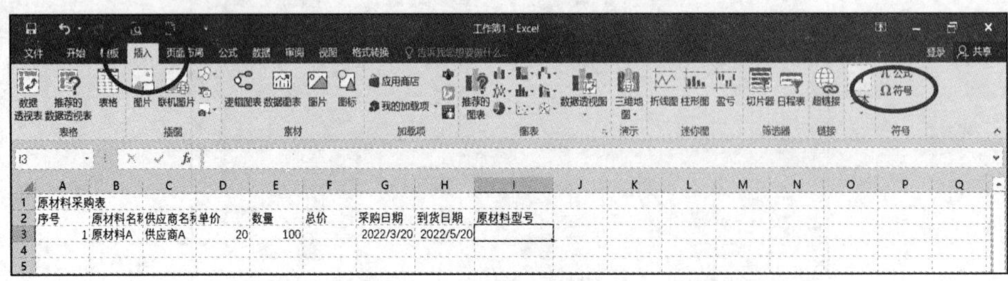

图 4–15 “符号”按钮

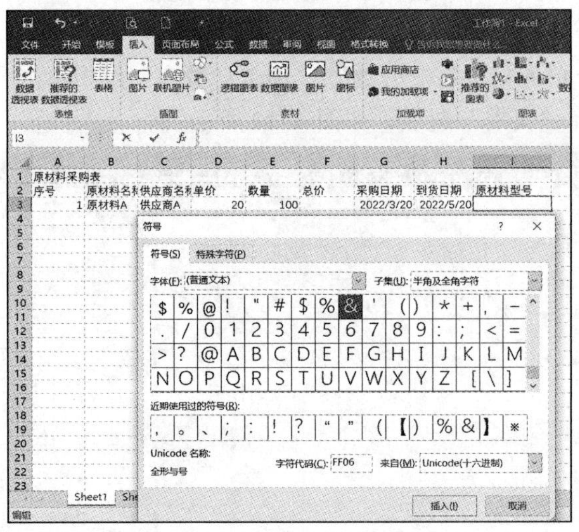

图 4–16 输入符号和特殊字符

4）插入单元格

选择要插入的 A8 单元格，在“开始”选项卡“单元格”组中单击“插入”下拉按钮，在弹出的下拉列表中选择“插入单元格”命令，如图 4–17 所示。

图 4–17 插入单元格

在弹出的“插入”对话框中选中“活动单元格下移”单选按钮，如图 4–18 所示。

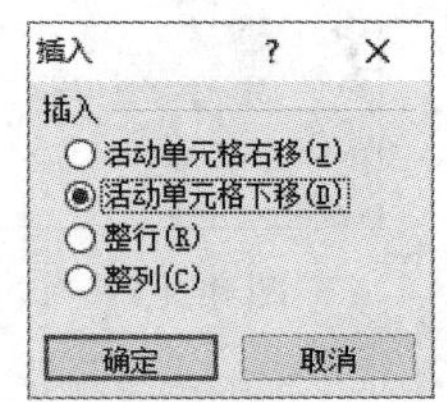

图 4–18 “插入”对话框

5）删除单元格

选择要删除的单元格，在“开始”选项卡“单元格”组中单击“删除”下拉按钮，在弹出的下拉列表中选择“删除单元格”命令，如图 4–19 所示。

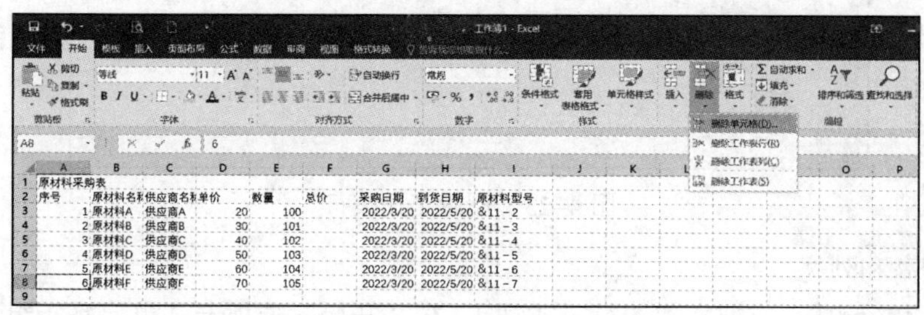

图 4–19　删除单元格

在弹出的“删除”对话框中单击“下方单元格上移”，如图 4–20 所示。

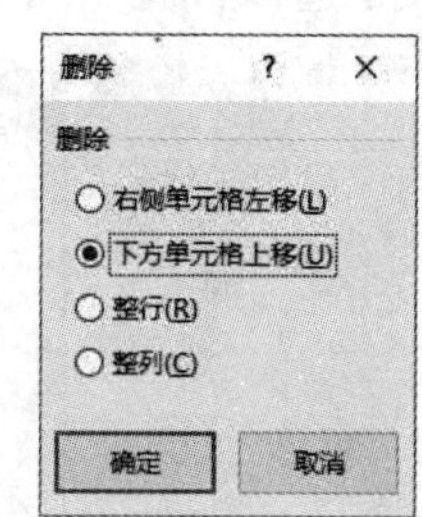

图 4–20　“删除”对话框

6）插入行或列

选择要在其上方插入一行的单元格 A8，在“单元格”组中单击“插入”下拉按钮，在弹出的下拉列表中选择“插入工作表行”命令，如图 4–21 所示。

同样选择要在其左方插入一列的单元格 C1，在“单元格”组中单击“插入”下拉按钮，在弹出的下拉列表中选择“插入工作表列”命令，如图 4–22 所示。

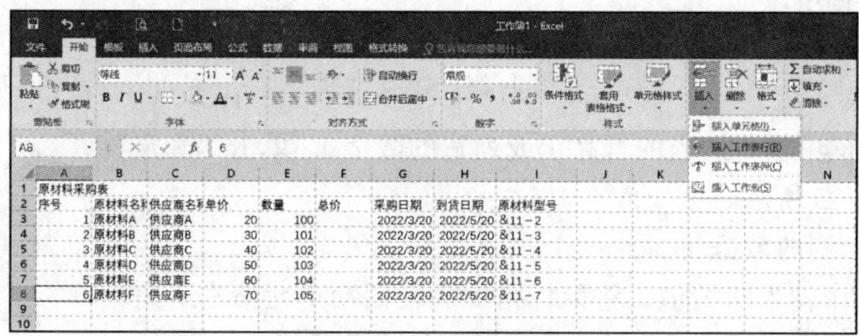

图 4–21　插入工作表行

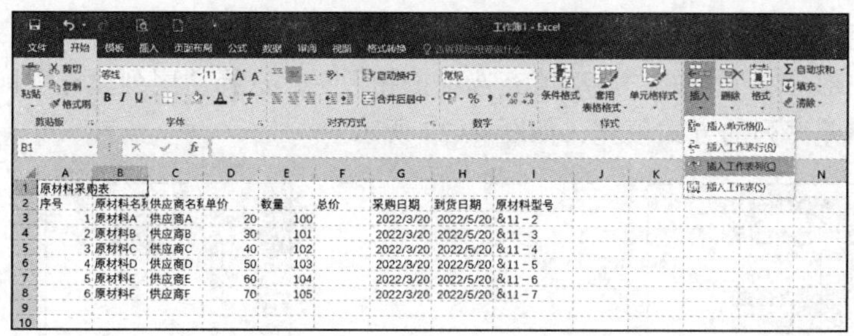

图 4–22　插入工作表列

7）删除行或列

选择要删除的行或列，在“单元格”组中单击“删除”下拉按钮，在弹出的下拉列表中单击“删除工作表行”或“删除工作表列”选项，如图 4–23 所示。

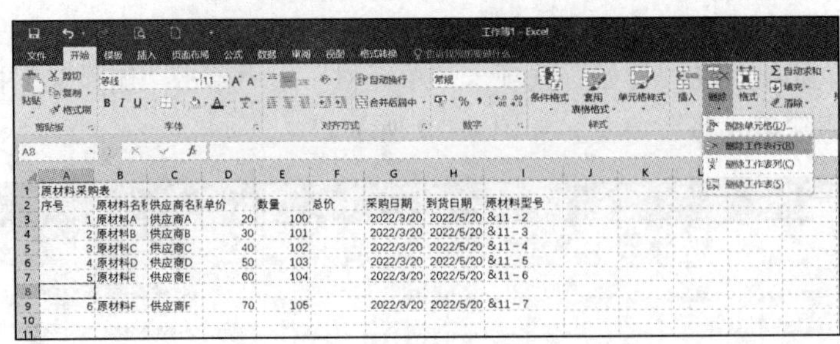

图 4-23　删除工作表行

8）设置行高和列宽

选择需要调整行高（或列宽）的行（或列），在“开始”选项卡“单元格”组“格式”下拉列表中选择行高（或列宽），如图 4-24 所示。

图 4-24　设置行高

在弹出的对话框中输入适当的行高（或列宽的数字），单击“确定”按钮即可，如图 4-25 所示。

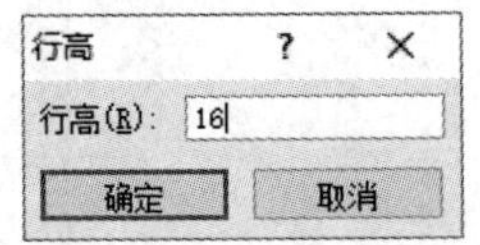

图 4-25　设置行高值

9）自动填充相同的数据

在活动单元格中输入初始值，将鼠标指针放在活动单元格右下角，鼠标指针变为实心“十”字形时拖动鼠标左键至结束单元格，如图 4-26 所示。

10）自动填充序列

单击填充选中部分右下角的“自动填充选项按钮”，选择“序列填充”即可将上面选中部分的填充方式以等差序列的方式填充，如图 4-27 所示。

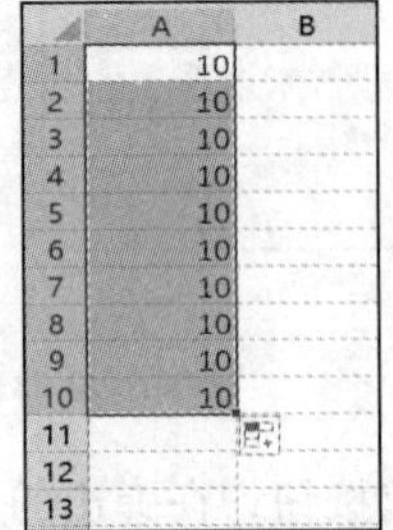

图 4-26　自动填充相同的数据

图 4-27 自动填充序列

11）使用批注

选择需要添加批注的单元格，在“审阅”选项卡中单击“批注”组中的“新建批注”按钮，如图 4–28 所示。

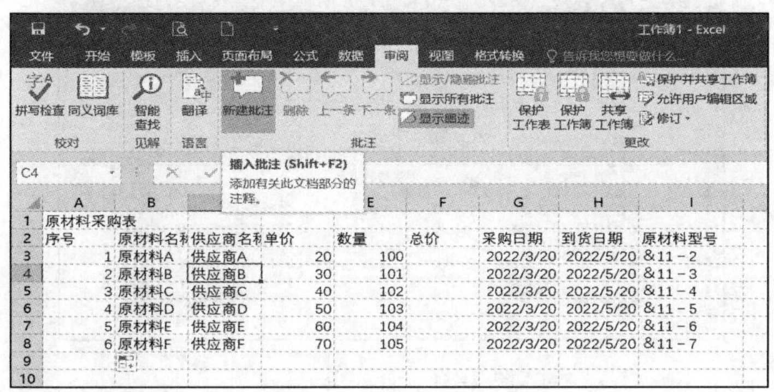

图 4–28　新建批注

在弹出的批注框中填入批注的内容，若要修改批注，则选中此单元格，在“批注”组单击“编辑批注”按钮即可再次编辑，如图 4–29 所示。

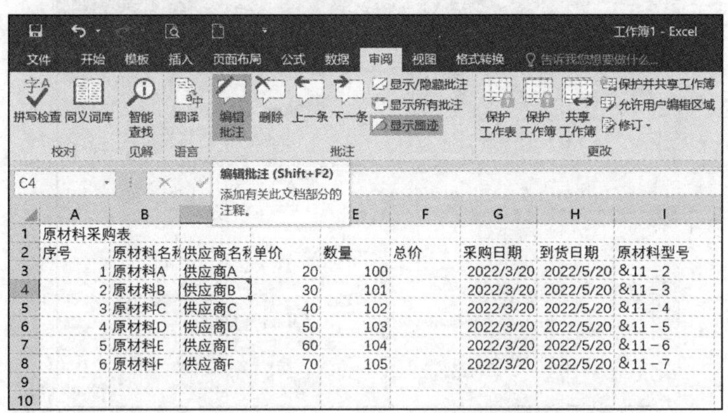

图 4–29　修改批注

若要删除批注，也需要选中单元格，在“批注”组单击“删除”按钮即可，如图 4–30 所示。

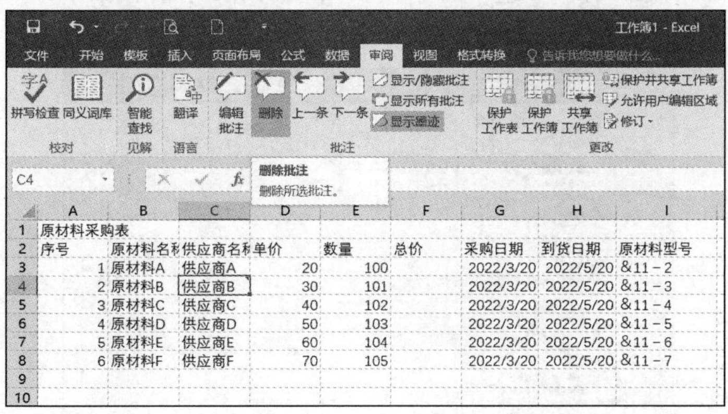

图 4–30　删除批注

12）合并单元格

选中要合并的几个单元格，在“对齐方式”组中单击“合并后居中”按钮，如图 4-31 所示。

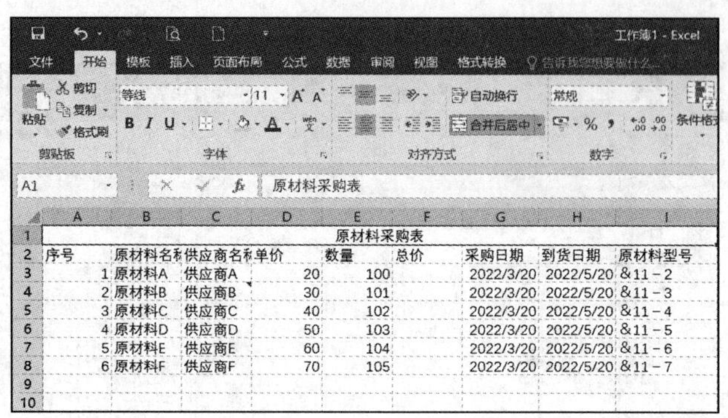

原材料采购表								
序号	原材料名称	供应商名称	单价	数量	总价	采购日期	到货日期	原材料型号
1	原材料A	供应商A	20	100		2022/3/20	2022/5/20	&11 - 2
2	原材料B	供应商B	30	101		2022/3/20	2022/5/20	&11 - 3
3	原材料C	供应商C	40	102		2022/3/20	2022/5/20	&11 - 4
4	原材料D	供应商D	50	103		2022/3/20	2022/5/20	&11 - 5
5	原材料E	供应商E	60	104		2022/3/20	2022/5/20	&11 - 6
6	原材料F	供应商F	70	105		2022/3/20	2022/5/20	&11 - 7

图 4-31　合并单元格

13）自动换行

选中要自动换行的单元格，在“对齐方式”组中单击“自动换行”按钮，如图 4-32 所示。

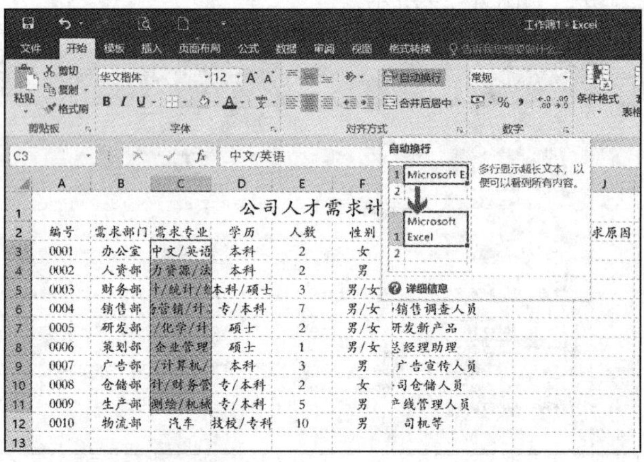

图 4-32　自动换行

14）设置字体格式

选中目标单元格，单击“字体”组中的“字体”下拉按钮，在弹出的下拉列表中选择“楷体”，如图 4-33 所示。

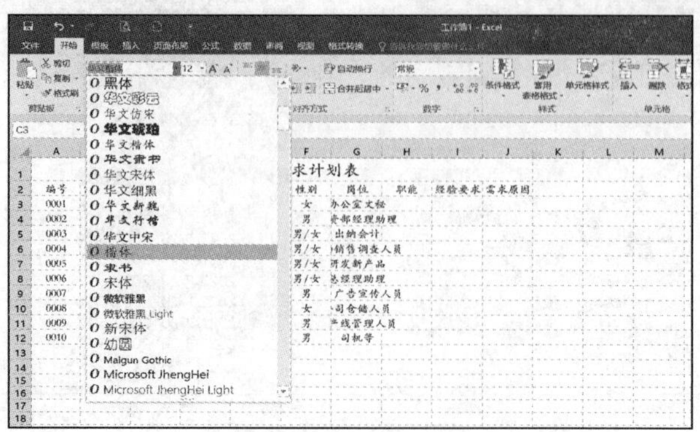

图 4-33　设置字体

同上，在“字体”组中单击“字号”下拉按钮，在弹出的下拉列表中选择“18”，如图 4-34 所示。

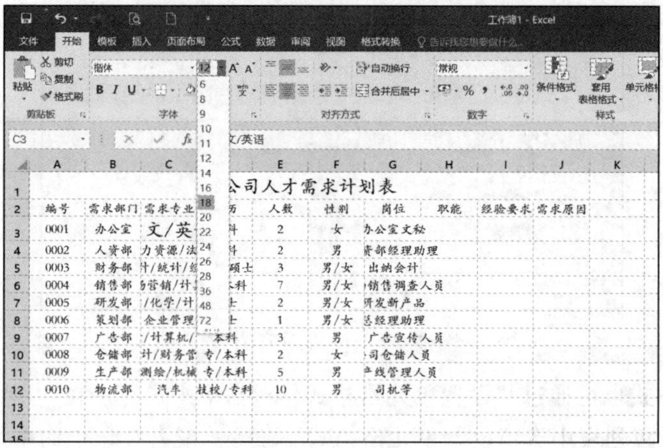

图 4-34　设置字号

同时，在“字体”组中还有字形加粗按钮 B，斜体按钮 I、下画线按钮 U、字体颜色按钮 A，可以根据需要设置相应的字体效果，如图 4-35 所示。

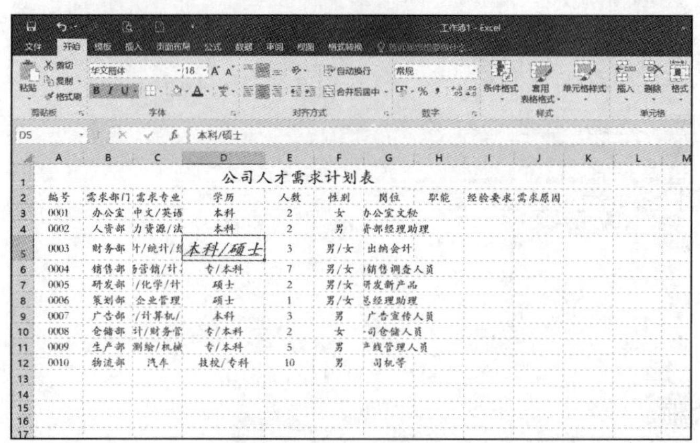

图 4-35　设置字形

设置字体格式也可通过“单元格格式”对话框来进行。在“单元格”组中单击“格式”下拉按钮，在下拉列表中选“设置单元格格式”命令。或者在选中的单元格上的右键快捷菜单中选择“设置单元格格式”命令，打开“设置单元格格式”对话框，“字体”选项卡中进行设置，如图 4-36 所示。

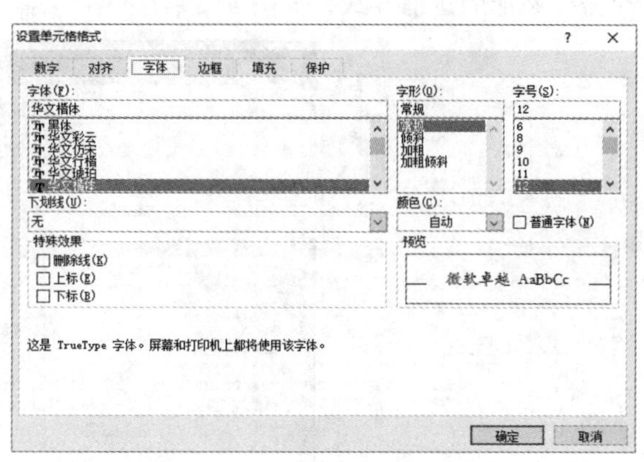

图 4-36　“设置单元格格式”对话框

15）设置对齐方式

使用“对齐方式”组中的对齐按钮，可以设置常见的对齐方式，如图 4-37 所示。

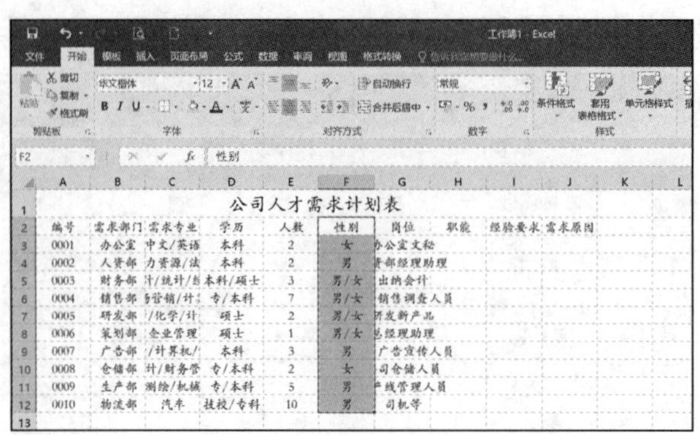

图 4-37　设置对齐方式

上面设置对齐方式也可通过“设置单元格格式”对话框来进行。在“单元格”组中单击“格式”下拉按钮，在下拉列表中选“设置单元格格式”命令。或者在选中的单元格的右键快捷菜单中选择“设置单元格格式”命令，打开“设置单元格格式”对话框，在“对齐”选项卡中进行设置，如图 4-38 所示。

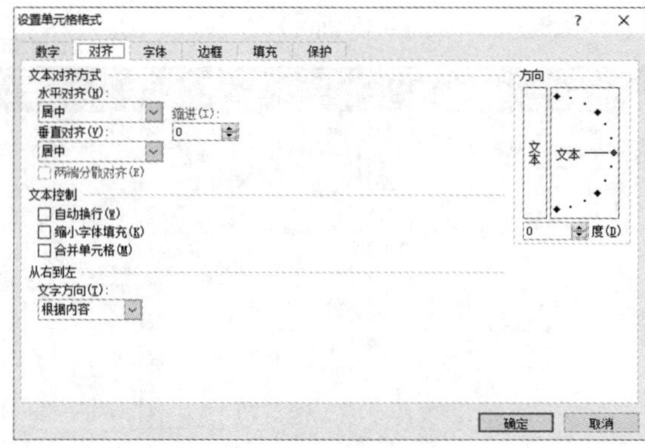

图 4-38　“对齐”选项卡

16）设置表格边框

选择需要添加边框线的表格区域，单击“字体”组中的“边框”下拉按钮，从下拉列表中选择需要添加的边框样式，如图 4-39 所示。

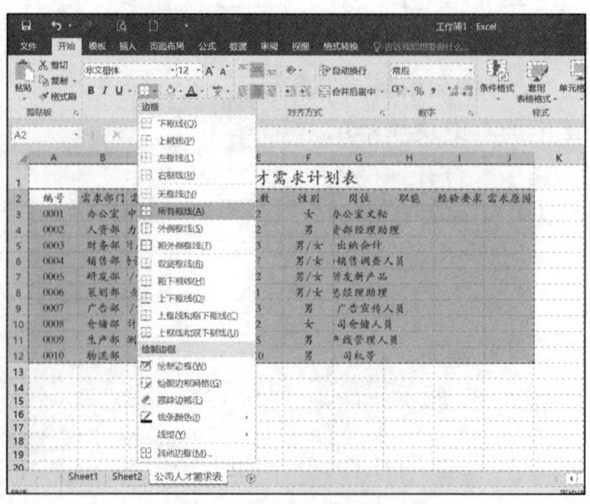

图 4-39　设置表格边框

以上方法为添加边框线的简单方式，如果边框的形式较为复杂，就需要打开“设置单元格格式”对话框，在“边框”选项卡中进行线条、颜色、自定义边框线的设置，如图 4-40 所示。

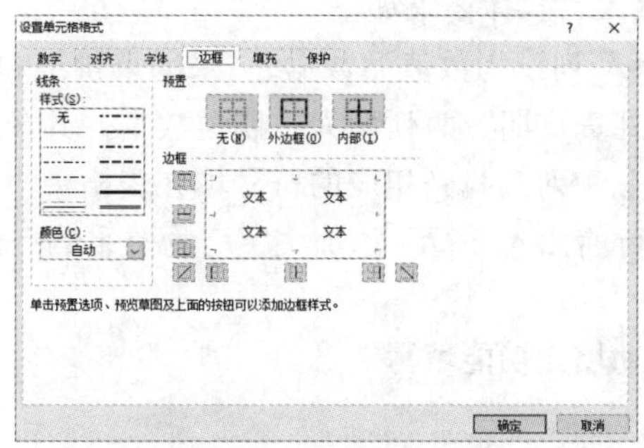

图 4-40　“边框”选项卡

17）设置表格底纹

选择要填充底纹的单元格区域，在“字体”组中单击“填充颜色”按钮，在弹出的下拉列表中选择适当的颜色即可，如图 4-41 所示。

如果需要填充较复杂的底纹，可以通过右键菜单中的“填充”命令来完成，这里还可以设置多种填充的不同效果及填充的图案颜色和样式，以满足对单元格底纹的不同要求，如图 4-42 所示。

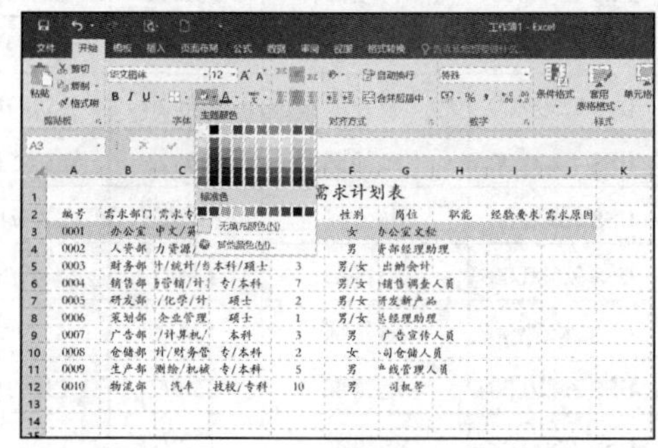

图 4-41　设置表格底纹

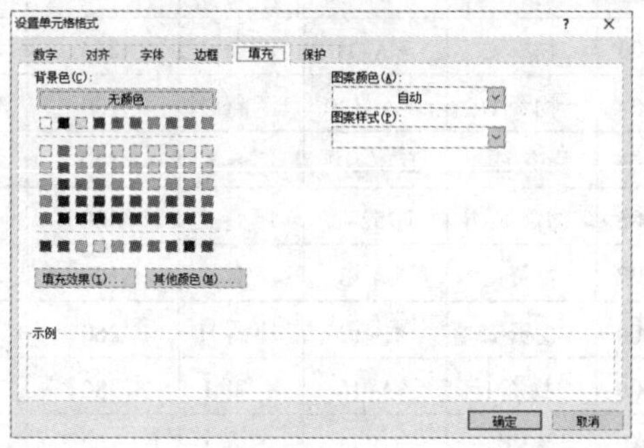

图 4-42　“填充”选项卡

知识扩展

数据类型中货币格式和会计专用格式的区别在于：货币格式可以设置为负数样式，而会计专用格式则没有负数样式，如图 4-43、图 4-44 所示。

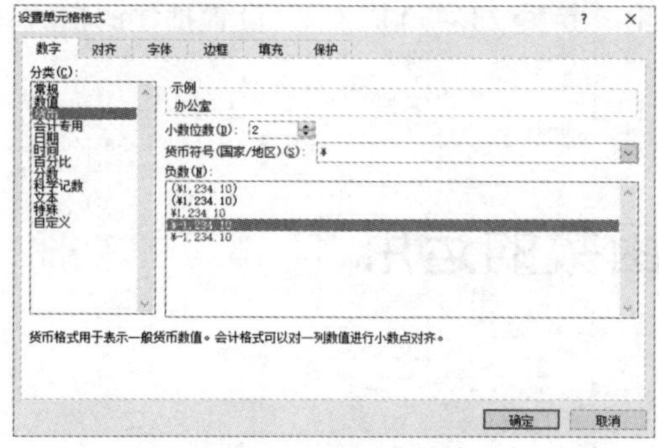

图 4-43　货币格式

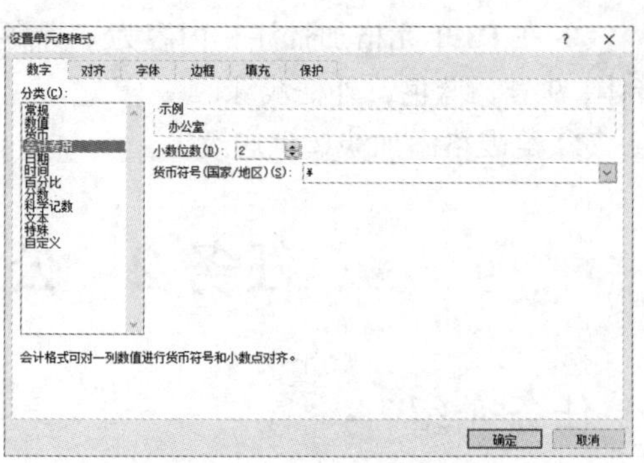

图 4-44　会计专用格式

☑ 技能训练

（1）按照下表内容完成输入，具体要求如下：

① 数据类型。“采购数量”列设为数值型数据，“采购单价”和“采购金额”两列设为会计专用格式，“采购日期”和“到货日期”两列设为日期型数据，其余列均设为文本型数据。

② 插入符号。在“型号”一列，找到相应的符号填在表格中。

③ 插入行、列。在第一行前插入一行，添加文字“物资采购登记表”。在“采购金额”列左侧插入一列，项目名为“运费”。

④ 编号一列的数字用自动填充功能填写。

⑤ 表格格式如下所示：

题目：从第一列到第十列合并后居中，华文中宋，三号，加粗，颜色：紫色，强调文字颜色4，深色25%。

其他文字：楷体，五号，上下左右均居中。颜色：水绿色，强调文字颜色5，深色25%。

边框：内部虚线，外边框细实线，线条颜色均为橙色，强调文字颜色6，深色25%。

编号	物资名称	型号	厂商	采购数量	采购单价	采购金额	申请采购部门	采购日期	到货日期
0001	物资A	♓21-2	厂商A	100	US$25.00	US$ 2,500.00	运营部	13/8/10	13/8/20
0002	物资B	♈01-30	厂商B	150	US$10.00	US$ 1,500.00	行政部	13/8/12	13/8/17
0003	物资C	★A-10	厂商C	250	US$27.00	US$ 6,750.00	销售部	13/8/15	13/8/21
0004	物资D	⅄A-120	厂商D	100	US$25.00	US$ 2,500.00	服务部	13/8/20	13/8/26
0005	物资E-1	ⅡB-101	厂商E	120	US$35.00	US$ 4,200.00	海外部	13/8/21	13/8/30
0006	物资F-1	㊣52-2	厂商F	300	US$20.00	US$ 6,000.00	办公室	13/8/26	13/9/1
0007	物资G	&A-B	厂商G	100	US$25.00	US$ 2,500.00	销售部	13/9/1	13/9/5
0008	物资H	*1-10	厂商H	260	US$11.00	US$ 2,860.00	海外部	13/9/5	13/9/9
0009	物资I	$A-10	厂商I	380	US$ 9.00	US$ 3,420.00	运营部	13/9/7	13/9/10
0010	物资J	#18-7	厂商J	100	US$25.00	US$ 2,500.00	销售部	13/9/9	13/9/15
0011	物资K	★A-B10	厂商K	110	US$12.00	US$ 1,320.00	办公室	13/9/10	13/9/18

（2）打开训练文件1-1，按以下要求完成操作。

① 将“需求专业”和“岗位和职能”两列的数据设置为自动换行，并适当调整行高，以便内容全部显示出来。

② 适当调整“学历”一列的列宽，以便内容全部显示出来。

③ 在F3单元格加批注，内容为“身高1.6米以上，年龄23～30周岁。”设置批注的格式：楷体、9号、蓝色，外框浅绿。

④ 给表格添加淡蓝色底纹。

任务2　公式与函数的运用

☑ 任务介绍

与数据的存储相比，Excel对数据的处理能力更能体现出它的办公效率和强大的功能。通过本任务的学习，可以了解公式的基础知识和函数的基本操作，学会使用公式和常见的函数。

☑ 相关知识

一、公式的基础知识

1. 公式的结构

公式就是由用户自行设计并结合常量数据、单元格引用、运算符元素进行数据处理和计算的算式。公式不同于文本、数字等存储格式，它有自己的语法规则，如结构、运算符号及优先次序等。

在 Excel 中输入公式时，必须以“=”开头，然后输入公式的内容。公式主要包含以下几个部分：

（1）函数：Excel 中的一些函数，如求和（SUM）、求平均值（AVERAGE）、条件函数（IF）等。

（2）单元格引用：可以是当前工作表中的单元格，也可以是其他工作表中的单元格。例如，在公式“= SUM（Sheet3!A3+26）”中，引用的就是 Sheet3 工作表中 A3 单元格的数值。

（3）运算符：公式中进行相应运算的符号，如“+、−、*、/、>、<”等。

（4）常量：公式中输入的数字或文本值，如“= 24−15”。

（5）括号：在公式中可以利用括号调整公式的计算顺序，如“= 10*（20−12）”。

2. 各种运算符

运算符用于指定要对公式中的元素执行的计算类型，常见的运算符有以下几种：

（1）算术运算符：+、−、*、/、%、^。

（2）比较运算符：=、>、<、>=、<=、<>。

（3）文本连接运算符：&。

（4）引用运算符：冒号（:）、逗号（,）。

3. 运算的优先级

如果一个公式中有若干个运算符，Excel 将按表 4-1 中的次序进行计算，当优先顺序相同时，将从左至右进行计算。

表 4-1　运算符的优先级

优先级	符号	运算符名称	优先级	符号	运算符名称
1	冒号（:）	区间运算符	5	+或−	加号或减号
1	逗号（,）	联合操作符	6	&	连接运算符
2	%	百分号	7	=或<>	等于号或不等于号
3	^	乘幂	7	>或<	大于号或小于号
4	*或/	乘号或除号	7	>=或<=	大于等于或小于等于

4. 引用方法

在公式中用户常需要使用单元格或单元格区域来引用工作表中的一个或多个单元格。单元格的引用分为 3 种：相对引用、绝对引用及混合引用。相对引用是指包含公式和单元格引用的单元格的相对位置。相对引用时，如果公式所在的单元格位置改变，引用也会随之改变。与相对引用不同，用户在使用绝对引用时，即使公式所在单元格位置改变，引用也不会随之改变。绝对引用的格式例如C2。混合引用是指公式中既有相对引用又有绝对引用。

二、使用公式

Excel 2016 提供了强大的公式编辑功能，用户可以对公式进行输入、编辑、复制等操作。

1. 输入公式

输入公式可以在单元格中进行，也可以在编辑栏中进行。

2. 编辑公式

在单元格输入公式之后，用户还可以对其进行编辑，如修改和删除等。

3. 复制公式

如果公式的内容相同也可以通过复制和选择性粘贴来快速输入公式。

三、函数的基本操作

函数是预先定义好的公式，它利用一些称为参数的特定数据值按特定的顺序或结构进行计算，运用函数进行计算可以简化公式的输入过程。

除了单击“插入函数”按钮打开“插入函数”对话框外，还可以在“公式”选项卡中单击“插入函数”按钮，同样可以打开该对话框。另外，在打开“插入函数”对话框后，如果用户不清楚所插入函数的名称，可首先在“搜索函数”文本框中输入需要插入函数的含义。例如，输入“求和”，然后单击“转到”按钮，即可在下方的“选择函数”列表框中列出所有符合要求的函数，用户可选择每个函数，然后查看其下方的功能介绍再进行选择。

1. 输入常用函数

如果用户需要用到求和、平均值、计数、最大值、最小值等常用的较简单的函数，可以在“开始”选项卡“编辑”组中直接打开“自动求和”的下拉列表来选择完成。如果用户能够记住函数的名称、参数和作用，也可以直接在单元格中手工输入函数。

2. 利用向导输入函数

如果用户不能确定一些较复杂函数的具体写法或相关参数，还可以利用函数向导进行输入。

四、常见函数的使用

日常工作中，函数应用得非常广泛，涉及众多领域，使用这些函数可以轻松地完成相关数据的运算。在 Excel 2016 中常见的函数有求和、平均值、最大（小）值、计数、条件函数、日期与时间函数等，下面来一一介绍。

1. 求和函数

求和函数 SUM 是一个求和汇总函数，可以计算在任何一个单元格区域中的所有数字之和。

2. 平均值函数

平均值函数 AVERAGE 用来计算一串数值的平均值，其语法为：AVERAGE（数值 1，数值 2，…），其中“数值 1，数值 2”是指计算平均值单元格或单元格区域参数。

3. 最大（小）值函数

利用最大值函数 MAX 和数小值函数 M/N 可以求出所选单元格区域中的最大值和数小值。

4. 计数函数

计数函数 COUNT 可以用来统计参数列表中含有数值数据的单元格的个数，其语法为：COUNT（value1，value2，…），它的参数个数是可选的，是可以包含或引用各种类型数据的 1～255 个参数，但只有数字的数据才计算在内。

5. 条件函数

条件函数 IF 可以用来执行真假值判断，根据逻辑计算的真假值返回不同的结果。其主语法为：IF（logical_test,value_if_true,value_if_false）。其中，logical_test 可以为公式或表达式；value_if_true 可以为任意数据，表示计算结果为 true 时函数返回的值；value_if_false 可以是任意数据，表示计算结果为 false 时函数返回的值。

6. 日期与时间函数

日期和时间函数主要用于分析和处理日期值和时间值，系统内部的日期和时间函数包括 DATE、DATEVALUE、DAY、DAYS360、HOUR、TODAY、YEAR 等。

☑ 任务实施

1. 使用公式

1）输入公式

方法一：打开“原材料采购表”，选择 F3 单元格，输入公式“＝D3*E3”，然后按【Enter】键确认，即可在单元格显示出计算结果，如图 4-45 所示。

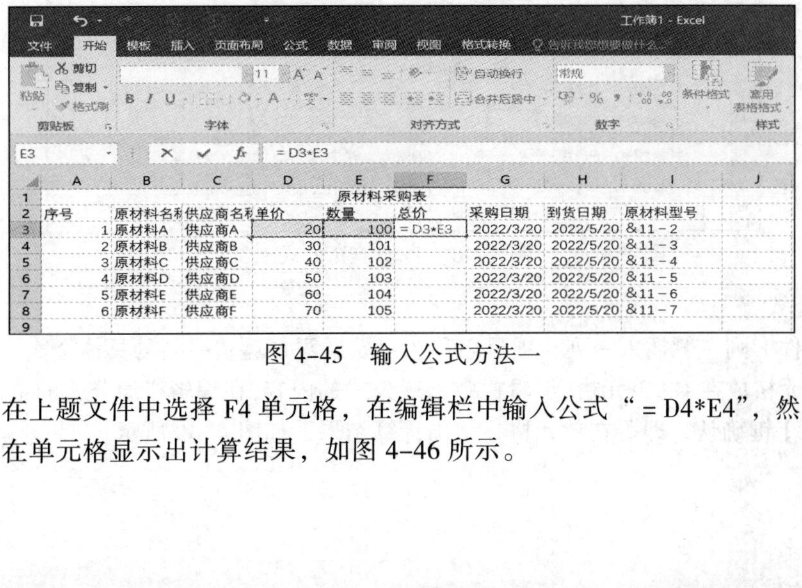

图 4-45　输入公式方法一

方法二：在上题文件中选择 F4 单元格，在编辑栏中输入公式“＝D4*E4”，然后按【Enter】键确认，即可在单元格显示出计算结果，如图 4-46 所示。

图 4-46　输入公式方法二

方法三：在上题文件中选择 F5 单元格，用键盘输入“ = ( )”，单击 D5 单元格，用键盘输入 *，再单击 E5 单元格，然后按【Enter】键确认，即可在单元格显示出计算结果。

这种用鼠标和键盘结合的输入方法为日常工作所常用，如图 4-47 所示。

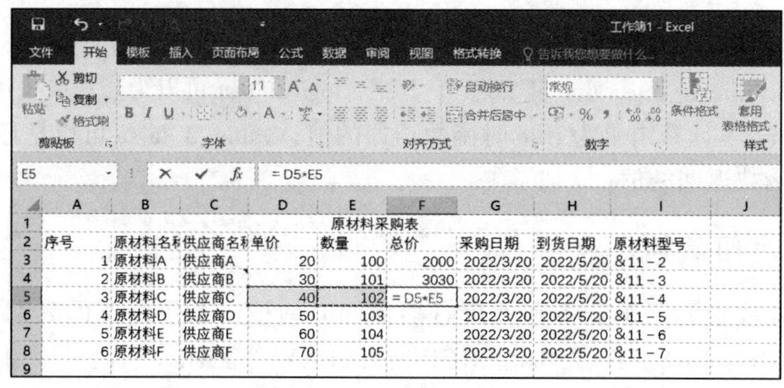

图 4-47　输入公式方法三

将鼠标指针放在 F5 单元格右下角，当鼠标指针变成“十”字形状时，按住鼠标左键向下拖动至最后一行，放开鼠标左键即可看到此列都自动填充了公式，如图 4-48 所示。

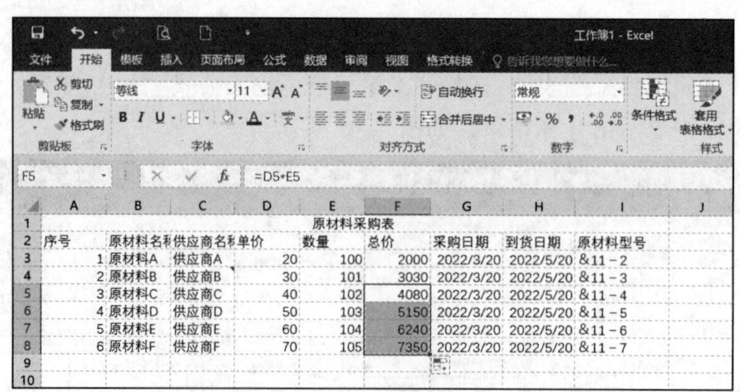

图 4-48　自动填充公式

2）编辑公式

在上题文件 F 列左侧插入一列，项目名称为运费，添加运费一列的具体金额。

将活动单元格放在 G3 单元格，编辑栏中出现公式的内容，在编辑栏原公式的末尾添加“+F3”，然后按【Enter】键确认，即可在单元格显示出计算结果，如图 4-49 所示。

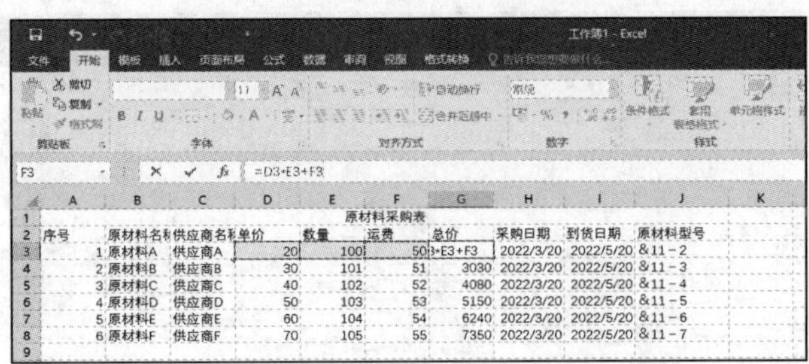

序号	原材料名称	供应商名称	单价	数量	运费	总价	采购日期	到货日期	原材料型号
1	原材料A	供应商A	20	100	50	=D3+E3+F3	2022/3/20	2022/5/20	&11－2
2	原材料B	供应商B	30	101	51	3030	2022/3/20	2022/5/20	&11－3
3	原材料C	供应商C	40	102	52	4080	2022/3/20	2022/5/20	&11－4
4	原材料D	供应商D	50	103	53	5150	2022/3/20	2022/5/20	&11－5
5	原材料E	供应商E	60	104	54	6240	2022/3/20	2022/5/20	&11－6
6	原材料F	供应商F	70	105	55	7350	2022/3/20	2022/5/20	&11－7

图 4–49　编辑公式

3）复制公式

将 G3 单元格的公式复制到 G4 单元格。选中 G3 单元格，单击“复制”按钮，再选中 G4 单元格，右击，在弹出的快捷菜单中选择“选择性粘贴”命令，如图 4–50 所示。出现对话框后，选择“公式”单选按钮，单击“确定”按钮即可，如图 4–51 所示。

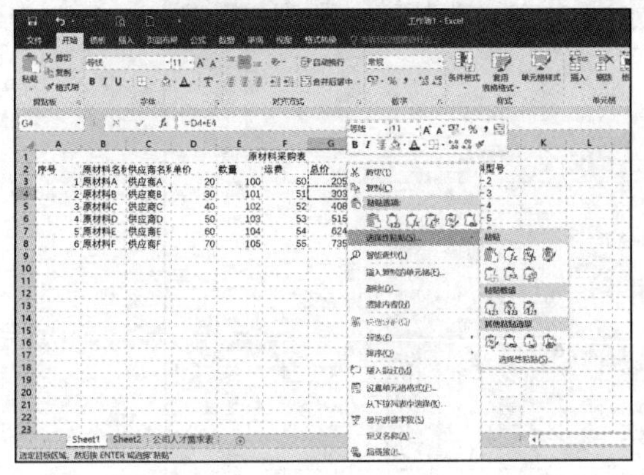

图 4–50　复制公式

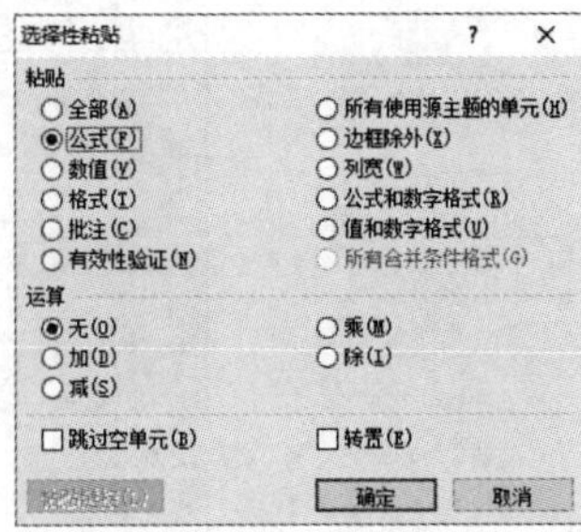

图 4–51　选择性粘贴对话框

2. 函数的基本操作

1）输入函数

打开例题文件 2-1，活动单元格放在 K3 单元格，在“开始”选择卡“编辑”组中单击“自动求和”下拉按钮，在打开的下拉列表中选择“求和”命令，如图 4–52 所示。

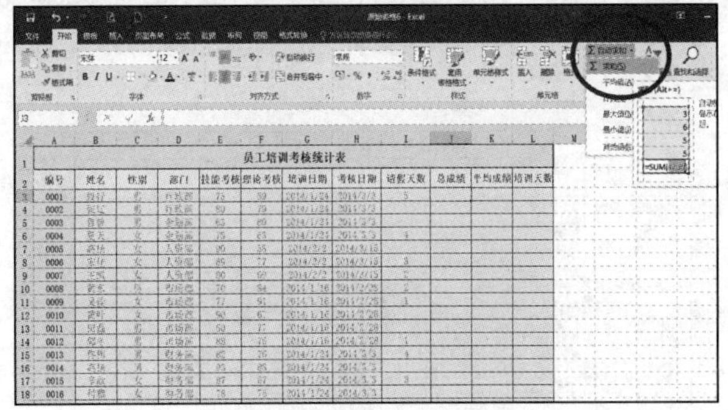

图 4–52　自动求和

重新选择公式的范围 E3:F3，按【Enter】键确认，如图 4–53 所示。

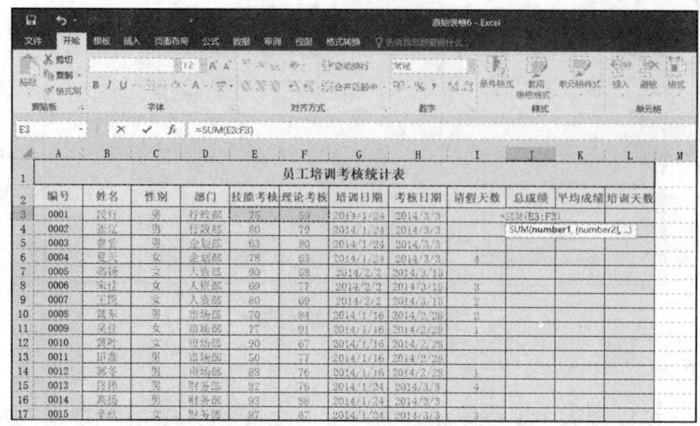

图 4–53　选择公式范围

并且利用快速填充功能计算出每个员工的“总成绩”，如图 4–54 所示。

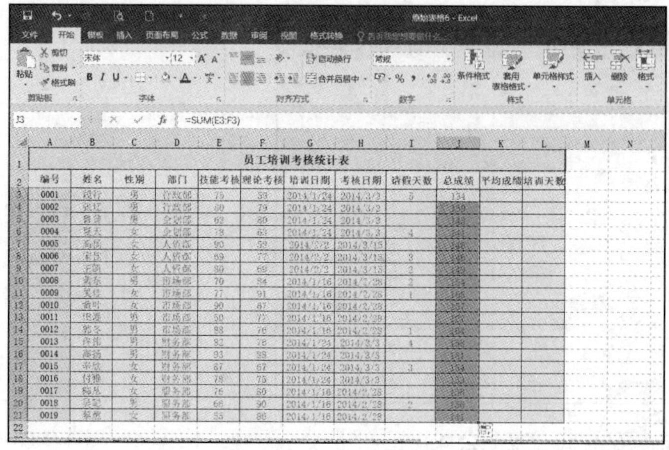

图 4–54　快速填充

2）利用向导输入函数——打开函数库

将活动单元格定位在上面例题中 L3 单元格，单击“公式”选项卡“函数库”组中的按钮，如图 4–55 所示。

图 4–55　打开函数库

3）利用向导输入函数——选择函数

打开“插入函数”对话框，在“或选择类别”下拉列表中选择“常用函数”选项，在“选择函数”列表框中选择 AVERAGE 选项，单击“确定”按钮，如图 4-56 所示。

4）利用向导输入函数——选择参数范围

在弹出的“函数参数”对话框的 Number1 后的文本框中选择需要求平均值的参数范围，单击“确定”即可出现所求的平均值数值，如图 4-57 所示。

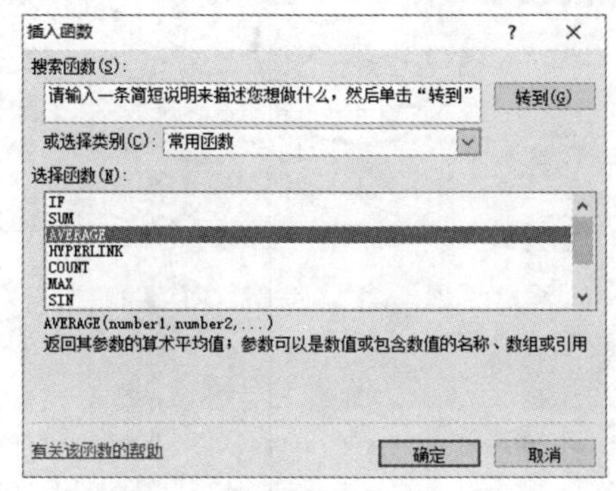

图 4-56　“插入函数”对话框

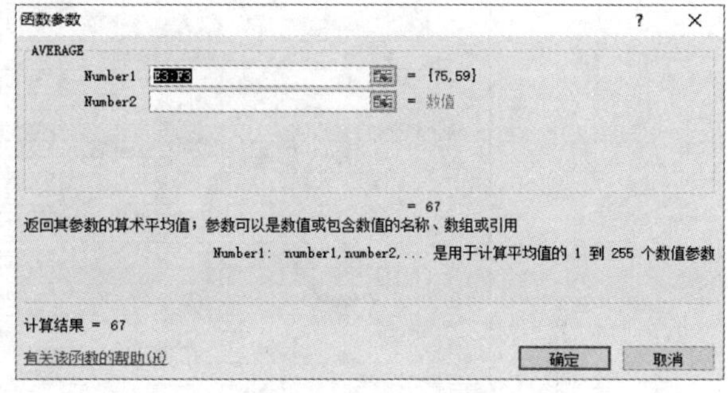

图 4-57　选择范围

利用快速填充功能计算出每个员工的“平均成绩”，如图 4-58 所示。

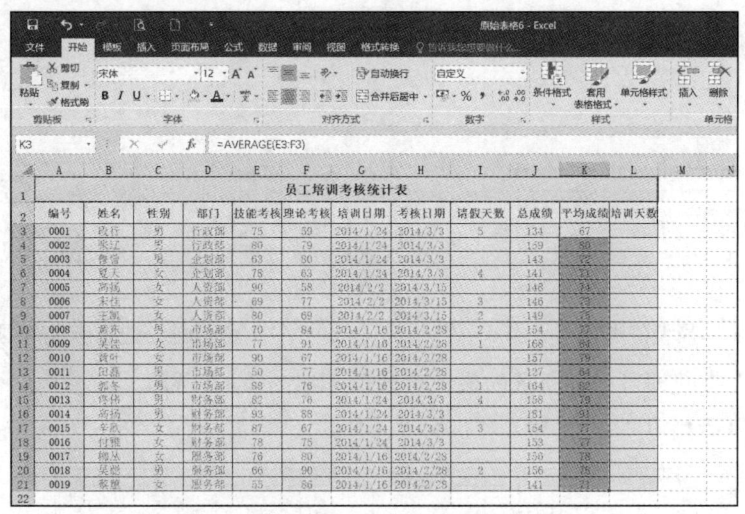

图 4-58　求出平均成绩

3. 常见函数的使用

1）求和、平均值函数

SUM 和 AVERAGE 函数在之前已经介绍过，在“开始”选择卡“编辑”组中“自动求和”下拉列表中选择“求和”或“平均值”命令，然后选择求和或平均值的参数范围即可，如图 4-59 所示。

2）最大（小）值函数

（1）将活动单元格定位在上面例题中第二个表格“技能成绩”最大值单元格，单击“公式”选项卡“函数库”组中的“插入函数”按钮，弹出“插入函数”对话框，在“或选择类别”下拉列表中选择“常用函数”选项，在“选择函数”列表框中选择 MAX 选项，单击“确定”按钮，如图 4-60 所示。

（2）在弹出的“函数参数”对话框中 Number1 后的文本框中选择需要求最大值的参数范围 E3:E21，如图 4-61 所示。

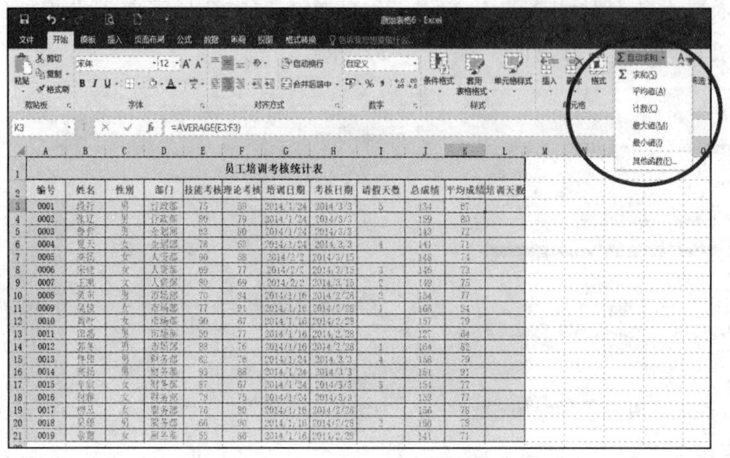

图 4-59　求和、平均值函数

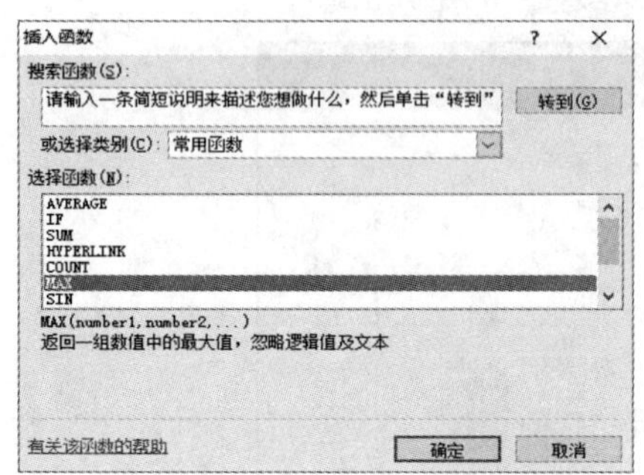

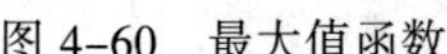

图 4-60　最大值函数

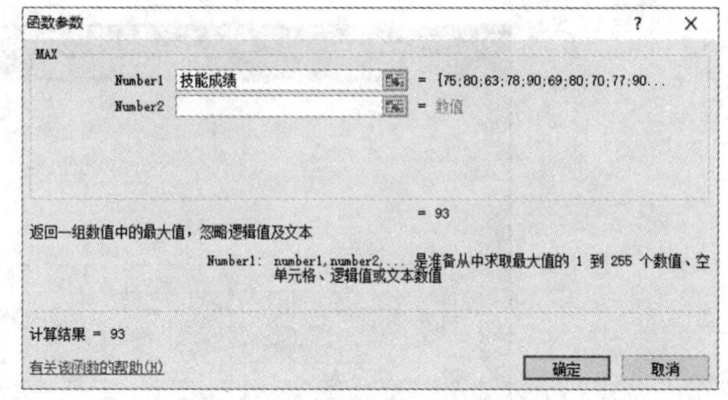

图 4-61　选择所求范围

单击“确定”按钮即可出现所求的最大值数值，如图 4-62 所示。

求最小值的方法相似。

16	0014	高扬	男	财务部	93	88	2007/1/24	2007/3/3
17	0015	辛欣	女	财务部	87	67	2007/1/24	2007/3/3
18	0016	付雅	女	财务部	78	75	2007/1/24	2007/3/3
19	0017	柳丛	女	服务部	76	80	2007/1/16	2007/2/28
20	0018	吴聪	男	服务部	66	90	2007/1/16	2007/2/28
21	0019	蔡蕙	女	服务部	55	86	2007/1/16	2007/2/28
22								
23								
24								
25					技能成绩		理论成绩	
26			最大值		93			
27			最小值					
28								
29								

图 4-62　求出最大值

3）计数函数

（1）将活动单元格定位在上面例题中第三个表格“请假人数”单元格，单击“公式”选项卡“函数库”组中的“插入函数”按钮，弹出“插入函数”对话框，在“或选择类别”下拉列表中选择“常用函数”选项，在“选择函数”列表框中选择 COUNT 选项，单击“确定”按钮，如

图 4-63 所示。

（2）在弹出的“函数参数”对话框中 Value1 后的文本框中选择需要计数的参数范围 J3:J4，如图 4-64 所示。

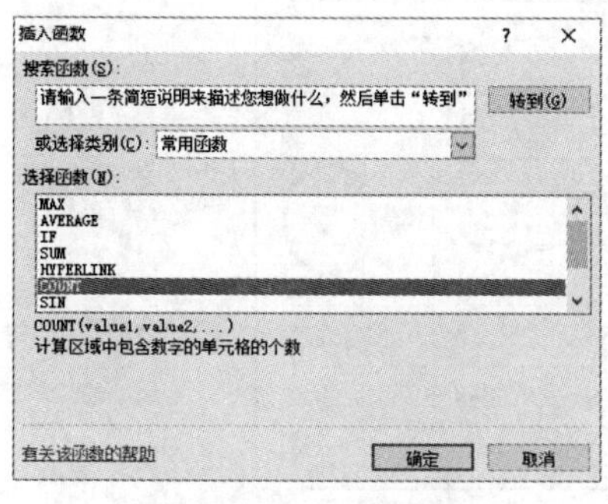

图 4-63　计数函数

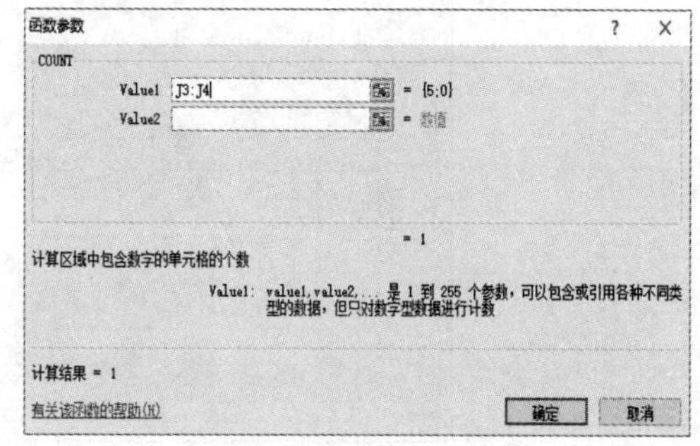

图 4-64　选择函数范围

（3）单击“确定”按钮即可出现所求的计数的数值，如图 4-65 所示。使用同样的方法可求出以下各部门的请假人数。

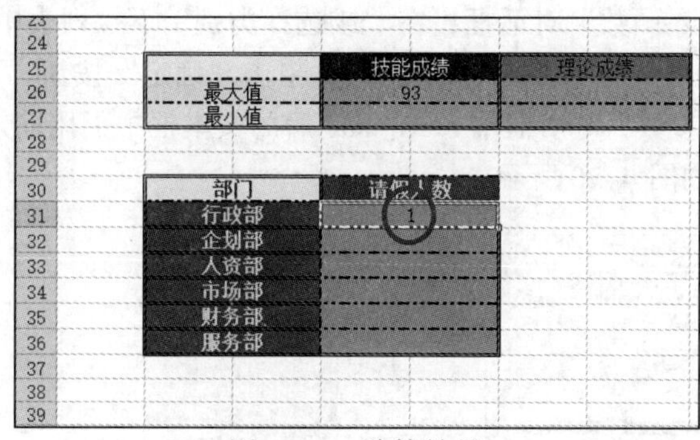

图 4-65　计算结果

4）条件函数

（1）将活动单元格定位在上面例题中 M3 单元格，单击“公式”选项卡“函数库”组中的“插入函数”按钮，弹出“插入函数”对话框，在“或选择类别”下拉列表中选择“逻辑”选项，在“选择函数”列表框中选择 IF 选项，单击“确定”按钮，如图 4-66 所示。

（2）在弹出的“函数参数”对话框中 logical_test 后的文本框中输入第一个条件 L3>=90，在 value_if_true 后的文本框中输入第一个条件为真时的返回值“优秀”，在 value_if_false 后的文本框中输入一个嵌套条件“IF(L3>=60,"合格","不合格")”，如图 4-67 所示。

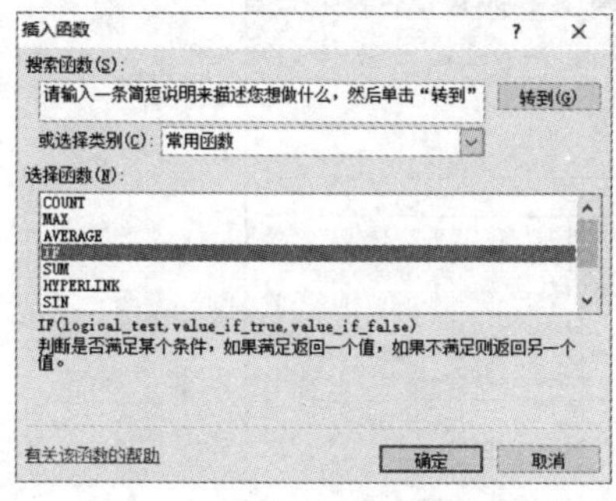

图 4-66　条件函数

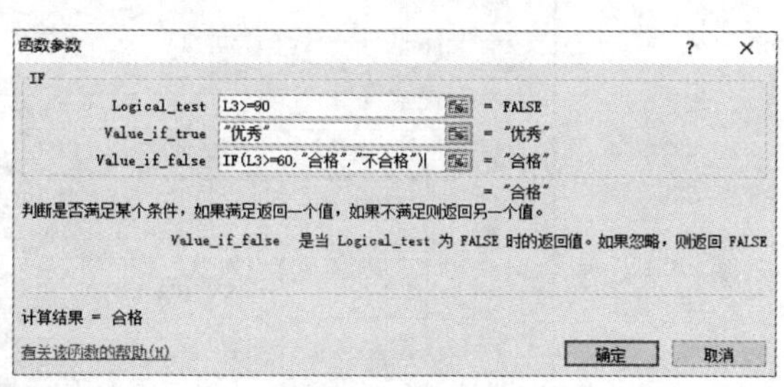

图 4-67　输入公式

（3）单击“确定”按钮即可出现所求的满足条件的返回数值，如图 4–68 所示。可以用自动填充方式将 M4:M21 计算出来。

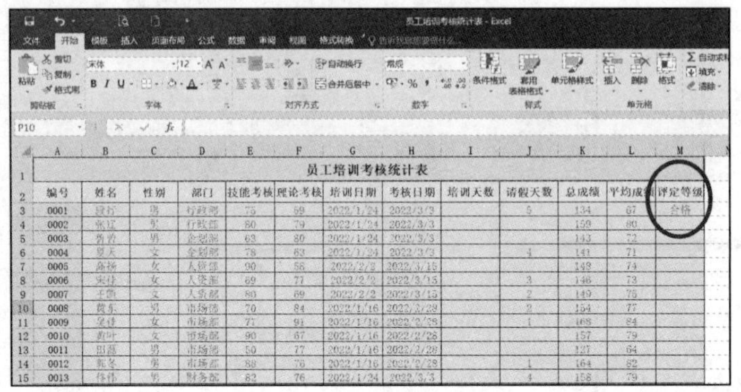

图 4–68 计算结果

5）日期与时间函数

（1）将活动单元格定位在上面例题中 I3 单元格，单击“公式”选项卡“函数库”组中的“插入函数”按钮，弹出“插入函数”对话框，在“或选择类别”下拉列表中选择“日期与时间”选项，在“选择函数”列表框中选择 DAYS360 选项，单击“确定”按钮，如图 4–69 所示。

（2）在弹出的“函数参数”对话框中 Start_date 后的文本框中引用输入 G3，在 End_date 后的文本框中引用输入 H3，如图 4–70 所示。

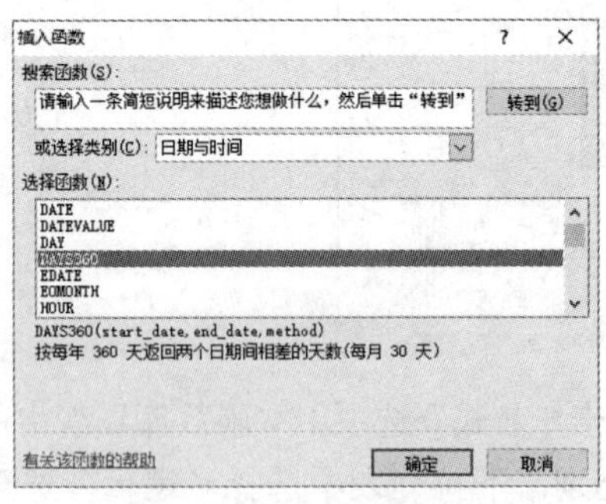

图 4–69 日期与时间函数

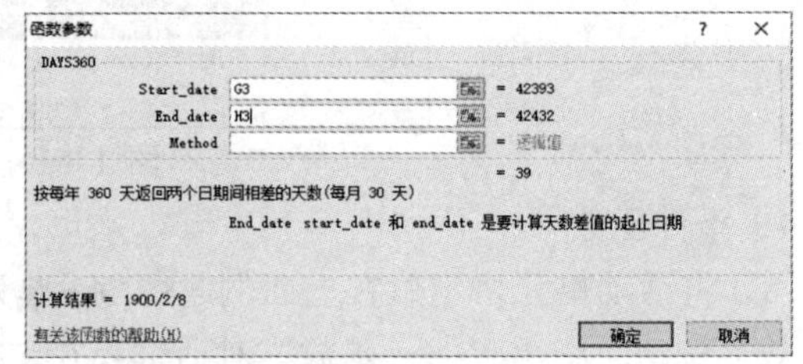

图 4–70 输入公式

（3）单击“确定”即可出现所求天数数值。可以用自动填充方式将 I4:I21 计算出来，如图 4–71 所示。

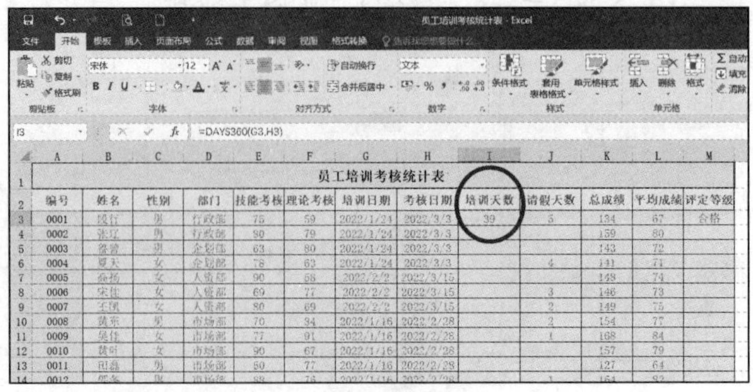

图 4–71 计算结果

☑ 技能训练

打开训练文件 2-1，完成以下各题：

（1）假如现在的时间是 2022 年 4 月 1 日，运用日期与时间函数求出每位员工的工龄。

（2）奖金的发放按以下规则：工龄在 20 年以上的发 2 000 元，10 ~ 20 年的发 1 500 元，10 年以下的发 1 000 元。运用逻辑函数 IF 求出每位员工的奖金数。

（3）根据“缺勤扣款 = 基本工资/22*缺勤天数”计算出缺勤员工的缺勤扣款数额。

（4）根据“实发工资 = 基本工资+奖金-缺勤扣款”计算出每位员工的实发工资数额。

任务 3　图表的运用

☑ 任务介绍

在日常办公过程中，在使用 Excel 2016 对工作表中的数据进行计算及统计后，还可以将表格中的数据创建成图表，以便更好地显示出数据的发展趋势和分布状况，更直观地表现数据。现在介绍如何应用图表功能更好地完成数据的表现。

☑ 相关知识

一、认识图表类型

为了满足不同用户的需求，Excel 2016 提供了 11 种标准类型的多种定义图表，以帮助用户使用更加直观的方式来显示数据。在要创建图表或更改现有图表时，用户可以根据不同的数据需要选择不同的图表类型。

1. 柱形图

柱形图是一种常用的图表类型，用于显示一段时间内数据的变化或描述各项目之间的数据变化情况。在柱形图中，通常沿水平轴组织类别，而沿垂直轴组织数值。柱形图包括“簇状柱形图”“堆积柱形图”“百分比堆积柱形图”“三维簇状柱形图”“三维堆积柱形图”“三维百分比堆积柱形图”“三维柱形图”等子类型。如图 4–72 所示为三维簇状柱形图。

2. 折线图

折线图可以显示随时间（根据常用比例设置）而变化的连续数据，因此非常适用于显示在相等的时间间隔下数据的走势情况。折线图分为“折线图”“堆积折线图”“百分比堆积折线图”“带数据标记的折线图”“带数据标记的堆积折线图”“带数据标记的百分比堆积折线图”“三维折线图”7 种子类型。图 4–73 所示为带数据标记的堆积折线图。

3. 条形图

条形图可以看作顺时针旋转 90° 后的柱形图，其作用与柱形图相同，通过它可以直观地对数据进行对比分析，显示各项目之间的数据差别情况。它强调在特定时间点上分类轴和数值的比较。

条形图又分为“簇状条形图”“三维簇状条形图”“圆柱图”“圆锥图”“棱锥图”等 11 种子类型。如图 4–74 所示为簇状条形图。

4. XY 散点图

散点图和折线图类似，用于显示单个或多个数据系列的数据在某间隔条件下的变化趋势。散点图有两个数值轴，沿水平轴（*X* 轴）方向显示一组数值数据，沿垂直轴（*Y* 轴）方向显示另一组数值数据。散点图将这些数值合并到单一数据点并以不均匀间隔或簇显示它们。散点图可以用于绘制函数曲线，在科学数据、统计数据和工程数据等方面较为常用。XY 散点图包括“仅带数据标记的散点图”“带平滑线和数据标记的散点图”“带平滑线的散点图”“带直线和数据标记的散点图”“带直线的散点图”5 种子类型。如图 4–75 所示为仅带数据标记的散点图。

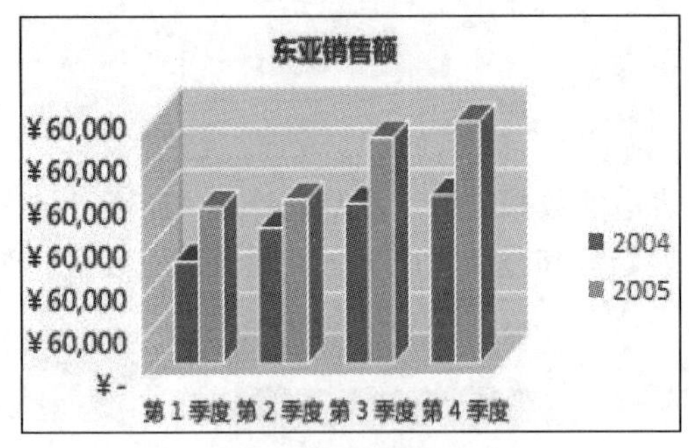

图 4–72　三维簇状柱形图

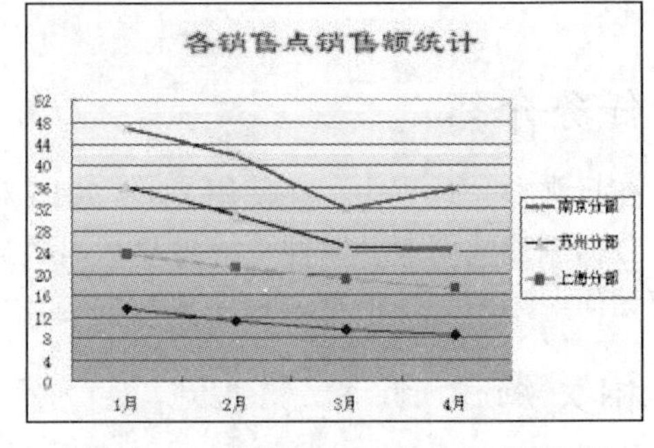

图 4–73　带数据标记的堆积折线图

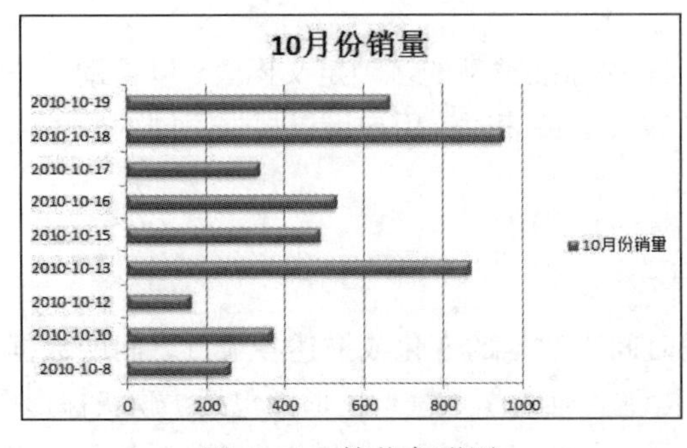

图 4–74　簇状条形图

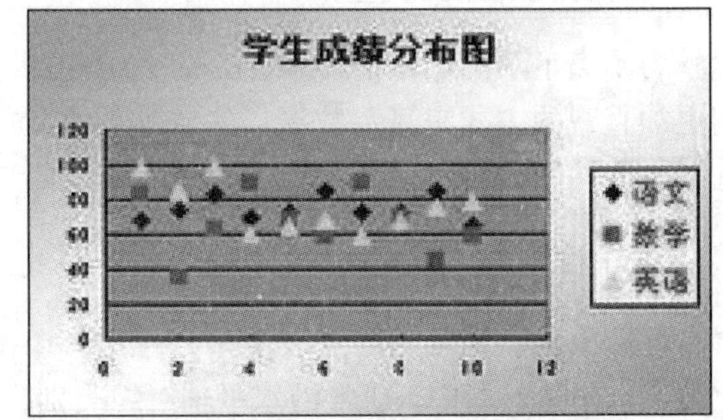

图 4–75　仅带数据标记的散点图

5. 饼图

饼图主要用于显示数据系列的项目占其数据总和的比例。它每次只能显示一个数据系列的比例关系，所以在强调数据比例时，饼图很有用。饼图包括“饼图”“三维饼图”“复合饼图”“分离型饼图”“分离型三维饼图”“复合条饼图”6 种子类型。如图 4–76 所示为分离型三维饼图。

6. 面积图

面积图显示每个系列数值的变化量，强调数据随时间变化的幅度，通过显示数值的总和来反映整体和部分的关系。面积图包括“面积图”“堆积面积图”“百分比堆积面积图”“三维面积图”“三维堆积面积图”“三维百分比堆积面积图”6 种子类型。如图 4–77 所示为堆积面积图。

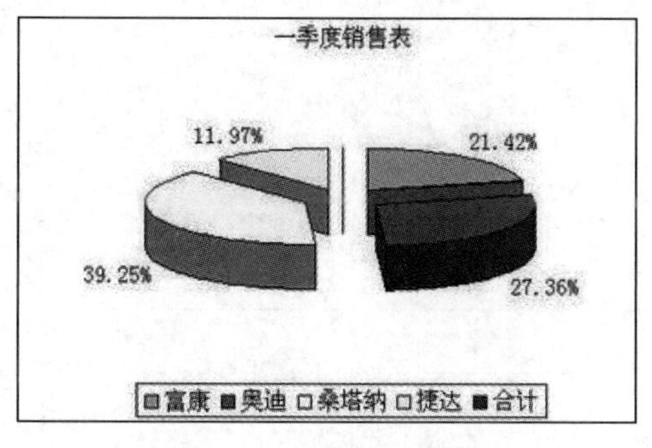

图 4–76　分离型三维饼图

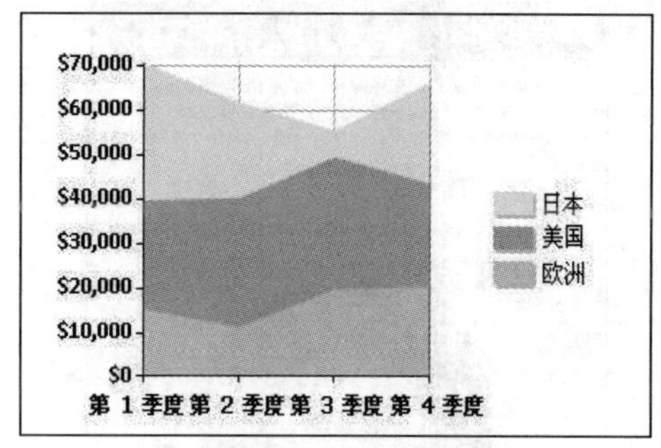

图 4–77　堆积面积图

7. 股价图

股价图是一种具有三个数据序列的折线图，常用于显示股价的波动，多用于金融领域。股价图包括“盘高–盘低–收盘图”“开盘–盘高–盘低–收盘图”“成交量–盘高–盘低–收盘图”“成交量–开盘–盘高–盘低–收盘图”4 种子类型。如图 4–78 所示为开盘–盘高–盘低–收盘图。

8. 曲面图

曲面图在寻找两组数据之间的最佳组合时最为有用。曲面图用曲面来显示数据的变化情况和变化趋势。曲面图中的颜色和图案用来表示在相同取值范围内的区域。曲面图包括“三维曲面图”“三维曲面图（框架图）”“曲面图”“曲面图（俯视框架图）”4 种子类型。如图 4–79 所示为三维曲面图。

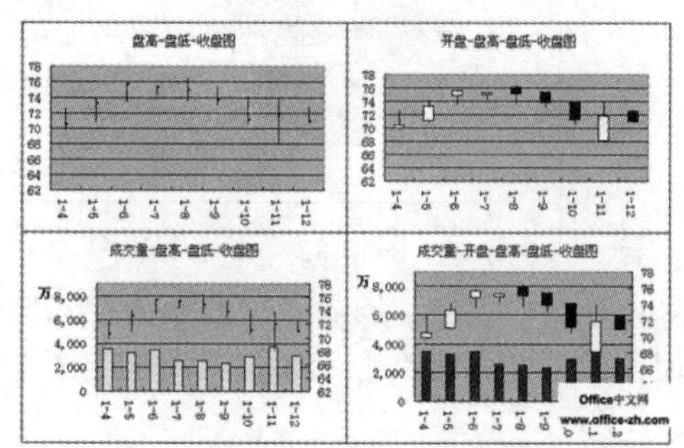

图 4–78　开盘–盘高–盘低–收盘图

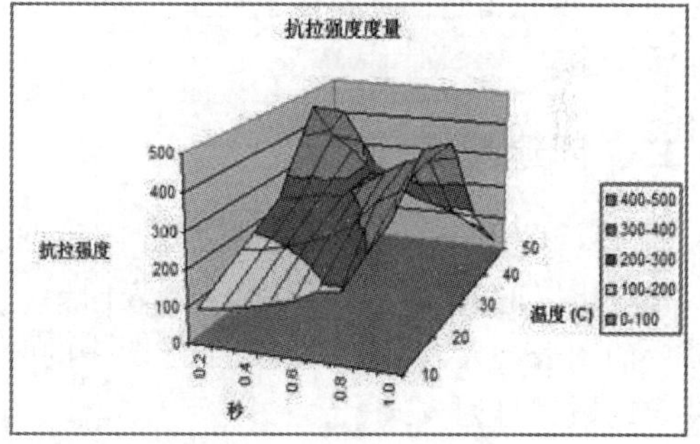

图 4–79　三维曲面图

9. 圆环图

圆环图有些类似于饼图，用于显示各个部分与整体之间的比例关系，但是不同于饼图，圆环图可以含有多个数据系列。圆环图包括“圆环图”“分离型圆环图”两种子类型。图 4–80 所示为圆环图。

10. 气泡图

气泡图可以看成是特殊类型的 XY 散点图，它在散点图的基础上附加了数据系列，主要反映数据在某时间间隔条件下的变化趋势。气泡图的数据一般为三行或三列，数据的第 1 列或行中列出 *X* 值，相邻列或行中列出相应的 *Y* 值，第 3 列数值用于表示气泡大小。气泡图包括“气泡图”和“三维气泡图”。图 4–81 所示为气泡图。

图 4-80　圆环图

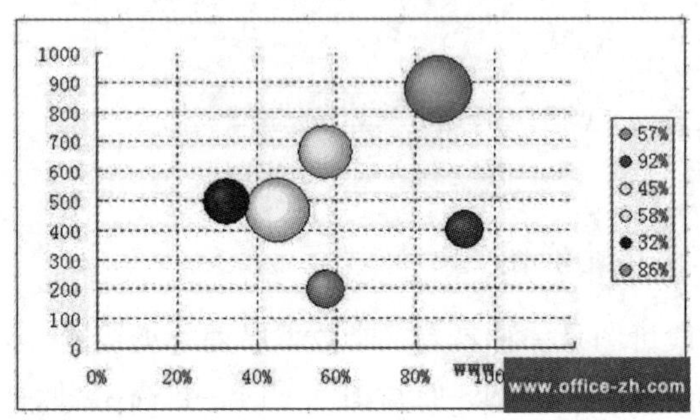

图 4-81　气泡图

11. 雷达图

雷达图用于显示各数据相对于中心点或其他数据的变动情况。它的所有数据分类都有自己的数值坐标轴，这些坐标轴从中心点向外辐射，用折线把同一数据系列的数据连接起来。雷达图包括“雷达图”“带数据标记的雷达图”“填充雷达图”3 种子类型。如图 4-82 所示为填充雷达图。

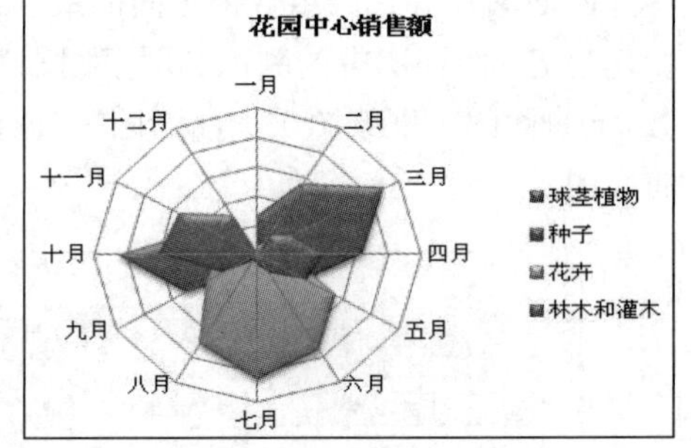

图 4-82　填充雷达图

二、创建图表

在 Excel2016 中可以轻松地创建具有专业外观的图表，相对于以前的版本，它取消了图表向导，只需要选择图表类型、图表布局和图表样式便可创建需要的图表，大大节省了用户创建图表的时间。但创建某些图表类型（如饼图和气泡图）则需要特定的数据排列方式。

三、设置图表格式

图表创建后，可以通过更改图表类型、图表数据源、图表布局、图表样式以及图表的数据标签和坐标轴格式来美化图表，使图表更具专业水平。

1. 更改图表类型

Excel 2016 提供了多种不同的图表类型，可以根据不同的需要从中选择最合适的图表类型，以便将数据以最有效的形式展现出来。更改图表类型即将现有图表从当前图表类型更改为另一种图表类型，使图表显得更加协调，更能直观表现数据间的关系。

2. 选择图表数据

图表数据即图表的数据系列，是在图表中绘制的相关数据点，这些数据源自数据表的行或列。

图表中的每个数据系列具有唯一的颜色或图案，并且在图表的图例中表示。可以在图表中绘制一个或多个数据系列。饼图只有一个数据系列。

在已有的图表中可以添加或删除数据系列，让图表中的数据更加清晰，也可以更改指定数据系列的源数据区域，互换数据系列的行与列。

3. 更改图表布局

Excel 2016 提供了多种不同的预定义布局供用户选择，用户可根据具体需要选择图表布局。除此以外还可以通过“图表工具-布局”选项卡“标签”组的功能单独设置每个图表元素的显示与隐藏、位置及格式。

4. 更改图表样式

Excel 2016 提供了 48 种预定义的图表样式，可快速更改图表元素的格式，如图表区的填充颜色、线条颜色与样式、三维格式等。使用预定义图表样式能够快速制作专业外观的图表。除此之外，还可以选中需要设置格式的图表元素，通过“设置对象格式”对话框进行图表格式更改，即手动更改图表样式。

5. 设置标签

数据标签是指为数据标记提供附加信息的标签，数据标签代表源于数据表单元格的单个数据点或值。标签包括系列名称、类别名称、*X* 值、*Y* 值、百分比、显示引导线、气泡尺寸和重设计标签文本等内容。它可位于所有数据点的中心、内侧、外侧及最佳匹配位置。用户可以通过“图表工具-布局”选项卡“标签”组中的“数据标签”功能显示/隐藏标签及设置需要的标签格式。

6. 设置坐标轴

坐标轴是界定图表绘图区的线条，用作度量的参数框架。*Y* 轴通常为垂直坐标轴并包含数据，*X* 轴通常为水平轴并包含分类。XY 散点图和气泡图则在水平轴和垂直轴上均显示数值。用户可根据需要更改坐标轴的刻度值、显示单位、位置等。有时图表中两个系列的数据点的值差距过大，可采用次要坐标轴来显示。

7. 添加图表标题

用 Excel 2016 创建的图表在默认情况下是没有标题的，为了让用户清晰地了解图表要表达的信息，可以为图表添加标题。添加标题后还可以通过对话框对这些标题的格式进行设置，为其添加边框、阴影和三维效果等。

8. 设置图表图例

图例用于定义图表中数据系列的名称或分类，用户可以根据需要对图表的图例位置、图例的填充、图例边框的颜色、边框的样式及阴影等进行设置。

9. 显示图表网格线

Excel 2016 中，用户还可以为图表添加网格线，以更好地显示各个系列标志的值。

10. 美化图表

美化图表即是根据需求，设置图表的图表区、绘图区、数据系列等的颜色、填充和边框等属性，可通过“设置对象格式”对话框进行填充、边框颜色、边框样式、阴影和三维格式设置，以达到用户的要求。除此之外，还可以采用预定义的形状样式，直接对图表区、绘图区和数据系列进行设置。

☑ 任务实施

1. 创建图表

（1）打开例题文件 3-1，选中 A4:A14，E4:E14 单元格区域，如图 4-83 所示。

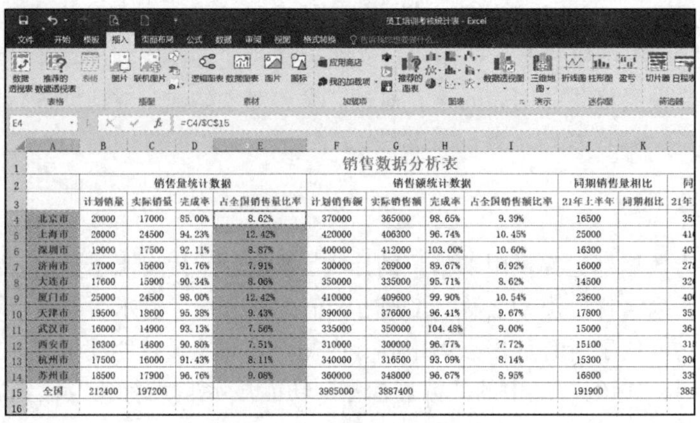

	销售量统计数据				销售额统计数据				同期销售量相比	
	计划销量	实际销量	完成率	占全国销售量比率	计划销售额	实际销售额	完成率	占全国销售额比率	21年上半年	同期相比
北京市	20000	17000	85.00%	8.62%	370000	365000	98.65%	9.39%	16500	
上海市	26000	24500	94.23%	12.42%	420000	406300	96.74%	10.45%	25000	
深圳市	19000	17500	92.11%	8.87%	400000	412000	103.00%	10.60%	16300	
济南市	17000	15600	91.76%	7.91%	300000	269000	89.67%	6.92%	16000	
大连市	17600	15900	90.34%	8.06%	350000	335000	95.71%	8.62%	14500	
厦门市	25000	24500	98.00%	12.42%	410000	409600	99.90%	10.54%	23600	
天津市	19500	18600	95.38%	9.43%	390000	376000	96.41%	9.67%	17800	
武汉市	16000	14900	93.13%	7.56%	335000	350000	104.48%	9.00%	15000	
西安市	16300	14800	90.80%	7.51%	310000	300000	96.77%	7.72%	15100	
杭州市	17500	16000	91.43%	8.11%	340000	316500	93.09%	8.14%	15300	
苏州市	18500	17900	96.76%	9.08%	360000	348000	96.67%	8.95%	16800	
全国	212400	197200			3985000	3887400			191900	

图 4-83　选择单元格区域

（2）选择“插入”选项卡，在“图表”组中单击“饼图”下拉按钮，在弹出的下拉列表中选择“三维饼图”，如图 4-84 所示。

图 4-84　插入饼图

（3）在工作表中插入的图表如图 4-85 所示。

2. 设置图表格式

（1）更改图表类型。在例题文件 3-1 中，选择 A4:A14，F4:F14，G4:G14 单元格区域。选择“插入”选项卡，在“图表”组中单击“柱形图”下拉按钮，在弹出的下拉列表中选择“三维簇状柱形图”，插入图表，如图 4-86 所示。

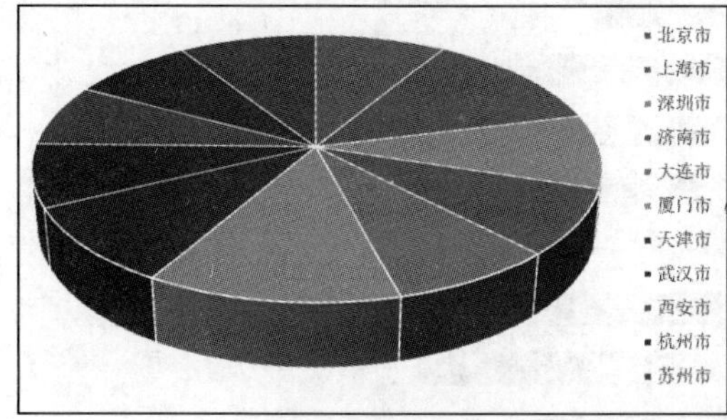

图 4-85　饼图

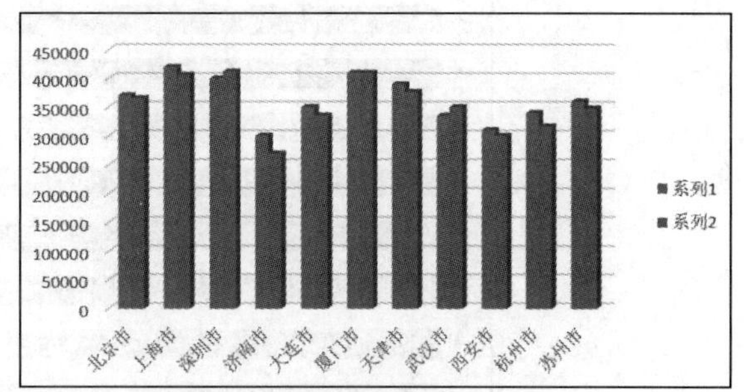

图 4-86　三维簇状柱形图

选择“设计”选项卡，单击“更改图表类型”按钮，如图 4-87 所示。

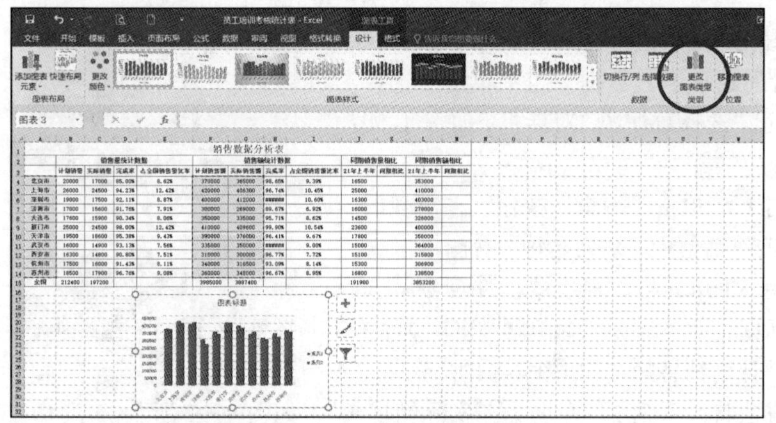

图 4-87　更改图表类型

在弹出的对话框中选择“条形图”→“三维簇状条形图”，单击“确定”按钮，如图 4-88 所示。

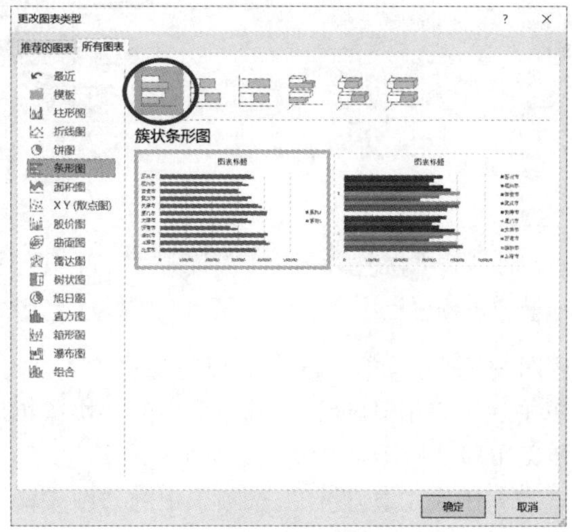

图 4-88　选择条形图

此时即可看到将原来的柱形图改为条形图的效果，如图 4-89 所示。

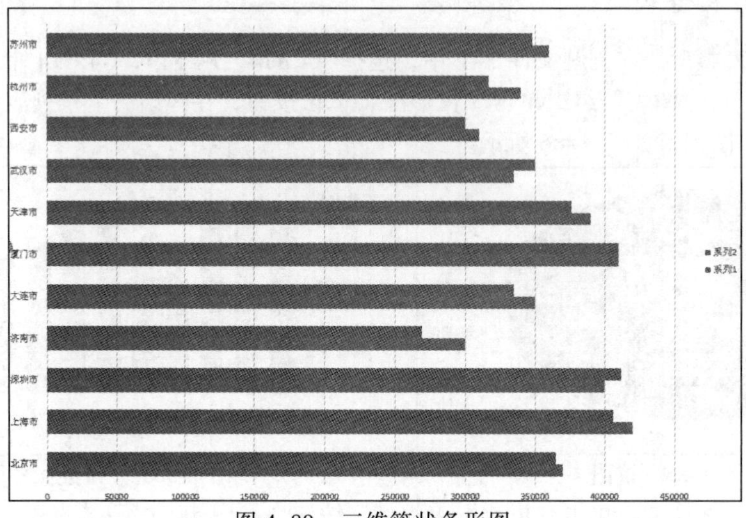

图 4-89　三维簇状条形图

（2）选择图表数据。选择上一步的条形图，在“图表工具-设计”选项卡“数据”组中单击“选择数据”按钮，弹出“选择数据源”对话框，如图 4-90 所示。

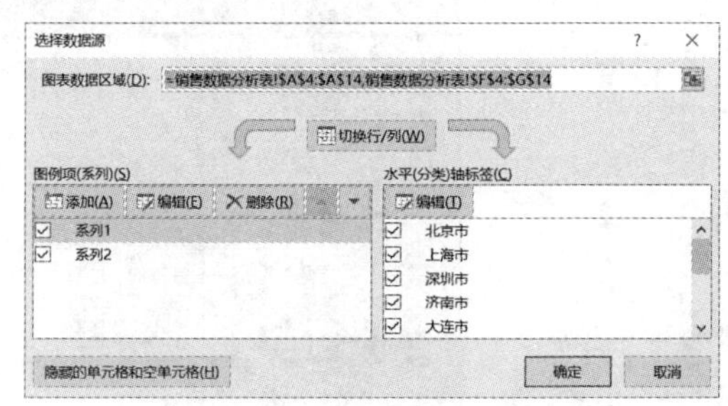

图 4-90　选择图表数据步骤 1

单击“系列 1”，单击“编辑”按钮，在出现的“编辑数据系列”对话框中“系列名称”右侧单击按钮，选择引用 F3 单元格，再次单击回到“选择数据源”对话框，此时原来“系列 1”已变为 F3 单元格的内容“计划销售额”，如图 4-91 所示。

用同样的方法将“系列 2”命名为“实际销售额”，如图 4-92 所示。

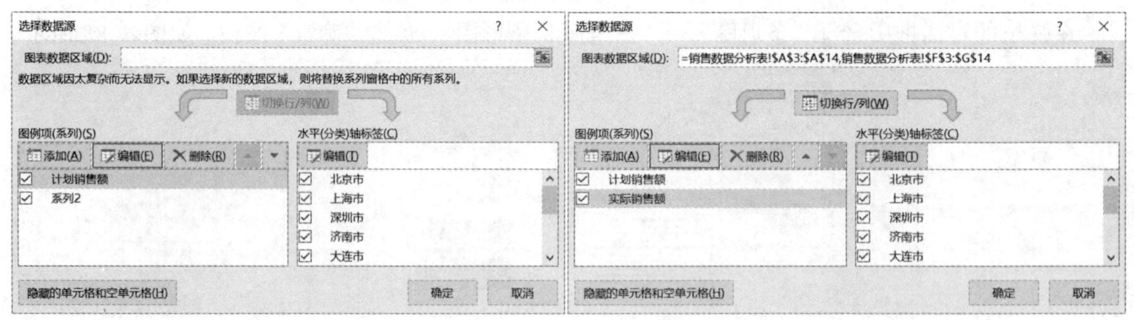

图 4-91　选择图表数据步骤 2　　　　图 4-92　选择图表数据步骤 3

单击“确定”按钮，原图表更改为如图 4-93 所示样式。

（3）更改图表布局。单击“图表工具-设计”选项卡中的“快速布局”按钮，在下拉列表中按实际情况选择图表的预定义布局，如图 4-94 所示。

（4）更改图表样式。选择“图表工具-设计”选项卡中的“图表样式”组，按实际情况选择图表的预定义图表样式，如图 4-95 所示。

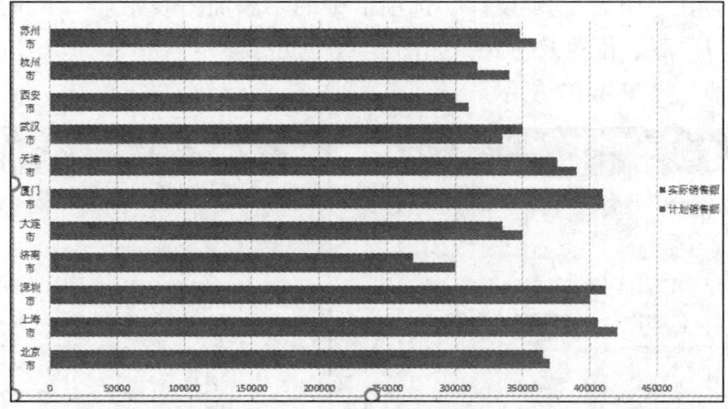

图 4–93　完成数据源图形

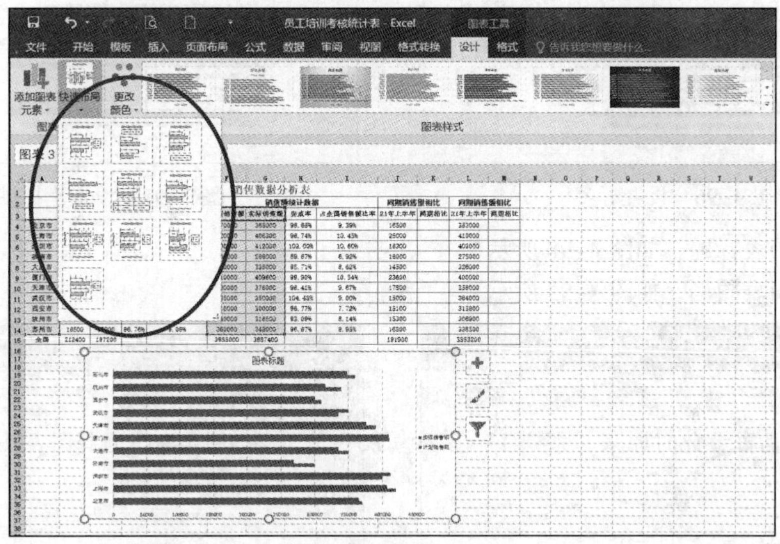

图 4–94　更改图表布局

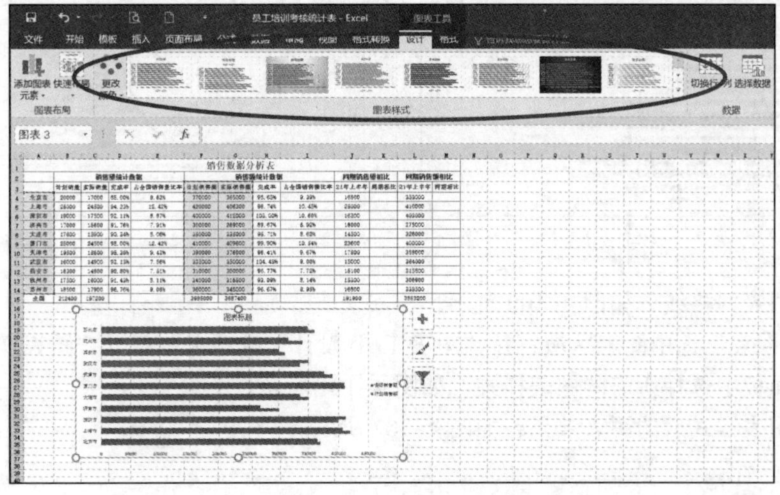

图 4–95　更改图表样式

（5）设置标签。在“图表工具-设计”选项卡中的“添加图表元素”下拉列表中单独设置每个图表元素的显示与隐藏、位置及格式，如图 4–96 所示。

（6）设置坐标轴，如图 4–97 所示。

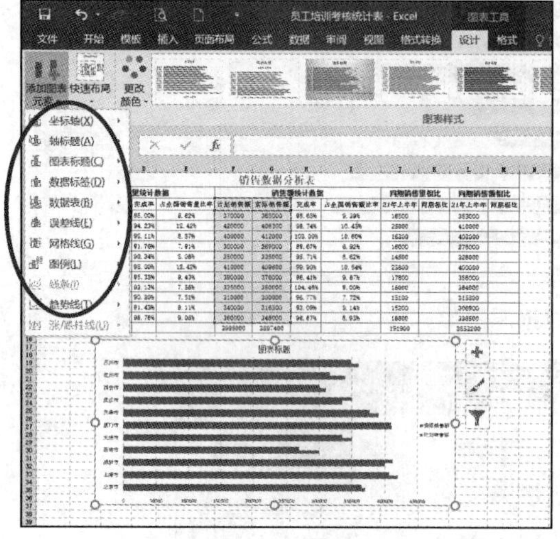

图 4–96　设置标签

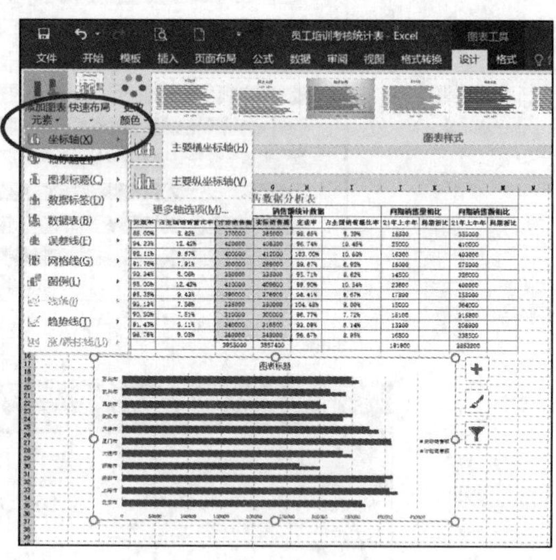

图 4–97　设置坐标轴

（7）添加图表标题，如图 4–98 所示。

（8）设置图表图例，如图 4–99 所示。

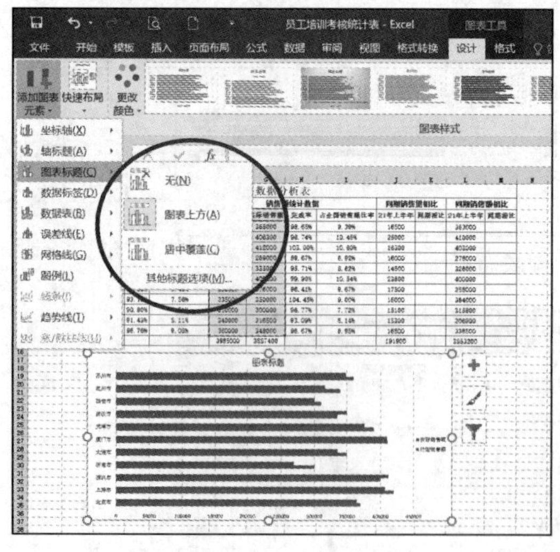

图 4–98　添加图表标题

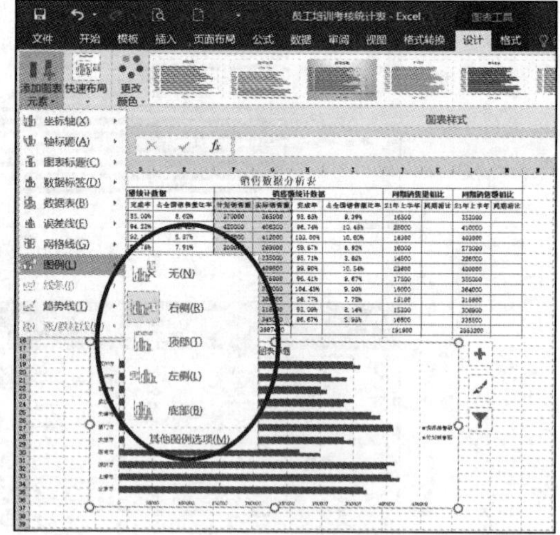

图 4–99　设置图表图例

（9）显示图表网格线，如图 4–100 所示。

（10）美化图表。选中图表区域，在“图表工具-设计”选项卡中打开“图表样式”组的下拉按钮，在下拉面板中选择所需的图表样式，如图 4–101 所示。

应用所选图表样式后的图表效果，如图 4–102 所示。

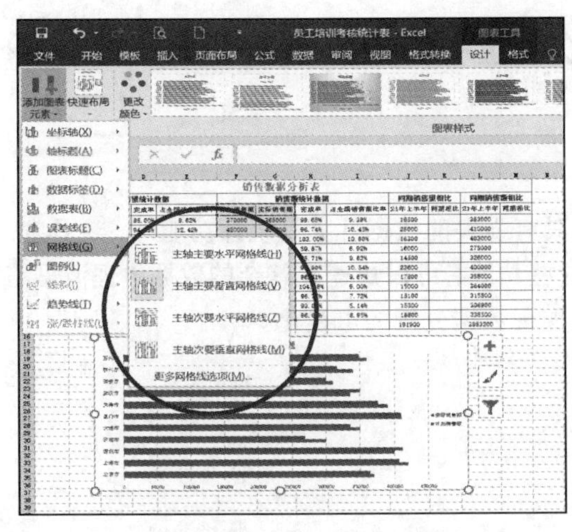

图 4-100　显示图表网格线

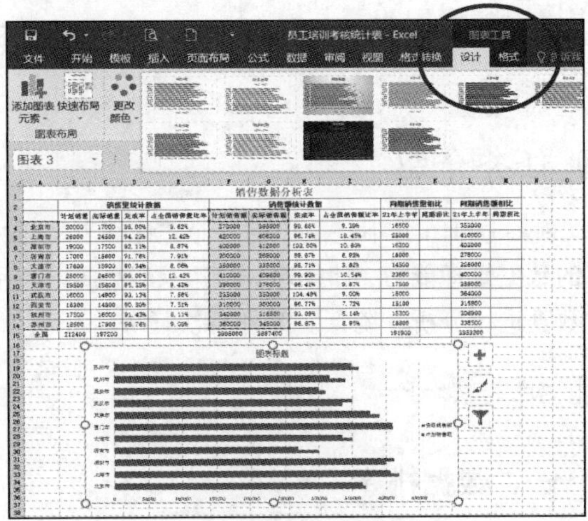

图 4-101　图表样式

☑ 技能训练

打开训练 3-1 文件，完成下面的操作：

（1）打开“销售计划表”完成以下各题。

① 设置标题字体黑体，字号 20，跨列居中，单元格底纹颜色浅绿色，字体颜色深蓝。

② 设置表格中的数据单元格区域为会计专用格式，应用货币符号￥，右对齐；其他单元格内容居中。

③ 应用公式计算合计栏和总计栏。

④ 在 A2 单元格中加斜线，下方为单位名称，上方为货品名称。给表格部分画框线。

⑤ 使用“单位名称”和“服装”两列文字和数据（不含“总计”行的文字和数据）在本表中创建一个三维簇状柱形图，并适当美化图表。

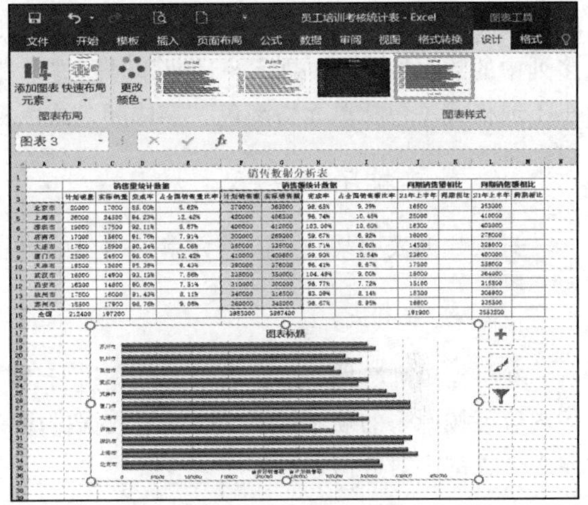

图 4-102　图表效果

（2）打开 Chart1 文件，完成下面操作

更改图表类型：将此图表改为簇状条形图。

（3）打开 Chart2 文件，完成下面操作

① 设置图表标题：字体隶书，28 号，淡绿色，适当添加填充和边框效果。

② 设置图表区格式：字体楷体，16 号，淡黄色，适当添加填充效果。

③ 设置图例格式：适当设置字体、颜色和填充效果等。

④ 设置绘图区格式：适当设置绘图区的填充效果。

任务4　数据处理与分析

☑ 任务介绍

Excel 2016 并不是简单的一个“计算器”，除了具有强大的数据计算和统计功能外，还具有一定的数据管理能力，如排序、筛选、汇总等。利用这些功能，可以快速在繁杂的数据中理清思路，对数据进行分析、统计。此外本次任务将介绍如何实现数据分析的可视化。

☑ 相关知识

一、数据排序

数据排序是指对工作表中的数据按行或列，或根据一定的次序重新组织数据的顺序，是数据分析不可缺少的组成部分。对数据进行排序有助于快速直观地显示数据并更好地理解数据，有助于组织并查找所需的数据，有助于用户最终做出更有效的决策。在 Excel 2016 中，可以对一列或多列中的数据按文本、数字及日期和时间进行升序或降序排序，还可以按自定义序列（如大、中、小）或格式（包括单元格颜色、字体颜色或图标集）进行排序。

1. 简单排序

只按数据表中某一字段进行单列内容的排序。

2. 复杂排序

在根据单列数据对工作表中的数据进行排序时，如果这一列的某些数据完全相同，则这些行的内容就按原来的顺序排列，这就给数据排序带来一定的麻烦。这时可以设置多个排序字段，按照多个关键字对数据进行排序。

3. 自定义排序

除了以上两种方式外，用户还可以对排序的序列进行设置，使数据根据自己指定的序列进行排序。

二、数据筛选

在 Excel 2016 中，可对单元格区域或表中的数据进行筛选。所谓筛选就是指按指定的条件显示单元格区域或表中的行，隐藏那些不满足筛选条件的行，筛选后的数据是筛选前数据的子集。筛选后的数据不需重新排列或移动就可以进行复制、查找、编辑、设置格式、制作图表和打印等操作。

1. 自动筛选

自动筛选功能可帮助用户在具有大量记录的数据清单中快速查找符合某种条件的记录。使用自动筛选功能筛选记录时，用户将只能看到符合条件的记录。

2. 自定义筛选

如果要使用同一列中的两数值筛选数据清单，或者使用比较运算符而不是简单的“等于”，可以使用自定义筛选。

在“自定义自动筛选方式”对话框中输入筛选条件时，可以使用通配符代替字符或字符串，如可以用“？”代表任意单个字符，用“*”代表任意多个字符。

3. 高级筛选

如果筛选条件较多时，可以使用高级筛选功能来处理。使用高级筛选功能，必须先建立一个条件区域，用来指定筛选的数据所需要满足的条件。条件区域的第一行是所有作为筛选条件的字段名，这些字段名与数据清单中的字段名必须完全相同，条件区域的其他行则输入筛选条件。需要注意的是，条件区域和数据清单必须至少用一个空行隔开。

三、数据分类汇总

分类汇总是对数据库中指定的字段进行分类，然后统计同一类记录的有关信息，它是对数据清单进行数据分析的一种方法。统计的内容可以由用户指定，可以统计同一类记录的记录条数，还可以对某些数值字段求和、求平均值或求极值等。

分类汇总后，系统将按照分类汇总的条件对数据进行分组处理，并自动给数据添加分级显示标志，此时用户可以有选择地显示数据，从而实现不同类型数据的分级显示。

四、数据透视表

数据透视表是一种使用范围很广的分析性报告工具，它能对大量数据进行快速汇总并建立交叉列表。使用数据透视表可以汇总、分析、浏览和提供摘要数据，当原始数据更新后，只需要单击“更新数据”按钮，数据透视表就会自动更新数据。

（1）建立数据透视表。

（2）设置数据透视表字段。数据透视表字段包括数据透视表中的页字段（报表标签）、行字段和列字段。可在“数据透视表字段列表”窗格中的“在以下区域间拖动字段”选项组中调整各字段的位置，更改数据透视表的布局，调整数据显示的次序等。

（3）设置数据透视表格式。数据透视表也是一种表格，用户可以像设置单元格或表格一样设置其表格样式。Excel 2016 为数据透视表提供了一系列数据透视表样式，可直接选择需要的数据透视表样式来快速设置数据透视表的格式。

五、数据透视图

数据透视图是以图形形式表示数据透视表中的数据。它与数据透视表相似，可以更改数据透视图的布局和数据。它通常有一个使用相应布局的相关联的数据透视表。两个报表中的字段相互对应。如果更改了某一报表的某个字段位置，则另一个报表中的相应字段位置也会改变。它可以可视化数据透视表中的摘要数据。

数据透视图与图表的主要差异在于：对于标准图表，创建图表后不能更改数据：对于数据透视图，只要创建单张图表就可通过更改报表布局或显示的明细数据以不同的方式交互查看数据。

1. 创建数据透视图

数据透视图可以在现有的数据透视表中创建，也可根据源数据直接创建数据透视图，但不能根据现有的数据透视图创建数据透视表。若直接从源数据创建数据透视图，操作方法与创建数据透视表的方法一致。

数据透视图是建立在数据透视表的基础上的，即使直接从工作表生成数据透视图，Excel 也会自动生成数据透视表。

2. 使用数据透视图筛选数据

创建数据透视图后，系统会自动显示“数据透视图筛选窗格”任务窗格，用户可通过该窗格对数据按报表、轴字段、图例字段进行筛选，在图表中显示指定数据之间的关系，直观地分析指定的数据情况。

3. 美化数据透视图

创建数据透视图后，还可以利用系统预设的样式与形状对其进行美化，让数据透视图更加美观、实用。

☑ 任务实施

1. 数据排序

1）简单排序

打开例题文件 4–1 中“简单排序”工作表，选择第二季度数据区域 E3:E17，单击“数据”选项卡“排序和筛选”组中的升序按钮，如图 4–103 所示。

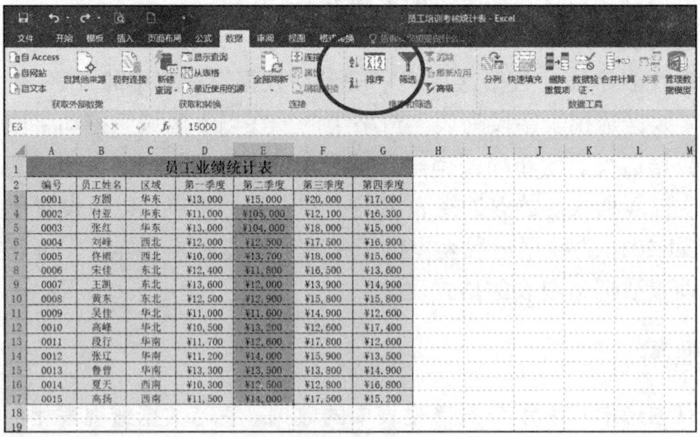

编号	员工姓名	区域	第一季度	第二季度	第三季度	第四季度
0001	方圆	华东	¥13,000	¥15,000	¥20,000	¥17,000
0002	付亚	华东	¥11,000	¥105,000	¥12,100	¥16,300
0003	张红	华东	¥13,000	¥104,000	¥18,000	¥15,000
0004	刘峰	西北	¥12,000	¥12,500	¥17,500	¥16,900
0005	佟彬	西北	¥10,000	¥13,700	¥19,000	¥15,600
0006	宋佳	东北	¥12,400	¥11,800	¥16,500	¥13,600
0007	王凯	东北	¥13,600	¥12,000	¥13,900	¥14,900
0008	黄东	东北	¥12,500	¥12,900	¥15,800	¥15,800
0009	吴佳	华北	¥11,000	¥11,600	¥14,900	¥12,600
0010	高峰	华北	¥10,500	¥13,200	¥12,600	¥17,400
0011	段行	华南	¥11,700	¥12,600	¥17,800	¥12,600
0012	张辽	华南	¥11,200	¥14,000	¥15,900	¥13,500
0013	鲁曾	华南	¥13,300	¥13,500	¥13,800	¥14,900
0014	夏天	西南	¥10,300	¥12,500	¥12,800	¥16,800
0015	高扬	西南	¥11,500	¥14,000	¥17,500	¥15,200

图 4–103　排序

弹出“排序提醒”对话框，选中“扩展选定区域”单选按钮，单击“排序”按钮，如图 4–104 所示。

此时 E 列的数据按数值由低到高排列，如图 4–105 所示。

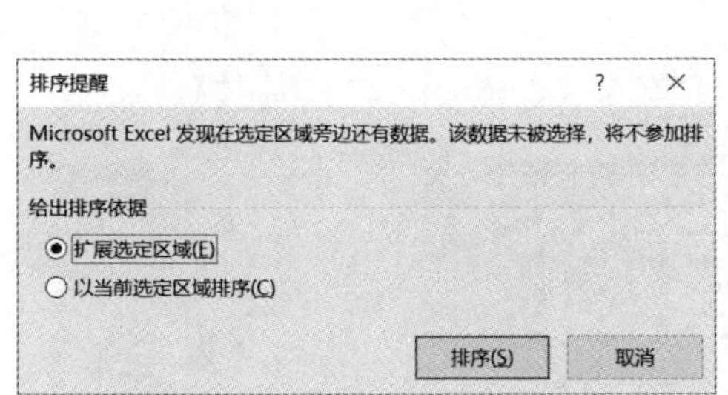

图 4–104 “排序提醒”对话框

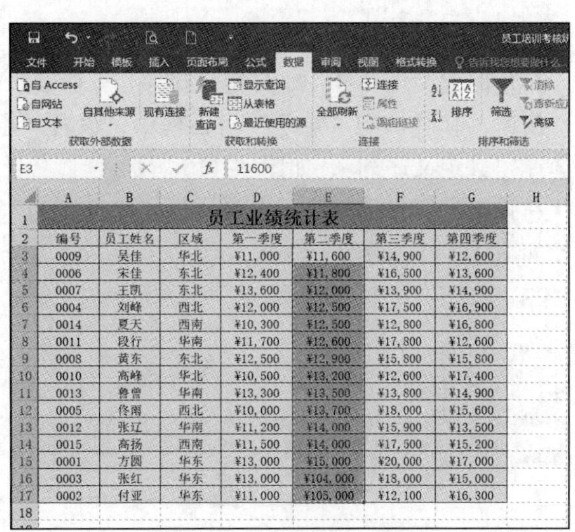

	A	B	C	D	E	F	G
1	员工业绩统计表						
2	编号	员工姓名	区域	第一季度	第二季度	第三季度	第四季度
3	0009	吴佳	华北	¥11,000	¥11,600	¥14,900	¥12,600
4	0006	宋佳	东北	¥12,400	¥11,800	¥16,500	¥13,600
5	0007	王凯	东北	¥13,600	¥12,000	¥13,900	¥14,900
6	0004	刘峰	西北	¥12,000	¥12,500	¥17,500	¥16,900
7	0014	夏天	西南	¥10,300	¥12,500	¥12,800	¥16,800
8	0011	段行	华南	¥11,700	¥12,600	¥17,800	¥12,600
9	0008	黄东	东北	¥12,500	¥12,900	¥15,800	¥15,800
10	0010	高峰	华北	¥10,500	¥13,200	¥12,600	¥17,400
11	0013	鲁曾	华南	¥13,300	¥13,500	¥13,800	¥14,900
12	0005	佟雨	西北	¥10,000	¥13,700	¥18,000	¥15,600
13	0012	张江	华南	¥11,200	¥14,000	¥15,900	¥13,500
14	0015	高扬	西南	¥11,500	¥14,000	¥17,500	¥15,200
15	0001	方圆	华东	¥13,000	¥15,000	¥20,000	¥17,000
16	0003	张红	华东	¥13,000	¥104,000	¥18,000	¥15,000
17	0002	付亚	华东	¥11,000	¥105,000	¥12,100	¥16,300

图 4–105 排序结果

2）复杂排序

打开例题文件 4–1 中“复杂排序”工作表，单击“数据”选项卡“排序和筛选”组中的“排序”按钮。在弹出的“排序”对话框中，设置“主要关键字”为“第二季度”，如图 4–106 所示。

单击对话框左上方的“添加条件”按钮，设置次要关键字“第三季度”，如图 4–107 所示。

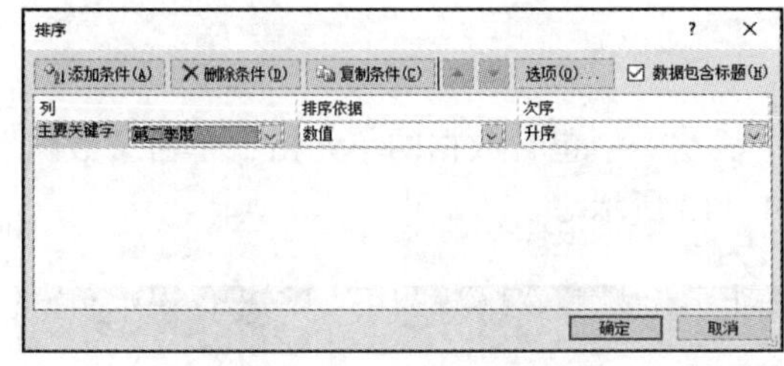

图 4–106 “排序”对话框

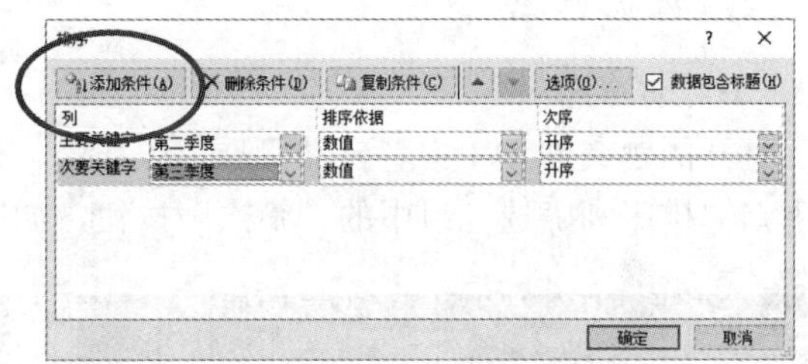

图 4–107 添加条件

重复上一步骤，再添加一个次要关键字“第四季度”，单击“确定”按钮，如图 4–108 所示。此时即可看到数据按关键字的先后次序进行排序的结果，如图 4–109 所示。

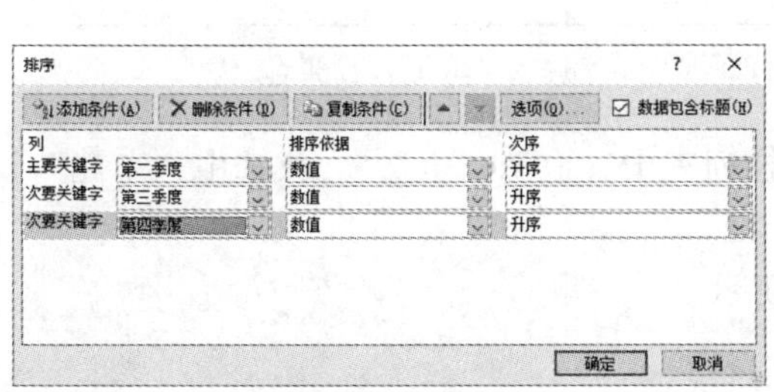

图 4–108 次要关键字

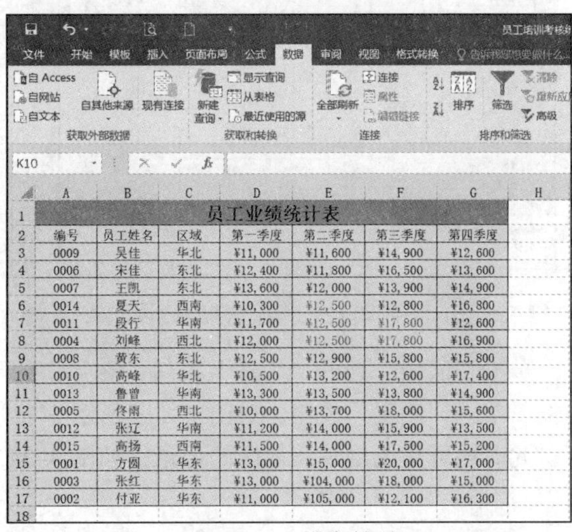

	A	B	C	D	E	F	G
1	员工业绩统计表						
2	编号	员工姓名	区域	第一季度	第二季度	第三季度	第四季度
3	0009	吴佳	华北	¥11,000	¥11,600	¥14,900	¥12,600
4	0006	宋佳	东北	¥12,400	¥11,800	¥16,500	¥13,600
5	0007	王凯	东北	¥13,600	¥12,000	¥13,900	¥14,900
6	0014	夏天	西南	¥10,300	¥12,500	¥12,800	¥16,800
7	0011	段行	华南	¥11,700	¥12,500	¥17,800	¥12,600
8	0004	刘峰	西北	¥12,000	¥12,500	¥17,800	¥16,900
9	0008	黄东	东北	¥12,500	¥12,900	¥15,800	¥15,800
10	0010	高峰	华北	¥10,500	¥13,200	¥12,600	¥17,400
11	0013	鲁曾	华南	¥13,300	¥13,500	¥13,800	¥14,900
12	0005	佟雨	西北	¥10,000	¥13,700	¥18,000	¥15,600
13	0012	张江	华南	¥11,200	¥14,000	¥15,900	¥13,500
14	0015	高扬	西南	¥11,500	¥14,000	¥17,500	¥15,200
15	0001	方圆	华东	¥13,000	¥15,000	¥20,000	¥17,000
16	0003	张红	华东	¥13,000	¥104,000	¥18,000	¥15,000
17	0002	付亚	华东	¥11,000	¥105,000	¥12,100	¥16,300

图 4–109 排序结果

3）自定义排序

打开例题文件 4–1 中“自定义排序”工作表，单击“数据”选项卡“排序和筛选”组中的“排序”按钮，在弹出的“排序”对话框中，设置“主要关键字”为“区域”，打开“次序”下拉列表选择“自定义序列”，如图 4–110 所示。

在弹出的“自定义序列”对话框“输入序列”列表框中输入新的排序序列，单击“确定”按钮，如图 4–111 所示。

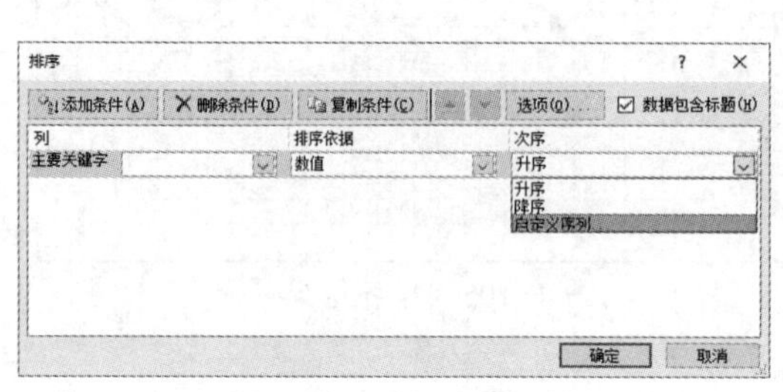

图 4–110　排序对话框

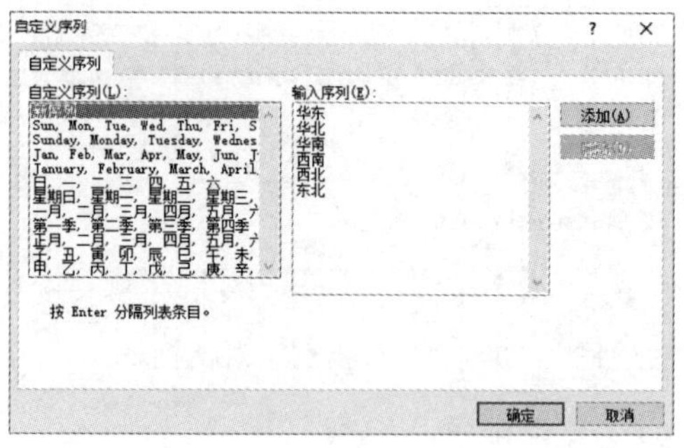

图 4–111　自定义序列

此时即可得到自定义排序的结果，如图 4–112 所示。

2. 数据筛选

1）自动筛选

打开例题文件 4–1 中“自动筛选”工作表，选中任意一个包含数据的单元格，单击“数据”选项卡“排序和筛选”组中的“筛选”按钮，如图 4–113 所示。

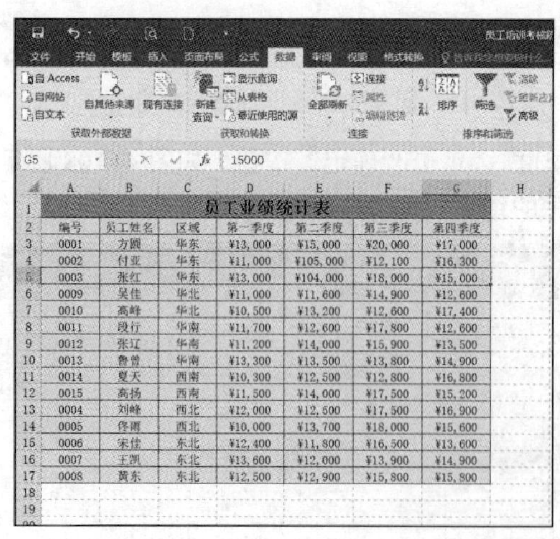

员工业绩统计表

编号	员工姓名	区域	第一季度	第二季度	第三季度	第四季度
0001	方圆	华东	¥13,000	¥15,000	¥20,000	¥17,000
0002	付亚	华东	¥11,000	¥105,000	¥12,100	¥16,300
0003	张红	华东	¥13,000	¥104,000	¥18,000	¥15,000
0009	吴佳	华北	¥11,000	¥11,600	¥14,900	¥12,600
0010	高峰	华北	¥10,500	¥13,200	¥12,600	¥17,400
0011	段行	华南	¥11,700	¥12,600	¥17,800	¥12,600
0012	张江	华南	¥11,200	¥14,000	¥15,900	¥13,500
0013	鲁曾	华南	¥13,300	¥13,500	¥13,800	¥14,900
0014	夏天	西南	¥10,300	¥12,500	¥12,800	¥16,800
0015	高扬	西南	¥11,500	¥14,000	¥17,500	¥15,200
0004	刘峰	西北	¥12,000	¥12,500	¥17,500	¥16,900
0005	佟雨	西北	¥10,000	¥13,700	¥18,000	¥15,600
0006	宋佳	东北	¥12,400	¥11,800	¥16,500	¥13,600
0007	王凯	东北	¥13,600	¥12,000	¥13,900	¥14,900
0008	黄东	东北	¥12,500	¥12,900	¥15,800	¥15,800

图 4–112　排序结果

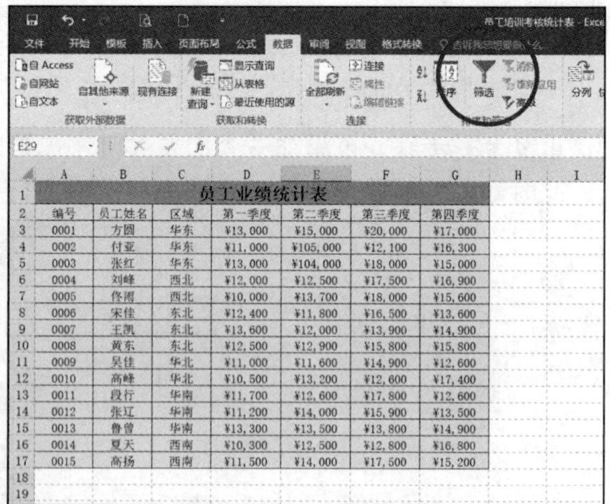

员工业绩统计表

编号	员工姓名	区域	第一季度	第二季度	第三季度	第四季度
0001	方圆	华东	¥13,000	¥15,000	¥20,000	¥17,000
0002	付亚	华东	¥11,000	¥105,000	¥12,100	¥16,300
0003	张红	华东	¥13,000	¥104,000	¥18,000	¥15,000
0004	刘峰	西北	¥12,000	¥12,500	¥17,500	¥16,900
0005	佟雨	西北	¥10,000	¥13,700	¥18,000	¥15,600
0006	宋佳	东北	¥12,400	¥11,800	¥16,500	¥13,600
0007	王凯	东北	¥13,600	¥12,000	¥13,900	¥14,900
0008	黄东	东北	¥12,500	¥12,900	¥15,800	¥15,800
0009	吴佳	华北	¥11,000	¥11,600	¥14,900	¥12,600
0010	高峰	华北	¥10,500	¥13,200	¥12,600	¥17,400
0011	段行	华南	¥11,700	¥12,600	¥17,800	¥12,600
0012	张江	华南	¥11,200	¥14,000	¥15,900	¥13,500
0013	鲁曾	华南	¥13,300	¥13,500	¥13,800	¥14,900
0014	夏天	西南	¥10,300	¥12,500	¥12,800	¥16,800
0015	高扬	西南	¥11,500	¥14,000	¥17,500	¥15,200

图 4–113　自动筛选

单击“区域”列的“筛选”按钮，在弹出的下拉列表中，取消“全选”，只选中“东北”复选框，单击“确定”按钮，如图 4–114 所示。

此时即可筛选出东北地区的记录，如图 4–115 所示。

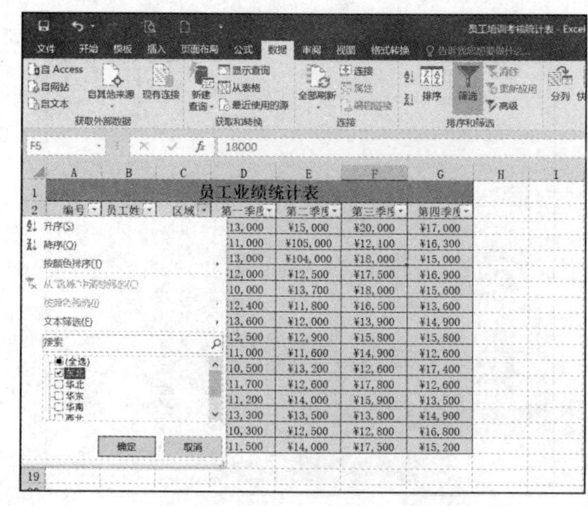

图 4–114　选择区域

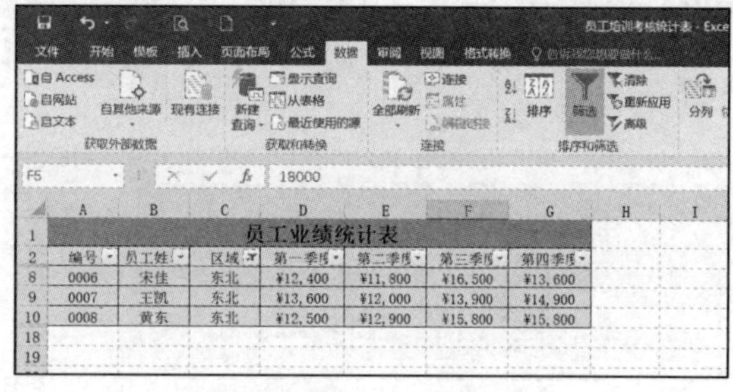

图 4–115　筛选结果

2）自定义筛选

打开例题文件 4–1 中“自定义筛选”工作表，选中任意一个包含数据的单元格，单击“数据”选项卡“排序和筛选”组中的“筛选”按钮。单击“第二季度”列的“筛选”按钮，在弹出的下拉列表中，选择“数字筛选”中的“大于”命令，如图 4–116 所示。

在弹出的“自定义自动筛选方式”对话框中第一行选择“大于”“13 000”，中间的连接符选择“与”，第二行选择“小于”“18 000”，单击“确定”，如图 4–117 所示。

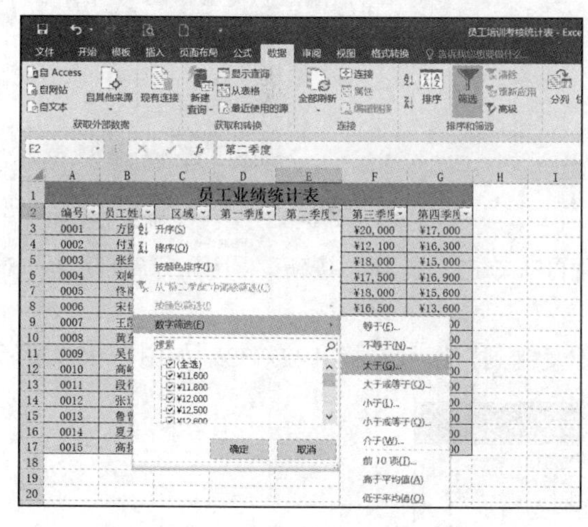

图 4–116　自定义筛选

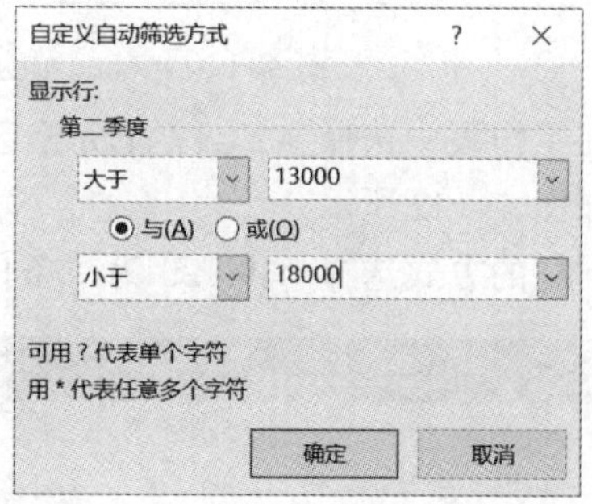

图 4–117　自定义自动筛选方式

此时即可显示第二季度大于 13 000 并且小于 18 000 的记录，如图 4–118 所示。

3）高级筛选

打开例题文件 4–1 中“高级筛选”工作表，在没有数据的区域输入高级筛选的条件，其中第一行为筛选项目，第二行为筛选条件，如图 4–119 所示。

单击“数据”选项卡“排序和筛选”组中的“高级”按钮，如图 4–120 所示。

在弹出的“高级筛选”对话框中选中“将筛选结果复制到其他位置”单选按钮，单击“列表区域”文本框右侧的“折叠”按钮，如图 4–121 所示。

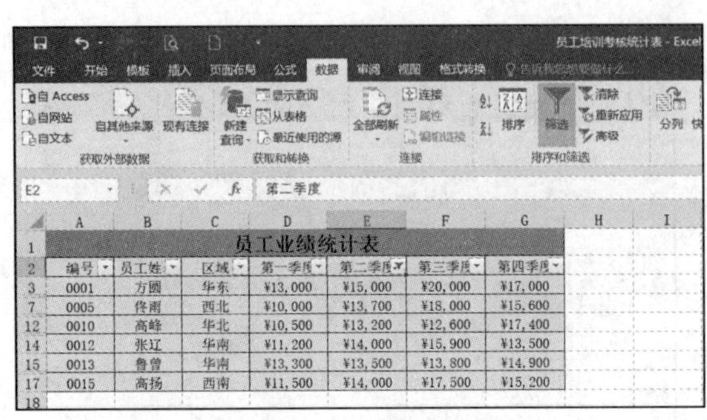

图 4-118　筛选结果

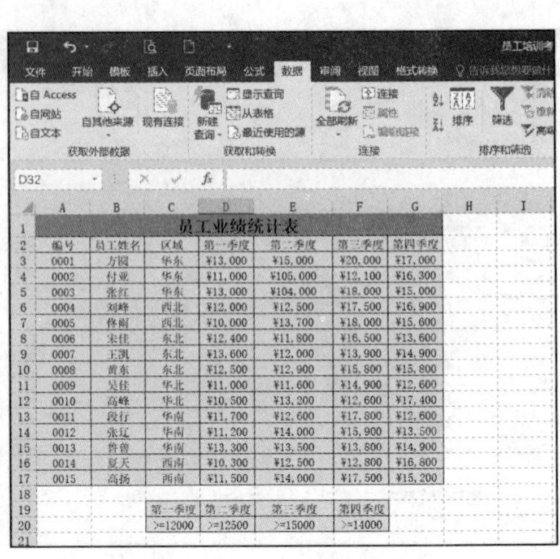

图 4-119　高级筛选条件

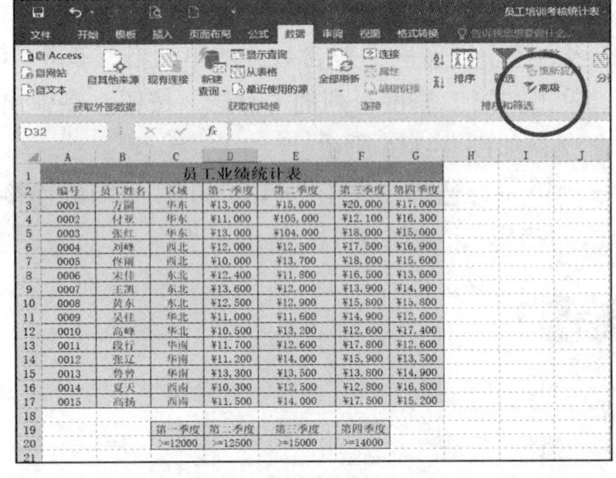

图 4-120　高级筛选

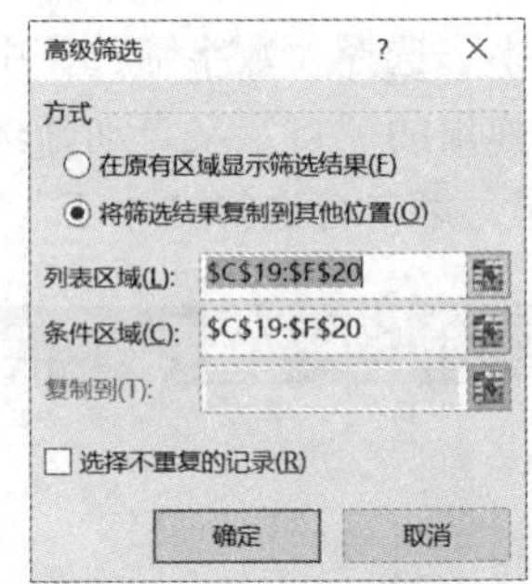

图 4-121　高级筛选对话框

在工作表中选择 A2:G17 单元格区域，然后再次单击“折叠”按钮，回到“高级筛选”对话框，如图 4-122 所示。

同样的方式选择 C19:F20 为“条件区域”，“复制到”区域选择 A22:G33，如图 4-123 所示。

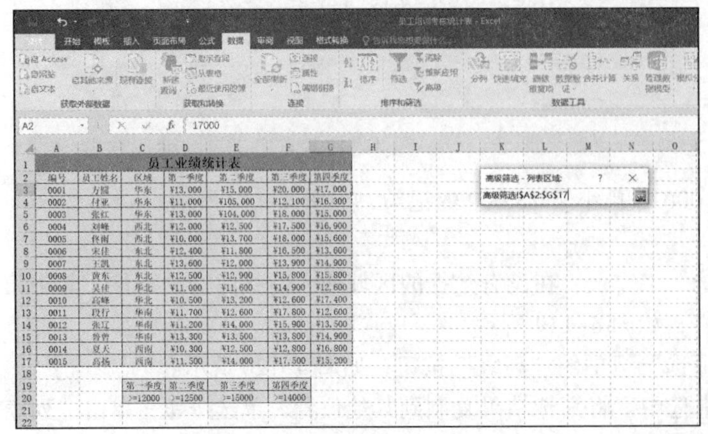

图 4-122　选择筛选区域

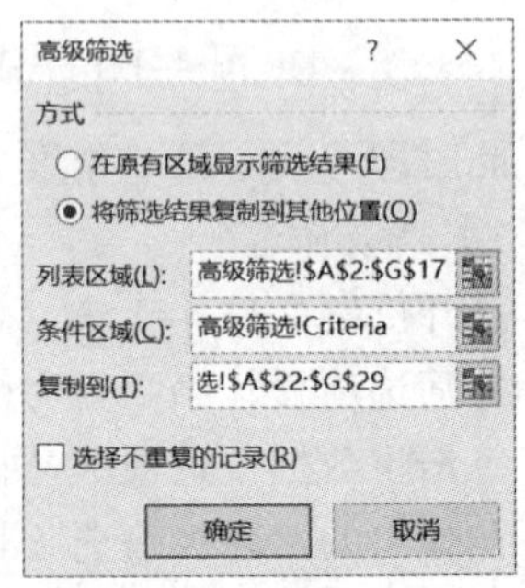

图 4-123　选择条件区域

单击“确定”按钮，即可显示筛选结果，如图 4–124 所示。

3. 数据分类汇总

1）创建分类汇总

打开例题文件 4–1 中“分类汇总”工作表，首先按“区域”对数据表进行排序，如图 4–125 所示。

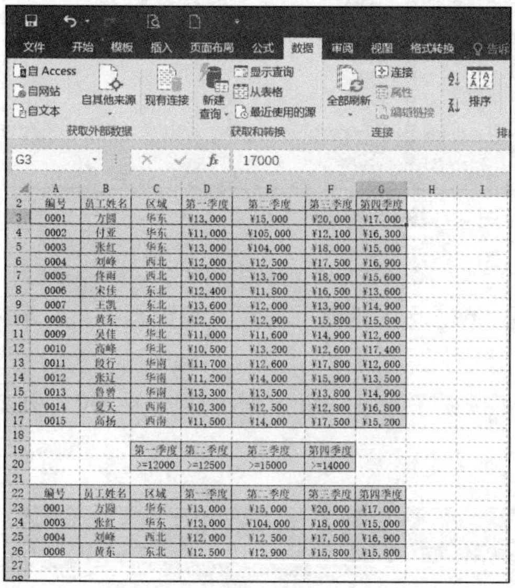

图 4–124　筛选结果

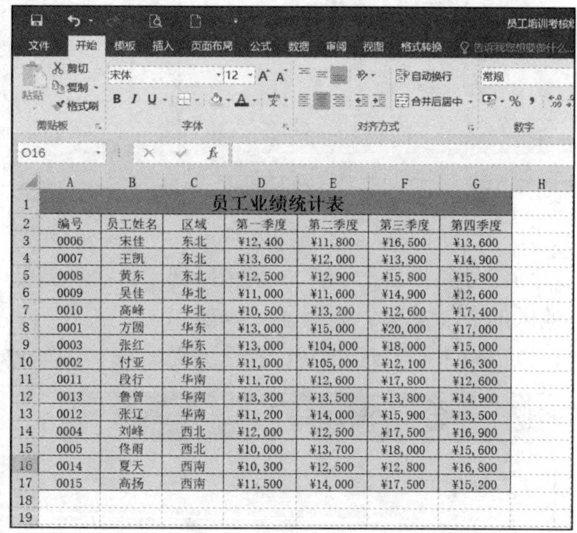

编号	员工姓名	区域	第一季度	第二季度	第三季度	第四季度
0006	宋佳	东北	¥12,400	¥11,800	¥16,500	¥13,600
0007	王凯	东北	¥13,600	¥12,000	¥13,900	¥14,900
0008	黄东	东北	¥12,500	¥12,900	¥15,800	¥15,800
0009	吴佳	华北	¥11,000	¥11,600	¥14,900	¥12,600
0010	高峰	华北	¥10,500	¥13,200	¥12,600	¥17,400
0001	方圆	华东	¥13,000	¥15,000	¥20,000	¥17,000
0003	张红	华东	¥13,000	¥104,000	¥18,000	¥15,000
0002	付亚	华东	¥11,000	¥105,000	¥12,100	¥16,300
0011	段行	华南	¥11,700	¥12,600	¥17,800	¥12,600
0013	鲁曾	华南	¥13,300	¥13,500	¥13,800	¥14,900
0012	张辽	华南	¥11,200	¥14,000	¥15,900	¥13,500
0004	刘峰	西北	¥12,000	¥12,500	¥17,500	¥16,900
0005	佟雨	西北	¥10,000	¥13,700	¥18,000	¥15,600
0014	夏天	西南	¥10,300	¥12,500	¥12,800	¥16,800
0015	高扬	西南	¥11,500	¥14,000	¥17,500	¥15,200

图 4–125　对数据表进行排序

单击“数据”选项卡“分级显示”组中的“分类汇总”按钮，如图 4–126 所示。

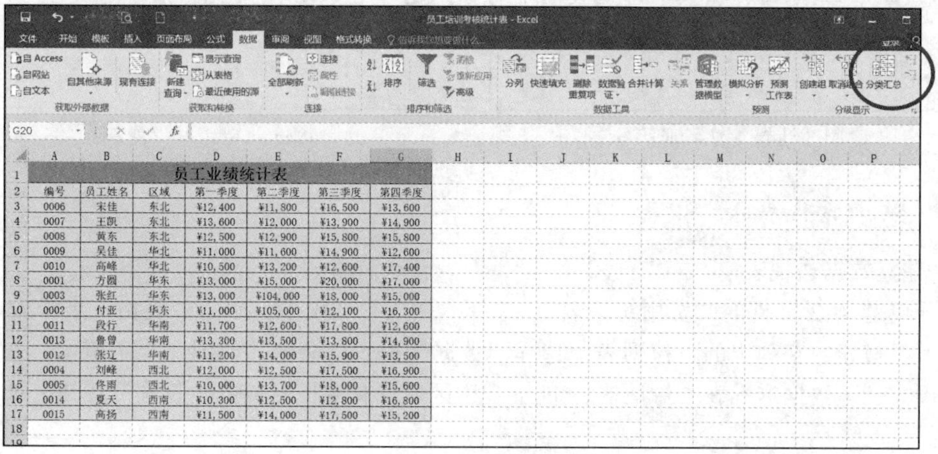

图 4–126　分类汇总

在弹出的“分类汇总”对话框中，“分类字段”选择“区域”，“汇总方式”选择“求和”，“选定汇总项”选择“第四季度”，然后单击“确定”按钮。如图 4–127 所示。

此时即可显示出各地区第四季度的业绩，如图 4–128 所示。

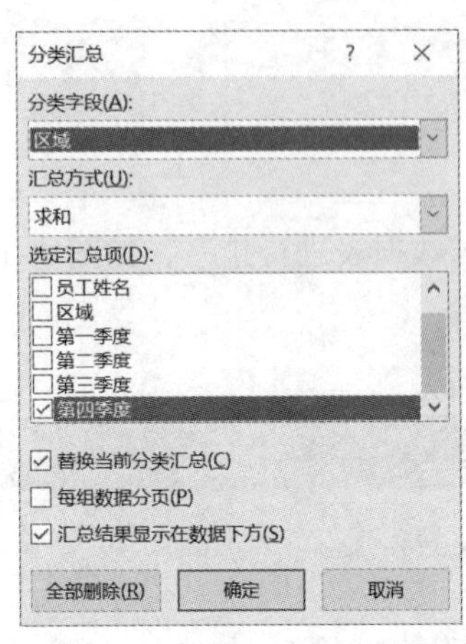

图 4-127 “分类汇总”对话框

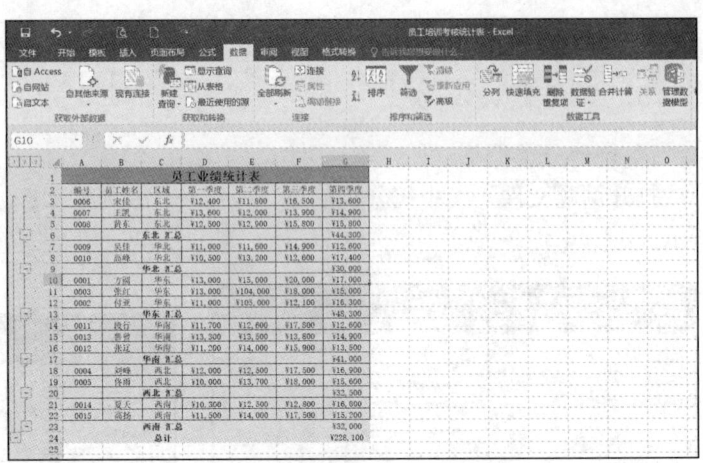

图 4-128 分类汇总结果

2）分级显示

创建分类汇总后工作表左侧出现“折叠”按钮，单击此按钮即可隐藏二级数据，只显示整个地区的业绩总额。如图 4-129 所示。

也可单击折叠线上方的数字级别图标，例如单击按钮，显示一级数据，如图 4-130 所示。

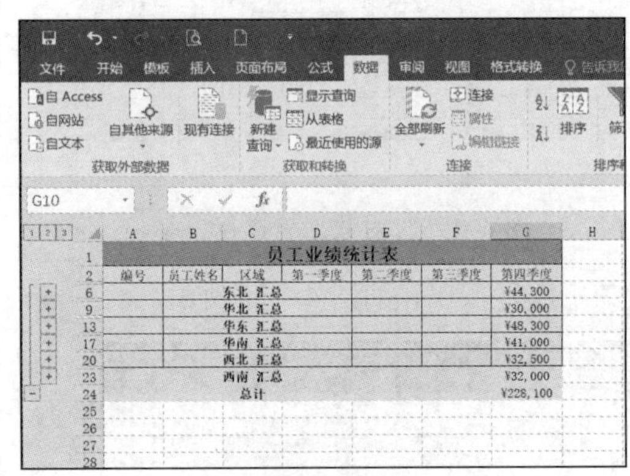

图 4-129 分级显示

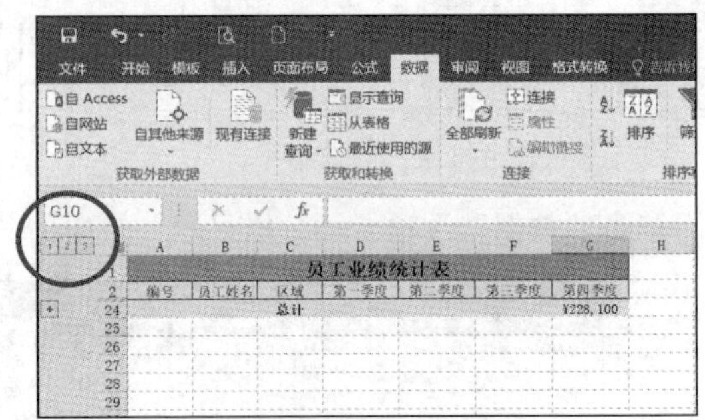

图 4-130 分级显示结果

4. 数据透视表

1）建立数据透视表

打开例题 4-2 文件的“费用统计表”，选择“插入”选项卡，单击“表格”组中的“数据透视表”下拉按钮，在弹出的下拉列表中选择“数据透视表”命令，如图 4-131 所示。

弹出“创建数据透视表”对话框，单击“表/区域”文本框右侧的“折叠”按钮，如图 4-132 所示。

返回工作区，选择数据源区域，并再次单击“折叠”按钮，如图 4-133 所示。

返回“创建数据透视表”对话框，在“选择放置数据透视表的位置”选项区域中选中“新工作表”单选按钮，并单击“确定”按钮，如图 4-134 所示。

此时系统将创建新的工作表，并显示数据透视表框架，在窗口右侧出现“数据透视表字段列表”窗格，如图 4-135 所示。

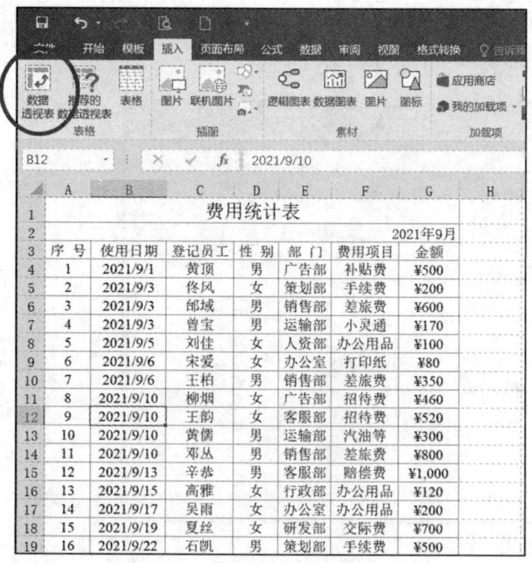

序 号	使用日期	登记员工	性 别	部 门	费用项目	金额
1	2021/9/1	黄顶	男	广告部	补贴费	¥500
2	2021/9/3	佟风	女	策划部	手续费	¥200
3	2021/9/3	邮域	男	销售部	差旅费	¥600
4	2021/9/3	曾宝	男	运输部	小灵通	¥170
5	2021/9/5	刘佳	女	人资部	办公用品	¥100
6	2021/9/6	宋爱	女	办公室	打印纸	¥80
7	2021/9/6	王柏	男	销售部	差旅费	¥350
8	2021/9/10	柳烟	女	广告部	招待费	¥460
9	2021/9/10	王韵	女	客服部	招待费	¥520
10	2021/9/10	黄儒	男	运输部	汽油等	¥300
11	2021/9/10	邓丛	男	销售部	差旅费	¥800
12	2021/9/13	辛恭	男	客服部	赔偿费	¥1,000
13	2021/9/15	高雅	女	行政部	办公用品	¥120
14	2021/9/17	吴雨	女	办公室	办公用品	¥200
15	2021/9/19	夏丝	女	研发部	交际费	¥700
16	2021/9/22	石凯	男	策划部	手续费	¥500

图 4–131　建立数据透视表

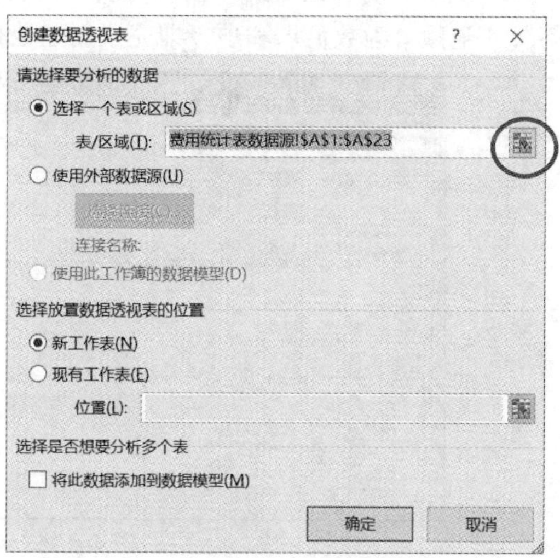

图 4–132　“创建数据透视表”对话框

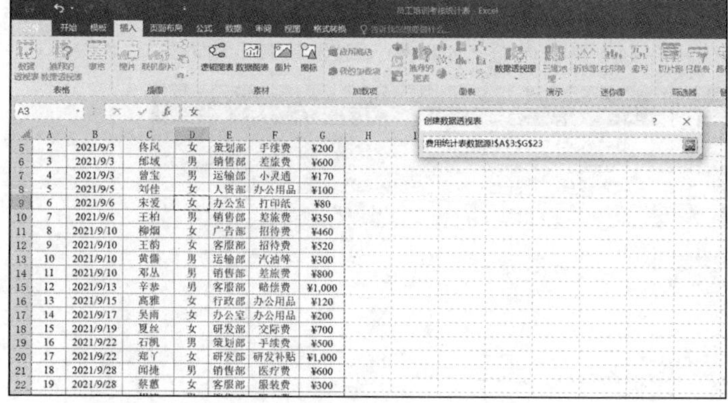

图 4–133　选择数据源区域

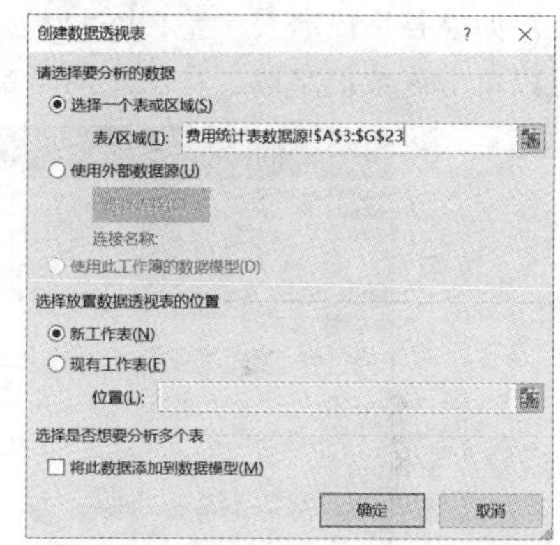

图 4–134　“创建数据透视表”对话框

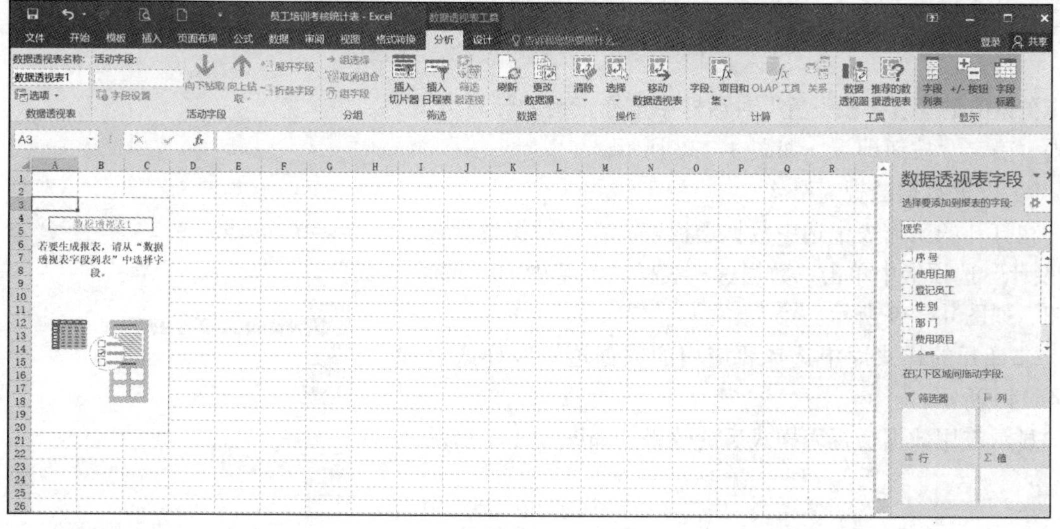

图 4–135　数据透视表字段列表

将“使用日期”拖动到“报表筛选”列表框中，“登记员工”为“列标签”，“部门”为“行标签”，“金额”为数值求和项，即完成创建数据透视表，如图 4–136 所示。

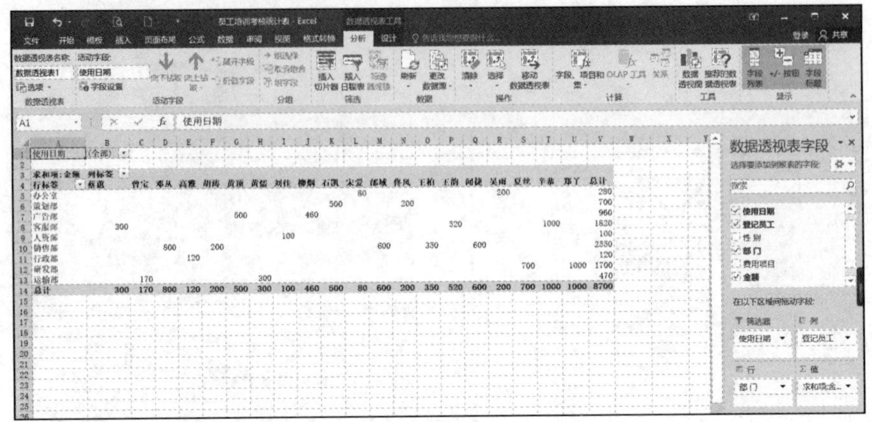

图 4–136　创建数据透视表

2）设置数据透视表字段

如果各字段需要调整，也可以通过用鼠标拖动的方式进行。数值字段的计算方式如果不正确，可以单击该数值字段，在出现的菜单中选择“值字段设置”命令，如图 4–137 所示。

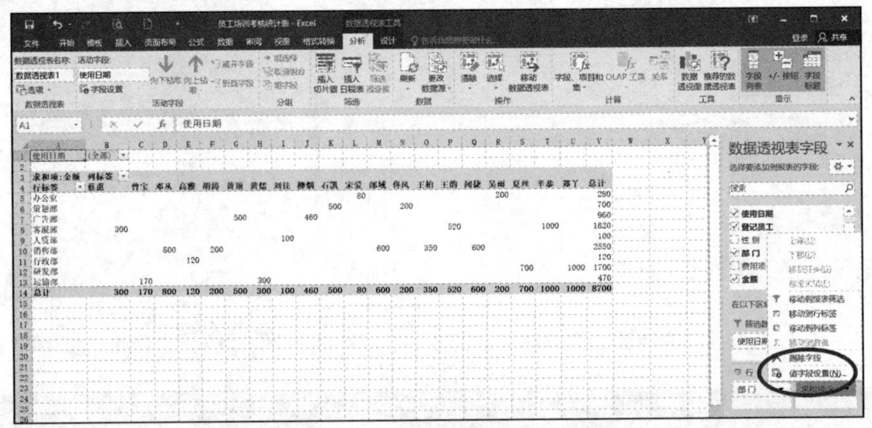

图 4–137　设置数据透视表字段

在弹出的“值字段设置”对话框中选择正确的计算类型，单击“确定”按钮即可，如图 4–138 所示。

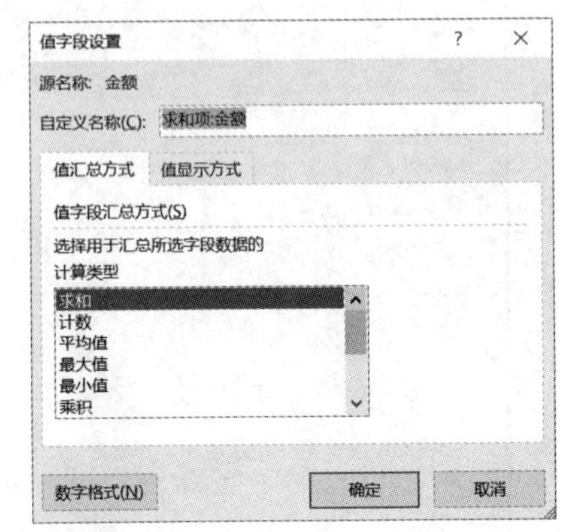

图 4–138　值字段设置

3）设置数据透视表格式

在打开的工作表中选中数据透视表，在“数据透视表工具-设计”选项卡中单击“数据透视表样式”组中的“其他”按钮，如图 4–139 所示。

在打开的样式库中选择要应用的数据透视表样式，如图 4–140 所示。

显示应用数据透视表样式后的效果，如图 4–141 所示。

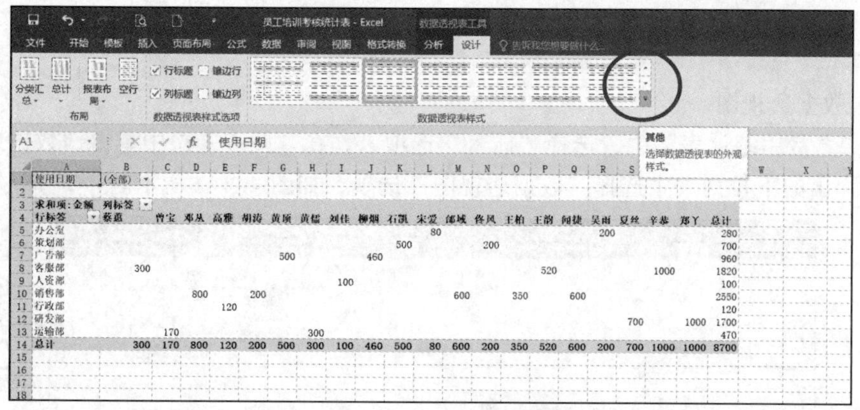

图 4-139　设置数据透视表格式

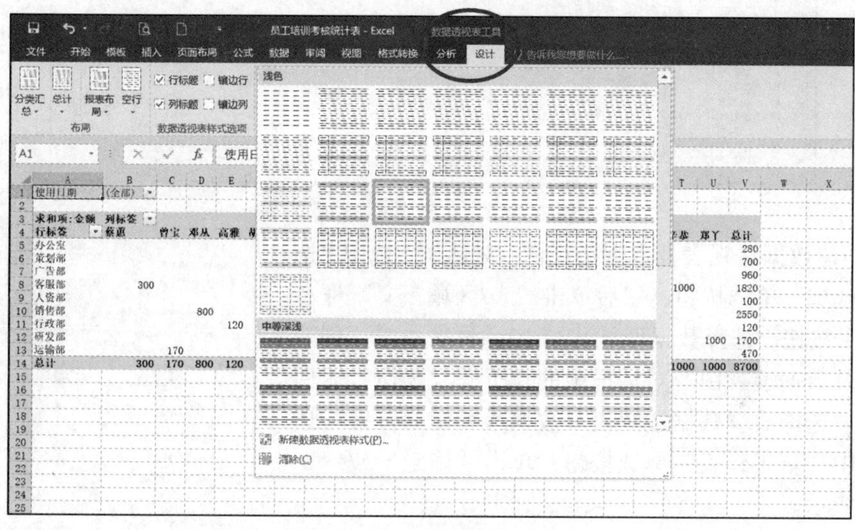

图 4-140　数据透视表样式

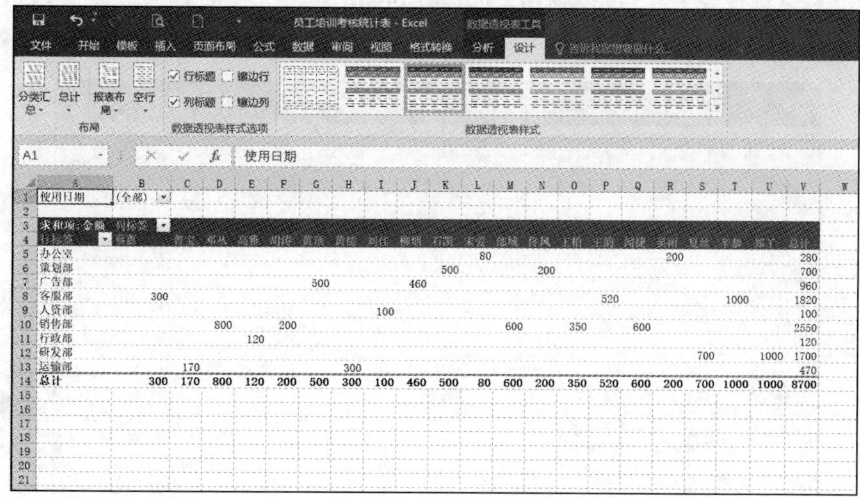

图 4-141　样式结果

5. 数据透视图

1）创建数据透视图

在例 4–2“费用统计表”中，选择“插入”选项卡，在“图表”组中单击“数据透视表”下拉按钮，在弹出的下拉列表中选择“数据透视图”选项，如图 4–142 所示。

序 号	使用日期	登记员工	性 别	部 门	费用项目	金额
1	2021/9/1	黄顶	男	广告部	补贴费	¥500
2	2021/9/3	佟风	女	策划部	手续费	¥200
3	2021/9/3	郎域	男	销售部	差旅费	¥600
4	2021/9/3	曾宝	男	运输部	小灵通	¥170
5	2021/9/5	刘佳	女	人资部	办公用品	¥100
6	2021/9/6	宋爱	女	办公室	打印纸	¥80
7	2021/9/6	王柏	男	销售部	差旅费	¥350
8	2021/9/10	柳烟	女	广告部	招待费	¥460
9	2021/9/10	王韵	女	客服部	招待费	¥520
10	2021/9/10	黄儒	男	运输部	汽油等	¥300
11	2021/9/10	邓丛	男	销售部	差旅费	¥800
12	2021/9/13	辛恭	男	客服部	赔偿费	¥1,000
13	2021/9/15	高雅	女	行政部	办公用品	¥120
14	2021/9/17	吴雨	女	办公室	办公用品	¥200
15	2021/9/19	夏丝	女	研发部	交际费	¥700
16	2021/9/22	石凯	男	策划部	手续费	¥500

图 4–142 创建数据透视图

弹出“创建数据透视表及数据透视图”对话框，选中“选择一个表或区域”单选按钮，然后单击“表/区域”文本框右侧的“折叠”按钮，选择数据区域 A3:G23，再次单击“创建数据透视表及数据透视图”对话框中的“折叠”按钮，返回对话框，在“选择放置数据透视表及数据透视图的位置”选项区域中选中“新工作表”单选按钮，单击“确定”按钮，如图 4–143 所示。

此时即可在新工作表中出现数据透视表和数据透视图的框架，并显示“数据透视表字段列表”窗格，如图 4–144 所示。

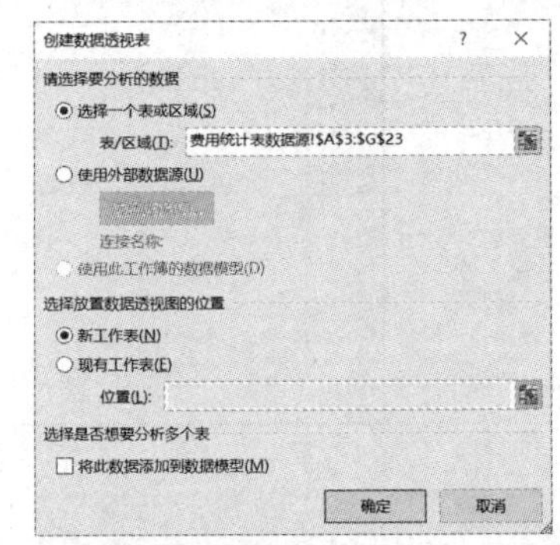

图 4–143 “创建数据透视表”对话框

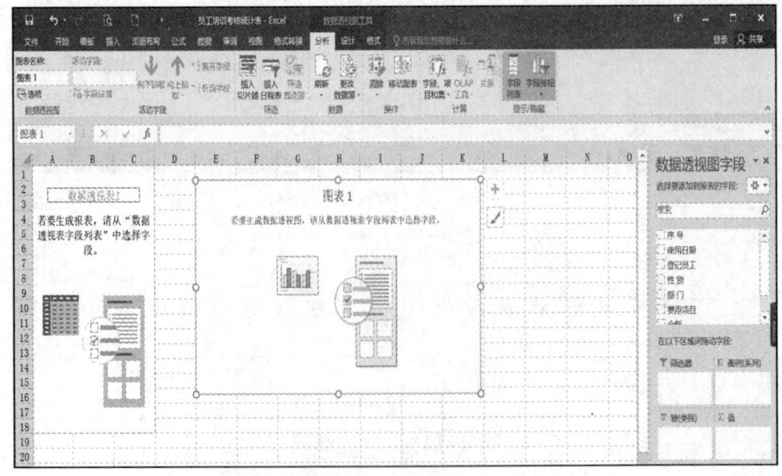

图 4–144 数据透视表字段列表窗格

用鼠标将“使用日期”拖动到“报表筛选”列表框中，“登记员工”为“图例字段”，“部门”为“轴字段”，“金额”为数值求和项，效果如图 4-145 所示。

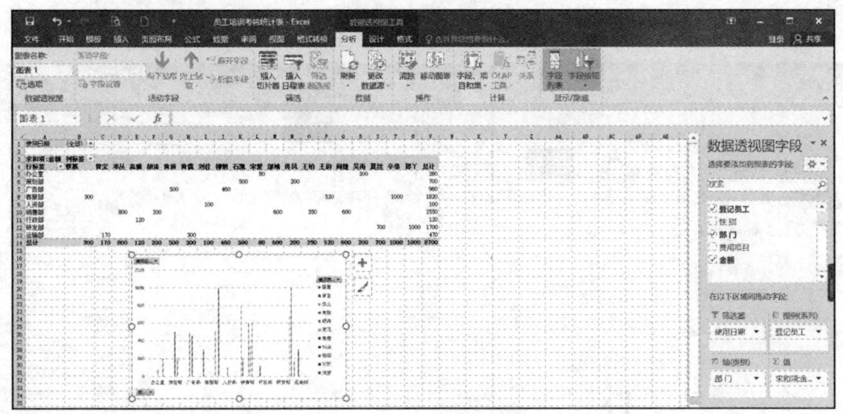

图 4-145　拖动字段

2）使用数据透视图筛选数据

在“数据透视图”窗格中单击“使用日期”下拉按钮，在下拉列表中选择某个日期，单击“确定”按钮，如图 4-146 所示。

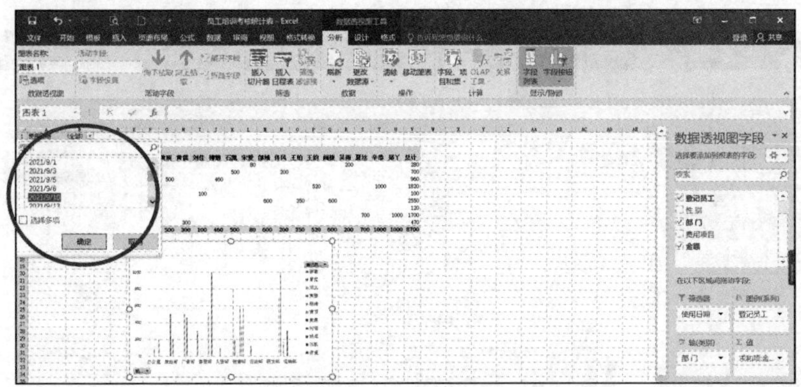

图 4-146　使用数据透视图筛选数据

查看筛选结果，如图 4-147 所示。

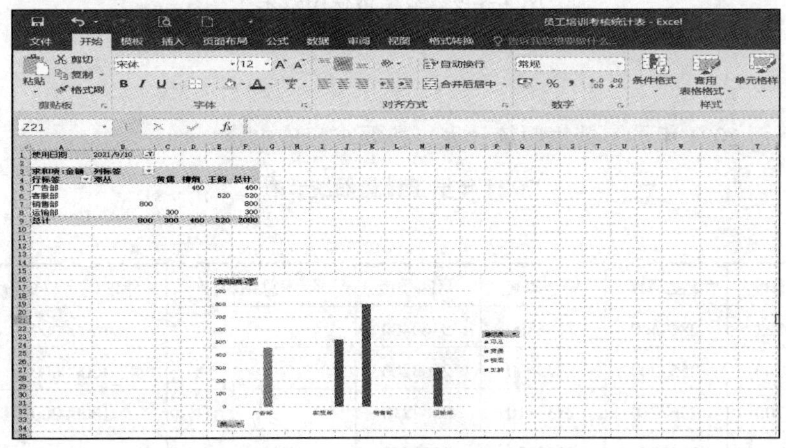

图 4-147　筛选结果

3）美化数据透视图

选中数据透视图的图表区域，选择“数据透视工具-设计”选项卡，在“图表样式”组中单击下拉按钮，在弹出的下拉面板中选择要应用的预设样式，如图 4-148 所示。

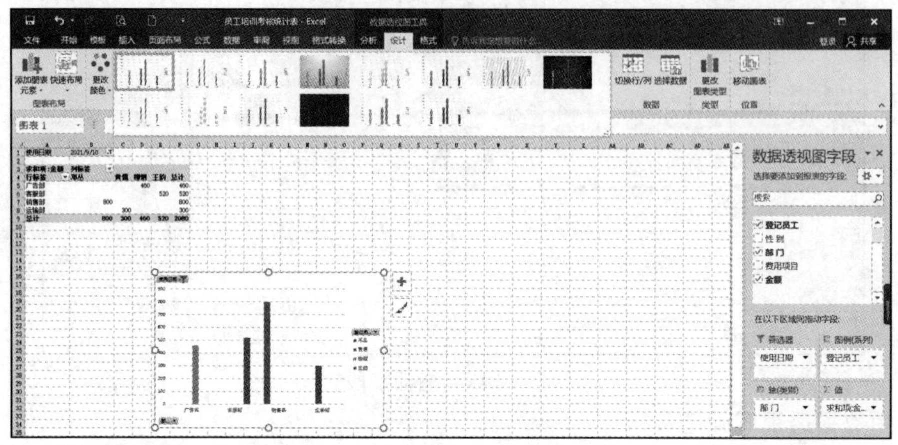

图 4-148　选择图表样式

应用了所选样式后，数据透视图效果如图 4-149 所示。

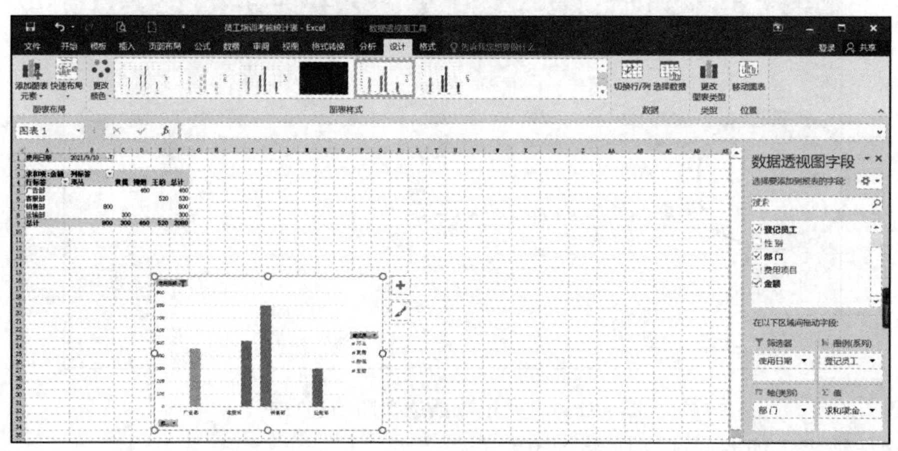

图 4-149　数据透视图效果

☑ 技能训练

（1）根据下面 2021 年员工销售额统计表，按要求完成内容。

2021 年员工销售额统计表

（单位：元）

姓　名	第一季度	第二季度	第三季度	第四季度	年度总销售额	年度销售目标额	目标完成率
高秀展	1679823	2867400	3156800	3369400		10000000	
刘恒恒	2345280	2553200	2225600	2668200		10000000	
荆京	2098700	2367210	2237810	2582210		10000000	
徐莉莉	1908760	2368300	2168330	2257440		10000000	

续表

姓　名	第一季度	第二季度	第三季度	第四季度	年度总销售额	年度销售目标额	目标完成率
刘洋和	1679540	2056800	2179000	2247200		10000000	
宋辉	1654380	1673800	1527800	1966000		10000000	
任佳雪	1589430	1577390	1634520	1811740		10000000	
张会	1373210	1258320	1726740	1406100		10000000	
杨海	1165290	1352790	1613590	1513850		10000000	
张欢	935870	1052900	957260	1077010		10000000	

要求：

① 根据上表第一至第四季度的数据，求出每名销售人员的年度总销售额。

② 根据年度总销售额和年度销售目标额，求出每名销售人员的目标完成率。

③ 根据 1 列至 5 列的数据，制作员工各季度销售业绩对比图，放入 Sheet2 中。

④ 根据 1 列至 5 列的数据，制作各季度员工业绩对比图，放入 Sheet3 中。

⑤ 适当调整美化表格和生成的图形。

⑥ 将文档保存命名为“text1”。

（2）某公司项目管理部共 6 人，工资表项目有：职工号、部门、姓名、基本工资、津贴、缺勤天数、缺勤工资、应发工资、个人所得税、实发工资，如表 4-2 所示。

表 4-2　工资表

职 工 号	姓　　名	基本工资/元	津贴数/元	1 月份缺勤/天	2 月份缺勤/天	3 月份缺勤/天
1	李娟	15 000	240	2	0	1
2	杨明昆	9 800	180	4	1	2
3	田野	7 800	180	3	2	1
4	崔小峰	5 800	160	1	2	3
5	梁一霜	3 800	120	2	3	1
6	王宇名	1 500	120	1	3	2

其中：基本工资、津贴是基本数据，标准出勤 22 天。

缺勤工资的计算公式为：基本工资/22*缺勤天数。

应发工资的计算公式为：基本工资+津贴-缺勤工资。

个人所得税的计算公式为：应发工资*税率-速算扣除数。

实发工资的计算公式为：应发工资-个人所得税。

假设个人所得税起征点为 5000 元，公积金社保无。

注：工资计算方法：

① 先计算一下应税额，应税额=工资全部收入-公积金社保总额-起征点 5000

② 然后再看它属于表 4-3 的哪一个等级，得知对应税率和速算扣除数：

表 4-3　工资等级及税率

级　　数	范　　围	税　　率	速算扣除数
1	0 ~ 1500	3%	0
2	1500 ~ 4500	10%	105

续表

级　数	范　围	税　率	速算扣除数
3	4500～9000	20%	555
4	9000～35000	25%	1005
5	35000～55000	30%	2755
6	55000～80000	35%	5505
7	80000 以上	45%	13505

③ 最后计算应缴税值，应缴税值=应税额×对应税率-速算扣除数。

要求：

① 用 Excel 2016 编制该项目管理部 1～3 月份各月的工资明细表，分别放在一个工作簿的三个工作表中，并对工作表分别重命名为“一月份工资表，二月份工资表和三月份工资表”。要求使用公式和 IF 函数来计算。

② 将文档保存命名为“text2”。

（3）要求：打开“应用训练”文件

① 计算表中“合计”数额填在相应单元格中。

② 将“区域”作为列标签，产品名称为“行标签”，6 月为求和项，对表中数据在新工作表建立数据透视表。

③ 将“区域”作为列标签，产品名称为“行标签”，12 月为求和项，对表中数据在新工作表建立数据透视图。

④ 将文档另存为“text3”。

（4）打开文档 A4.XLS，按下列要求操作。

① 使用 Sheet1 工作表中的数据，计算“最小单价”，结果放在相应的单元格中。

② 使用 Sheet2 工作表中的数据，以“单价”为主要关键字，以“商品规格”为次要关键字进行降序排序。

③ 使用 Sheet3 工作表中的数据，筛选出“商品规格”大于或等于 500 且“单价”大于或等于 3 的记录。

④ 使用 Sheet4 工作表中的数据，以“系列”为分类字段，将“单价”进行“最大值”分类汇总。

⑤ 使用 Sheet5 工作表中的数据，以“系列”为行字段，以“商品名称”为列字段，以“单价”为最小值项，从新工作表的 A1 单元格起建立数据透视表。

小　结

本项目通过四个任务将 Excel 2016 的知识要点分解开来，逐个突破。任务一中要求掌握对工作表、单元格的基本操作和不同类型数据的处理方法；任务二中要求学会正确使用公式和常用的函数解决问题；任务三中要求学会根据给出的数据，正确创建和编辑图表；任务四中在掌握排序、筛选、汇总的基础上，学会运用数据透视图和数据透视表来观察数据，得出发展趋势，为决策提供依据。相信同学们应该对 Excel 2016 有了相当程度的了解，具备了中级操作员的操作能力，为今后的就业之路打下了坚实的基础。

项目五　演示文稿制作

• 项目描述

当前新媒体已经渗透到经济社会生活的方方面面，成为促进地方经济及社会发展的一种重要媒介，尤其以短视频和直播营销为代表的模式已成为新时代的发展趋势。方圆同学作为一名在校大学生，其对摄影和短视频拍摄也充满了浓厚的兴趣。于是方圆与其他几名具有同样爱好的同学准备参加大学生创新创业项目申报，创立一家新媒体 MCN 创业工作室，他们需要完成用于项目汇报的演示文稿。演示文稿效果如图 5-1 所示。

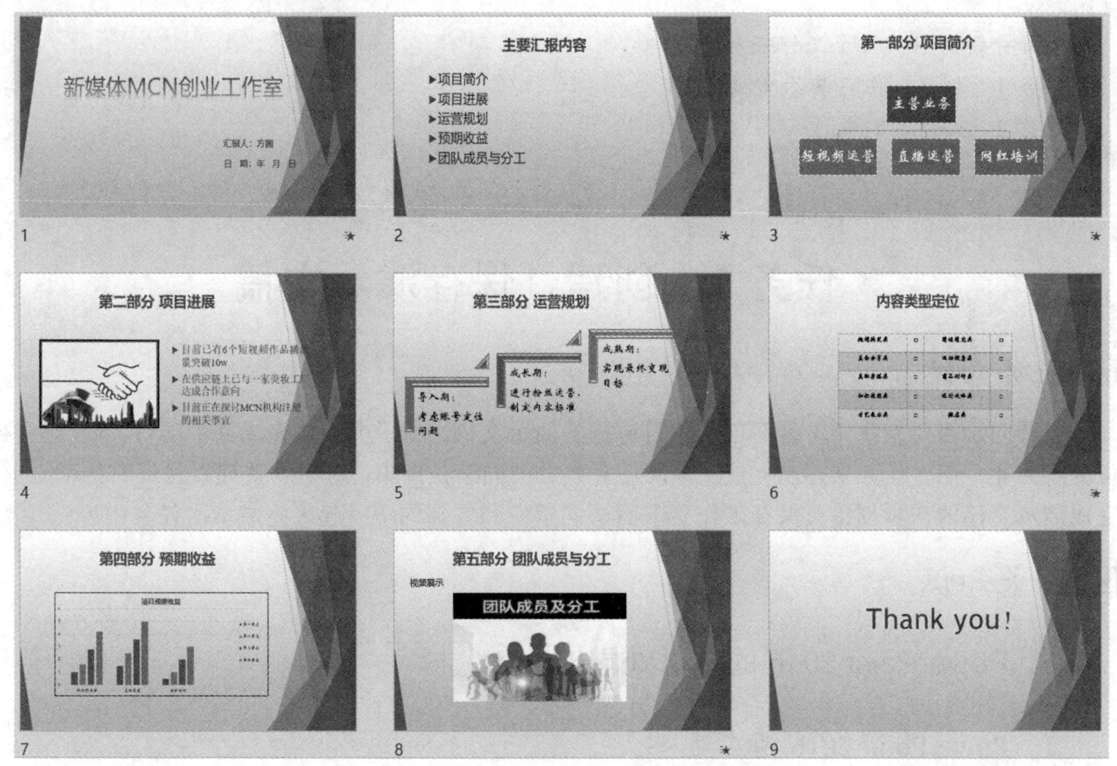

图 5-1　“创新创业项目申报”效果图

• 项目分析

本项目的实施需要运用创建、制作、编辑、放映与保存演示文稿等相关知识及基本操作。

PowerPoint 是一款专门用来制作演示文稿的应用软件，也是 Microsoft Office 系列软件中的重要组成部分。使用 PowerPoint 可以制作出集文字、图形、图像、声音以及视频等多媒体元素为一体的演示文稿，让信息以更轻松、更高效的方式表达出来。中文版 PowerPoint 2016 在继承以前版本强大功能的基础上，更以全新的界面和便捷的操作模式引导用户制作图文并茂、声形兼备的多媒体演示文稿。

PowerPoint 引入了“演示文稿”的概念，它是把一些零散杂乱的幻灯片经过编辑、整理形成一个幻灯片集，并作为一个整体进行演示。在 PowerPoint 中，存在演示文稿和幻灯片两个概念，使用 PowerPoint 制作出来的整个文件称为演示文稿。而演示文稿中的每一页称为幻灯片，每张幻灯片都是演示文稿中既相互独立又相互联系的内容。

利用 PowerPoint 制作演示文稿的基本过程如下：

（1）搜集素材，对素材进行筛选和提炼。

（2）制作静态幻灯片并进行美化。

（3）添加动画效果、设置幻灯片的切换方式。

（4）放映演示文稿。

（5）浏览修改演示文稿。

• 项目分解

项目分解为以下 4 个工作任务：

任务 1　创建、保存演示文稿

任务 2　幻灯片的制作

任务 3　编辑演示文稿

任务 4　演示文稿的放映

任务 1　创建、保存演示文稿

☑ 任务介绍

方圆同学需要制作一份创新创业项目申报的演示文稿，为了更好地完成这个项目，现已把项目分解为 4 个工作任务来逐步完成。本次任务是方圆同学在搜集、分析、整理素材资料的基础上完成演示文稿的初步创建及保存工作。下面请同学们和方圆同学一起来完成本次任务内容。

☑ 相关知识

一、PowerPoint 2016 的启动和退出

1. PowerPoint 2016 的启动

当用户安装完 Microsoft Office 2016 之后，PowerPoint 2016 也将成功安装到系统中，这时启动 PowerPoint 2016 就可以使用它来创建演示文稿。常用的启动方法有：常规启动、通过创建新文档启动和通过现有演示文稿启动。

1）常规启动

常规启动是在 Windows 操作系统中最常用的启动方式，即通过“开始”菜单启动。选择“开始”→“PowerPoint 2016”命令，即可启动 PowerPoint 2016 应用程序。

2）通过创建新文档启动

成功安装 Microsoft Office 2016 之后，在桌面或者“我的电脑”窗口中的空白区域右击，将弹出如图 5–2 所示的快捷菜单，此时选择“新建”→“Microsoft PowerPoint 演示文稿”命令，即可在桌面或者当前文件夹中创建一个名为“新建 Microsoft PowerPoint 演示文稿”的文件。双击文件图标，即可打开新建的 PowerPoint 2016 文件。

3）通过现有演示文稿启动

用户在创建并保存 PowerPoint 演示文稿后，可以通过已有的演示文稿启动 PowerPoint。如图 5–3 所示，选择“文件”→“新建”→“空白演示文稿”命令，即可新建一个演示文稿。

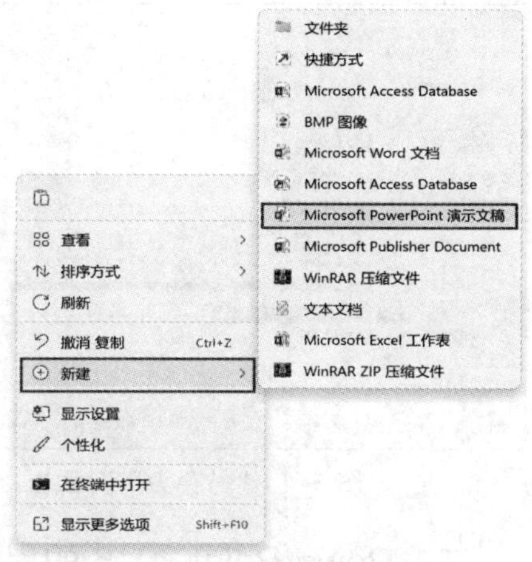

图 5–2　新建 PowerPoint 2016

图 5–3　通过现有演示文稿新建空白演示文稿

2. 保存文档

（1）选择“文件”→“另存为”命令，打开如图 5–4 所示的“另存为”对话框。此外，也可选择“文件”→“保存”命令进行操作。

（2）演示文稿的命名。在“另存为”对话框中，可直接将演示文稿以“创新创业项目申报”为名，保存在相应文件夹中，如图 5–5 所示。也可在桌面右击新建的文件图标，在弹出的快捷菜单中选择“重命名”命令，或缓慢双击新建的文件图标进行文件名设置。

3. PowerPoint 2016 的退出

（1）单击窗口右上角的“关闭”按钮。

（2）选择“文件”→“关闭”命令。

（3）右击任务栏上的 PPT 任务图标，在弹出的快捷菜单中选择“关闭”命令。

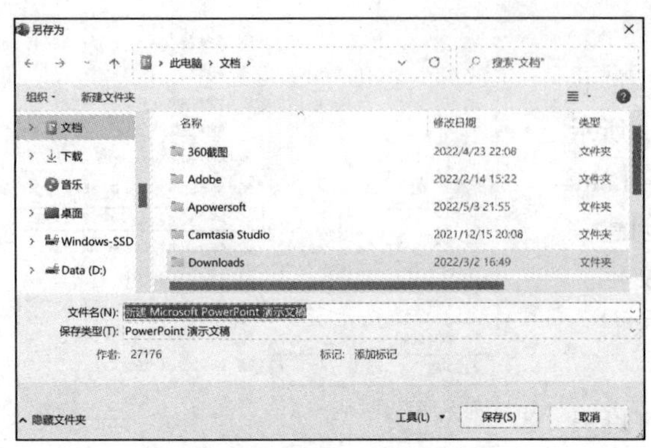

图 5-4 “另存为”对话框

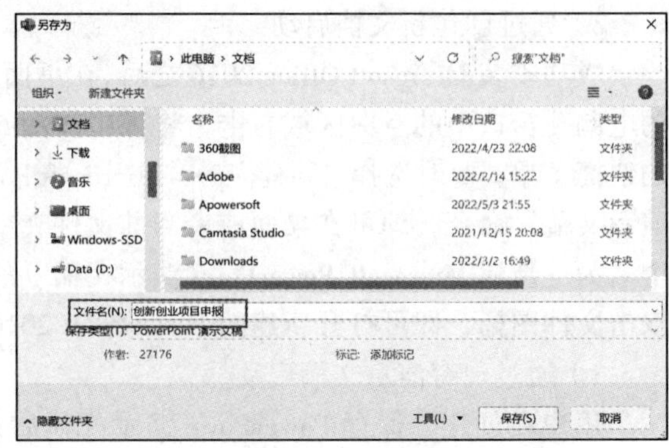

图 5-5 命名文件

二、PowerPoint 2016 的界面组成

1. 界面简介

启动 PowerPoint 2016 后，系统将自动新建一个空白文档“演示文稿 1”，其窗口由选项卡、功能区、大纲视图区、幻灯片编辑区、备注区和状态栏等部分组成，如图 5-6 所示。

PowerPoint 2016 的界面不仅美观实用，而且各个工具按钮的摆放更便于用户的操作。

（1）大纲窗格：用于编辑和显示幻灯片中的文稿内容，不需要也可关闭。

（2）幻灯片窗格：用于编辑和显示幻灯片的内容。

（3）备注窗格：用于给当前幻灯片添加备注。

用户可以用鼠标拖动窗格之间的分界线，改变各个窗格的大小。

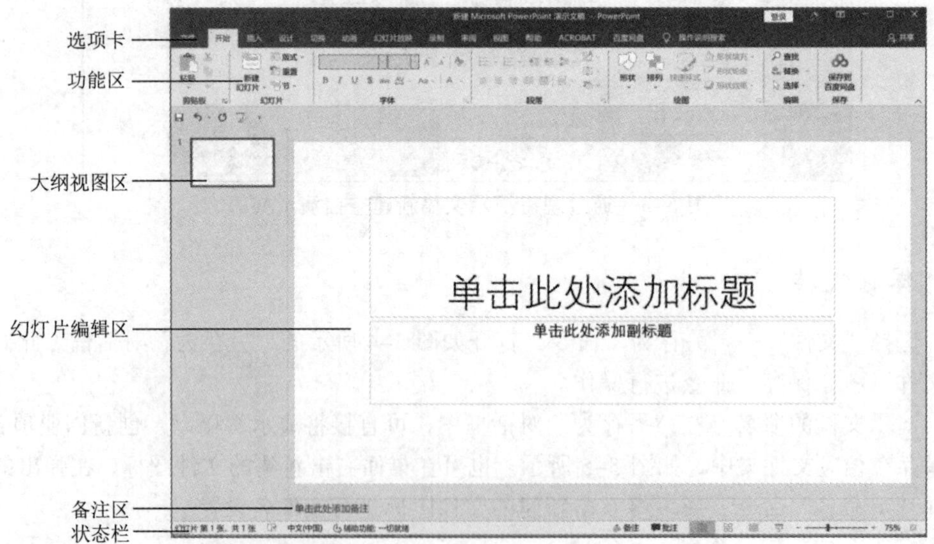

图 5-6 PowerPoint 2016 的界面组成

2. 自定义快速访问工具栏

PowerPoint 2016 支持自定义快速访问工具栏及设置工作环境，从而使用户能够按照自己的习惯设置工作界面，并在制作演示文稿时更加得心应手。

快速访问工具栏位于标题栏的左侧，如 5-7 图所示。该工具栏能够帮助用户快速进行常用命令的操作。它包含常规操作的命令，如“保存”“撤消”“恢复”等。

自定义快速访问工具栏的方法如下：

（1）单击快速访问工具栏右侧的下拉按钮，在打开的下拉列表中选择要添加的命令，在该命令前面会出现一个小“√”，该命令就被添加到快速访问工具栏中。反之，只要在下拉列表中取消选取，该命令就会从快速访问工具栏中删除。

（2）在功能区中选择要添加的命令，右击，在弹出的快捷菜单中选择“添加到快速访问工具栏”命令，即可将该命令添加到快速访问工具栏中。

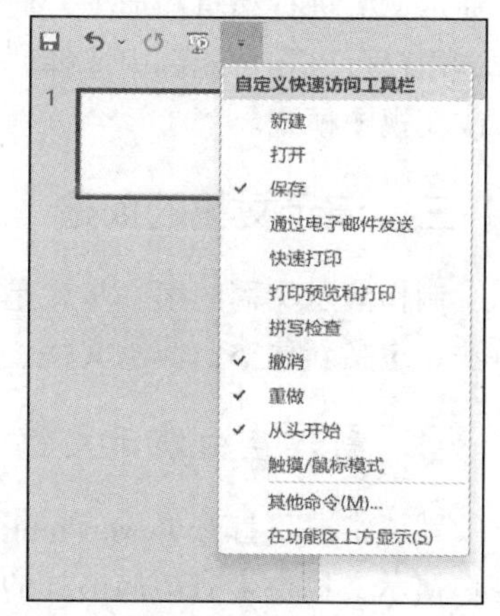

图 5-7　“自定义快速访问工具栏”

3. 视图简介

PowerPoint 2016 提供了“普通视图”“大纲视图”“幻灯片浏览视图”“备注页视图”“阅读视图”5 种视图模式，使用户在不同的工作需求下都能得到一个舒适的工作环境，如图 5-8 所示。

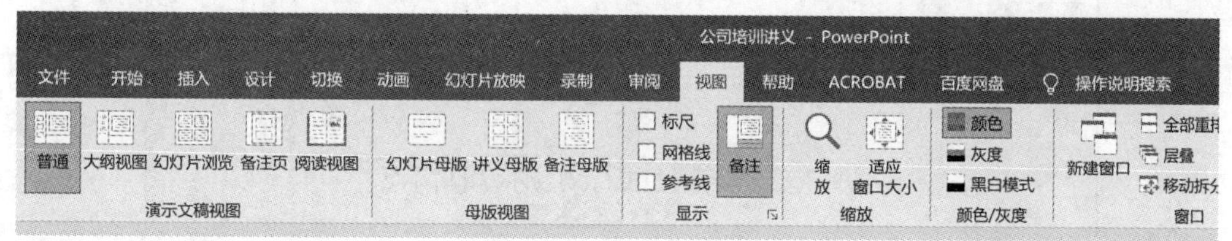

图 5-8　“视图”选项卡

（1）普通视图：默认情况下，PowerPoint 2016 以普通视图模式显示。在普通视图中左侧的幻灯片预览窗口从上到下依次显示每一张幻灯片的缩略图，用户从中可以查看幻灯片的整体外观。当在预览窗口单击幻灯片缩略图时，该张幻灯片将显示在幻灯片编辑窗口中，这时就可以向当前幻灯片中添加或修改文字、图形、图像和声音等信息。用户可以在预览窗口中上下拖动幻灯片，以改变其在整个演示文稿中的位置。

（2）大纲视图：大纲视图主要用来显示 PowerPoint 演示文稿的文本部分，它为组织材料、编写大纲提供了一个良好的工作环境。用户可以在大纲窗格中编辑幻灯片并在其中跳转。也可将大纲从 Word 粘贴到大纲窗格来轻松地创建整个显示文稿。

（3）幻灯片浏览视图：使用幻灯片浏览视图，可以在屏幕上同时看到演示文稿中的所有幻灯片，这些幻灯片以缩略图方式显示在同一窗口中。在幻灯片视图模式中可以看到改变幻灯片的背景设计、配色方案或更换模板后演示文稿发生的整体变化，也可以检查各个幻灯片是否前后协调、图标的位置是否合适等问题。同时在该视图中可以添加、删除和移动幻灯片，以及设置幻灯片之间的动画切换。

（4）备注页视图：在备注页视图模式下，用户可以方便地整页查看和添加/修改备注信息。

（5）阅读视图：在幻灯片阅读视图模式下，用户可以预览幻灯片的最终效果，并不是显示单个的静止画面，而是以动态的形式显示演示文稿中各个幻灯片。

每种视图都包含该视图下特定的工作区、功能区和其他工具。在不同的视图中，用户都可以对演示文稿进行编辑和加工，同时这些改动都将反映到其他视图中。

用户可以在功能区中选择“视图”选项卡，然后在“演示文稿视图”组中单击相应的按钮即可改变视图模式。

三、演示文稿的创建

制作演示文稿的第一步就是新建演示文稿，PowerPoint 2016 中提供了一系列创建演示文稿的方法，包括新建空白演示文稿、根据模板新建演示文稿等。

1. 新建空白演示文稿

默认情况下打开 PowerPoint 2016 窗口就会出现一个空白的幻灯片，用户只需输入内容即可。空白演示文稿由带有布局格式的空白幻灯片组成，用户可以在空白的幻灯片上设计出具有鲜明个性的背景色彩、配色方案、文本格式和图片等，如图 5-9 所示。

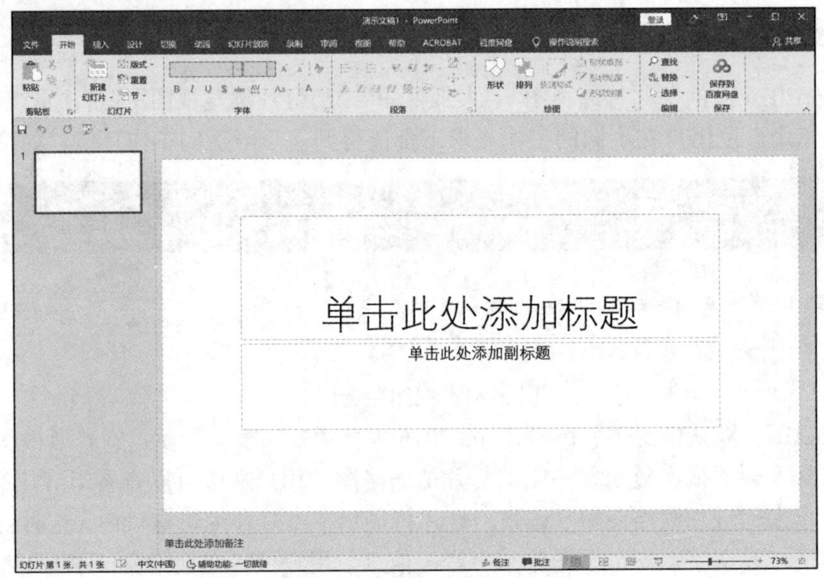

图 5-9 新建空白演示文稿

提示：空白演示文稿中的两行提示内容不会被打印出来也不会在放映时显示出来。

2. 根据模板新建演示文稿

设计模板是预先定义好的演示文稿的样式、风格，包括幻灯片的背景、装饰图案、文字布局及颜色大小等。PowerPoint 2016 提供了多种设计模板的样式供用户选择，用户可在具备设计概念、字体和颜色方案的 PowerPoint 模板的基础上创建演示文稿。

利用模板新建演示文稿，具体操作步骤如下：

（1）选择“文件”→“新建”命令。

（2）在右侧窗口中查看样本模板，也可搜索联机模板和主题。

（3）根据需求单击要应用的设计模板，即可根据现有的模板新建一个演示文稿，如图 5-10 所示。

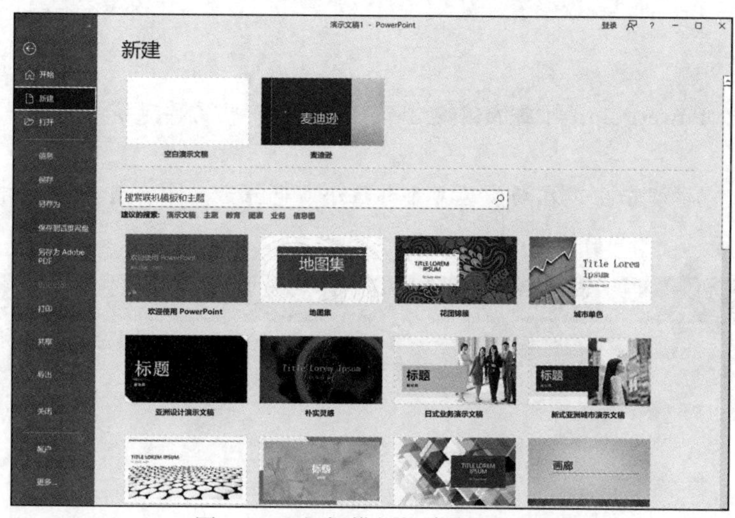

图 5-10　根据模板新建演示文稿

☑ 任务实施

创建一份空白演示文稿，命名为“创新创业项目申报”。

具体操作步骤如下：

（1）启动 Powerpoint 2016，自动创建空演示文稿。默认情况下打开 PowerPoint 2016 窗口就会出现一个空白的幻灯片，用户只需输入内容即可。

（2）将演示文稿命名为“创新创业项目申报”的演示文稿，保存在计算机中。

选择“文件”→“另存为”命令。在打开的“另存为”对话框中选择保存位置及对文档重新命名。

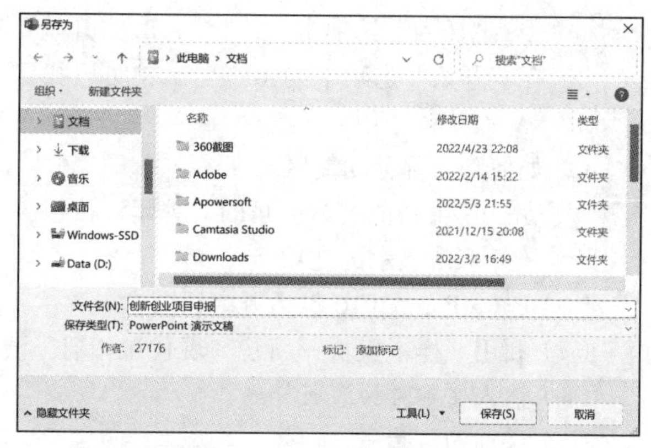

图 5-11　“另存为”对话框

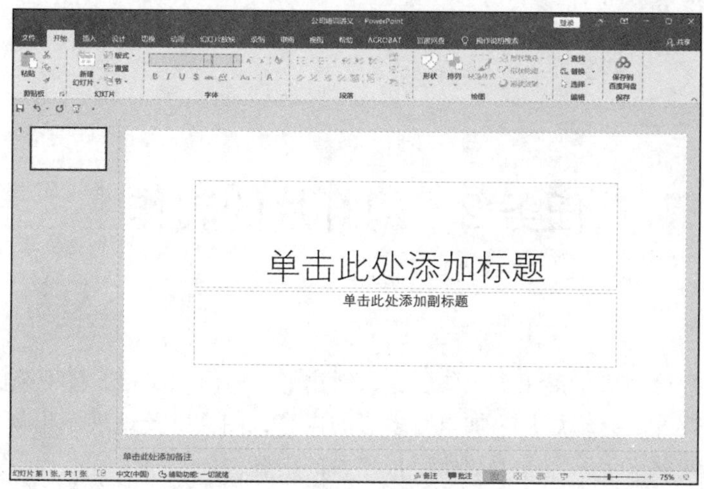

图 5-12　已创建的演示文稿

知识扩展

如果用户使用 PowerPoint 时更依赖键盘而不是鼠标，就需要了解功能区中一些新的快捷方式：键提示。

按住【Alt】键。键提示出现在功能区各个部位小灰色正方形中，用户根据相应的提示进行操作即可。

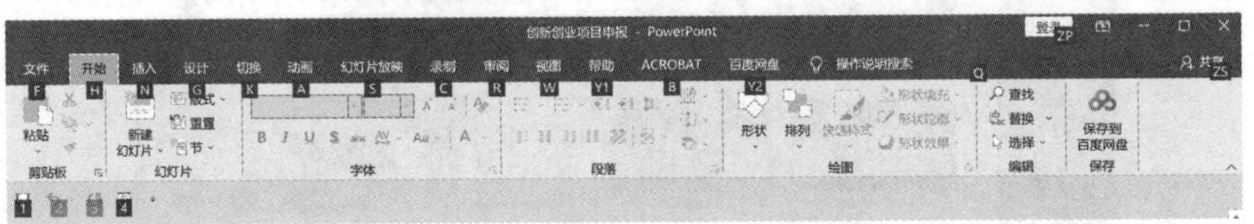

图 5-13　键提示键盘示意图

☑ 技能训练

（1）选择题：

① 要使用“复制”和“粘贴”按钮来处理文本，在功能区的（　　）可以找到这些按钮。

A. “插入”选项卡　　B. “开始”选项卡　　C. 快速访问工具栏

② 在“开始”选项卡的（　　）中可以找到“行距”按钮。

A. “字体”组　　B. “段落”组　　C. “幻灯片”组

③ 如何隐藏部分功能区？（　　）

A. 单击功能区右上角的“关闭”按钮　　B. 双击任何选项卡的名称

C. 双击显示的选项卡

（2）PowerPoint 2016 包括哪些视图？

（3）利用“样本模板”新建“现代型相册”演示文稿。

（4）输入文本并设置其格式。

（5）添加幻灯片。

（6）查看各种功能选项卡，熟悉其中包含的组命令。

（7）自定义“快速访问工具栏”。

（8）切换视图并进行缩放。

（9）隐藏功能区。

（10）保存演示文稿。

任务 2　幻灯片的制作

☑ 任务介绍

方圆同学已很好地完成了第 1 个工作任务，创建了空白演示文稿，接下来的第 2 个任务是要精心制作每一张幻灯片。为幻灯片添加丰富多彩的内容，图文并茂地展示出新媒体 MCN 创业工作室的具体内容，使评审专家充分了解所申报项目的内容。

☑ 相关知识

PowerPoint 2016 为用户提供了多种简便的方法为幻灯片添加内容，如插入图片、艺术字、输入文本等，这样会使演示文稿的主题更加突出，吸引观众。

在设计演示文稿时应尽量注意遵循“主题突出、层次分明；文字精练、简单明了；形象直观、生动活泼”等原则，以便突出重点，给观众留下深刻印象。为此，在演示文稿中添加内容之前，一定要对演示文稿进行精心地筛选和提炼，切忌把 Word 文档中的内容直接大段大段地复制粘贴。

一、插入文本

1. 添加文本

文本对演示文稿中主题内容的说明及阐述作用是其他对象不可替代的。在幻灯片中添加文本的方法有很多种，常用的方法有使用占位符、使用文本框和从外部导入文本。

1）在占位符中添加文本

占位符是包含文字和图形等对象的容器，其本身是构成幻灯片内容的基本对象，具有自己的属性。用户可以对其中的文字进行操作，也可以对占位符本身进行大小调整、移动、复制、粘贴及删除等操作，如图 5-14 所示。

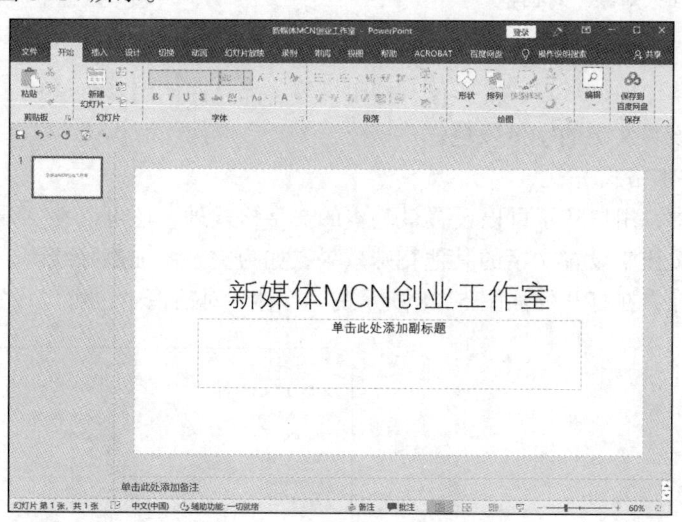

图 5-14　在占位符中添加文本

2）使用文本框添加文本

文本框是一种可移动、可调整大小的文字容器，它与文本占位符非常相似。使用文本框可以在幻灯片中放置多个文字块，使文字按照不同的方向排列，也可以突破幻灯片版式的制约，实现在幻灯片中任意位置添加文字信息的目的。

3）从外部导入文本

用户除了使用复制的方法从其他文档中将文本粘贴到幻灯片中，还可以在“插入”选项卡中选择“对象”命令，直接将文本文档导入幻灯片中。

2. 文本的编辑

为了使演示文稿更加美观、清晰，通常需要对幻灯片中的文本进行编辑。对于幻灯片中文本的编辑，PowerPoint 2016 和 Word 2016 相似，包括对幻灯片字体、段落的设置，通过“开始”选项卡下的各组工具来实现相应的操作。

1）设置字体和字号

为幻灯片中的文字设置合适的字体和字号，可以使幻灯片的内容清晰明了。和编辑文本一样，在设置文本属性之前，首先要选择相应的文本，然后在“开始”选项卡“字体”组中进行设置即可。

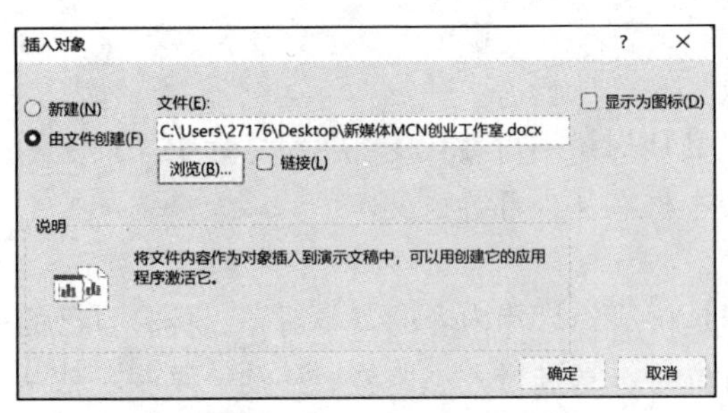

图 5-15 “插入对象”对话框

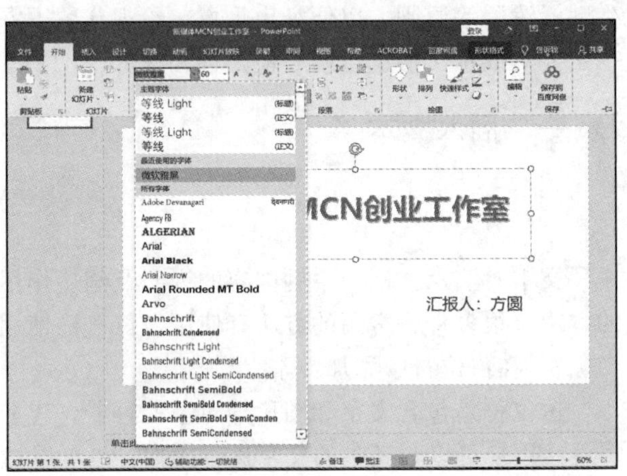

图 5-16 设置字体和字号

2）设置字体颜色

用户的输出设备（如显示器、投影仪、打印机等）都允许使用彩色信息，这样在设计演示文稿时就可以进一步设置文字的字体颜色。

3）设置特殊文本格式

在 PowerPoint 中，用户除了可以设置最基本的文字格式外，还可以在“开始”选项卡的“字体”组中单击相应按钮来设置文字的其他特殊效果，如为文字添加删除线等。单击“字体”组中的对话框启动器按钮，在打开的如图 5-18 所示的“字体”对话框中也可以设置特殊的文本格式。

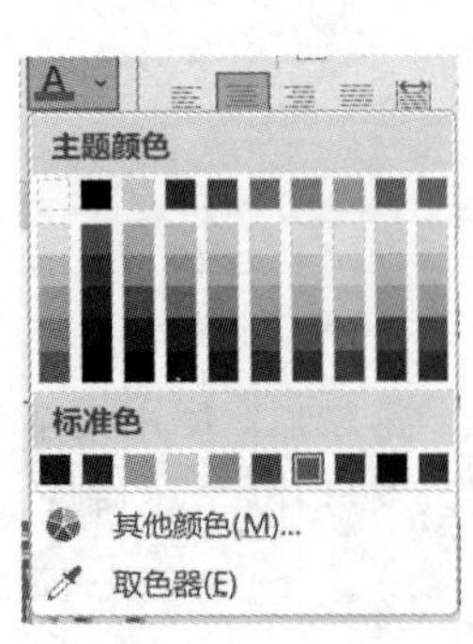

图 5-17 设置字体颜色

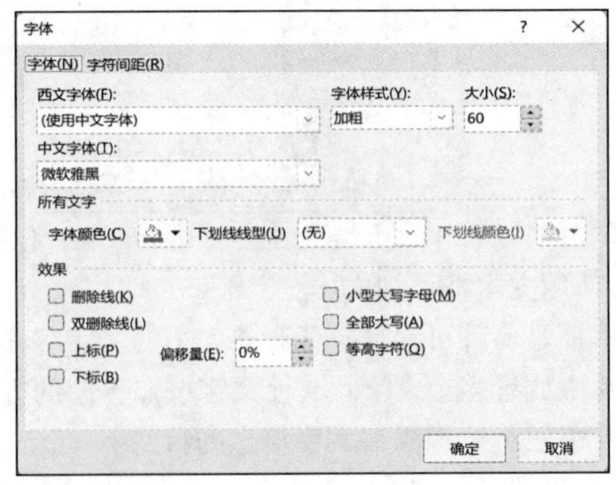

图 5-18 “字体”对话框

3. 设置段落格式

为了使幻灯片中的文本层次分明、条理清晰，可以为幻灯片中的段落设置格式和级别，如使用不同的项目符号和编号来标识段落层次等。本任务主要掌握使用项目符号和编号设置段落级别、段落的对齐方式、缩进方式等方法。

段落格式包括段落对齐、段落缩进及段落间距设置等。掌握了在幻灯片中编排段落格式后，就可以为整个演示文稿设置风格相适应的段落格式。

1）设置段落对齐方式

段落对齐是指段落边缘的对齐方式，包括左对齐、右对齐、居中对齐、两端对齐和分散对齐。

（1）左对齐：左对齐时，段落左边对齐，右边参差不齐。

（2）右对齐：右对齐时，段落右边对齐，左边参差不齐。

（3）居中对齐：居中对齐时，段落居中排列。

（4）两端对齐：两端对齐时，段落左右两端都对齐分布，但是段落最后不满一行的文字右边是不对齐的。

（5）分散对齐：分散对齐时，段落左右两边均对齐，而且当每个段落的最后一行不满一行时，将自动拉开字符间距使该行均匀分布。

2）设置段落的缩进方式

在 PowerPoint 2016 中，可以设置段落与占位符或文本框左边框的距离，也可以设置首行缩进和悬挂缩进。使用“段落”对话框可以准确地设置缩进尺寸，在功能区单击“段落”组中的对话框启动器按钮，将打开“段落”对话框，如图 5-19 所示。

3）设置行间距和段间距

在 PowerPoint 中，用户可以设置行距及段落换行的方式。设置行距可以改变 PowerPoint 默认的行距，使演示文稿中的内容条理更为清晰；设置换行格式，可以使文本以用户规定的格式分行。

4. 使用项目符号

在演示文稿中，为了使某些内容更为醒目，经常要用到项目符号。项目符号用于强调一些特别重要的观点或条目，从而使主题更加美观、突出。

1）常用项目符号

将光标定位在需要添加项目符号的段落中，在“开始”选项卡的“段落”组中单击“项目符号”按钮右侧的下拉按钮，在下拉列表中选择“项目符号和编号”命令，打开“项目符号和编号”对话框，选择需要使用的项目符号即可，也可根据喜好选择不同的颜色，如图 5-20 所示。

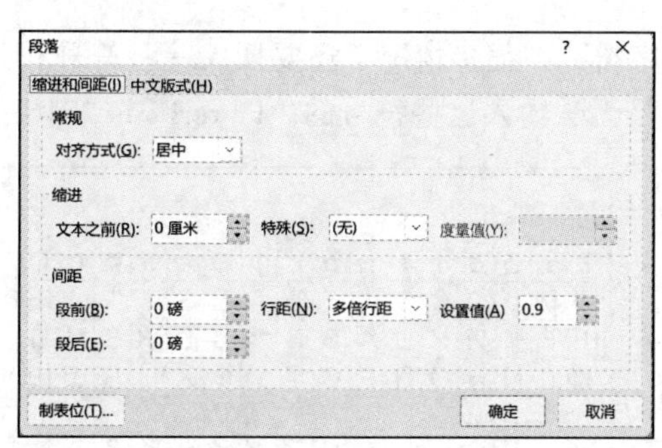

图 5-19　“段落”对话框

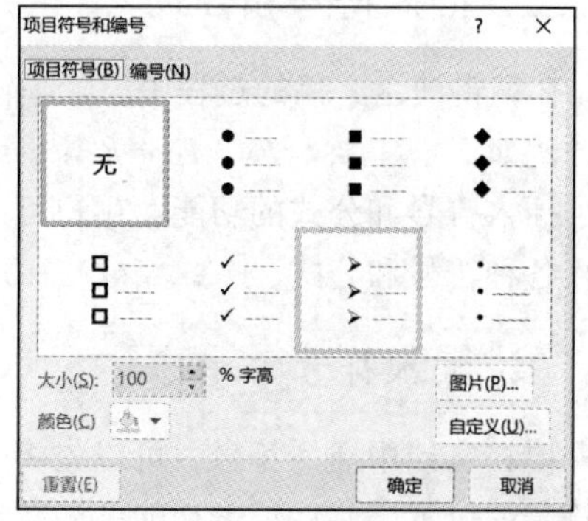

图 5-20　“项目符号和编号”对话框

2）图片项目符号

在“项目符号和编号”对话框中可供选择的项目符号类型共有 7 种，此外还可以单击“图片”

按钮，将自定义图片设置为项目符号，这样更丰富了项目符号的形式，如图 5-21 所示。

3）自定义项目符号

在 PowerPoint 中，除了系统提供的项目符号和图片项目符号外，还可以将系统符号库中的各种字符设置为项目符号。在“项目符号和编号”对话框中单击“自定义”按钮，将打开“符号”对话框，还可以通过选择“字体”和“子集”选项查看更多的符号，如图 5-22 所示。

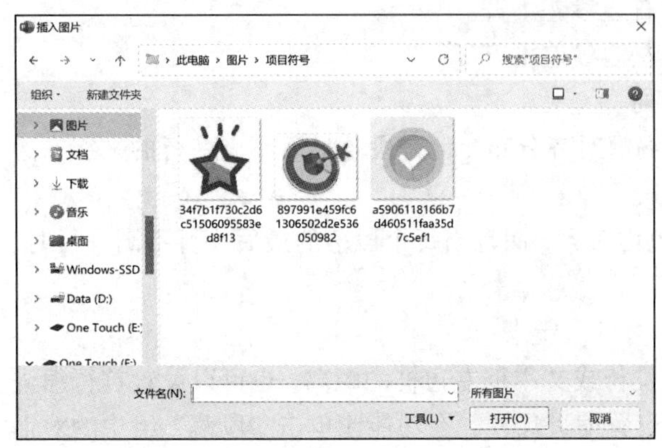

图 5-21　选择自定义图片作为“项目符号”

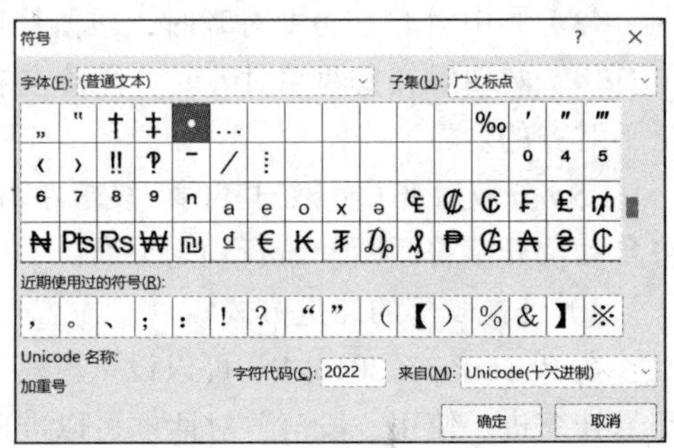

图 5-22　“符号”对话框

5. 使用项目编号

在 PowerPoint 中，可以为不同级别的段落设置项目编号，使主题层次更加分明、有条理。在默认状态下，项目编号由阿拉伯数字构成。此外，PowerPoint 还允许用户使用自定义项目编号样式。

要为段落设置项目编号，可将光标定位在段落中，在“开始”选项卡“段落”组中单击“编号”下拉按钮，在下拉列表中选择“项目符号和编号”命令，打开“项目符号和编号”对话框，选择需要使用的项目编号命令即可。

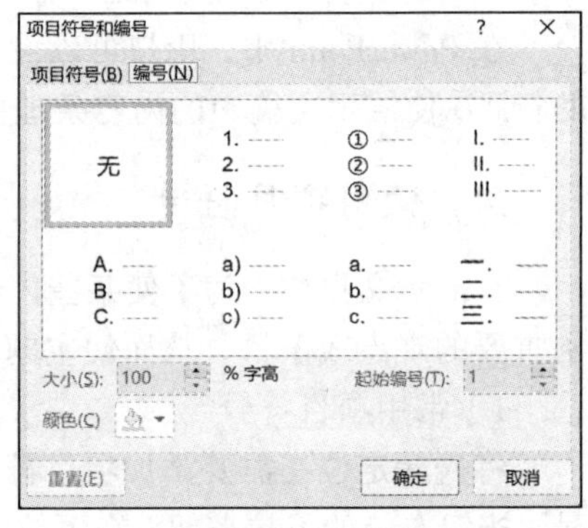

图 5-23　“编号”下拉列表

二、插入符号和公式

在编辑演示文稿的过程中，除了输入文本或英文字符，在很多情况下还要插入一些符号和公式，例如 2、β、$\in$、$Fx = F\cos\beta$ 等，这时仅通过键盘是无法输入这些符号的。PowerPoint 2016 提供了插入符号和公式的功能，用户可以在演示文稿中插入各种符号和公式。

1. 插入符号

要在文档中插入符号，可以先将光标放置在要插入符号的位置，然后单击功能区的“插入”选项卡，在“符号”组中单击“符号”按钮，打开如图 5-24 所示的“符号”对话框，在其中选择要插入的符号，单击“插入”按钮即可。

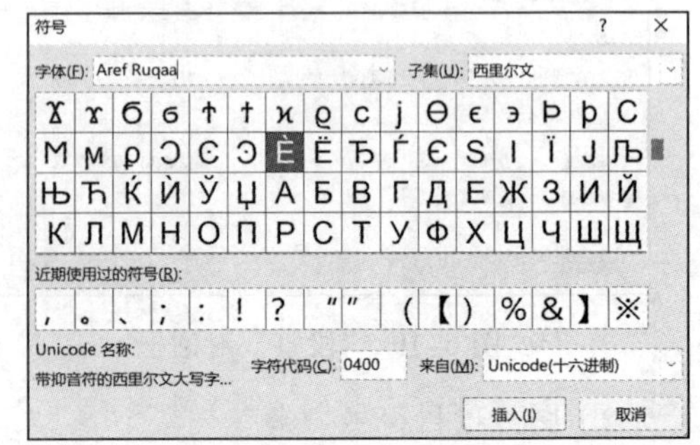

图 5-24　“符号”对话框

2. 插入公式

要在幻灯片中插入各种公式，可以使用公式编辑器输入统计函数、数学函数、微积分方程式等复杂公式。单击“插入”选项卡“符号”组中的“公式”下拉按钮，可直接选择固定公式插入，也可选择“插入新公式”命令编写公式，如图 5-25 所示。

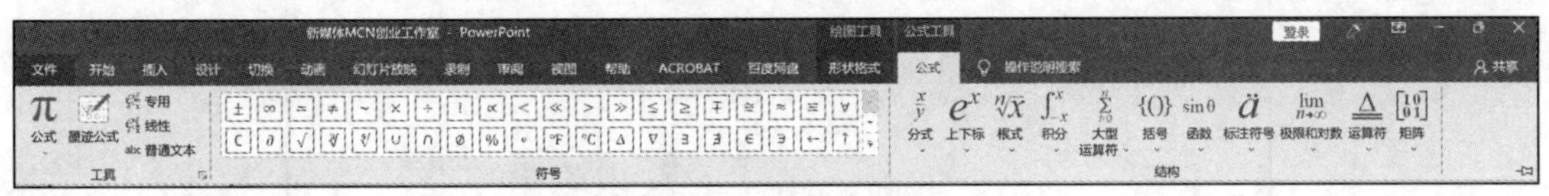

图 5-25　“公式”菜单栏

三、插入图形

在 PowerPoint 2016 中，单击“插入”选项卡“图片”下拉列表中的“联机图片”按钮，添加网络图片，还可以单击“此设备”按钮，从本地磁盘插入图片到幻灯片中，使用它们可以丰富幻灯片的版面效果。使用 PowerPoint 2016 的绘图工具可以绘制各种简单的基本图形，这些基本图形可以组合成复杂多样的图案效果。使用艺术字功能能够在适当主题下为演示文稿增色。本项目分别介绍艺术字、图片、图形等对象的处理功能。

图 5-26　图像、插图、文本工具栏

1. 插入艺术字

艺术字是一种特殊的图形文字，常被用来表现幻灯片的标题文字。用户既可以像对普通文字一样设置其字号、加粗、倾斜等效果，也可以像图形对象那样设置它的边框、填充等属性，还可以对其进行大小调整、旋转或添加阴影、三维效果等。

1）插入艺术字

单击“插入”选项卡“文本”组中的“艺术字”按钮，打开艺术字样式列表。单击需要的样式，即可在幻灯片中插入艺术字。

插入艺术字具体操作步骤如下：

（1）打开要插入艺术字的幻灯片。

（2）打开【插入】选项卡，在“文本”组中选择“艺术字”命令，弹出其下拉列表，如图 5-27 所示。

（3）在该列表中选择所需的艺术字样式即可在幻灯片中插入“请在此键入您自己的内容”占位符，此时只需直接输入文本即可。

2）编辑艺术字

用户在插入艺术字后，如果对艺术字的效果不满意，可以对其进行编辑修改。当选中幻灯片中艺术字的时候，在上方选项卡区会多出一个“绘图工具-形状格式”选项卡，通过该选项卡可以设置文字的多种效果，如图 5-28 所示。

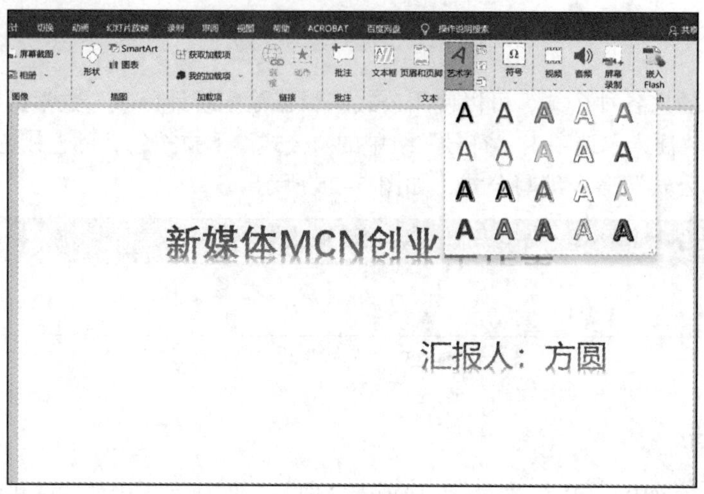

图 5–27 “艺术字”下拉列表

图 5–28 “绘图工具-形状格式”选项卡

单击“绘图工具-形状格式”选项卡“艺术字样式”组中的按钮可对艺术字的填充色、轮廓色以及效果等进行更改，如图 5–29 所示。

形状轮廓演示　艺术字演示　背景填充演示

图 5–29 艺术字形状格式设置样例

用户还可以选中艺术字，单击“绘图工具-形状格式”选项卡的“形状样式”/“艺术字样式”组中的下拉按钮，打开“设置形状格式”窗格对形状选项和文本选项进行编辑，如图 5–30 所示。

图 5–30 对形状选项和文本选项进行编辑

2. 插入图片

在演示文稿中插入图片，可以更生动形象地阐述其主题和要表达的思想。在插入图片时，要充分考虑幻灯片的主题，使图片和主题和谐一致。

1）插入本机图片

用户可以从计算机磁盘中选择合适的图片进行插入，这些图片可以是 BMP 位图，也可以是由其他应用程序创建的图片，从因特网下载的或通过扫描仪及数码照相机输入的图片等。

插入图片的具体操作步骤如下：

（1）打开要插入图片的幻灯片。

（2）打开“插入”选项卡，单击“图像”组中的“图片”下拉按钮，在下拉列表中选择“此设备”选项，弹出“插入图片”对话框。

（3）在“插入图片”对话框中选择存有合适图片的文件夹，在对话框中就会显示出所有的图片，如图 5-31 所示。

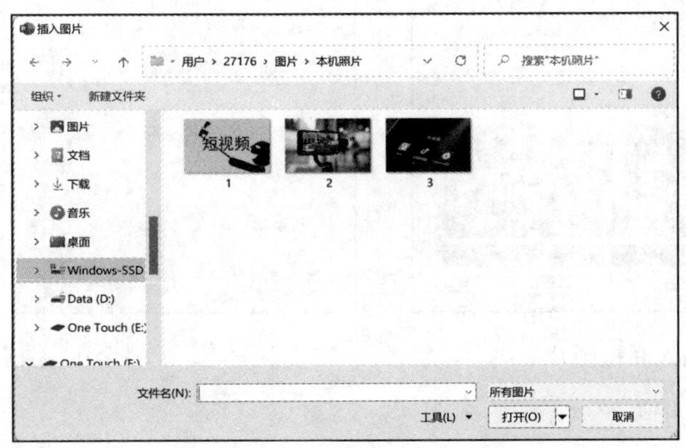

图 5-31　“插入图片”对话框

（4）选择所需的图片，然后单击“插入”按钮，选中的图片即可被插入到当前幻灯片中。

提示：插入图片后，当选择一张图片的时候，在上方功能区里会多出一个“图片工具-图片格式”选项卡，通过该选项卡可对图片进行编辑，像设置文字一样给图片设置多种效果。

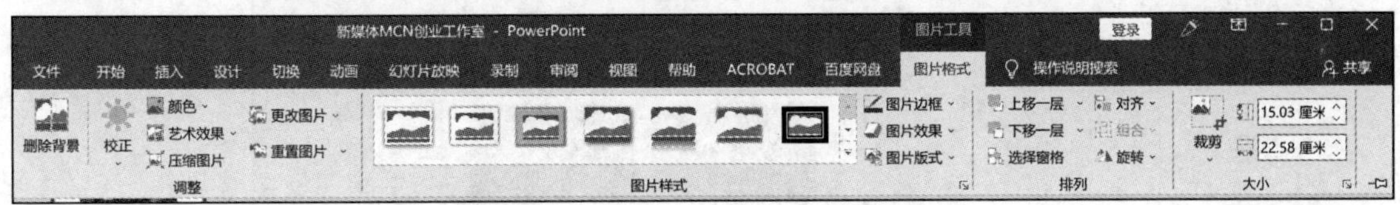

图 5-32　“图片工具-图片格式”选项卡

2）插入联机图片

用户除了插入此设备图片之外，还可以从各种联机来源中查找和插入图片。

插入联机图片的具体操作步骤如下：

（1）打开要插入联机图片的幻灯片。

（2）打开“插入”选项卡，单击“图像”组中的“图片”下拉按钮，在下拉列表中选择“联机图片”选项，弹出“插入图片”对话框。

（3）在“插入图片”对话框中的搜索栏位置输入关键词，在对话框中就会显示出相符的图片，如图 5-33 所示。

（4）选择所需的图片，然后单击“插入”按钮，选中的图片即可被插入到当前幻灯片中。

同样，插入图片后，在上方功能区里会多出一个“图片工具-图片格式”选项卡，通过该选项卡可对图片进行编辑。

3. 插入 SmartArt 图形

使用 SmartArt 图形可以非常直观地说明层级关系、附属关系、并列关系、循环关系等各种常见关系，而且制作出来的图形漂亮精美，具有很强的立体感和画面感。

1）选择插入 SmartArt 图形

在功能区显示“插入”选项卡，在“插图”组中单击 SmartArt 按钮，打开“选择 SmartArt 图形”对话框，如图 5-34 所示。

图 5-33　插入联机图片

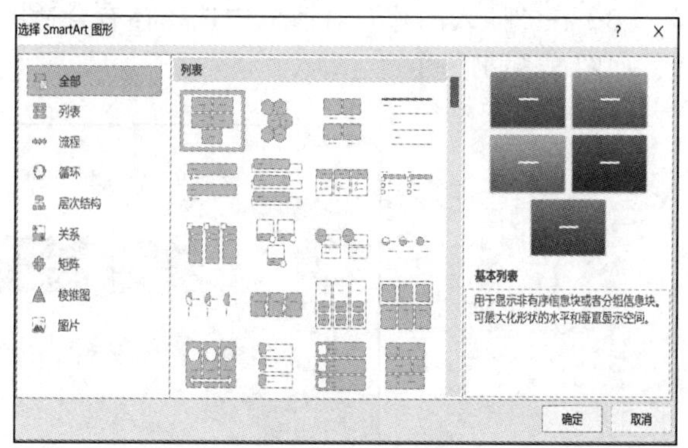

图 5-34　“选择 SmartArt 图形”对话框

2）编辑 SmartArt 图形

用户可以根据需要对插入的 SmartArt 图形进行编辑，如添加、删除形状，设置形状的填充色、效果等。选中插入的 SmartArt 图形，功能区将显示“SmartAr 设计”和“格式”选项卡，通过选项卡中各个功能按钮的使用，可以设计出各种美观大方的 SmartArt 图形。

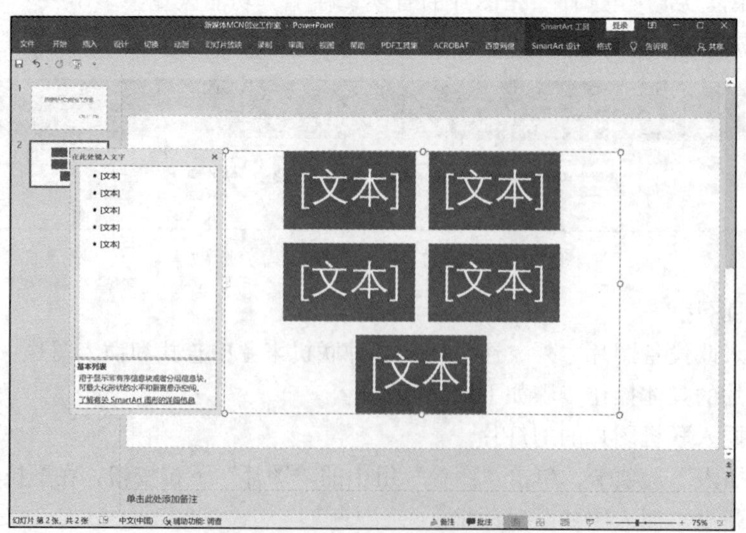

图 5-35　SmartArt 图表编辑示例

4. 绘制图形

PowerPoint 2016 提供了功能强大的绘图工具，利用绘图工具可以绘制各种线条、连接符、几何图形、星形以及箭头等复杂的图形。单击“插入”选项卡“插图”组中的“形状”按钮，在弹出的下拉列表中选择需要的形状绘制图形即可。

1）编辑图形

在 PowerPoint 中，可以对绘制的图形进行个性化的编辑。和其他操作一样，在进行设置前，应首先选中该图形。对图形最基本的编辑包括旋转图形、对齐图形、层叠图形和组合图形等。

（1）旋转图形。旋转图形与旋转文本框、文本占位符一样，只要拖动其上方的旋转控制点任意旋转图形即可。也可以在“绘图工具-形状格式”选项卡的“排列”组中单击“旋转”按钮，在弹出的下拉列表中选择“向左旋转 90°”“向右旋转 90°”“垂直翻转”“水平翻转”等命令，如图 5-36 所示。

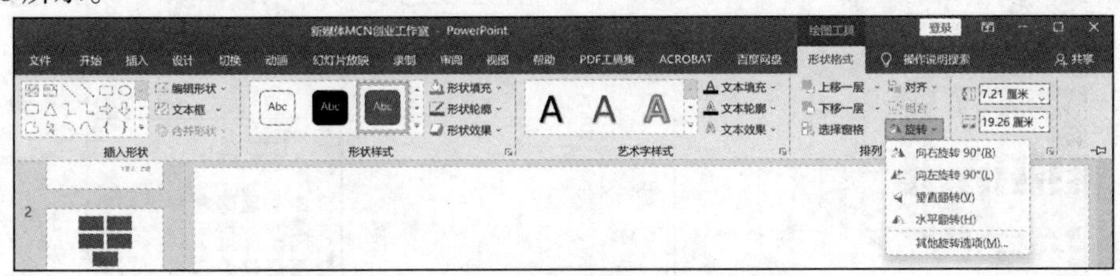

图 5-36 “绘图工具-形状格式”选项卡

（2）对齐图形。当在幻灯片中绘制多个图形后，可以在“排列”组中单击“对齐”按钮，在弹出的下拉列表中选择相应的命令来对齐图形，其具体对齐方式与文本对齐相似。

（3）层叠图形。对于绘制的图形，PowerPoint 将按照绘制的顺序将它们放置于不同的对象层中，如果对象之间有重叠，则后绘制的图形将覆盖在先绘制的图形之上，即上层对象遮盖下层对象。当需要显示下层对象时，可以通过调整它们的叠放次序来实现。

要调整图形的层叠顺序，可以在功能区的“排列”组中单击“上移一层”和“下移一层”按钮右侧的下拉按钮，在弹出的下拉列表中选择相应命令即可，也可单击“选择窗格”按钮，查看所有对象的列表，更轻松地选择对象、更改其顺序或更改其可见性。

（4）组合图形。在绘制多个图形后，如果希望这些图形保持相对位置不变，可以选中多个图形，然后使用“组合”按钮下的命令将其进行组合，如图 5-37 所示。也可以同时选中多个图形，右击，在弹出的快捷菜单中选择“组合”→“组合”命令，如图 5-38 所示。当图形被组合后，可以像一个图形一样被选中、复制或移动。

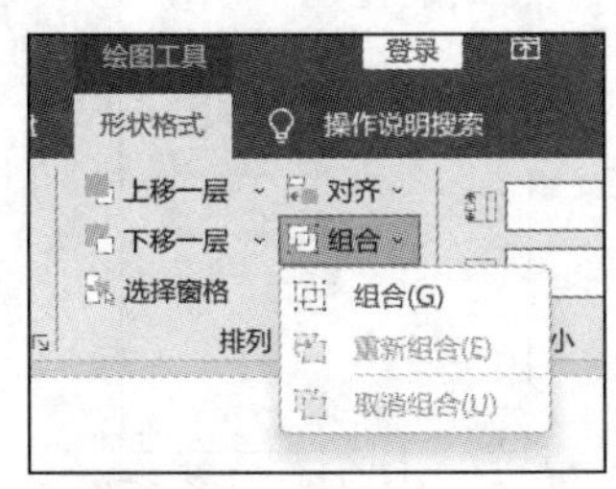

图 5-37 “组合”按钮

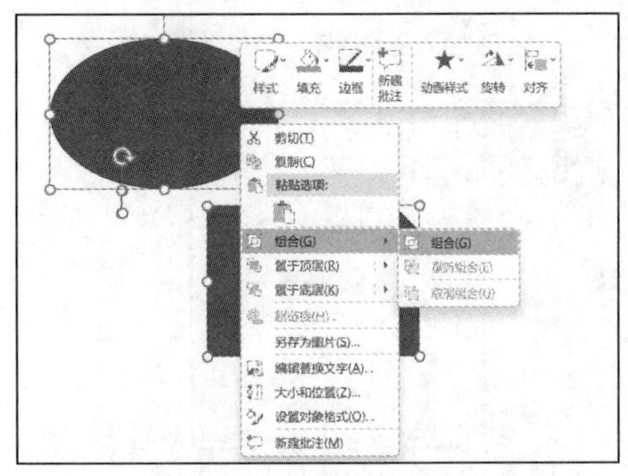

图 5-38 “组合”命令

2）设置图形格式

PowerPoint 具有功能齐全的图形设置功能，可以利用线型、箭头样式、填充颜色、阴影效果和三维效果等进行修饰。利用系统提供的图形设置工具，可以使配有图形的幻灯片更容易理解。

（1）设置线型。选中绘制的图形，在“绘图工具-形状格式”选项卡的“形状样式”组中单击“形状轮廓”按钮，在弹出的下拉列表中选择“粗细”和“虚线”命令，然后在其子命令中选择需要的线型样式即可，如图 5-39 所示。

（2）设置线条颜色。在幻灯片中绘制的线条都有默认的颜色，用户可以根据演示文稿的整体风格改变线条颜色。单击“形状轮廓”按钮，在弹出的下拉列表中选择颜色即可。

（3）设置填充颜色。为图形添加填充颜色是指在一个封闭的对象中加入填充效果，这种效果可以是单色、过渡色、纹理甚至是图片。用户可以通过单击“形状填充”按钮，在弹出的下拉列表中选择满意的颜色，也可以通过选择“其他填充颜色”命令设置其他颜色。另外，也可根据需要选择“渐变”或“纹理”命令为一个对象填充一种过渡色或纹理样式，如图 5-40 所示。

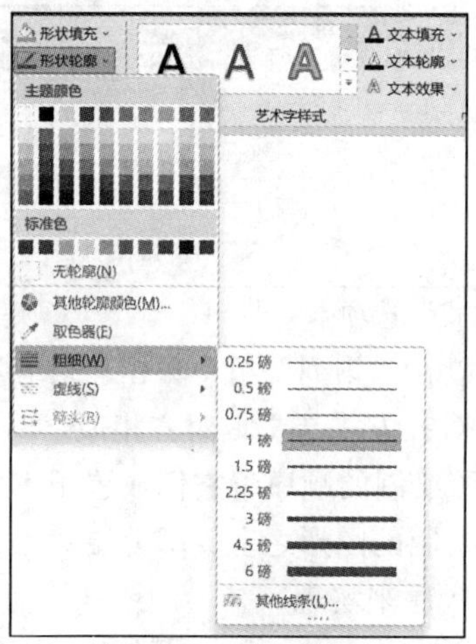

图 5-39　设置线型

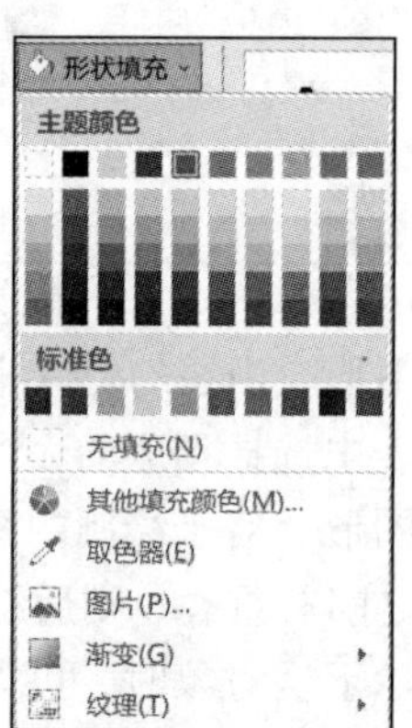

图 5-40　设置线条颜色

（4）设置形状效果。在 PowerPoint 中可以为绘制的图形添加阴影、映像、发光、柔化边缘、棱台、三维旋转效果，如图 5-41 所示。设置图形对象效果的方式是首先选中对象，单击“形状效果”按钮，在打开的面板中选择相应的命令，然后在如图 5-42 所示的菜单中选择需要的样式即可。

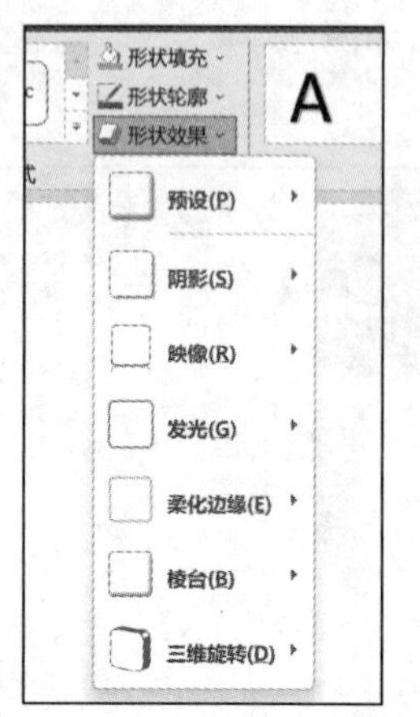

图 5-41　“形状效果”下拉列表

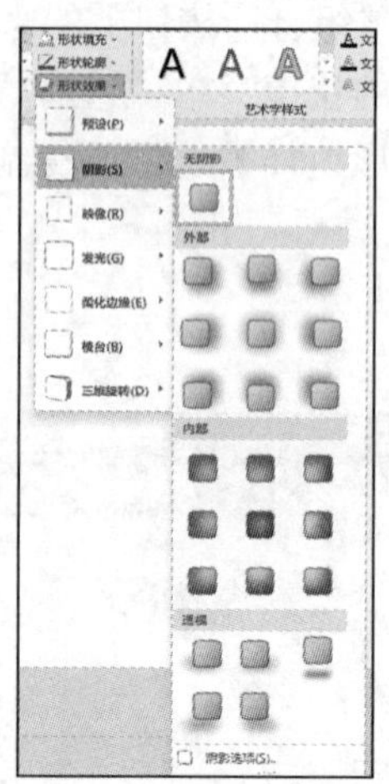

图 5-42　设置阴影效果

（5）在图形中输入文字。大多数自选图形允许用户在其内部添加文字。常用的方法有两种：选中图形，直接在其中输入文字；在图形上右击，在弹出的快捷菜单中选择“编辑文字”命令，然后在光标处输入文字。单击输入的文字，可以再次进入文字编辑状态进行修改。

5．插入表格

使用 PowerPoint 制作一些专业型演示文稿时，通常需要使用表格。例如，销售统计表、个人简历表、财务报表等。表格采用行列化的形式，它与幻灯片页面文字相比，更能体现内容的对应性及内在的联系。表格适合用来表达比较性、逻辑性的主题内容。

PowerPoint 支持多种插入表格的方式，例如可以在幻灯片中直接插入，也可以从 Word 和 Excel 应用程序中调入。自动插入表格功能能够方便地辅助用户完成表格的输入，提高在幻灯片中添加表格的效率。

1）添加表格

（1）在“插入”选项卡“表格”组中单击“表格”按钮。

（2）在打开的下拉列表框中，移动指针以选择所需的行数和列数，然后单击。或选择“插入表格”命令，然后在“列数”和“行数”列表中输入数字。

2）绘制表格

当插入的表格并不是完全规则时，也可以直接在幻灯片中绘制表格。

（1）在“插入”选项卡“表格”组中单击“表格”按钮，在弹出的下拉列表中选择“绘制表格”命令。

指针会变为铅笔状，选择需要自定义表格的位置，按住鼠标左键进行拖动，先绘制出表格的外边框，然后在表格内部进行水平、垂直或沿对角线方向拖动，增加所需线条，如图 5-43 所示。

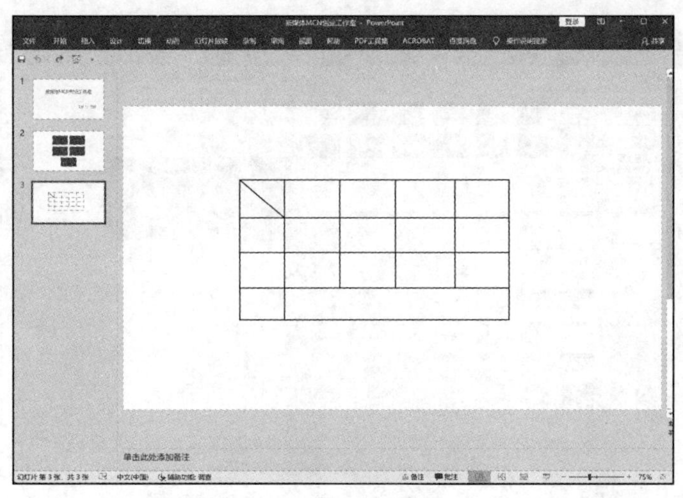

图 5-43　绘制表格

（2）要擦除单元格、行或列中的线条，可在“表格工具-表设计”选项卡“绘制边框”组中单击“橡皮擦”按钮，指针会变为橡皮擦，单击要擦除的线条即可。

3）插入 Excel 中的表格

在“插入”选项卡“表格”组中单击“表格”按钮，在弹出的下拉列表中选择“Excel 电子表格”命令。

提示：要向某表格单元格添加文字，请单击该单元格，然后输入文字。输入文字后，单击该表格外的任意位置。

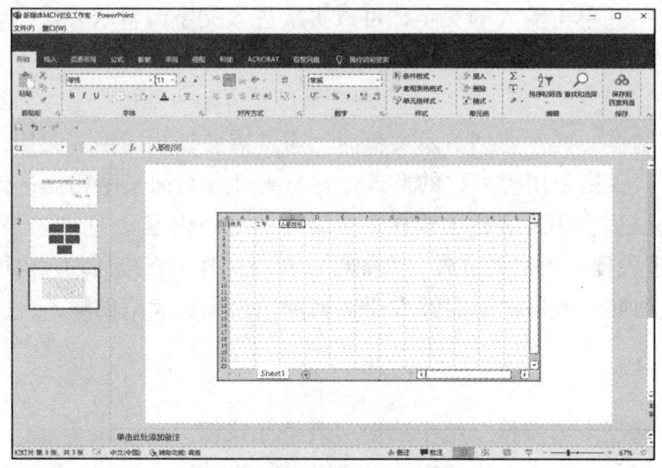

图 5-44　插入 Excel 表格

4）设置表格样式和版式

插入到幻灯片中的表格不仅可以像文本框和占位符一样被选中、移动、调整大小及删除，还可以为其添加底纹、设置边框样式、应用阴影效果等。除此之外，用户还可以对单元格进行编辑，如拆分、合并、添加行、添加列、设置行高和列宽等。

当选择一张表格的时候，在上方功能区里会多出一个表格工具。在"表格工具-表设计"选项卡"表格样式"组中可以选择表格的多种样式，还可以设置底纹、边框和效果等，如图 5-45 所示。

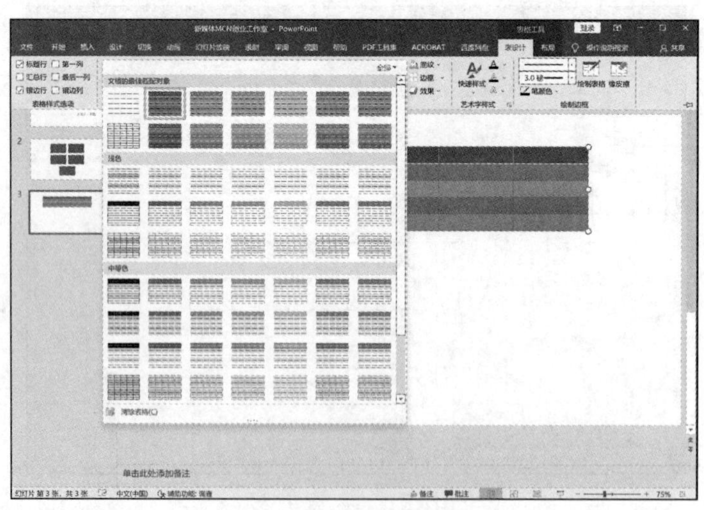

图 5-45　设置表格样式

6. 插入图表

与文字数据相比，形象直观的图表更容易让人理解，它以简单易懂的方式反映了各种数据关系。PowerPoint 附带了一种 Microsoft Graph 的图表生成工具，它能提供各种不同的图表来满足用户的需要，使得制作图表的过程简便而且自动化。

1）在幻灯片中插入图表

插入图表的方法与插入图片、影片、声音等对象的方法类似，单击“插入”选项卡“插图”组中的“图表”按钮即可。在打开的“插入图表”对话框（见图 5-46）中提供了 15 种图表类型，每种类型可以分别用来表示不同的数据关系。

2）编辑与修饰图表

在 PowerPoint 中创建的图表，不仅可以像其他图形对象进行移动、调整大小，还可以设置图表的颜色、图表中某个元素的属性等。

7. 插入多媒体文件

在演示文稿中，可以插入视频文件、声音文件及屏幕录制等多媒体文件，从而丰富演示文稿的表达效果。

以添加视频文件为例，具体操作步骤如下：

（1）选中要插入视频的幻灯片。

（2）单击“插入”选项卡“媒体”组中的“视频”按钮，按提示进行选择，会弹出相应的对话框，以添加此设备中视频为例，如图 5-47 所示。

（3）选择所需文件，单击“插入”按钮。

（4）此时，便完成了视频的添加。

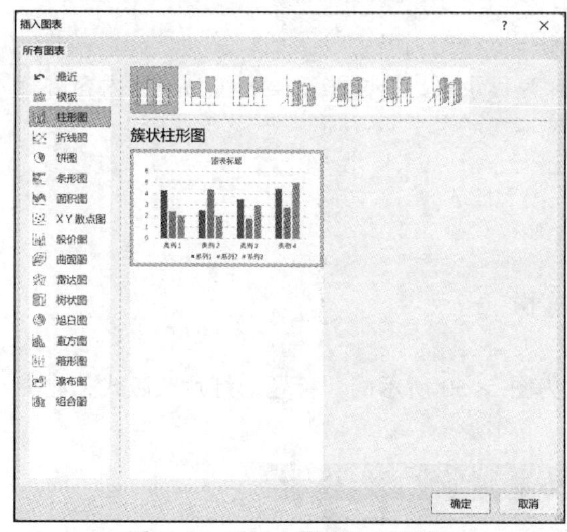

图 5-46　“插入图表”对话框

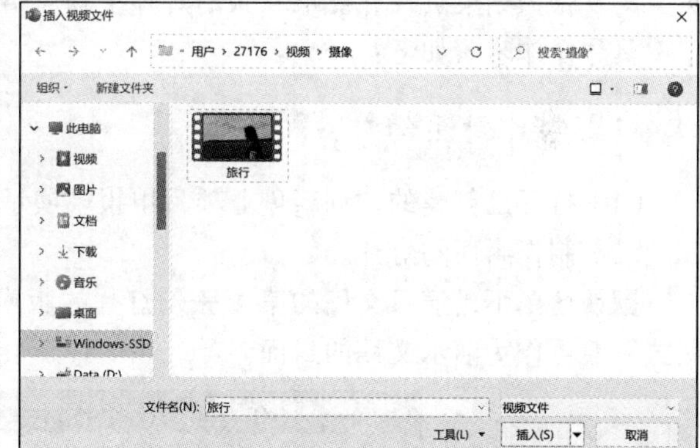

图 5-47　“插入视频文件”对话框

8. 插入相册

随着数码照相机的普及，使用计算机制作电子相册的用户越来越多，当没有制作电子相册的专门软件时，使用 PowerPoint 也能轻松制作出漂亮的电子相册。在商务应用中，电子相册同样适用于介绍公司的产品目录，或者分享图像数据及研究成果。

1）新建相册

在幻灯片中新建相册时，只要在“插入”选项卡的“图像”组中单击“相册”按钮，在弹出的下拉列表中选择“新建相册”命令，然后从本地磁盘的文件夹中选择相关的图片文件插入即可。在插入相册的过程中可以更改图片的先后顺序、调整图片的色彩明暗对比与旋转角度，以及设置图片的版式和相框形状等。

2）设置相册格式

对于建立的相册，如果不满意它所呈现的效果，可以单击“相册”下拉按钮，在弹出的下拉列表中选择“编辑相册”命令，打开“编辑相册”对话框重新修改相册的顺序、图片版式、相框形状、演示文稿设计模板等相关属性。设置完成后，PowerPoint 会自动帮助用户重新整理相册。

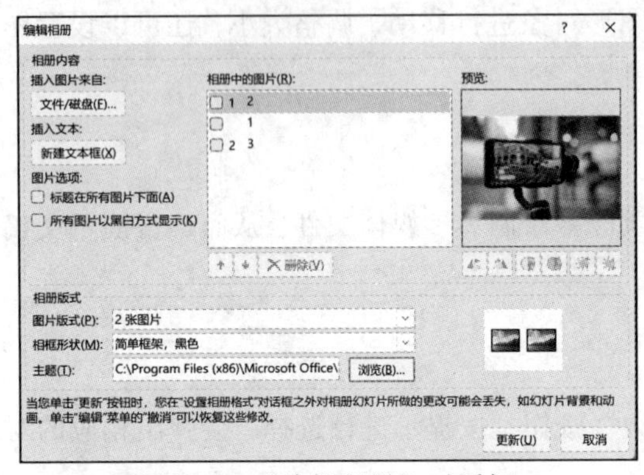

图 5-48 “编辑相册”对话框

图 5-49 相册效果图

☑ 任务实施

在已创建的“创新创业项目申报”演示文稿中制作 9 张幻灯片。

制作要求：第 1 张幻灯片为封面，第 2 张幻灯片为目录页，第 3 张至第 8 张为项目内容讲解页，第 9 张为结束页，并要求 9 张幻灯片主题风格统一。

具体操作步骤如下：

1. 制作封面幻灯片

（1）打开已创建的“创新创业项目申报”演示文稿。

（2）制作封面幻灯片。

默认情况下，演示文稿的第 1 张幻灯片的版式为图 5-50 所示的“标题幻灯片”版式，此类版式一般可作为演示文稿的封面。

图 5-50 封面幻灯片

① 在“单击此处添加标题”占位符中输入申报项目的标题“新媒体 MCN 创业工作室”。

② 在副标题占位符中输入“汇报人：方圆”，换行输入“日期：*年*月*日”字样，如图 5–50 所示。

2. 制作目录幻灯片

（1）选择“开始”→“幻灯片”→“新建幻灯片”下拉列表中的“标题和内容”样式新建一张幻灯片。

（2）分别输入如图 5–51 所示的标题和 5 项目录内容。

3. 制作第 3 张新幻灯片

（1）选择“开始”→“幻灯片”→“新建幻灯片”下拉列表中的“标题和内容”样式新建一张幻灯片，如图 5–52 所示。

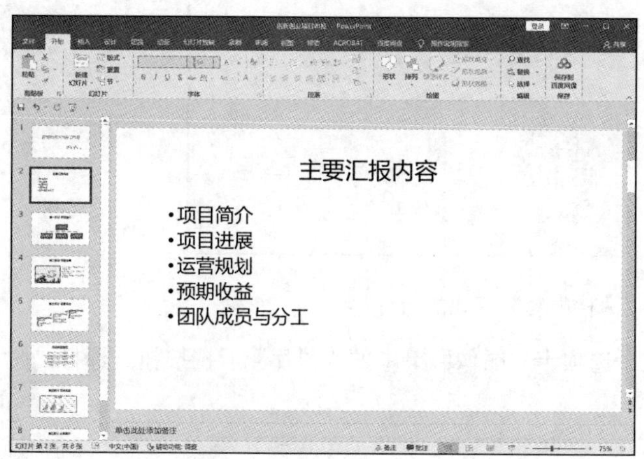
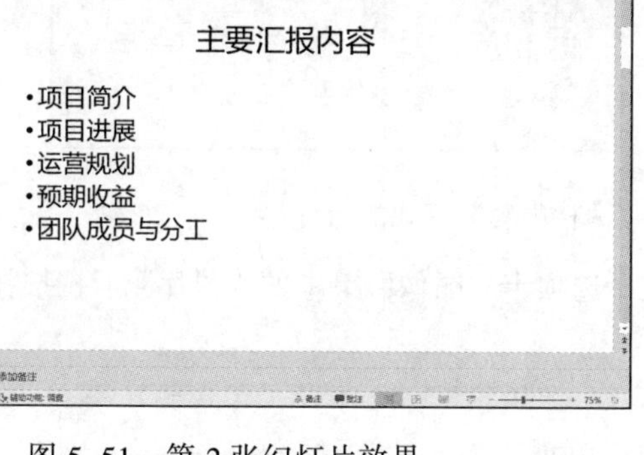

图 5–51　第 2 张幻灯片效果

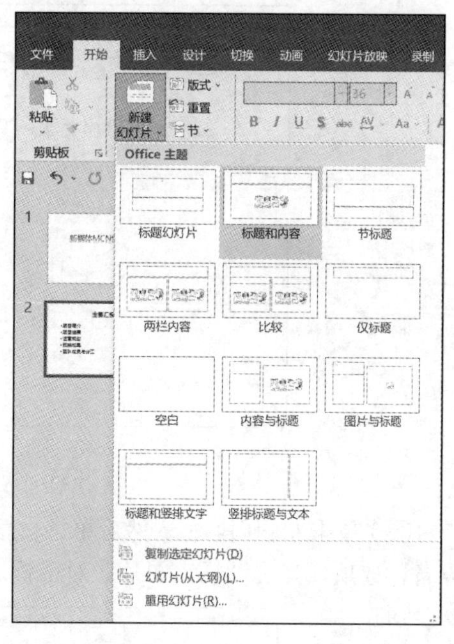

图 5–52　使用“标题和内容”样式的幻灯片

（2）单击标题占位符，输入标题“第一部分 项目简介”。

（3）光标定位在内容区，单击“插入”→“插图”→“SmartArt”按钮，打开“选择 SmartArt 图形”对话框。

（4）在“选择 SmartArt 图形”对话框左侧的列表中选择“层次结构”选项，在中间区域选择“组织结构图”选项，在右侧可以看到其他示例图形和说明信息，如图 5–53 所示。

（5）编辑 SmartArt 图形。选中多余图形按【Delete】键删除，并在剩余图形中添加文字，如图 5–54 所示。

4. 制作第 4 张新幻灯片

（1）选择“开始”→“幻灯片”→“新建幻灯片”下拉列表中的两栏内容样式新建一张幻灯片，如图 5–55 所示。

（2）在标题占位符中输入“第二部分 项目进展”。

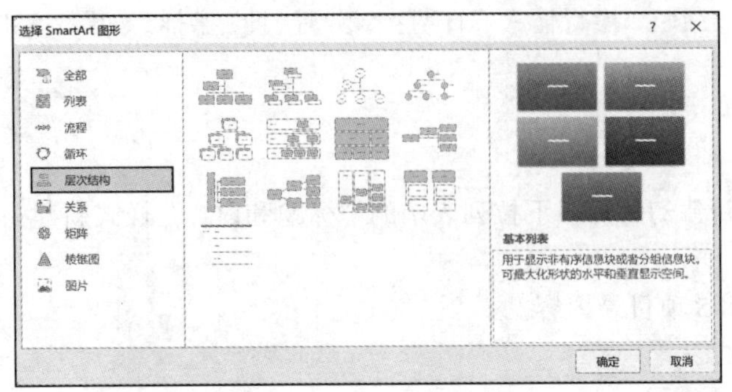

图 5-53 “选择 SmartArt 图形”对话框

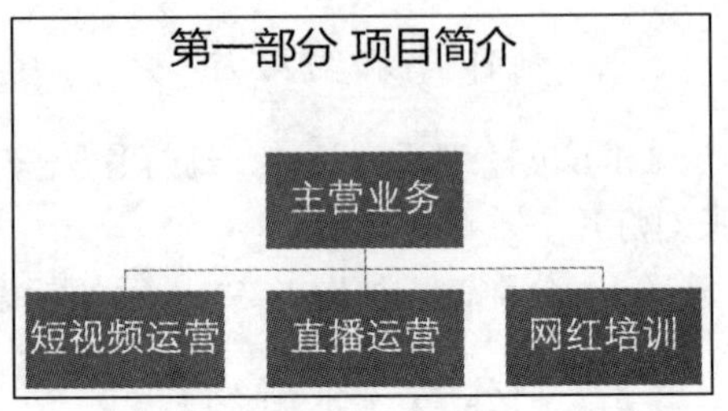

图 5-54 演示文稿第 3 页文字录入及插入组织结构图效果

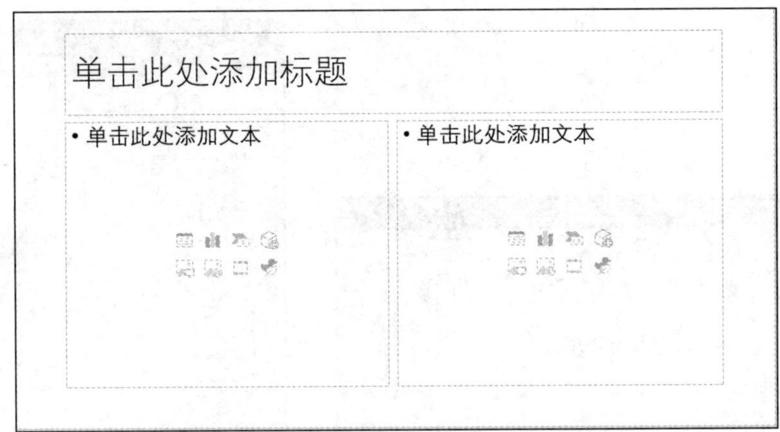

图 5-55 使用“两栏内容”样式的幻灯片

（3）单击左侧内容栏，然后单击“插入”选项卡“图像”组中的“图片”下拉按钮，选择“此设备”选项，弹出“插入图片”对话框。

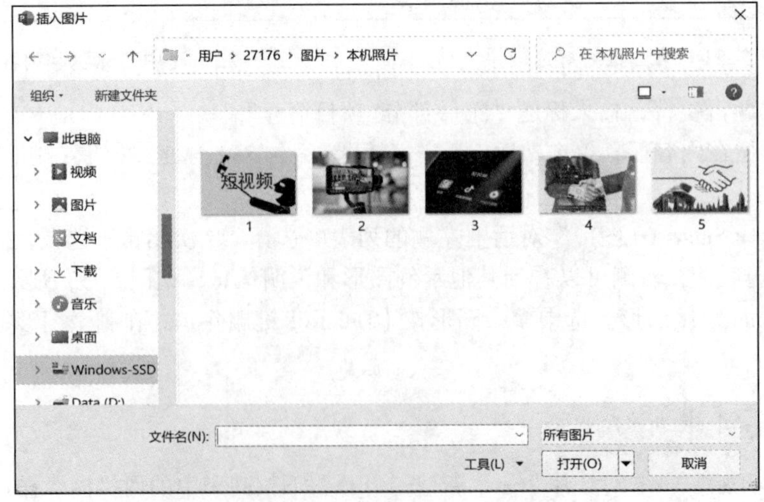

图 5-56 “插入图片”对话框

（4）在“插入图片”对话框左侧选择存有合适图片的文件夹，在对话框中就会显示出所有的图片，选择合适的图片，单击“插入”按钮，并在“图片工具-格式”选项卡“图片样式”组中选择合适的效果和样式。另外可使用鼠标拖动调整图片的大小及右侧文本框位置。

（5）单击右侧的正文占位符，添加三项内容，效果如图 5-57 所示。

第二部分 项目进展

• 目前已有6个短视频作品播放量突破10w
• 在供应链上已与一家美妆工厂达成合作意向
• 目前正在探讨MCN机构注册的相关事宜

图 5-57　演示文稿第 4 页文字录入及插入图片效果

5. 制作第 5 张新幻灯片

（1）选择“开始”→“幻灯片”→“新建幻灯片”下拉列表中的“标题和内容”样式新建一张幻灯片。

（2）单击标题占位符，输入标题“第三部分 运营规划”。

（3）将光标定位在内容区，单击“插入”→“插图”→“SmartArt”按钮，打开“选择 SmartArt 图形”对话框。

（4）在“选择 SmartArt 图形”对话框左侧的列表中选择“流程”选项，在中间区域选择“步骤上移流程”选项，在右侧可以看到其示例图形和说明信息，如 5-58 所示。

（5）编辑 SmartArt 图形颜色。在“SmartArt 工具-SmartArt 设计”→“更改颜色”下拉列表中选择需要的颜色。如图 5-59 所示。

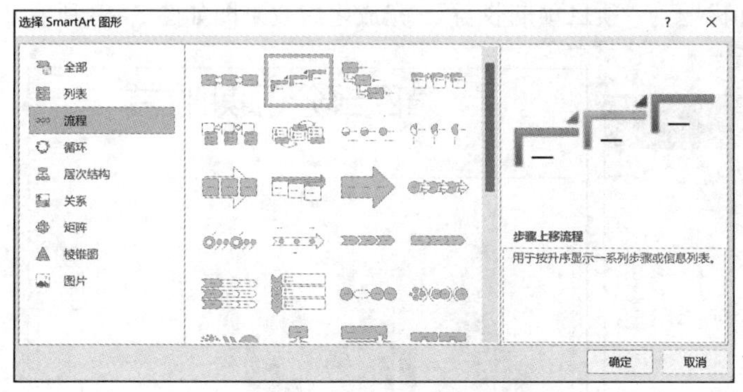

图 5-58　“选择 SmartArt 图形”对话框

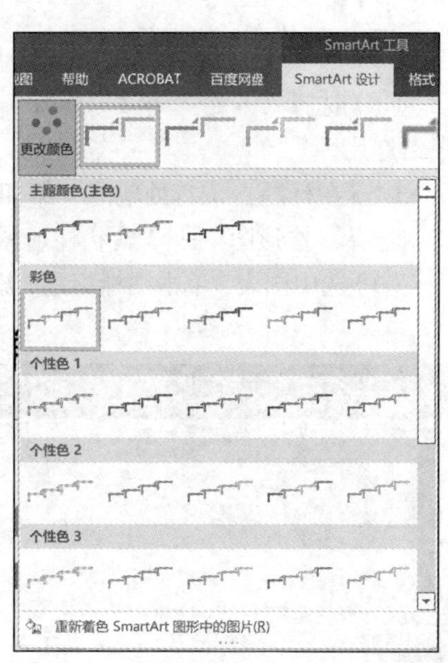

图 5-59　更改颜色

（6）在图形中添加文字，如图 5-60 所示。

6. 制作第 6 张新幻灯片

（1）选择“开始”→“幻灯片”→“新建幻灯片”下拉列表中的“仅标题”样式新建一张幻灯片。

（2）在标题占位符处输入“内容类型定位”。

（3）单击“插入”→“表格”→“表格”下拉按钮，在下拉列表中移动鼠标指针制作一个 5 行 4 列的表格。调整行列位置，并输入如图 5-61 所示的内容。

（4）选中表格，在“表格工具-表设计”→“表格样式”组中打开全部样式，选择其中的“浅色样式 3，强调 5”。

（5）单击“插入”→“符号”→“符号”按钮，字体选择“Wingdings 2”，找到“□”符号，为第 2、4 列插入矩形符号用作表格的复选框，并将复选框居中对齐，如图 5-61 所示。

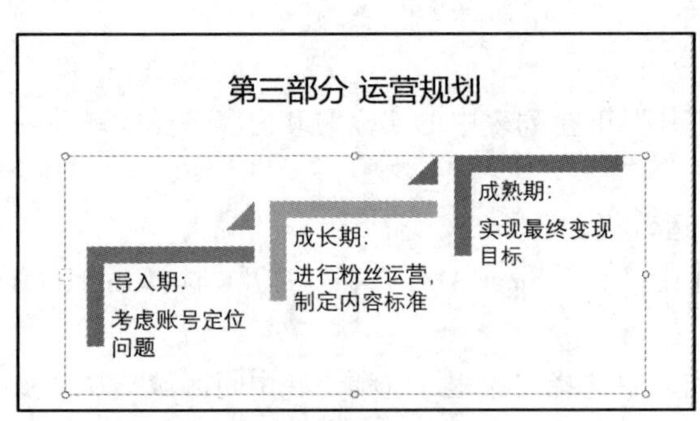

图 5-60　演示文稿第 5 页文字录入及制作流程图效果

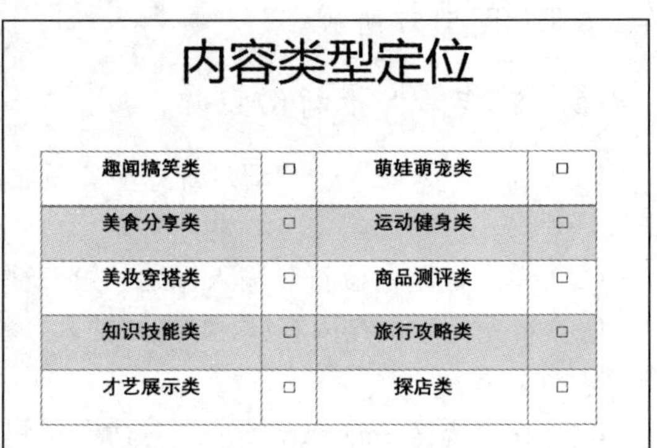

图 5-61　演示文稿第 6 页文字录入及制作表格效果

7. 制作第 7 张新幻灯片

（1）选择“开始”→“幻灯片”→“新建幻灯片”下拉列表中的“标题和内容”样式新建一张幻灯片。

（2）在标题占位符处输入“第四部分　预期收益”。在内容区快捷图标中双击“插入图表”按钮，选择“柱形图”→“簇状柱形图”即出现新的 Excel 文件。输入如图 5-62 所示的数据。

（3）选中图表，单击图标标题，添加标题为“项目预期收益”，完成之后效果图如图 5-63 所示。

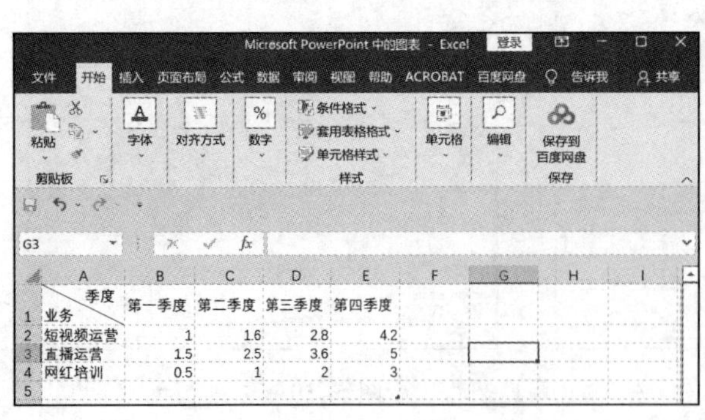

季度 业务	第一季度	第二季度	第三季度	第四季度
短视频运营	1	1.6	2.8	4.2
直播运营	1.5	2.5	3.6	5
网红培训	0.5	1	2	3

图 5-62　新建 Excel 文件中数据

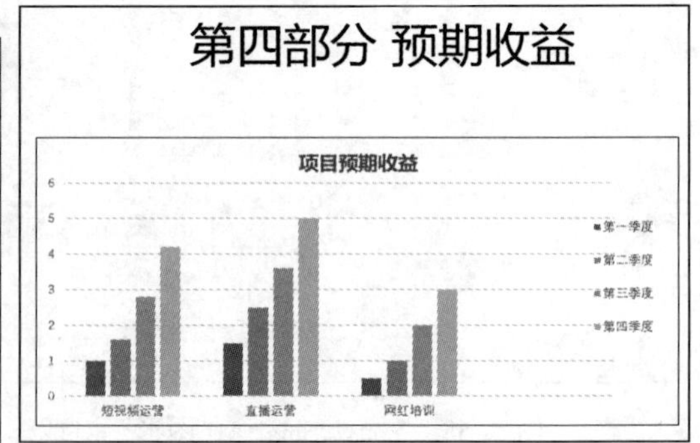

图 5-63　演示文稿第 7 页文字录入及制作图表效果

8. 制作第 8 张新幻灯片

（1）选择“开始”→“幻灯片”→“新建幻灯片”下拉列表中的“仅标题”样式新建一张幻灯片。

（2）在标题占位符处输入标题“第五部分 团队成员与分工”。

（3）单击“插入”→“文本”→“文本框”→“横排文本框”按钮，绘制一个文本框放置在标题左下方，输入文字“视频展示”，并选择“插入”选项卡“媒体”组“视频”下拉列表中的“此设备”，选择相应的视频进行添加，如 5-64 所示。

9. 制作第 9 张幻灯片

（1）选择“开始”→“幻灯片”→“新建幻灯片”下拉列表中的“空白”样式新建一张幻灯片。

（2）单击“插入”→“文本”→“艺术字”按钮，在艺术字库中选择第三列中第三种样式。并输入文字“Thank you!”，将字号设置成“80”，字体颜色设置成“蓝色”，使用鼠标适当调整大小，如图 5-65 所示。

图 5-64　演示文稿第 8 页文字录入和视频插入效果

Thank you!

图 5-65　演示文稿第 9 页插入艺术字效果

（3）单击常用工具栏上的按钮，保存文稿。

知识扩展

PowerPoint 2016 图片美化

1. 插入图片

打开 PowerPoint 2016，单击“插入”→“图像”→“图片”按钮，选择一张照片插入当前演示文稿中。

2. 应用图片样式

单击“图片样式”的下拉按钮，下拉列表中出现 28 种样式。选择喜欢的图片样式即可，如图 5-66 所示。

3. 添加图片效果

单击“图片效果”按钮，下拉列表中会呈现各种图片效果。当把鼠标指针指到效果样式上，在工作区的图片会立即展示该种效果的样式，非常直观，如图 5-67 所示。

4. 设置图片边框

想要得到更漂亮的效果，图片的边框设置也是相当的重要。边框设置的方法和选择效果操作类似。单击“图片边框”按钮就可以展开边框设置功能选项，如图 5-68 所示。

图 5-66　图片样式

图 5-67　设置图片效果

图 5-68　设置图片边框

5. 修改图片格式

右击图片，在弹出的快捷菜单中选择“设置图片格式”命令，在弹出的控制面板中有图片填充、线条颜色、阴影设置、三维效果、图片颜色等设置选项，如图 5–69 所示。每一个选项中又有详细的设置参数调节区。如三维效果选项，这里不仅可以设置三维效果的深度、曲面图，还可以设置三维的材料和光源等，且所有的效果所见即所得，很直观。

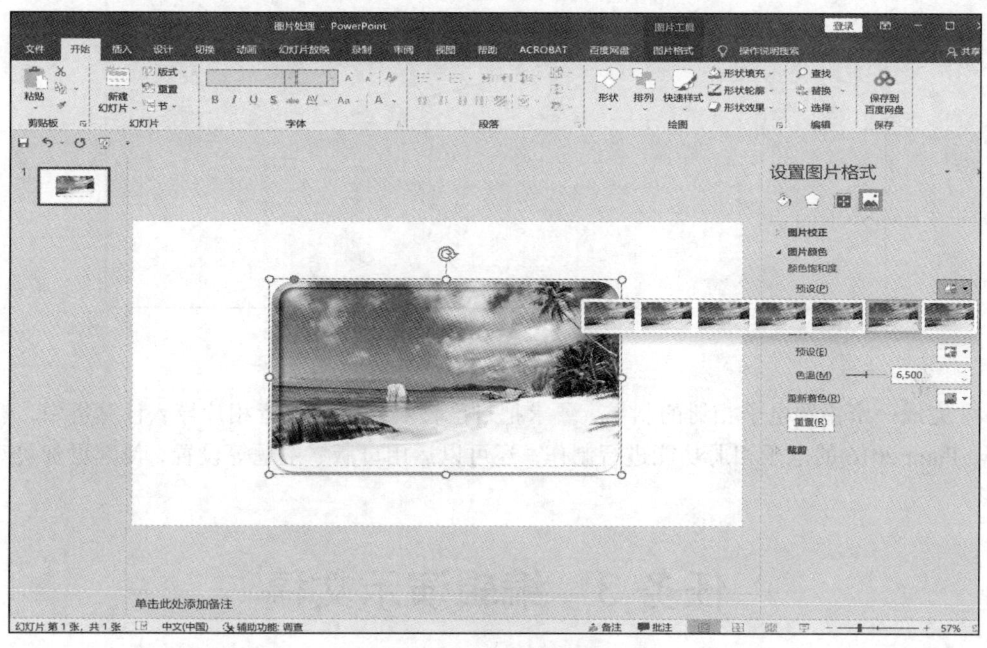

图 5–69　修改图片格式

☑ 技能训练

（1）可以在演示文稿中添加哪些对象？

（2）在新建的演示文档中插入表格，并通过“表格样式”改变表格样式，如图 5–70 所示。

五年级前5名成绩

姓名	语文	数学	英语
王悦	98	97	99
刘欣	96	98	96
张佳	97	96	92
李彤	90	95	93
孙冰	95	92	90

图 5–70　表格样式

（3）根据题（2）所给数据在演示文稿中插入图表，如图 5–71 所示。

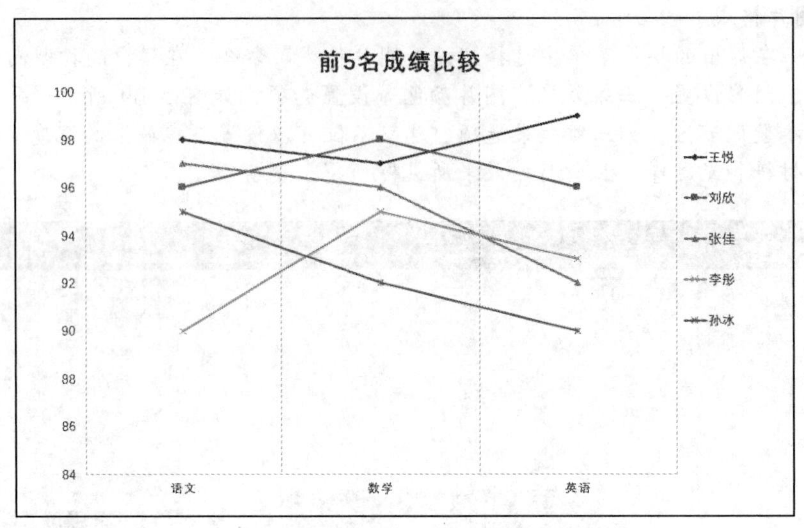

图 5-71　图表样式

（4）完成一个主题电子相册的制作，要求把自己喜欢的图片或者相片导入计算机中，然后应用 PowerPoint 2016 的电子相册功能进行制作，还可以运用母版、主题等设置，使其更加美观、丰富多彩。

任务 3　编辑演示文稿

☑ 任务介绍

通过完成前面的工作任务，现在方圆同学已创建了“创新创业项目申报”演示文稿，下面方圆同学要对制作的演示文稿加以编辑、美化，使其更生动直观、便于评审专家更清晰的了解项目内容。

☑ 相关知识

一、编辑演示文稿

1. 添加新幻灯片

在启动 PowerPoint 2016 后，PowerPoint 会自动建立一张新的幻灯片，随着制作过程的推进，需要在演示文稿中添加更多的幻灯片。要添加新幻灯片，可以按照下面的方法进行操作。

单击“开始”选项卡“幻灯片”组中的“新建幻灯片”按钮，即可添加一张默认版式的幻灯片。当需要应用其他版式时，单击“新建幻灯片”按钮右下方的下拉按钮，弹出如图 5-72 所示的下拉列表，选择需要的版式即可将其应用到当前幻灯片中。

图 5-72　添加新幻灯片

2. 选择新幻灯片

在 PowerPoint 中，用户可以选中一张或多张幻灯片，然后对选中的幻灯片进行操作。以下是在普通视图中选择幻灯片的方法。

（1）选择单张幻灯片：无论是在普通视图还是在幻灯片浏览模式下，只需单击需要的幻灯片，即可选中该张幻灯片。

（2）选择编号相连的多张幻灯片：首先单击起始编号的幻灯片，然后按住【Shift】键，单击结束编号的幻灯片，此时将有多张幻灯片被同时选中。

（3）选择编号不相连的多张幻灯片：在按住【Ctrl】键的同时，依次单击需要选择的每张幻灯片，此时被单击的多张幻灯片同时选中。在按住【Ctrl】键的同时再次单击已被选中的幻灯片，则该幻灯片被取消选择。

3. 复制幻灯片

PowerPoint 支持以幻灯片为对象的复制操作。在制作演示文稿时，有时会需要两张内容基本相同的幻灯片。此时，可以利用幻灯片的复制功能，复制出一张相同的幻灯片，然后再对其进行适当的修改。复制幻灯片的基本方法如下：

（1）选中需要复制的幻灯片，在“开始”选项卡的“剪贴板”组中单击“复制”按钮。

（2）在需要插入幻灯片的位置单击，然后在“开始”选项卡的“剪贴板”组中单击“粘贴”按钮。

4. 删除幻灯片

右击要删除的幻灯片，在弹出的快捷菜单中选择“删除幻灯片”命令，如图 5-73 所示。

5. 调整幻灯片顺序

在制作演示文稿时，如果需要重新排列幻灯片的顺序，就需要移动幻灯片。在大纲窗格中，选择要移动的幻灯片缩略图，然后将其拖动到新的位置。

移动幻灯片也可以用“剪切”按钮和“粘贴”按钮，其操作步骤与使用“复制”和“粘贴”按钮相似。

6. 保存演示文稿

文件的保存是一种常规操作，在演示文稿的创建过程中及时保存工作成果，可以避免数据的意外丢失。在 PowerPoint 中保存演示文稿与其他 Windows 应用程序相似，主要有以下几种方法：

（1）选择“文件”→“保存”命令。

（2）在快速启动工具栏中单击“保存”按钮。

（3）按【Ctrl+S】组合键。

提示：第一次保存该文件时，系统将要求您为其命名，选择保存位置和文件类型，如图 5-74 所示。

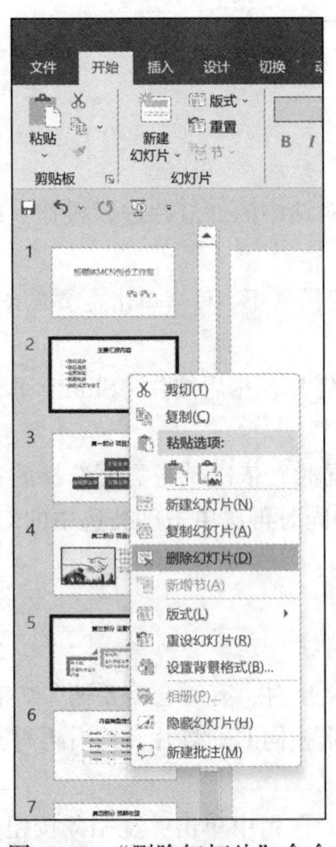

图 5-73 “删除幻灯片”命令

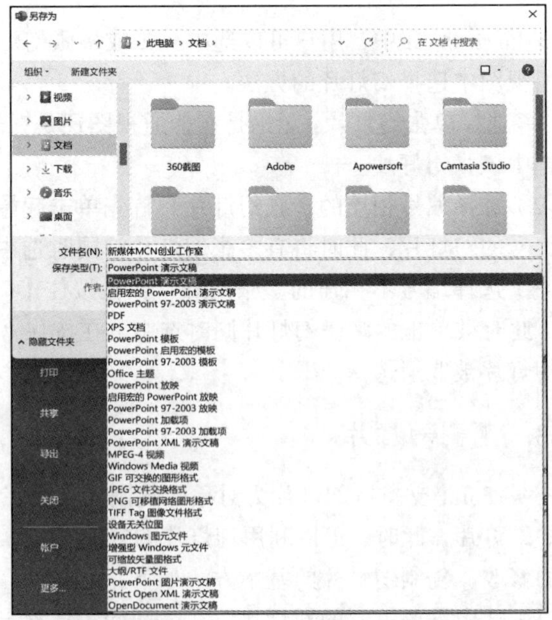

图 5-74 文件保存类型列表

二、美化演示文稿

在 PowerPoint 2016 中用户可通过设置幻灯片的模板、应用配色方案、母版设置、背景等来美化演示文稿的外观。

1. 应用模板

在演示文稿中应用设计模板，可以使幻灯片风格统一、更加美观。单击“设计”选项卡“主题”组中的 按钮，出现如图 5–75 所示的“主题”列表。选择“平面”主题，所选的主题将应用于所有幻灯片中。效果如图 5–76 所示。

图 5–75 “主题”列表

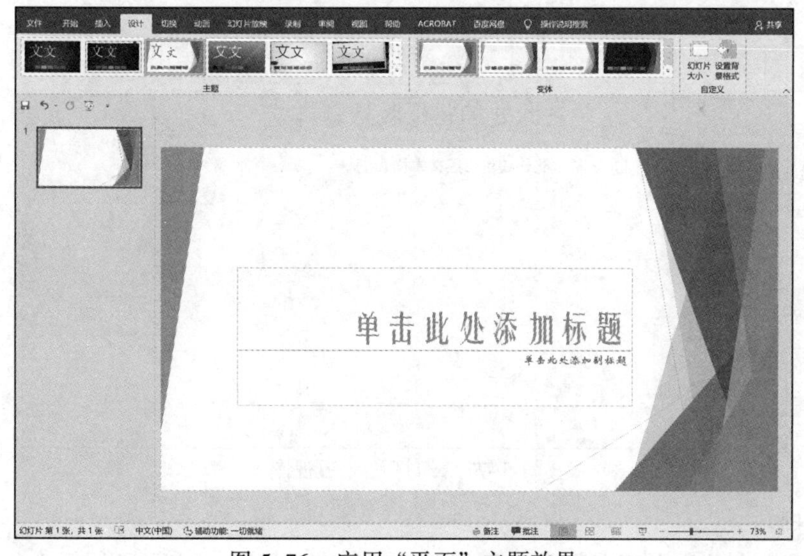

图 5–76 应用“平面”主题效果

提示：选择合适的设计模板对制作出色的演示文稿非常重要，为了简化操作，系统提供了很多已经制作好的设计模板供用户选用。此外，也可通过网络搜索一些提供 PowerPoint 模板的网站。当然也可以自行设计模板，选取能兼容的多媒体制作软件来制作图标或背景等，制作出独一无二的具有鲜明个人特色的模板。

2. 母版设置

母版又称为主控，用于建立演示文稿中所有幻灯片都具有的公共属性，是所有幻灯片的底版。

它可以定义整个演示文稿的格式，控制演示文稿的整体外观。PowerPoint 2016 主要有 3 种母版，即幻灯片母版、讲义母版和备注母版。

当需要设置幻灯片风格时，可以在幻灯片母版视图中进行设置；当需要将演示文稿以讲义形式打印输出时，可以在讲义母版中进行设置；当需要在演示文稿中插入备注内容时，可以在备注母版中进行设置。

每一张演示文稿至少有两个母版，即幻灯片母版和标题母版。幻灯片母版可控制标题外大部分幻灯片的格式，标题母版控制标题的属性。如果改变母版的版式，每张幻灯片版式都会随之改变。

1）幻灯片母版

幻灯片母版是存储模板信息的设计模板的一个元素。幻灯片母版中的信息包括字形、占位符大小和位置、背景设计和配色方案。用户通过更改这些信息，就可以更改整个演示文稿中幻灯片的外观。

幻灯片母版决定着幻灯片的外观，用于设置幻灯片的标题、正文文字等样式，包括字体、字号、字体颜色、阴影等效果；也可以设置幻灯片的背景、页眉页脚等。也就是说，幻灯片母版可以为所有幻灯片设置默认的版式。

单击“视图”选项卡“母版视图”组中的“幻灯片母版”按钮，打开幻灯片母版视图，如图 5-77 所示。

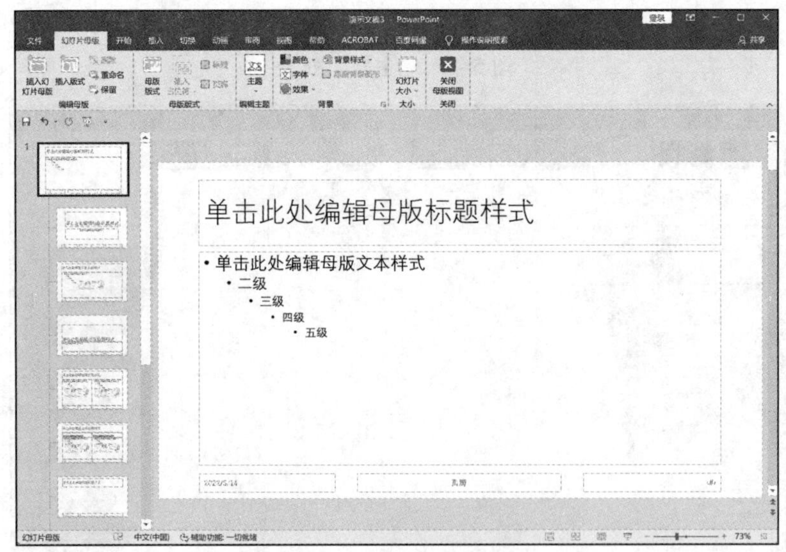

图 5-77　幻灯片母版视图

2）讲义母版

讲义母版是为制作讲义而准备的，通常需要打印输出，因此讲义母版的设置大多和打印页面有关。它允许设置一页讲义中包含几张幻灯片，设置页眉、页脚、页码等基本信息。在讲义母版中插入新的对象或者更改版式时，新的页面效果不会反映在其他母版视图中，如图 5-78 所示。

3）备注母版

备注母版主要用来设置幻灯片的备注格式，一般也是用来打印输出的，所以备注母版的设置大多也和打印页面有关。切换到“视图”选项卡，在“母版视图”组中单击“备注母版”按钮，打开备注母版视图，如图 5-79 所示。

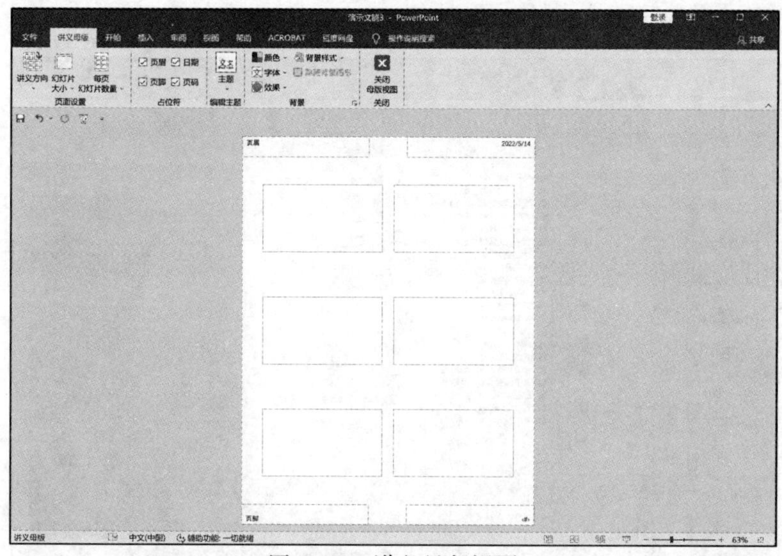

图 5-78　讲义母版视图

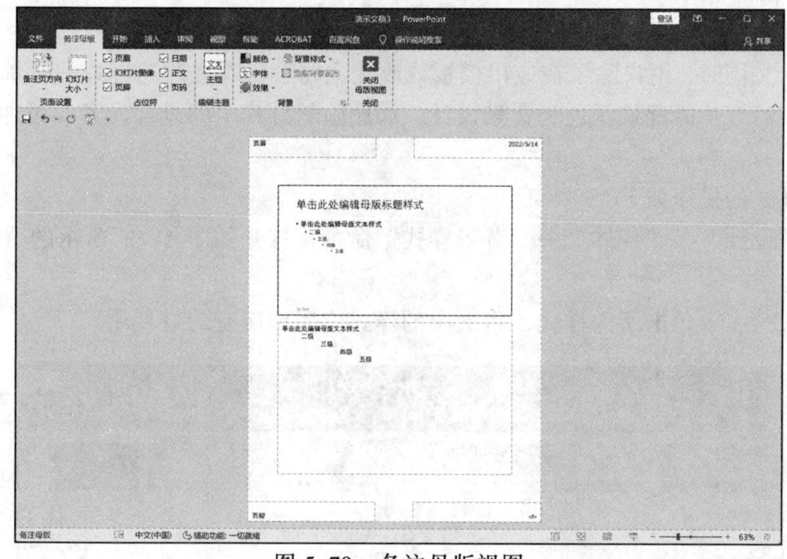

图 5-79　备注母版视图

3. 设置主题颜色和背景样式

PowerPoint 2016 为每种设计模板提供了几十种内置的主题颜色，用户可以根据需要选择不同的颜色来设计演示文稿。这些颜色是预先设置好的协调色，自动应用于幻灯片的背景、文本线条、阴影、标题文本、填充等。PowerPoint 2016 的背景格式功能可以控制母版中的背景图片是否显示，以及控制幻灯片背景颜色的显示样式。

1）改变幻灯片的主题颜色

Powerpoint 2016 中可以单击“变体”组中的 按钮，修改主题的颜色搭配、字体、主题效果、背景样式等。例如单击“变体”组中展开菜单中的“颜色”按钮，将打开主题颜色菜单，如图 5-80 所示。

2）改变幻灯片的背景样式

背景是应用于整个幻灯片（或幻灯片母版）的颜色、纹理、图案或图片，其他一切内容都位于背景之上，按照标准的定义，它应用于幻灯片的整个表面。

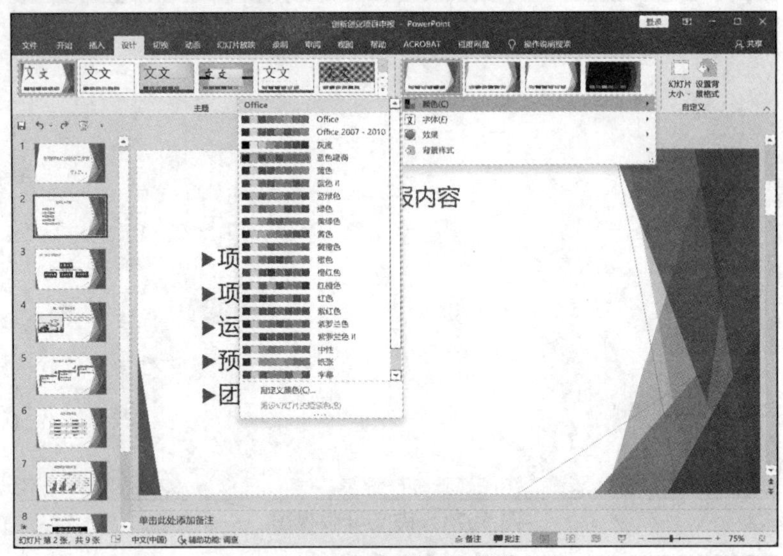

图 5-80　主题颜色菜单

在设计演示文稿时，用户除了在应用模板或改变主题颜色时更改幻灯片的背景外，还可以根据需要任意更改幻灯片的背景颜色和背景设计，如删除幻灯片中的设计元素、添加底纹、图案、纹理或图片等。

设置背景样式的操作如下：

（1）选择“设计”→“变体”→“背景样式”命令，打开如图 5-81 所示的“背景样式”展开菜单。

（2）从样式列表中单击所需样式，将选中的样式应用到所有幻灯片中。

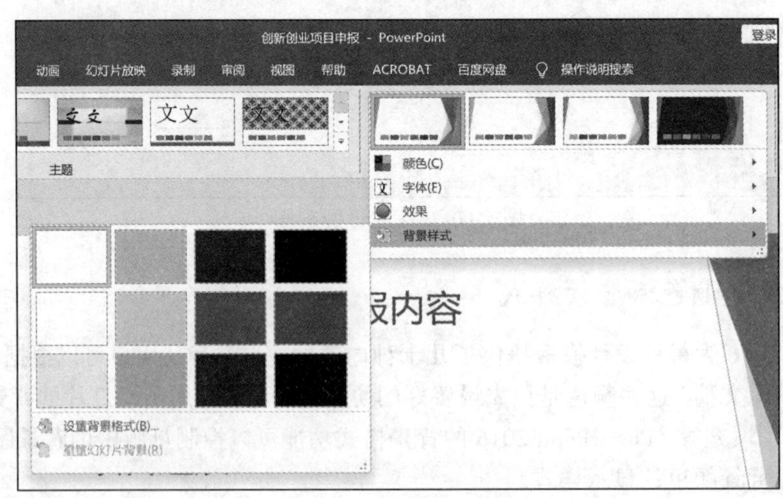

图 5-81　“背景样式”命令

☑ 任务实施

编辑、美化“创新创业项目申报”演示文稿。具体操作要求如下：

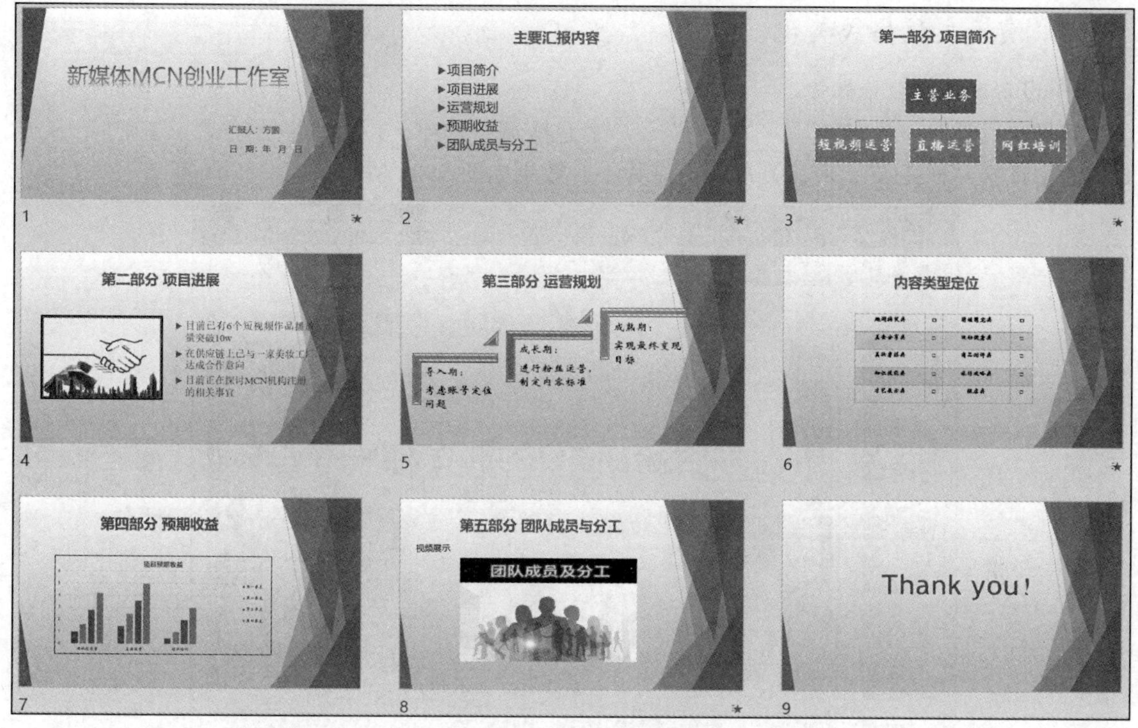

图 5-82　完成后的效果图

1. 应用设计模板

单击“设计”选项卡“主题”组中的下拉按钮，在下拉列表中选择“平面”主题，所选的主题将应用于所有幻灯片中，效果如图 5-83 所示。

图 5-83　应用“平面”主题效果

2. 演示文稿格式美化

1）设置颜色和背景样式

选择“设计”→“变体”→“颜色”→“蓝色暖调”选项，并在“背景样式”选项中，从样式列表中选择“样式 5”，应用到所有幻灯片中，效果如图 5-84 所示。

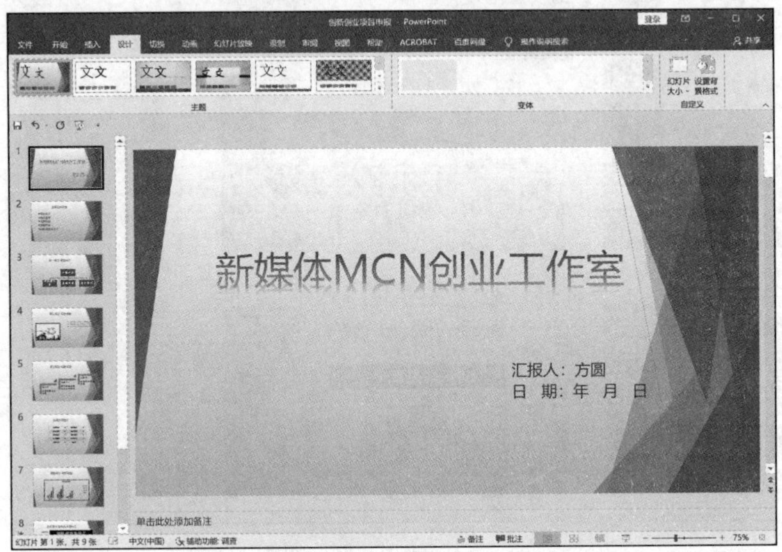

图 5-84 改变“颜色”和“背景样式”效果

2）设置幻灯片内容格式

（1）将第二~八张幻灯片的标题格式设置为“微软雅黑”、40 磅、加粗、居中。

① 选定第二张幻灯片中的标题文本，在“开始”选项卡“字体”组中设置字体为“微软雅黑”，字号 40 磅，加粗、对齐方式为“居中”。

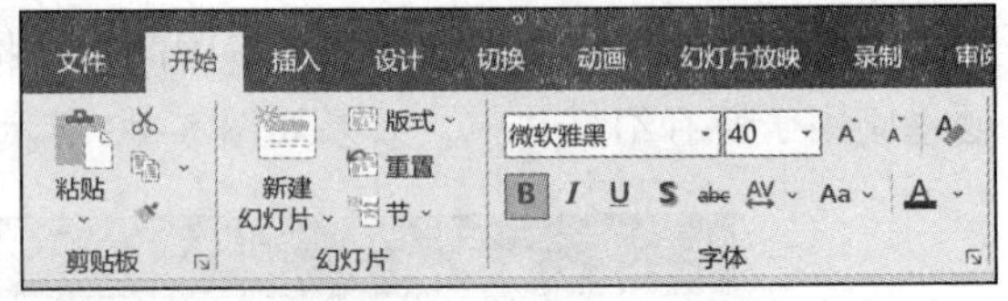

图 5-85 “开始”功能选项卡

② 使用“格式刷”依次为第三~八张幻灯片设置相同的标题格式。

（2）将第三张幻灯片中 SmartArt 图形的颜色更改为“彩色范围-个性色 4 至 5”，SmartArt 样式为“嵌入”式。

① 选定幻灯片中 SmartArt 图形，选择“SmartArt 工具-SmartArt 设计”选项卡。

② 在“SmartArt 样式”组中，单击“更改颜色”按钮。

③ 在打开的“更改颜色”下拉列表中选择“彩色范围-个性色 4 至 5”，如图 5-86 所示。

④ 单击“SmartArt 样式”组右侧按钮，打开其他 SmartArt 样式列表，选择 SmartArt 样式为“三维”中的“嵌入”，如图 5-87 所示。

（3）将第五张幻灯片中 SmartArt 图形的颜色更改为“彩色范围-个性色 5 至 6”，SmartArt 样式为“三维”中的“卡通”。

① 选定幻灯片中 SmartArt 图形，选择“SmartArt 工具-SmartArt 设计”选项卡。

② 在“SmartArt 样式“组中，单击“更改颜色”按钮。

③ 在打开的“更改颜色”下拉列表中选择“彩色范围-个性色 5 至 6”，如图 5-88 所示。

④ 单击“SmartArt 样式”组右侧☐按钮，打开其他 SmartArt 样式列表，选择 SmartArt 样式为“三维”中的“卡通”，如图 5-89 所示。

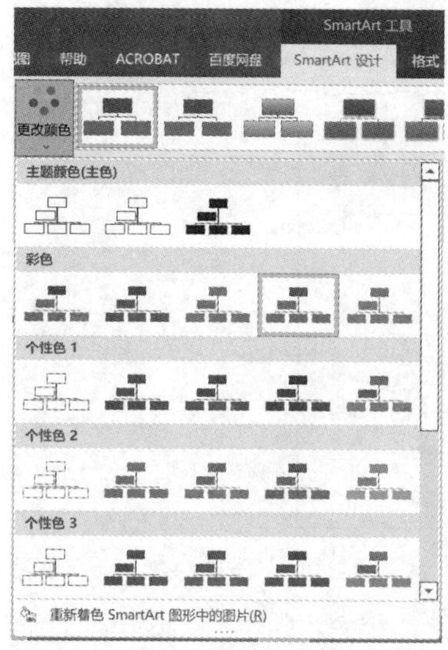

图 5-86　“更改颜色”下拉列表

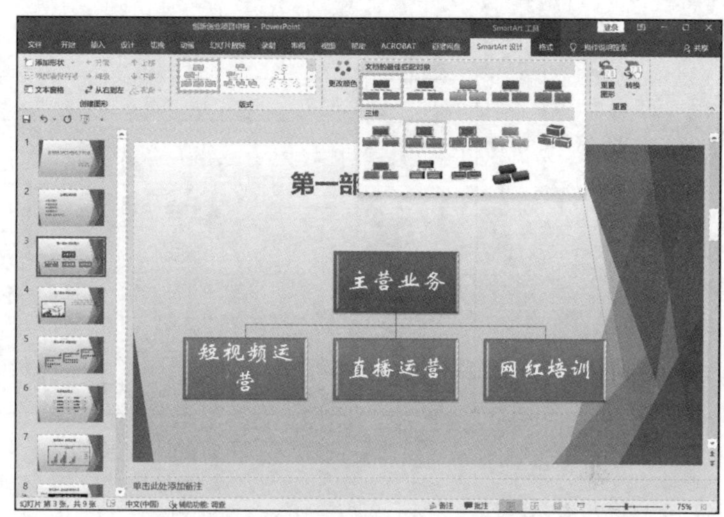

图 5-87　“SmartArt 样式”列表

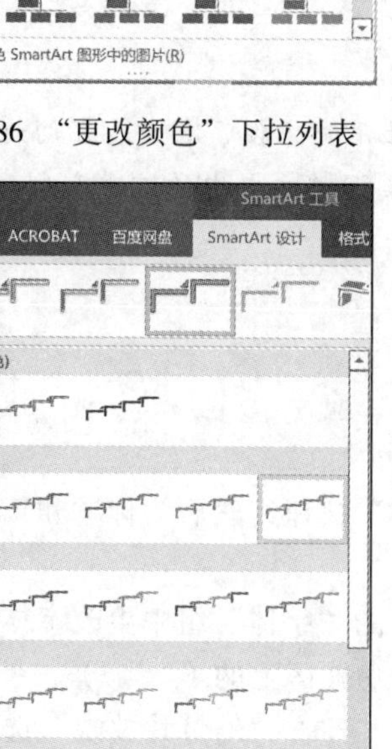

图 5-88　“更改颜色”下拉菜单

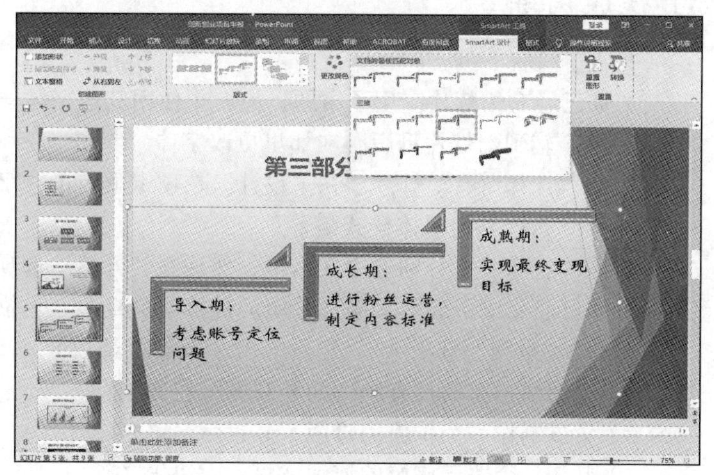

图 5-89　“SmartArt 样式”下拉列表

知识扩展

PowerPoint 2016 其他版面元素的使用

在 PowerPoint 2016 中可以借助幻灯片的版面元素更好地设计演示文稿，如使用页眉和页脚在幻灯片中显示必要的信息，使用网格线和标尺定位对象等。

1. 设置页眉和页脚

在制作幻灯片时，用户可以利用 PowerPoint 提供的页眉页脚功能，为每张幻灯片添加相对固定的信息，如在幻灯片的页脚处添加页码、时间、文案等内容，如图 5-90 所示。

2. 使用网格线

当在幻灯片中添加多个对象后，可以通过显示的网格线来移动和调整多个对象之间的相对大小和位置。在功能区显示“视图”选项卡，选中“显示”组中的“网格线”复选框，此时幻灯片效果如图 5-90 所示。

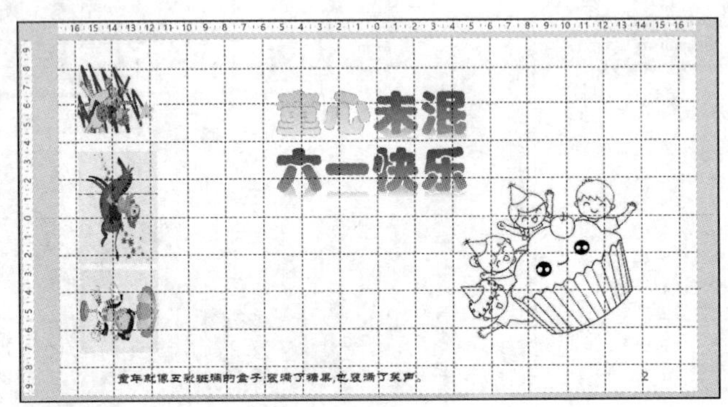

图 5-90 效果图

3. 使用标尺

幻灯片中的标尺分为水平标尺和垂直标尺两种。标尺可以让用户方便、准确地在幻灯片中放置文本或图片对象，利用标尺还可以移动和对齐这些对象，以及调整文本中的缩进和制表符。

☑ 技能训练

（1）选择题：

① 如已经对幻灯片应用了主题，但希望使用其他字体样式，应（　　）。

A. 转到幻灯片母版，在那里更改字体

B. 选择所有幻灯片。在“设计”选项卡上单击“字体”按钮，然后为标题和正文文本选择其他字体样式集

C. 在每一页分别选中文本框，然后在“开始”选项卡的“字体”组中更改字体样式

② 您已经完成了演示文稿，希望运行拼写检查器。它位于功能区上的（　　）。

A. “审阅”选项卡　　B. “开始”选项卡　　C. “幻灯片放映”选项卡

（2）要使演示文稿具有统一的外观有哪些方法？

（3）尝试制作一个精美的母版，并重命名。

（4）制作一个关于旅游的演示文稿——快乐之旅。

（5）从网上下载自己喜欢的图片，制作一个个人电子相册，要求美观，主题突出。

任务 4　演示文稿的放映

☑ 任务介绍

前面我们只介绍了制作演示文稿的静态效果，包括幻灯片的基本操作、插入各种版式的幻灯片、编辑幻灯片中的各种对象、对演示文稿进行美化设置等内容。但是要想真正体现 Powerpoint 的特点和优势，还在于演示文稿的动态效果。因此本次任务的内容就是为已创建的演示文稿添加

动态效果的设置，包括幻灯片的切换、设置动画效果、添加动作按钮、创建超链接及设置放映方式等。

☑ 相关知识

一、为幻灯片添加动画

一个好的演示文稿除了要有丰富的文本内容外，还要有合理的排版设计、鲜明的色彩搭配以及得体的动画效果。PowerPoint 2016 提供了丰富的动画效果，使得它们可以为演示文稿的文本、图表、表格以及 SmartArt 图形等对象创造出更精彩的视觉效果。

1. 应用动画方案

PowerPoint 2016 中预置了多种不同类型的动画方案，用户可以根据实际需求进行选择。操作方法为：在幻灯片中选择要应用动画方案的内容，可以是文本、图片和图表等，然后在“动画”选项卡“动画”组中，单击按钮，或者单击“高级动画”组中的“添加动画”按钮，在列表中选择所需动画方案即可。选择相应方案后，系统会自动放映动画效果。例如：我们为“创新创业项目申报”演示文稿的首页标题添加进入的动画样式为“浮入”，如图 5-91 所示。

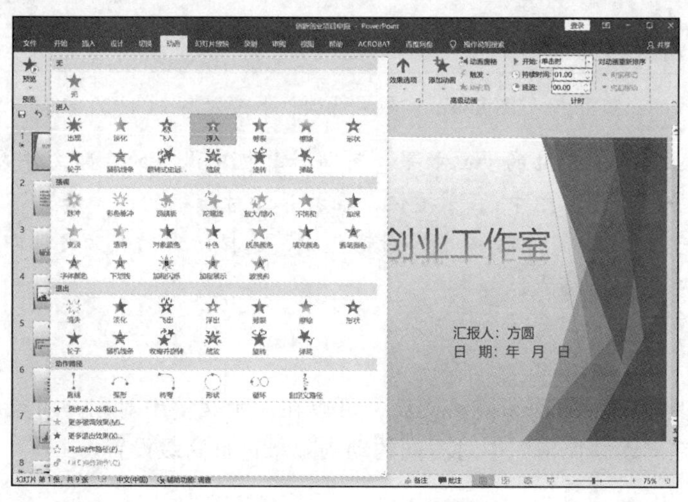

图 5-91 “动画”下拉列表

提示：只有先选择幻灯片对象，才能设置对象的动画效果，否则“动画”下拉列表呈灰色，无法进行设置。

2. 设置动画效果选项

为幻灯片中的内容应用所需的动画方案后，将激活“动画”组中的“效果选项”按钮，通过该按钮可以对动画选项进行设置，如方向、序列。另外，还可以单击“动画”组中的按钮，对当前的动画选项进行进一步的设置。

选项卡设置动画序列的操作方法如下：

（1）在幻灯片中选择已添加动画的对象。

（2）单击“动画”选项卡“动画”组中的“效果选项”按钮。

（3）在弹出的下拉列表中显示了“方向”“序列”两栏，这里选择“序列”栏中的“逐个”选项，如图 5-92 所示。需要注意的是，不同的动画方案，在打开的“效果选项”列表中显示的内容也不相同。

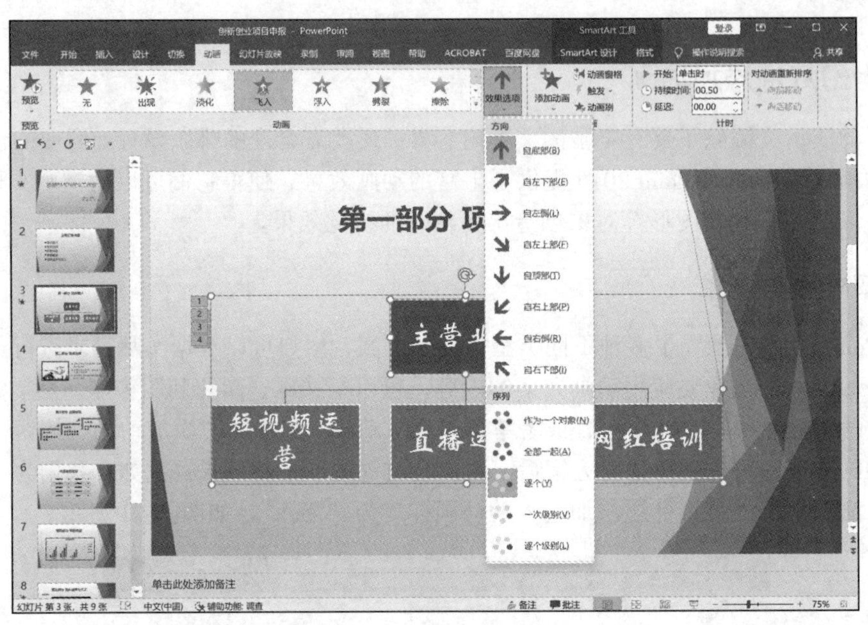

图 5-92 “效果选项”下拉列表

提示：为了增强 PowerPoint 的动画效果，可将计算机中保存的音频文件添加到动画方案中，其操作方法为：单击“动画”组中的 按钮，在打开的对话框的“声音”下拉列表中选择“其他声音”选项，然后在打开的“添加音频”对话框中，选择所需的音频文件即可。需要注意的是所添加的音频文件应为.wav 格式。

3. 动画的高级应用

为了制作出极具感染力的动态演示文稿，可以在演示文稿中对同一对象应用不同的动画方案。同时，还可以在“动画窗格”中对不同的动画效果进行高级设置。

1）添加动画

（1）选择幻灯片中已添加动画的对象后，单击“动画”→“高级动画”→“添加动画”按钮。

（2）在弹出的下拉列表中显示了进入、强调和退出等多种动画效果，选择其中的某个选项，即可为所选对象应用指定的动画方案。

2）删除动画

（1）切换到幻灯片首页，并打开“动画窗格”窗格，选择其中需要删除的标题动画。

（2）此时，动画窗格中会出现一个粉色标识，并在其右侧自动显示一个下拉按钮，单击该按钮。

（3）在弹出的下拉列表中选择“删除”命令，如图 5-93 所示。

提示：利用鼠标右键删除动画。打开“动画窗格”窗格后，在显示的动画列表框中需删除的动画上右击，在弹出的快捷菜单中选择“删除”命令即可。

图 5-93 “动画窗格”下拉列表

3）利用动作路径制作的动画效果

动作路径动画又称为路径动画，可以指定文本等对象沿预定的路径运动。PowerPoint 中的动作路径动画不仅提供了大量预设路径效果，还可以由用户自定义路径动画。在“高级动画”组中，单击“添加动画”按钮，在下拉列表中选择“其他动作路径”命令，弹出“添加动作路径”对话框如图 5-94、图 5-95 所示。

图 5-94 “添加动画”下拉列表

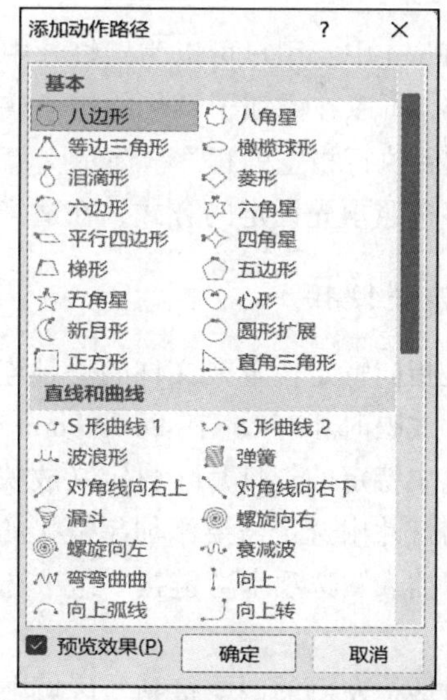

图 5-95 “添加动作路径”对话框

4）使用动画刷

在 PowerPoint 中具有“动画刷”功能，这个功能与 Word 中设置格式的“格式刷”类似，“格式刷”的作用是文字的格式复制，而“动画刷”则是复制设置好的动画效果。有了“动画刷”功能，在为不同对象设置相同或类似动画时就减少了大量的重复操作，这个功能可以将设置动画时的所有属性（包括：动画效果、计时、重复、开始等）都进行复制，还可以双击进行复制，多次使用。

具体操作方法为：在幻灯片中选择已经设置好动画方案的对象，然后单击“动画”→“高级动画”→“动画刷”按钮。此时鼠标指针变为形状，然后在需要添加动画的对象上单击即可复制所选动画效果。如双击“动画刷”按钮，则可将复制的同一动画效果应用到演示文稿的多个对象上。

4. 设置动画计时选项

当为对象添加了动画效果后，该对象就应用了默认的动画格式。这些动画格式主要包括动画开始运行的方式、变化方向、运行速度、延时方案、重复次数等。为对象重新设置动画选项可以在“计时”组中完成。设置动画计时选项包括选择开始播放动画的时间、指定动画的播放长度和等待动画播放时间 3 个方面。具体设置方法为：在幻灯片中选择应用动画方案后需要进行设置的对象，选择“动画”→“计时”组，在“开始”下拉列表、“持续时间”数值框和“延迟”数值框中进行设置。完成所有设置后，单击“动画”→“预览”组中的“预览”按钮，即可预览当前幻灯片中的动画效果。

除以上设置外，用户还可以利用“计时”组调整动画顺序，对动画重新排序。具体操作方法为：首先在幻灯片中选择应用动画效果后需调整其播放顺序的对象，然后选择“动画”→“计时”组，单击其中的“向前移动”或“向后移动”按钮，便可调整动画播放顺序，如图 5-96 所示。

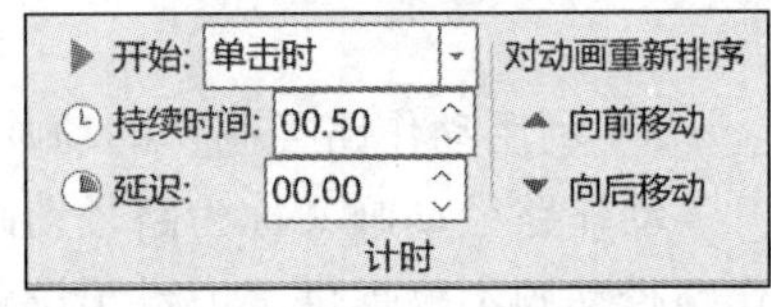

图 5-96 “计时”组

二、创建交互式演示文稿

在 PowerPoint 中，用户可以为幻灯片中的文本、图形、图片等对象添加超链接或者动作。当放映幻灯片时，可以在添加了动作的按钮或者超链接的文本上单击，程序将自动跳转到指定的幻灯片页面，或者执行指定的程序。演示文稿不再是从头到尾播放的线形模式，而是具有了一定的交互性，能够按照预先设定的方式，在适当的时候放映需要的内容，或做出相应的反应。

1. 添加超链接

超链接是指向特定位置或文件的一种连接方式，可以利用它指定程序的跳转的位置。超链接只有在幻灯片放映时才有效。在 PowerPoint 中，超链接可以跳转到当前演示文稿中的特定幻灯片、其他演示文稿中特定的幻灯片、自定义放映、电子邮件地址、文件或 Web 页上。

（1）在幻灯片中选定需要添加超链接的对象。

（2）在“插入”选项卡“链接”组中选择“链接”命令，打开“插入超链接”对话框，如图 5-97 所示。

（3）在对话框左侧的“链接到”区域中，选择链接到的位置，如选择“本文文档中的位置”。

（4）对话框中间出现“请选择文档中的位置”列表框，设置要链接到文档中的具体位置。选定后，右侧幻灯片预览框中就会出现当前选择幻灯片的缩略图。

（5）单击“确定”按钮。

（6）观看放映效果。当鼠标指针在添加超链接的对象上经过时，光标变成了小手的形状，单击对象，幻灯片就跳转到设定的链接位置。

提示：（1）具有超链接的文本下会多出一条下画线，且文本的颜色也会发生改变。单击超链接跳转到其他位置后，颜色显示依据配色方案再次发生改变，因此可以通过颜色分辨访问过的超链接。

（2）超链接是在幻灯片放映时才会被激活，若要在编辑状态下测试跳转情况，需右击，在弹出的快捷菜单中选择“打开链接”命令。

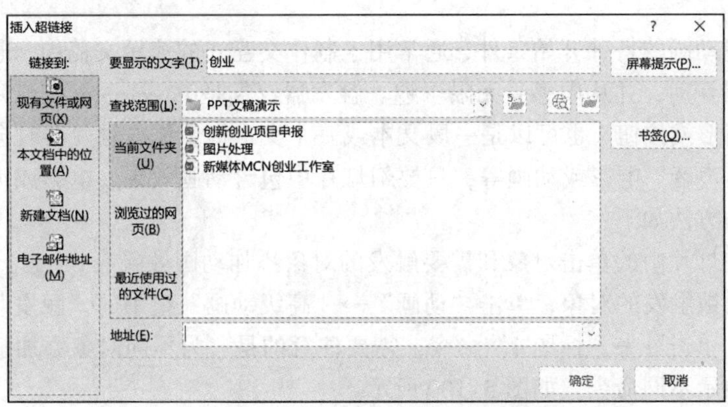

图 5-97　“插入超链接”对话框

2. 添加动作按钮

动作按钮是 PowerPoint 中预先设置好的一组带有特定动作的图形按钮，这些按钮被预先设置为指向前一张、后一张、第一张、最后一张幻灯片、播放声音及播放电影等链接，应用这些预置好的按钮，可以实现在放映幻灯片时跳转的目的。

添加动作按钮具体操作步骤如下：

（1）选定需要添加动作按钮的幻灯片。

（2）在“插入”选项卡“插图”组中选择“形状”命令，在弹出的下拉列表中选择“动作按钮”组中的任一按钮，如图 5-98 所示。

（3）在幻灯片上拖动鼠标绘制按钮，并弹出如图 5-99 所示的“操作设置”对话框。

动作按钮

图 5-98　“动作按钮”类型列表

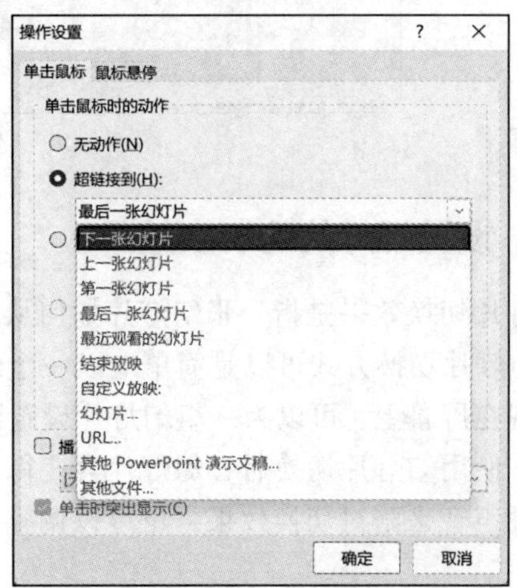

图 5-99　“动作设置”对话框

（4）在对话框中的“超链接到”下拉列表中选择单击按钮时所执行的命令。

（5）单击“确定”按钮。

提示：用上述方法可以设置多种动作按钮，在幻灯片放映时，单击该按钮即自动执行选择的超链接。

3. 使用触发器

触发器是设置动画的特殊开始条件，通常用于制作交互式的演示文稿中，通过它可以让演讲者和观众进行双向互动，并从中感受无限乐趣。触发器仅仅是 Powerpoint 幻灯片中的某一对象，它可以是图片、图形或按钮，也可以是一段文本或一个文本框。单击触发器时会随之触发一个操作，该操作可以是声音、电影或动画等，只要幻灯片中包含动画效果、电影或声音，就可以为其设置触发器。制作方法如下：

（1）分别为幻灯片中的单击对象和需要触发的对象添加动画效果。

（2）选择需要被触发的对象，单击“动画”→“高级动画”组中的“触发”按钮，在弹出的下拉列表中选择“单击”→“标题 1”命令。需要注意的是，为不同对象添加触发器时，在弹出的下拉列表中会显示不同命令，如图 5-100 所示。

（3）在幻灯片放映状态下，单击“标题 1”占位符即可触发图中显示的表格。

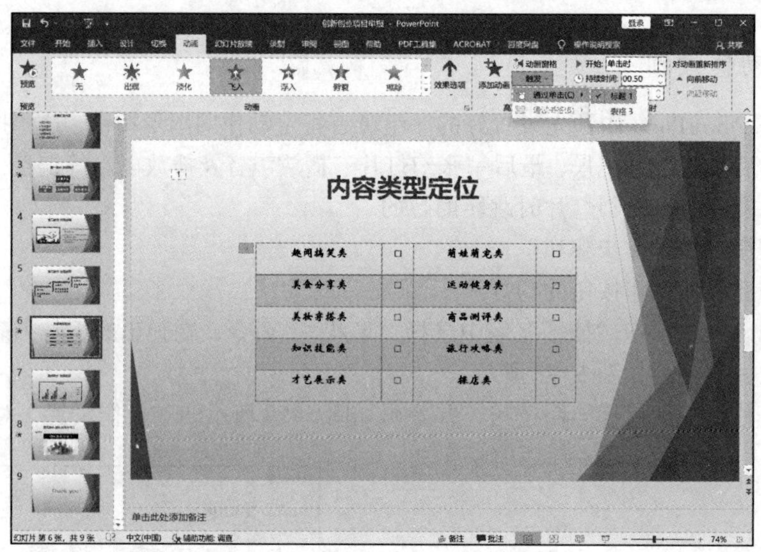

图 5-100　添加“触发器”效果图

三、设置幻灯片的切换效果

幻灯片切换效果是指一张幻灯片如何从屏幕上消失，以及另一张幻灯片如何显示在屏幕上的方式。幻灯片切换方式可以是简单地以一个幻灯片代替另一个幻灯片，也可以使幻灯片以特殊的效果出现在屏幕上。可以为一组幻灯片设置同一种切换方式，也可以为每张幻灯片设置不同的切换方式。使用幻灯片切换后，幻灯片会变得更加生动、活泼，同时还可以为其设置 Powerpoint 自带的多种声音来陪衬切换效果，也可以调整切换速度。

1. 添加幻灯片切换效果

具体操作步骤如下：

（1）选择要添加效果的幻灯片。在“普通视图”或“幻灯片浏览视图”中，选定要设置切换效果的幻灯片，可以是一张也可以是多张。

（2）选择“切换”选项卡，在“切换到此幻灯片”组中单击“切换方案”下拉按钮，弹出其下拉列表，如图 5-101 所示。

（3）在该列表中选择需要的方案。

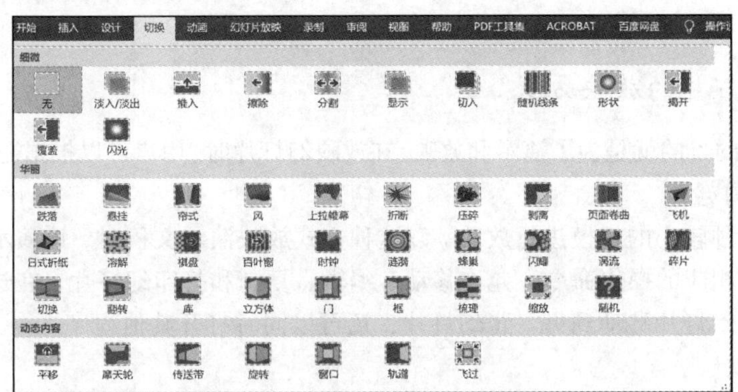

图 5-101　“切换方案”下拉列表

2. 编辑切换声音和速度

PowerPoint 2016 除了可以提供方便快捷的“切换方案”外，还可以为所选的切换效果配置音效和改变切换速度，以增强演示文稿的活泼性。编辑切换声音和速度都是在“切换”→“计时”组中进行的，操作方法如下：

（1）选择需要编辑的幻灯片。

（2）选择“切换”→“计时”组。

（3）单击“声音”下拉按钮，在弹出的下拉列表中我们可以选择需要的声音效果。

（4）在“持续时间”数值框中设置幻灯片的具体切换时间，或单击微调按钮即可改变幻灯片的切换速度。

提示：如果不想将切换声音设置为系统自带的声音，那么可以在“声音”下拉列表中选择“其他声音”选项，打开“添加音频”对话框，通过该对话框可以将计算机中保存的声音文件应用到幻灯片切换动画中。

3. 设置幻灯片切换方式

设置幻灯片切换方式也是在“切换”选项卡中进行的，其操作方法为：首先选择需要进行设置的幻灯片，然后选择“切换”→“计时”组，在“换片方式”栏中显示了“单击鼠标时”和“设置自动换片时间”两个复选框，选中它们中的一个或同时选中均可完成对幻灯片换片方式的设置。在“设置自动换片时间”复选框右侧有一个数值框，在其中可以输入具体数值，表示在经过指定秒数后自动切换至下一张幻灯片，如图 5-102 所示。

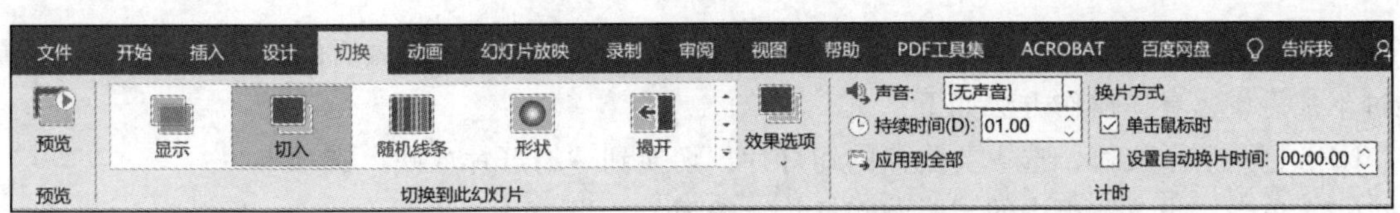

图 5-102　“切换”选项卡“计时”组

四、设置演示文稿的放映方式

演示文稿制作完成后，有的由演讲者播放，有的让观众自行播放，这需要通过设置放映方式来进行控制。放映前的幻灯片需进行放映时间的设置、放映方式的选择以及录制旁白等相关内容的设置。

1. 设置幻灯片的放映方式

制作演示文稿的目的就是为了演示和放映。在放映幻灯片时，用户可以根据需要设置放映类型。

1）观众自行浏览

该方式是以一种较小的规模进行放映。以这种方式放映演示文稿时，该演示文稿会出现在小型窗口内，并提供相应的操作命令，允许移动、编辑、复制和打印幻灯片。在这种方式中，可以使用滚动条从一张幻灯片移动到另一张幻灯片，还可以同时打开其他程序。

2）演讲者放映

该方式为传统的全屏放映方式，常用于演讲者亲自播放演示文稿。对于这种方式，演讲者具有完全的控制权，可以决定采用自动方式还是人工方式放映。演讲者可以将演示文稿暂停、添加会议细节或即席反应，还可以在放映的过程中录下旁白。

3）展台浏览

该方式是一种自动运行全屏放映的方式，放映结束 5 min 之内，用户没有指令则重新放映。观众可以切换幻灯片、单击超链接或动作按钮，但是不可以更改演示文稿。

下面以设置"观众自行浏览"类型为例，介绍设置幻灯片放映方式的操作方法。

（1）打开演示文稿，切换到"幻灯片放映"选项卡。

（2）在"设置"组中单击"设置幻灯片放映"按钮。

（3）弹出"设置放映方式"对话框，如图 5-103 所示，在"放映类型"选项组中选择"观众自行浏览"单选按钮。

（4）在"放映选项"选项组中勾选"循环放映，按 ESC 键终止"复选框。

（5）单击"确定"按钮。

（6）按【F5】键进行放映，即可发现幻灯片会以窗口的形式进行放映。

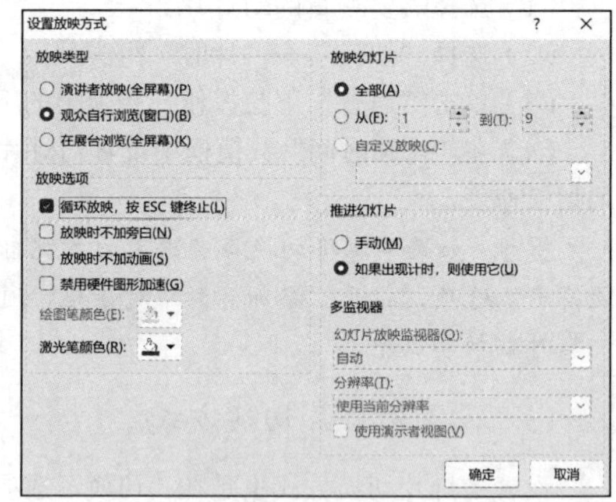

图 5-103 "设置放映方式"对话框

2. 隐藏幻灯片

在 PowerPoint 2016 中，用户可以将不需要的幻灯片进行隐藏，隐藏后的幻灯片在播放时会被跳过不被播放，具体操作方法如下：

（1）打开演示文稿，选中要隐藏的幻灯片，切换到"幻灯片放映"选项卡。

（2）单击"设置"组中的"隐藏幻灯片"按钮。

对幻灯片执行隐藏操作后，在视图窗格的"幻灯片"选项卡中，该幻灯片的缩略图将呈朦胧状态，编号上出现了一个斜线方框，表示该幻灯片已被隐藏，在放映过程中不会放映。此外，还可以通过以下两种方式隐藏幻灯片。

（1）在视图窗格的“幻灯片”选项卡中，右击需要隐藏的幻灯片，在弹出的快捷菜单中选择“隐藏幻灯片”命令。

（2）在“幻灯片浏览”视图模式下，右击要隐藏的幻灯片，在弹出的快捷菜单中选择“隐藏幻灯片”命令。

若要将隐藏的幻灯片显示出来，先将其选中，再单击“隐藏幻灯片”按钮，或右击，在弹出的快捷菜单中选择“隐藏幻灯片”命令，从而取消该命令的选中状态。

3. 排练计时

排练计时就是在正式放映前用手动的方式进行换片，PowerPoint 2016 能够自动把手动换片的时间记录下来，如果应用这个时间，以后便可以按照这个时间自动进行放映观看，无须人为控制。排练计时的具体操作方法如下：

（1）打开演示文稿，切换到“幻灯片放映”选项卡。

（2）在“设置”组中单击“排练计时”按钮，将会出现幻灯片放映视图，同时出现“录制”工具栏。

（3）录制排练时间。当录制时间达到需要秒数后，单击，切换到下一张幻灯片，重复此操作。

（4）到达幻灯片末尾时，出现信息提示框，单击“是”按钮，以保留排练时间，下次播放时按照记录的时间自动播放幻灯片。

4. 放映演示文稿

幻灯片的放映方法主要有 3 种，分别是从头开始、从当前幻灯片开始和自定义幻灯片放映。

1）从头开始

如果希望从第 1 张幻灯片开始依次放映演示文稿中的幻灯片，可通过下面两种方法实现。

（1）切换到“幻灯片放映”选项卡，单击“开始放映幻灯片”组中的“从头开始”按钮。

（2）按【F5】键。

2）从当前幻灯片开始

如果希望从当前选中的幻灯片开始放映演示文稿，可通过下面三种方法实现。

（1）切换到“幻灯片放映”选项卡，单击“开始放映幻灯片”组中的“从当前幻灯片开始”按钮。

（2）按【Shift+F5】组合键。

（3）单击底部状态栏中的 按钮。

3）自定义幻灯片放映

自定义放映是指用户可以自定义演示文稿放映的张数，使一个演示文稿适用于多种观众，即可以将一个演示文稿中的多张幻灯片进行分组，以便对特定的观众放映演示文稿中的特定部分。用户可以用超链接分别指向演示文稿中的各个自定义放映，也可以在放映整个演示文稿时只放映其中的某个自定义放映。

具体操作方法如下：

（1）打开演示文稿，切换到“幻灯片放映”选项卡。

（2）在“开始放映幻灯片”组中单击“自定义幻灯片放映”按钮。

（3）在下拉列表中选择“自定义放映”命令，弹出“自定义放映”对话框。

（4）在“自定义放映”对话框中单击“新建”按钮。

（5）弹出“定义自定义放映”对话框，输入该自定义放映的名称。

（6）在“在演示文稿中的幻灯片”列表中选择需要放映的幻灯片。

（7）单击“添加”按钮将其添加到右侧的“在自定义放映中的幻灯片”列表中，然后单击“确定”按钮。

（8）返回“自定义放映”对话框，单击“放映”按钮，即可按照刚才的设置放映幻灯片。

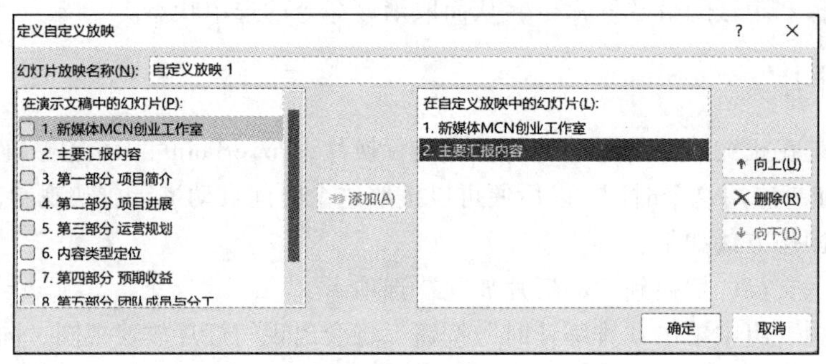

图 5-104 “定义自定义放映”对话框

提示：在“在自定义放映中的幻灯片”列表中选中某张幻灯片，然后通过单击“向上”按钮或“向下”按钮，可调整放映时的顺序。

5. 退出幻灯片放映状态的方法

（1）当放映完最后一张幻灯片后，屏幕将自动显示为黑色，此时，只需单击便可退出幻灯片放映状态。

（2）在幻灯片放映过程中，不管当前正在放映第几张幻灯片，按【Esc】键可立即退出幻灯片放映状态。

（3）在“幻灯片放映”视图中右击，在弹出的快捷菜单中选择“结束放映”命令，可立即退出幻灯片放映状态。

五、演示文稿的输出

演示文稿制作完成后，可将其以各种形式保存和输出。PowerPoint 提供了多种保存、输出演示文稿的方法，用户可以将制作出来的演示文稿输出为多种形式，以满足在不同环境下的需要。例如，可以将其保存为图片格式、视频格式、Flash 格式和 PDF 格式等，也可以作为邮件发送给对方，还可以将其打包到别的计算机上播放。

1. 将幻灯片保存为图片演示文稿

如果是文字型或是数据非常重要的演示文稿，不希望其他人得到后随意使用幻灯片中的数据或图形内容，则可以将整张幻灯片制作成图片的效果。更改后的文件仍然由 PowerPoint 打开及放映，但是每张幻灯片都变成了一张图片。

具体操作如下：

（1）打开制作的演示文稿，幻灯片中的数据可以进行编辑或复制。

（2）选择保存类型。切换到“文件”选项卡，选择“导出”→“更改文件类型”→“PowerPoint 图片演示文稿”命令，如图 5-105 所示。

（3）保存设置。在弹出的“另存为”对话框中，默认的文件保存类型为“PowerPoint 图片演示文稿”，设置文件保存路径及文件名，单击“保存”按钮即可，如图 5-106 所示。

（4）查看效果。打开新保存的演示文稿，可以看到每张幻灯片都变成了图片格式，无法选择其中的数据和图形了。

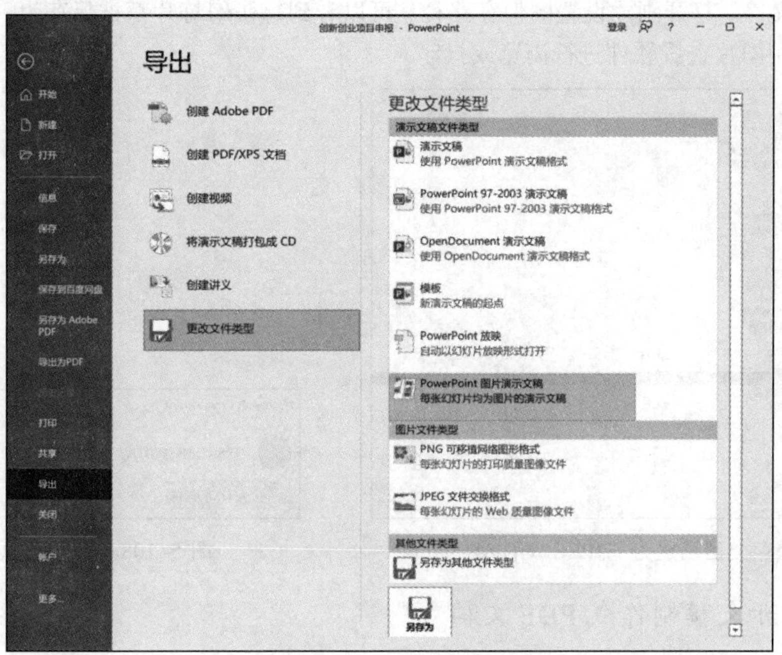

图 5-105　“文件”下拉菜单

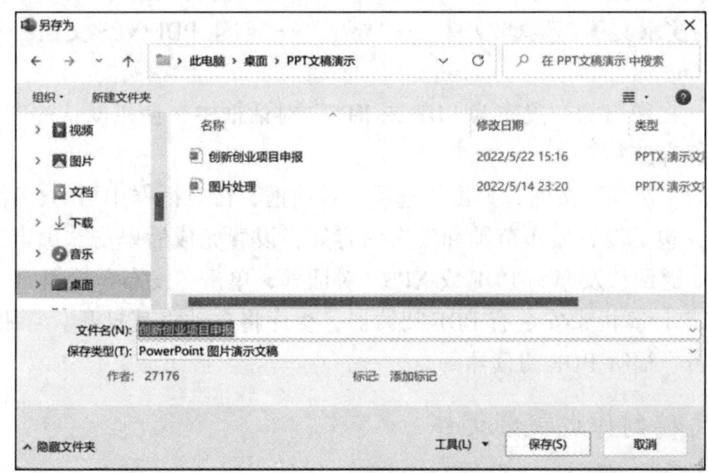

图 5-106　“另存为”对话框

2. 将幻灯片保存为图片文件

除了将幻灯片保存为图片演示文稿外，还可以直接将幻灯片以图片文件的形式进行保存，例如 JPG、PNG 等。保存为图片文件的方法如下：

（1）打开演示文稿，选择“文件”→“另存为”命令。

（2）选择保存类型。在弹出的“另存为”对话框中，在“保存类型”下拉列表中选择所需图片文件类型，本例选“JPEG 文件交换格式”，如图 5-107 所示。

（3）保存设置。设置文件保存路径及文件名，完成后单击“保存”按钮。弹出提示对话框，询问保存方式，这里单击“所有幻灯片”按钮，如图 5-108 所示。

（4）查看文件。打开刚才设置的保存路径，可以看到每张幻灯片都被保存为一个单独的图片文件，可以使用图片查看软件进行浏览或打印。

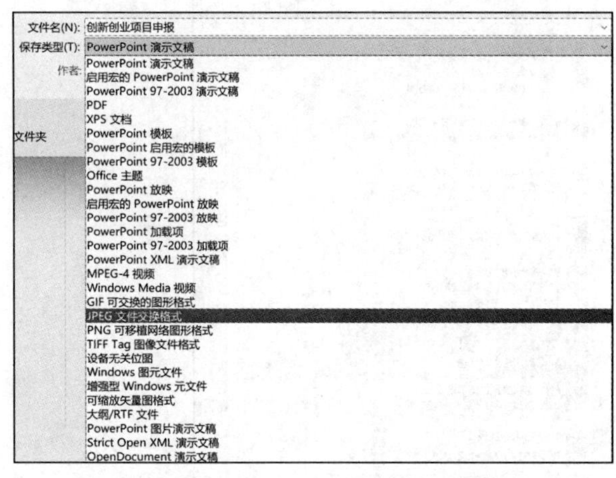

图 5-107　将保存类型设置为“JPEG 文件交换格式”

图 5-108　保存信息提示框

3. 将演示文稿制作成 PDF 文档

PDF 是一种流行的电子文档格式，将演示文稿保存成 PDF 文档后，就无须再用 PowerPoint 进行打开和查看了，而是使用专门的 PDF 阅读软件，便于文稿的阅读和传播。具体操作方法如下：

（1）打开制作的演示文稿，选择“文件”→“导出”→“创建 PDF/XPS 文档”→“创建 PDF/XPS”命令。

（2）保存设置。在弹出的“发布为 PDF 或 XPS”对话框中，使用默认的“PDF”文件类型，为文件命名并设置保存路径。

（3）单击下方的“选项”按钮，弹出“选项”对话框，在对话框中可对保存成的 PDF 文档进行细节选项的调整，包括设置发布范围和发布内容等，设置完成后单击“确定”按钮。

（4）查看文件。返回“发布为 PDF 或 XPS”对话框，单击“发布”按钮，即可将演示文稿转换为 PDF 文档。如果计算机中安装有 PDF 阅读器，程序将自动将其打开。常用的 PDF 文档阅读软件有 Adobe Reader、福昕 PDF 阅读器等。

4. 将演示文稿制作成视频文件

将演示文稿制作成视频文件后，可以使用常用的播放软件进行播放，并能保留演示文稿中的动画、切换效果和多媒体等信息。

（1）打开制作的演示文稿，选择“文件”→“导出”→“创建视频”命令。

（2）在右边页面中，可以对将要发布的视频进行详细设置，包括视频分辨率，是否使用计时和旁白，以及放映每张幻灯片的秒数等。完成后单击“创建视频”按钮。

（3）保存设置。在弹出的“另存为”对话框中，默认的文件类型为“MPEG-4 视频”，设置好文件名及保存路径后单击“保存”按钮。

（4）开始制作视频。程序开始制作视频文件，在文档状态栏中可以看到制作进度，在制作过程中不要关闭演示文稿。

（5）查看文件。视频制作完成后，可以使用常用的视频播放软件进行播放，如 Windows Media Player、暴风影音等。

5. 将演示文稿创建为讲义

将演示文稿创建为讲义，实质上就是将其转换为 Word 文档。此时演示文稿将作为 Word 文档打开，并可以像处理其他 Word 文档一样对其进行编辑、打印或保存等操作。操作方法如下：

（1）打开制作的演示文稿，选择“文件”→“导出”→“创建讲义”→“创建讲义”命令。

（2）选项设置。在弹出的“发送到 Microsoft Word”对话框中，选择演示文稿在 Word 中的版式，单击“确定”按钮。

（3）查看文件。稍后演示文稿将 Word 程序中打开，并按照设置的版式显示幻灯片和备注信息。

6. 将演示文稿打包

若制作的演示文稿中包含链接的数据、特殊字体、视频或音频文件，当在其他计算机中播放这个演示文稿时，要想让这些特殊字体正常显示，以及链接的文件正常打开和播放，则需要使用演示文稿的“打包”功能，打包后的演示文稿便可以在任何一台计算机中进行播放。需要注意的是，将演示文稿打包成 CD 时，要求计算机中必须安装有刻录光驱。下面介绍将演示文稿打包成 CD 的操作方法。

（1）将空白光盘放入计算机光驱中，打开需要打包成 CD 的演示文稿，选择“文件”→“导出”→“将演示文稿打包成 CD”→“打包成 CD”命令，如图 5-109 所示。

（2）选择打包方式。在弹出的“打包成 CD”对话框中，单击“复制到文件夹”按钮，如图 5-110 所示。

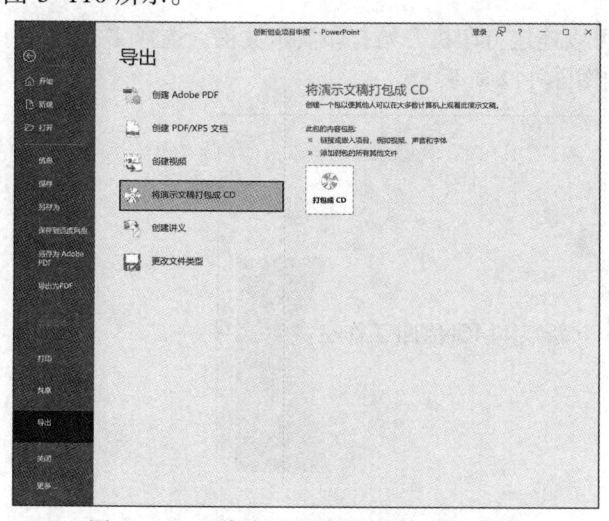

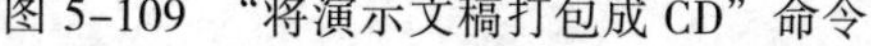
图 5-109　“将演示文稿打包成 CD”命令

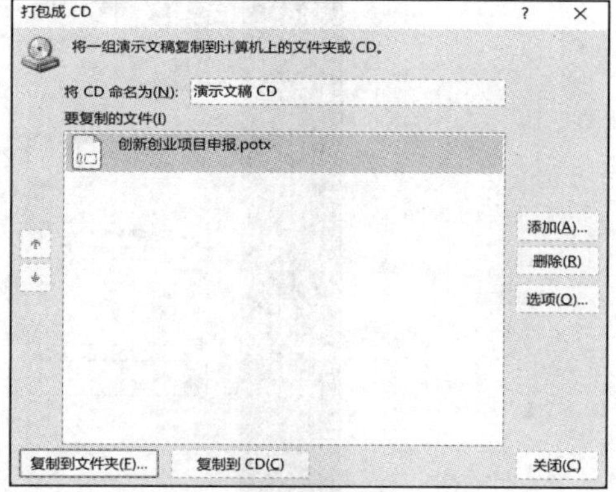

图 5-110　“打包成 CD”对话框

（3）设置存储路径。在弹出的“复制到文件夹”对话框中，设置文件夹名称及存储路径，单击“确定”按钮。

（4）确认操作。在弹出的确认对话框中，单击“是”按钮。

（5）打包完成。打包完成后将自动打开打包文件夹，可以看到里面包含了演示文稿及其使用的特殊字体和链接文件。将这个文件夹整体复制到其他计算机上，即可正常播放。

六、打印演示文稿

在一些非常重要的演讲场合，为了让与会人员了解演讲内容，通常会将 PowerPoint 演示文稿像 Word 一样打印在纸张上做成讲义。在打印演示文稿前需要进行一些设置，包括页面设置和打印设置等。

1. 页面设置

在打印演示文稿前，可以根据自己的需要对打印页面进行设置，使打印的形式和效果更符合实际需要。在“设计”选项卡的“自定义”组中单击“幻灯片大小”的下拉按钮，选择“自定义幻灯片大小”命令，在打开的“幻灯片大小”对话框（见图 5-111）中对幻灯片的大小、编号和方向进行设置。

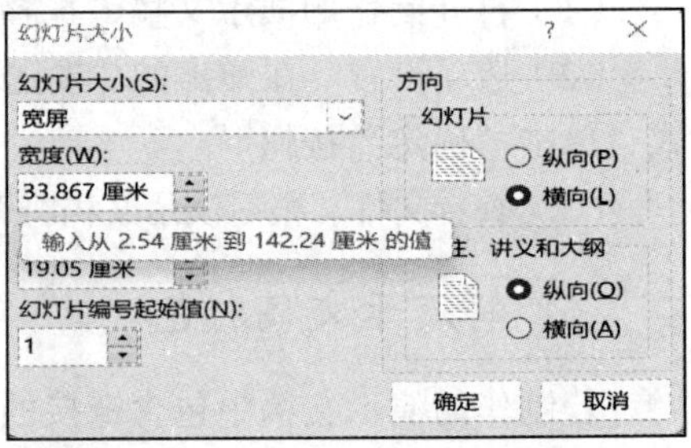

图 5-111 “幻灯片大小”对话框

2. 打印设置

在 PowerPoint 中可以将制作好的演示文稿通过打印机打印出来。在打印时，根据不同的目的将演示文稿打印为不同的形式，常用的打印稿形式有幻灯片、讲义、备注和大纲视图。

1）打印预览

用户在页面设置中设置好打印的参数后，在实际打印之前，可以利用“打印预览”功能先预览一下打印的效果。预览效果与实际打印出的来效果非常相近，可以令用户避免不必要的损失。

2）开始打印

对当前的打印设置及预览效果满意后，可以连接打印机开始打印演示文稿。选择“文件”→“打印”命令，在打开的界面中进行设置，如图 5-112 所示。

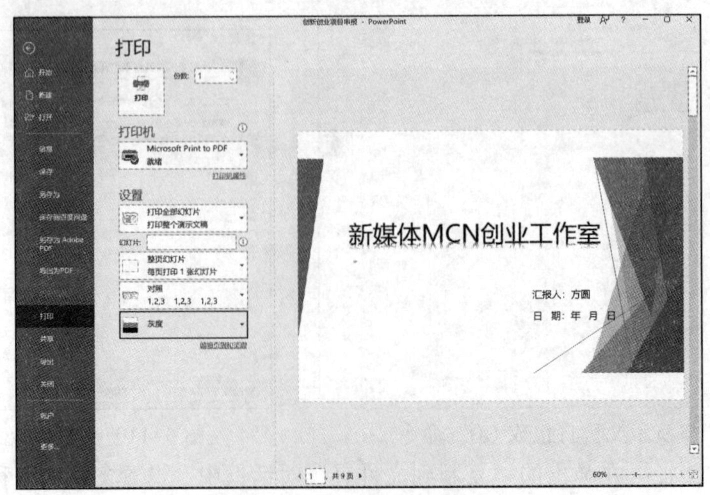

图 5-112 “打印”界面

七、保护演示文稿

为了增强演示文稿的安全性，我们可以对其设置各种密码或将其标记为最终状态，防止他人查看或编辑。

1. 设置文稿打开密码

为演示文稿设置打开密码后，只有输入正确密码才可以打开该演示文稿。为文稿设置打开密码的方法如下：

（1）打开制作的演示文稿，选择“文件”→“信息”→“保护演示文稿”→“用密码进行加密”命令。

（2）设置密码。在弹出的“加密文档”对话框中，在文本框中输入要设置的密码，单击“确定”按钮。

（3）确认密码。在“确认密码”对话框中再次输入密码，单击“确定”按钮。

2. 设置文稿修改密码

如果只需禁止他人对演示文稿进行修改，而允许查看演示文稿，则可以为演示文稿设置修改密码，具体方法如下：

（1）打开制作的演示文稿，选择“文件”→“另存为”命令。

（2）在弹出的“另存为”对话框中，单击“工具”下拉按钮，在弹出的下拉列表中选择“常规选项”命令。

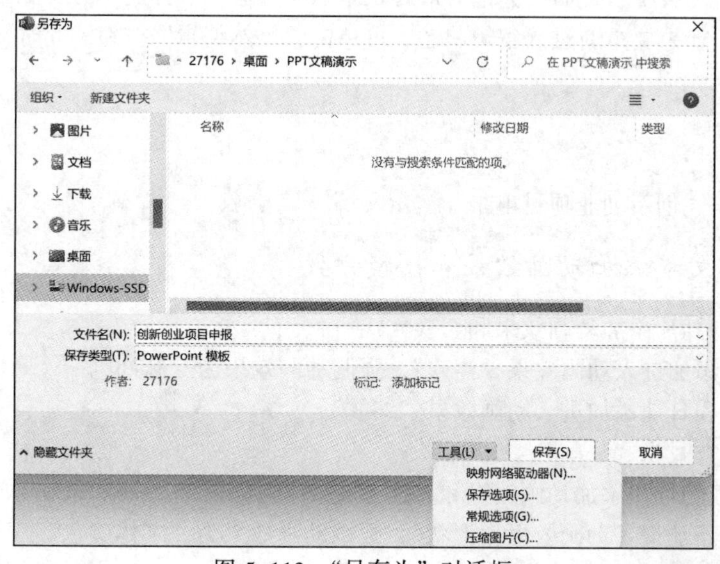

图 5-113 “另存为”对话框

（3）在弹出的“常规选项”对话框中，在“修改权限密码”栏输入要设置的密码，单击“确定”按钮，如图 5-114 所示。

（4）在弹出的“确认密码”对话框中再次输入刚才设置的密码，单击“确定”按钮返回“另存为”对话框，单击“确定”按钮即可。

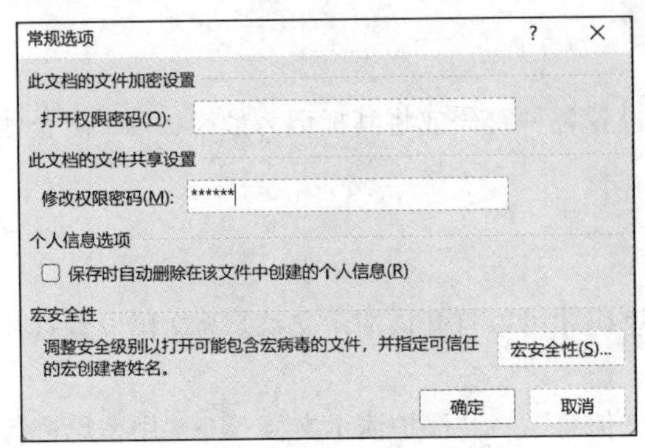

图 5-114 “常规选项”对话框

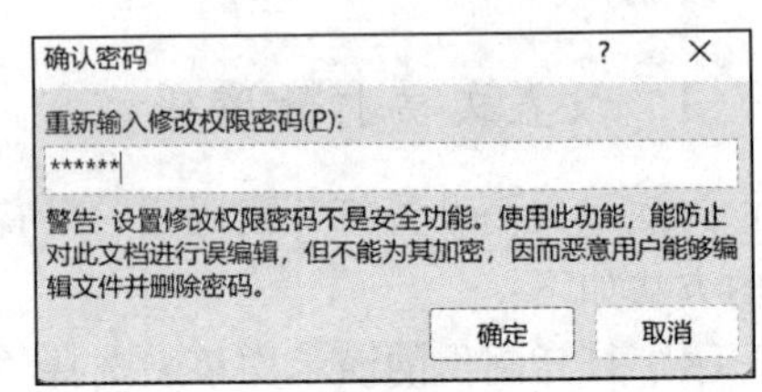

图 5-115 “确认密码”对话框

3. 将演示文稿标记为最终状态

为防止已经制作完成的演示文稿被误编辑，可以将其标记为最终状态。将演示文稿标记为最终状态后，会在文档中禁用键入、编辑命令和校对标记，以防止演示文稿被修改。具体操作方法如下：

（1）打开制作完成的演示文稿，选择“文件”→“信息”→“保护演示文稿”→“标记为最终状态”命令。

（2）在弹出的确认对话框中，单击“确定”按钮。

（3）在弹出的提示对话框中，显示相关提示信息，阅读后单击“确定”按钮。

（4）启用编辑。当演示文稿被标记为最终状态以后，选项卡标题下方将显示提示信息，且工具栏被隐藏起来。如果要重新进入编辑状态，可单击“仍然编辑”按钮，此时文稿将被取消最终状态。

☑ 任务实施

继续编辑制作“创新创业项目申报”演示文稿。

1. 为演示文稿添加动画效果和切换方式

（1）为封面幻灯片添加动画效果和切换方式。

① 标题文本添加进入动画效果“浮入”，强调动画效果为“脉冲”。

② 署名文本和日期添加进入动画效果“缩放”。

③ 设置切换方式为“分割”。

（2）为第二张幻灯片添加动画效果和切换方式。

① 标题文本添加进入动画效果“形状”，强调动画效果为“字体颜色”。

② 正文文本添加进入动画效果“轮子”。

③ 第二张幻灯片设置幻灯片切换为“擦除”，“声音”为“风铃”，“持续时间”为“01.50”。

（3）使用“动画刷”为第三～八张幻灯片添加与第二张幻灯片相同的标题文本动画效果。

① 首先选中第二张幻灯片的标题文本框，此时“动画”选项卡下“高级动画”组中“动画刷”命令呈现可选状态。

② 单击“动画刷”按钮，鼠标指针变成形状，然后，切换到第三张幻灯片，在页面标题

文本框上刷一下，就将第二张幻灯片上的标题动画复制到了第三张幻灯片上。

③ 采用相同方法，依次将第四张到第八张幻灯片的标题动画设置好。

（4）为第四张幻灯片中正文文本及图片添加动画效果及切换方式。

① 正文文本添加进入动画效果“随机线条”，方向是“水平”。

② 设置剪贴画的进入动画效果为“擦除”，方向是“自左侧”。

③ 设置剪贴画的退出动画效果为“消失”。

④ 对第四张幻灯片中的动画重新排序，1、2 是标题动画，3 是图片的进入效果，4–6 是正文文本动画，7 是图片的退出效果，如图 5–116 所示。

⑤ 为第四张幻灯片设置切换方案为“细微型”中的“揭开”，方向为“自底部”，声音为“单击”。

图 5–116　重新排序的动画窗格

（5）为第五张幻灯片中的 SmartArt 图形添加动画效果，并为该张幻灯片设置切换方式，如图 5–117 所示。

图 5–117　动画窗格

① SmartArt 图形进入时的动画效果为“阶梯状”，方向是“右上”。

② 为 SmartArt 图形添加强调动画效果“加深”，序列是“逐个”。

③ 切换效果为“动态内容”中的“平移”。

（6）为第六、七张幻灯片中的表格对象添加动画效果及设置切换方式。

① 为第六张中的表格添加进入动画为“菱形”，“开始”方式为“单击时”，“方向”为“放大”，“速度”为“中速”，如图 5-118 所示。

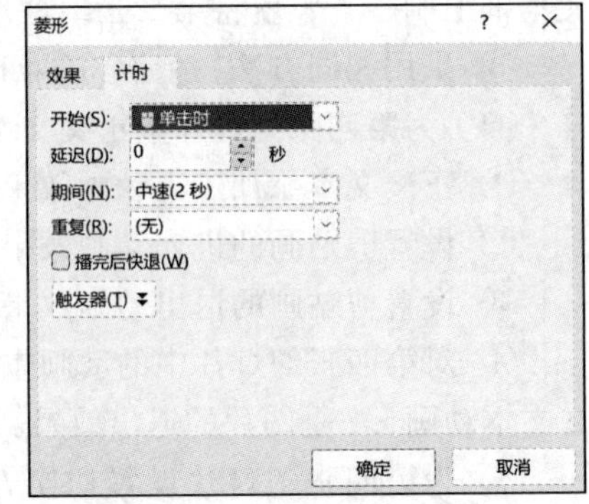

图 5-118　设置效果选项

② 设置第六张幻灯片的切换效果为“淡入/淡出”，“声音”为“硬币”，“持续时间”为“01.00”。

图 5-119　设置切换效果和声音

③ 为第七张中的图标添加进入动画为“浮入”，“开始”方式为“单击时”，“方向”为“上浮”，“速度”为“中速”。

④ 设置第七张幻灯片的切换效果为“百叶窗”，“声音”为“照相机”，“持续时间”为“01.60”。

（7）为第八张幻灯片设置切换方式为“立方体”。

（8）为第九张幻灯片设置对象动画。强调动画效果为“放大/缩小”，“开始”方式“单击时”，“持续时间”为“02.00”，“方向”为“两者”。

2. 创建交互式演示文稿

1）插入超链接

在第二张目录页幻灯片中插入超链接。具体操作步骤如下：

（1）选定文本“项目简介”，选择“插入”选项卡“链接”组中的“链接”命令，打开“插入超链接”对话框。

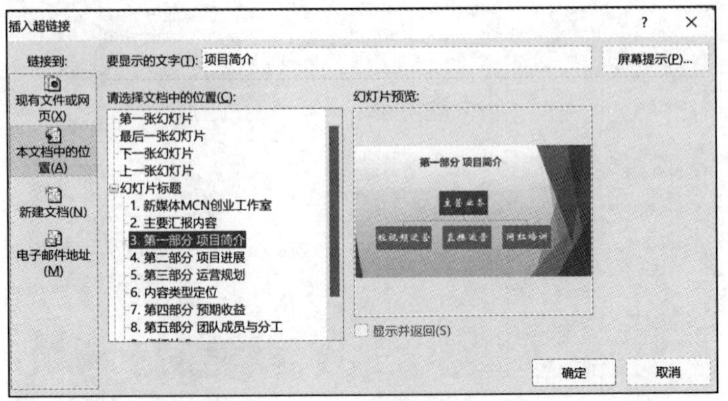

图 5-120　“插入超链接”对话框

（2）在“插入超链接”对话框中左侧的“链接到:”栏中选择“本文档中的位置”，对应的在中间“请选择文档中的位置”栏中就会出现本文档中所有的幻灯片，在其中选择要链接的幻灯片，本操作选择链接到第三张幻灯片。选定后在右侧的幻灯片预览框中就会显示该张幻灯片的内容。

（3）单击“确定”按钮，即可插入超链接。

（4）采用相同方法，依次为文本“项目进展”链接到第四张幻灯片，文本“运营规划”链接到第五张幻灯片，文本“预期收益”链接到第七张幻灯片，文本“团队成员与分工”链接到第八张幻灯片。

2）添加动作按钮

为第二张幻灯片添加“下一页”动作按钮，为第三～八张幻灯片添加返回第二张目录页的动作按钮。具体操作步骤如下：

（1）切换到第二张幻灯片，单击“插入”选项卡“插图”组中的“形状”下拉按钮，在下拉列表中单击动作按钮栏中的“前进或下一项”按钮，这时鼠标指针变成细“十”字形状，在幻灯片右下方空白处拖动鼠标，就会添加上相应的动作按钮，并同时打开“操作设置”对话框。

（2）在“动作设置”对话框中选择“超链接到（H）:”单选按钮，在下拉列表框中选择动作按钮要链接到的位置，默认链接到下一张幻灯片。

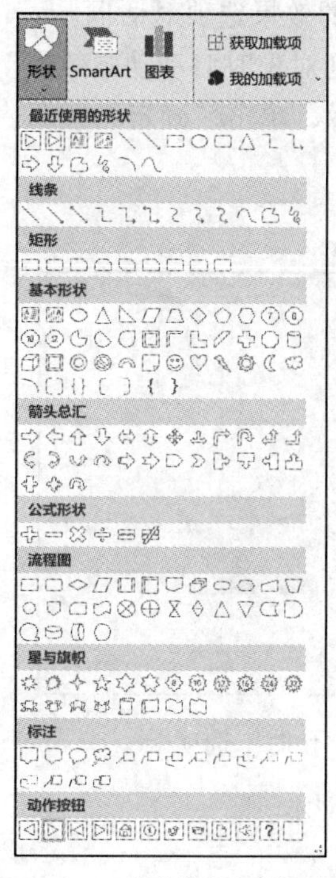

图 5-121　“形状”下拉列表

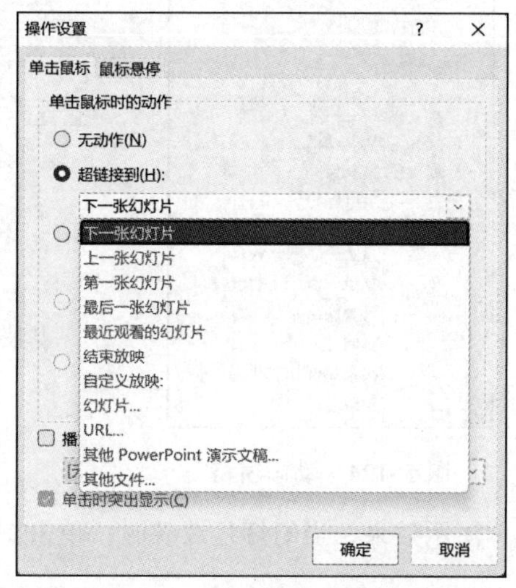

图 5-122　“操作设置”对话框

（3）单击“确定”按钮。

（4）切换到第三张幻灯片，单击“插入”选项卡“插图”组中的“形状”下拉按钮，在下拉列表中单击动作按钮栏中的“空白”按钮，这时鼠标指针变成细“十”字形状，在幻灯片右下方空白处拖动鼠标，就会添加上一个矩形的动作按钮，并同时打开“操作设置”对话框。

（5）在“操作设置”对话框中选择“超链接到（H）:”单选按钮，在下拉列表框中选择“幻灯片...”，打开“超链接到幻灯片”对话框，如图 5-123 所示。

（6）在“超链接到幻灯片”对话框中选择链接到第二张“主要汇报内容”幻灯片，单击“确定”按钮，返回“操作设置”对话框，再单击“确定”按钮。

（7）选中已设置好超链接的“空白”按钮，右击，在弹出的快捷菜单中选择“编辑文字”命令，这时按钮处于文字编辑状态，输入“返回目录页”。

（8）调整按钮的大小及位置，也可对其进行美化。

（9）采用复制粘贴的方法在其他幻灯片上完成返回按钮的设置。

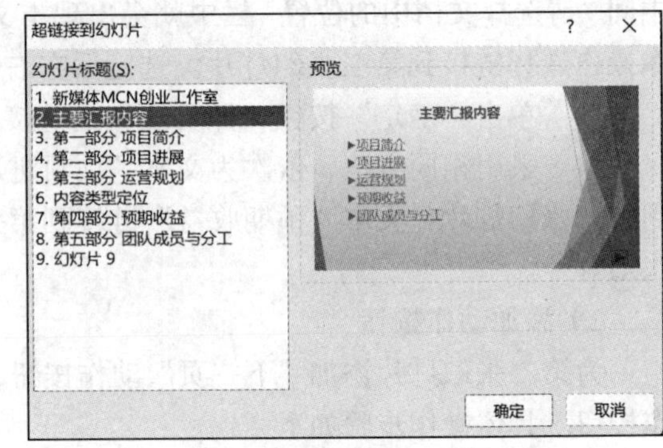

图 5-123 “超链接到幻灯片”对话框

3）使用触发器

在第四张幻灯片中使用触发器。当单击图片，出现正文文本。具体操作步骤如下：

（1）选定正文文本框对象，在打开的动画窗格中单击对象动画效果右侧的下拉按钮，如图 5-124 所示。

（2）在打开的下拉列表中选择“效果选项”命令，打开对应的效果选项对话框。

（3）在“计时”选项卡中单击“触发器”按钮，在“单击下列对象时启动动画效果”中选择代表图片的对象，本案例中为“内容占位符 13”，如图 5-125 所示，单击“确定”按钮。

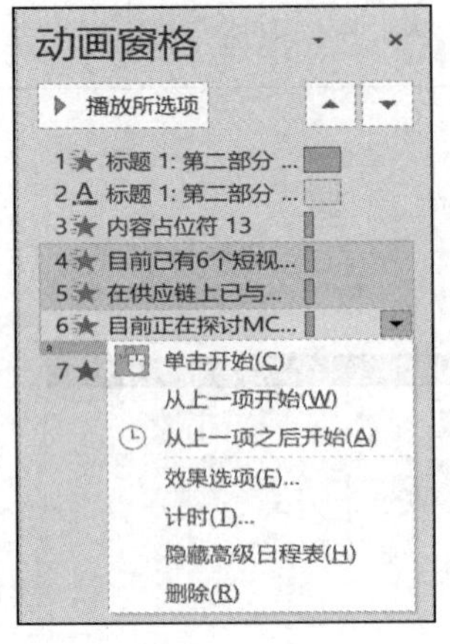

图 5-124 动画窗格

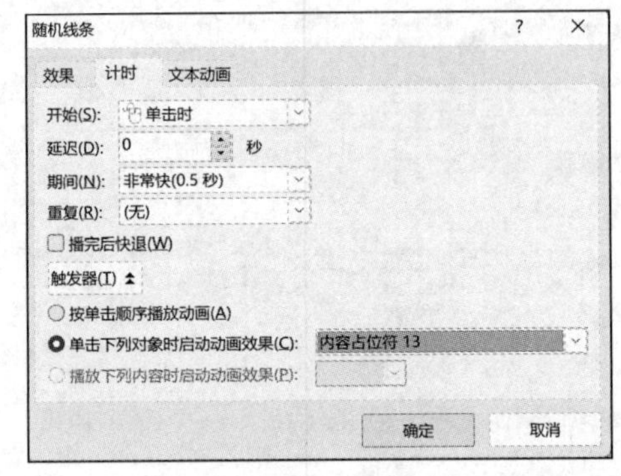

图 5-125 “计时”选项卡

（4）演示效果，当幻灯片放映时，单击图片时就会出现正文文本。

3. 放映幻灯片

（1）切换到“幻灯片放映”选项卡，选择“开始放映幻灯片”组中的“从头开始”放映类型选项。

（2）设置放映方式。在“幻灯片放映”选项卡“设置”组中单击“设置幻灯片放映”按钮，打开“设置放映方式”对话框，进行相应设置即可。

4. 保存文档

将文档保存，命名为“创新创业项目申报”，本案例制作完成。

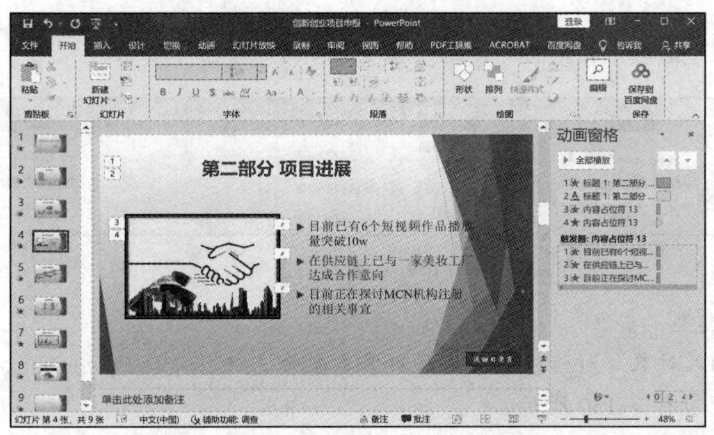

图 5-126 添加触发器后的效果图

图 5-127 “幻灯片放映”选项卡

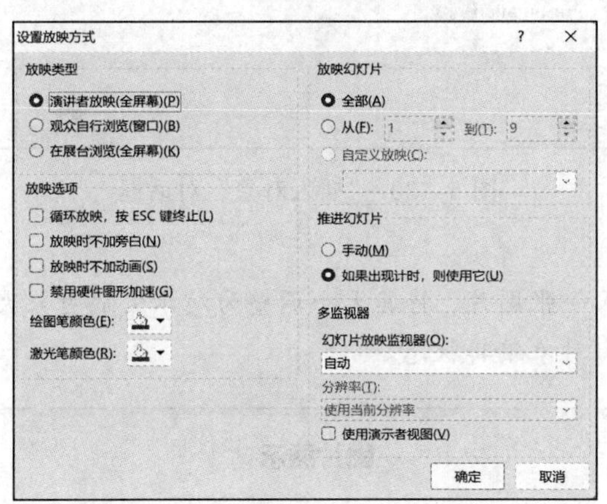

图 5-128 “设置放映方式”对话框

5. 案例小结

本案例结合创新创业项目申报的制作，介绍了使用 PowerPoint 2016 编辑演示文稿的基础知识。通过本案例的学习，应当掌握 PowerPoint 的基本操作和使用方法，并能够将这些方法运用到日常的工作生活当中去。本案例在演示文稿中使用了图片、表格、图表等元素，还通过设置幻灯片切换效果和动画设置，使幻灯片图文并茂，更加吸引听众的注意力。

知识扩展

PowerPoint 2016 中的自动缩略图效果

在放映演示文稿时，为了让观众更清晰地观看图片，常常需要通过单击图片的缩略图让其全屏显示。其实要制作这种效果的方法非常简单，具体操作如下：

1. 插入对象

切换到“插入”选项卡，单击“文本”选项组中的“对象”按钮。

图 5-129 “插入”选项卡

2. 选择对象类型

在弹出的“插入对象”对话框中，选择对象类型为“Microsoft PowerPoint Presentation”，单击“确定”按钮，如图 5-130 所示。

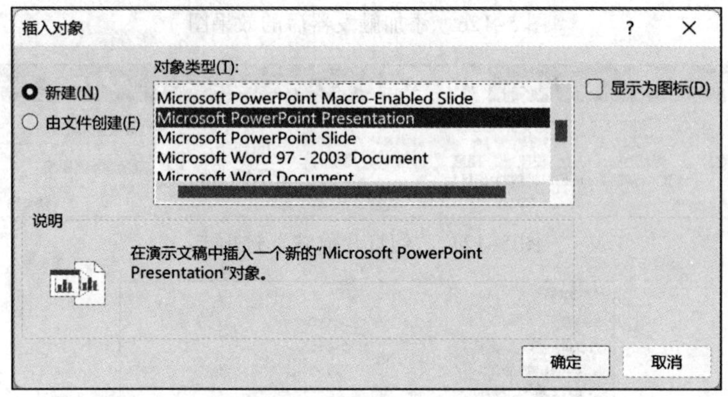

图 5-130 “插入对象”对话框

3. 编辑对象

在演示文稿对象中插入一张图片，将其大小调整为演示文稿对象大小，调整好对象位置后单击对象外部任意区域，退出对象编辑状态。

图 5-131 编辑对象的效果图

4. 复制对象

按住【Ctrl】键不放拖动对象，根据需要将该对象复制多份，并排列好图片之间的位置。

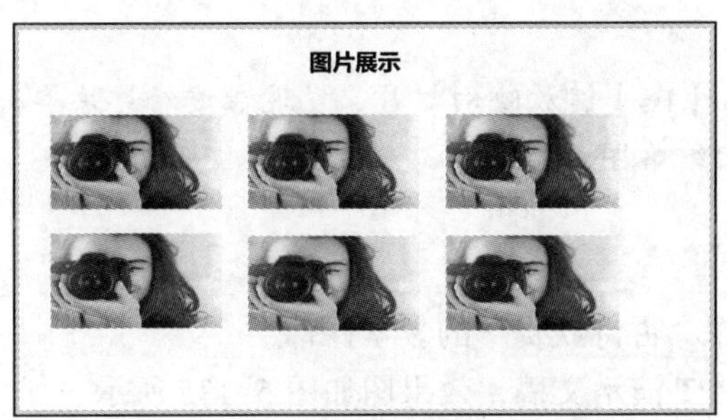

图 5-132　复制对象后的效果图

5. 替换图片

双击某个对象进入对象编辑状态，双击其中的图片切换到“图片工具-格式”选项卡，单击“更改图片”按钮。

6. 选择图片

如图 5-133 所示，在弹出的“插入图片”对话框中，选中要插入的图片，单击“插入”按钮。

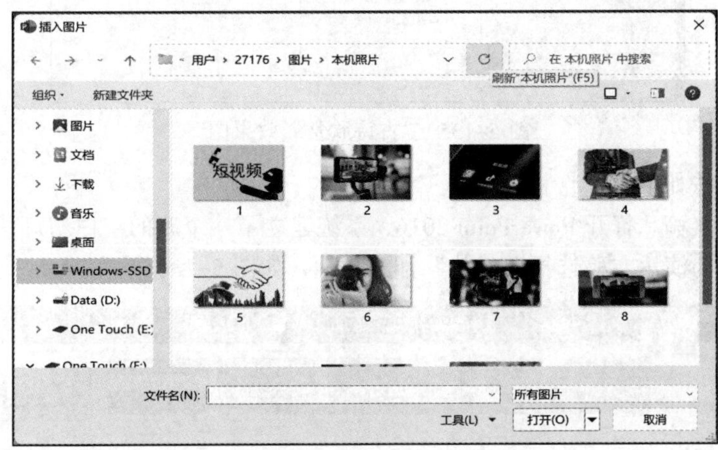

图 5-133　“插入图片”对话框

7. 制作完成

使用同样的方法，将其他对象中的图片替换为所需要的图片，该幻灯片缩略图就制作完成了，如图 5-134 所示。

图 5-134　完成后的效果图

8. 测试效果

退出对象编辑状态，按【F5】键放映幻灯片，发现在该幻灯片单击图片缩略图可以全屏显示图片，再次单击图片将返回缩略图状态。

☑ 技能训练

用 PowerPoint 2016 制作“古诗欣赏”的教学课件

为古诗“咏柳”制作 PPT 演示文稿，效果图如图 5-135 所示。

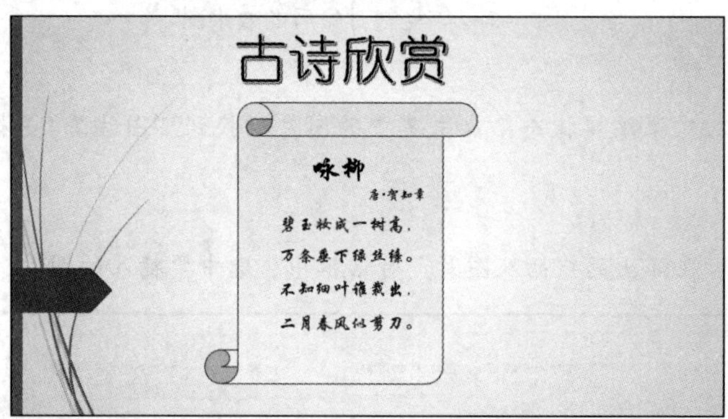

图 5-135 “古诗欣赏”效果图

操作步骤与方法如下：

（1）创建演示文稿。打开 PowerPoint 2016，系统建立了一个新的空白幻灯片，在“设计”选项卡“主题”组中为演示文稿选择“丝状”样式主题，如图 5-136 所示。

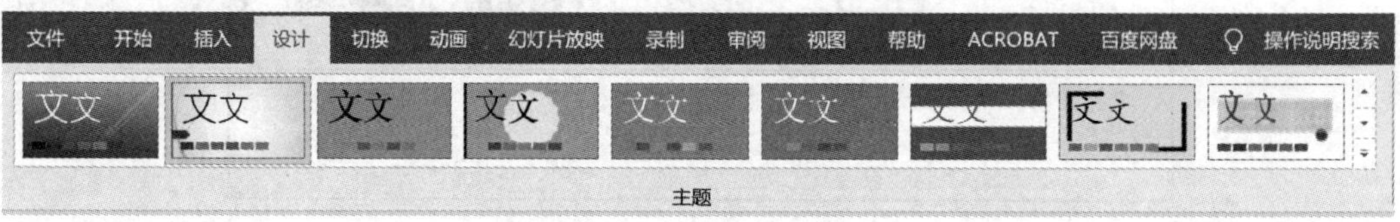

图 5-136 添加“主题”

（2）插入艺术字。插入艺术字“古诗欣赏”，适当调整艺术字的大小及位置，如图 5-137 所示。

（3）插入形状。单击“插入”→“插图”→“形状”→“星与旗帜”→“卷形：垂直”，此时光标变成了“十”字形状，在幻灯片中拖动鼠标绘制一个竖卷形即可，如图 5-138 所示。

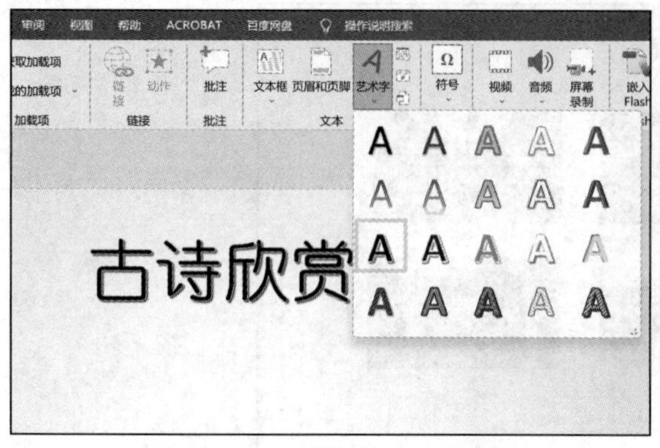

图 5-137 插入艺术字标题

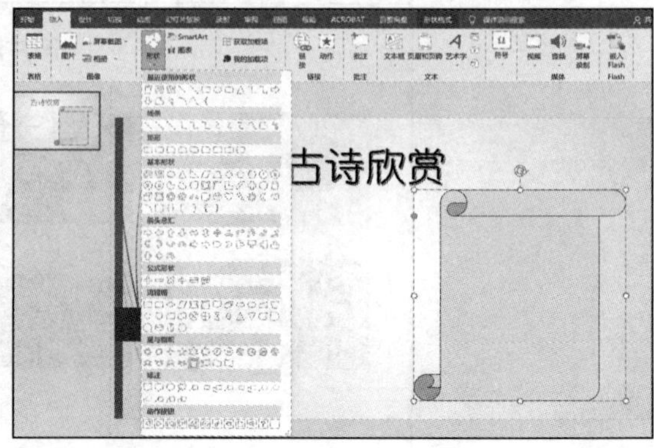

图 5-138 插入“形状”

（4）美化形状。选中绘制的竖卷形，在“绘图工具-格式”选项卡中为它设置一种合适的填充颜色，可以淡色为主，避免与文字颜色冲突。如有必要，也可以更改卷形的边框颜色，如图 5-139 所示。

（5）制作古诗题目文本框。

插入横排文本框，然后在竖卷形上绘制一个横排文本框。在文本框中添加文本“咏柳”，设置字体为“华文新魏”，根据需要更改其字号大小。调整文本框的大小和位置，使文字能够处于竖卷形的左右中间位置，如图 5-140 所示。

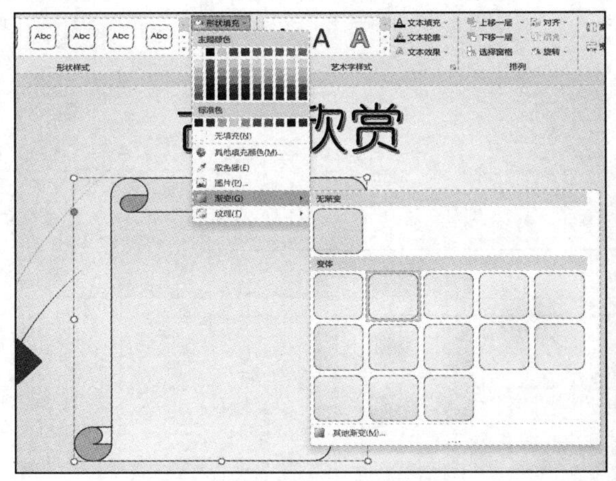

图 5-139　美化形状

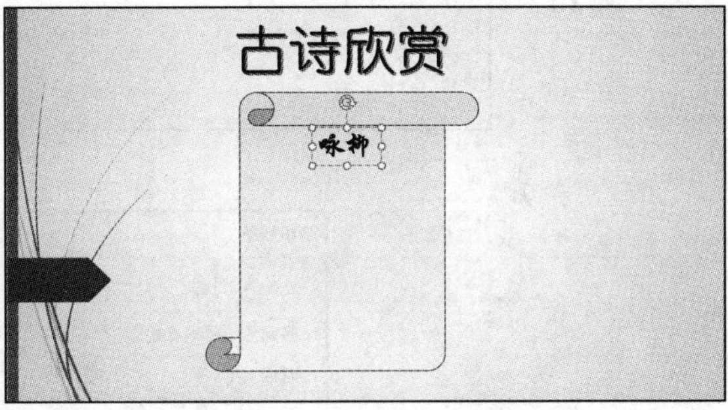

图 5-140　制作古诗题目

（6）制作古诗内容。用以上方法再多绘制五个文本框，并在其中将古诗内容填写完整，最后拖动鼠标调整其位置，借助辅助线将这些文本框对齐，如图 5-141 所示。

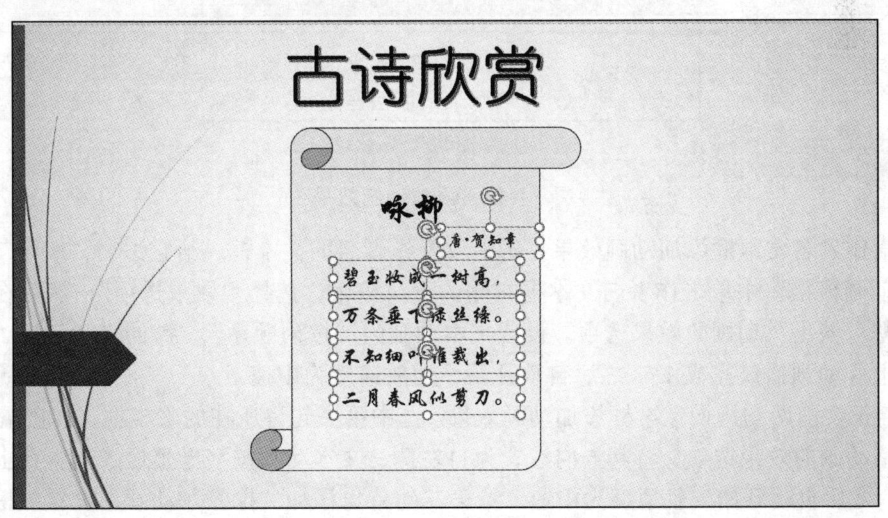

图 5-141　制作古诗内容

（7）给标题文本框添加动画效果。选中标题文本框，在“动画”选项卡中给它添加“随机线条”的进入动画。打开动画窗格，在随机线条动画下选择“计时”选项，并在弹出的对话框中将其持续时间设置为 2 秒，如图 5-142 所示。

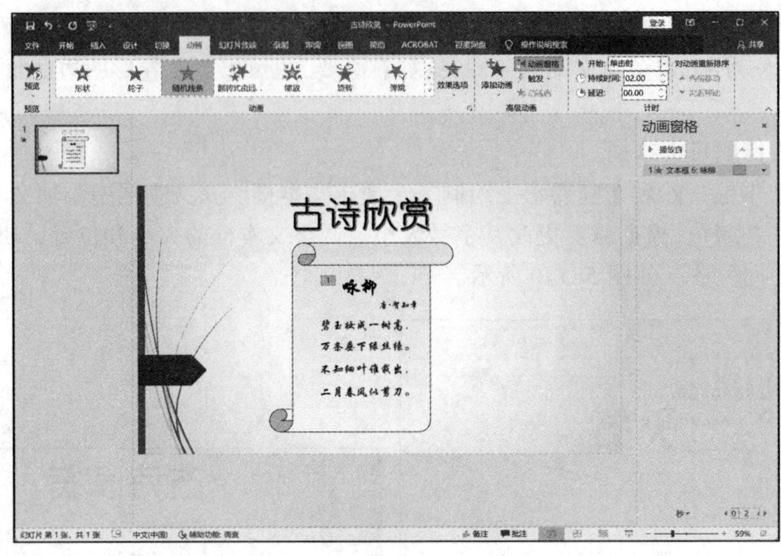

（a）

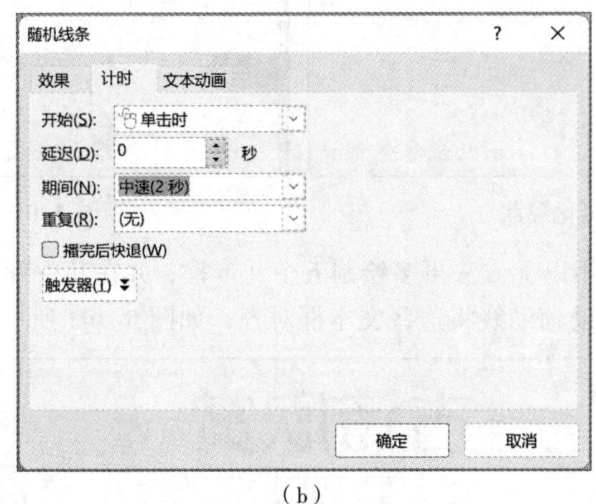

（b）

图 5-142　添加动画效果

（8）给作者名文本框添加动画效果。选中放置作者名的文本框，给它添加“淡化”的进入动画。在“动画窗格”中单击作者名文本框右侧的下拉按钮，选择“效果选项”，然后在弹出的对话框中调整“淡出”动画的效果选项。设置文本动画为“按词顺序”，字/词之间延迟 10%播放，并使其在上一动画播放完成 1.5s 之后自动开始，播放速度为中速。

（9）给正文前两句诗词文本框添加动画效果。选中第一句诗所在的文本框，给它添加“擦除”动画。调整动画的效果选项，将其方向设置为自左侧，文本动画按字母延迟 35%，在上一动画播放完成 1s 之后自动开始，且速度为中速。给第二句诗也添加“擦除”动画，设置“擦除”动画的效果选项，除不需要延迟之外，其他均与第一句诗相同。

（10）使用“动画刷”给正文后两句诗词文本框添加动画效果。选中第二句诗上的动画，在“动画”功能选项卡下“高级动画”组中，双击“动画刷”按钮，此时光标变成了形状。给第三句和第四句诗刷上相同的动画之后，再次单击“动画刷”按钮退出。

图 5-143　“动画”功能选项卡

预览效果如图 5-144 所示。

图 5-144　预览效果图

小　　结

本项目主要通过完成创建演示文稿、幻灯片的制作、编辑演示文稿、演示文稿的放映等 4 个工作任务，使同学们了解、熟悉 PowerPoint 2016 的基本功能，能够使用 PowerPoint 2016 制作编辑演示文稿。想要真正体现出 PowerPoint 的特点和优势，还在于演示文稿的动态效果制作，包括在幻灯片中设置动画效果、在幻灯片之间设置切换效果及设置演示文稿的放映方式等。这些功能使幻灯片充满了生机和活力。另外，为了增加幻灯片放映的灵活性，还介绍了通过“动作设置”和“超链接”创建交互式演示文稿的方法以及设置演示文稿的放映方式。

通过本项目的学习，同学们需要熟练掌握 PowerPoint 2016 的使用方法，会使用 PowerPoint 2016 制作幻灯片，并为其添加各种动画效果。

参 考 文 献

[1] 宋艳苹，李丽新. 商务办公自动化项目教程[M]. 北京：中国铁道出版社，2014.
[2] 王晋龙. 办公自动化[M]. 2 版. 大连：东北财经大学出版社，2018.
[3] 上海计算机应用能力考核办公室. 办公自动化[M]. 6 版. 上海：复旦大学出版社，2020.
[4] 叶军，曹剑英. 办公自动化[M]. 北京：科学出版社，2021.
[5] 刘若慧. 大学计算机应用基础案例教程[M]. 北京：电子工业出版社，2020.